Nos 52 week-ends coups de cœur en France

Le Routard

Nos 52 week-ends coups de cœur en France

L'indispensable pour choisir
sa prochaine destination...

hachette
TOURISME

SOMMAIRE

AUVERGNE-RHÔNE-ALPES

BOURGOGNE-
FRANCHE-COMTÉ

BRETAGNE

CENTRE-VAL-DE-LOIRE

CORSE

GRAND-EST

HAUTS-DE-FRANCE

ÎLE-DE-FRANCE

NORMANDIE

NOUVELLE-AQUITAINE

OCCITANIE

PAYS DE LA LOIRE

PROVENCE-ALPES-CÔTE D'AZUR

Lac d'Annecy

Hôtel particulier de la maison Thomassin, place du Change, **Lyon**

LYON

CAPITALE CULTURELLE

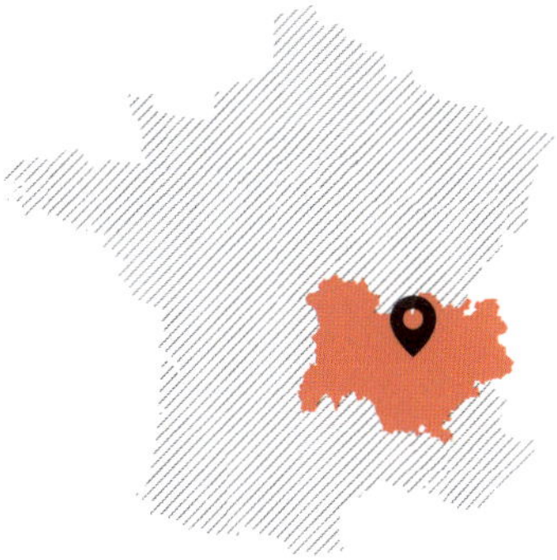

PATRIMOINE	★★★★
GASTRONOMIE	★★★★
NATURE	★★★
SHOPPING	★★★
VIE NOCTURNE	★★★

NOS INCONTOURNABLES

- Le musée des Confluences
- Les musées Gadagne
- L'Institut Lumière
- Le centre d'histoire de la Résistance et de la Déportation
- Trabouler et prendre un verre à la Croix-Rousse
- Le Vieux-Lyon et les quais de Saône
- Participer aux Nuits de Fourvière ou à la fête des Lumières

Entre Saône et Rhône, l'ancienne capitale des Gaules, de la soie et de l'imprimerie s'est muée en une des métropoles majeures de l'Europe, sur le plan économique, gastronomique, mais aussi sur le plan culturel. La ville des murs peints et des bouchons s'est dotée d'un musée symbole, à la confluence de la Saône et du Rhône, et s'apprête à accueillir la Cité internationale de la gastronomie. Ici, les cafés tendance, où l'on vient bruncher le matin et faire la fête le soir, redonnent vie à des quartiers où personne n'aurait osé traîner il y a quelques années. Et puis Lyon a reconquis ses berges, et désormais piétons, cyclistes et tram se partagent l'espace libéré par les voitures. Bref, la ville arrosée par trois fleuves – dixit Léon Daudet (le Rhône, la Saône et... le Beaujolais !) – a tout pour plaire, alors avanti !

TRÉSORS DE PIERRE DE LA CAPITALE DES GAULES

INFOS UTILES

❶ **Lugdunum – Musée et Théâtres romains**
17, rue Cléberg, 69005.
• lugdunum.grandlyon.com •

❷ **Cathédrale Saint-Jean**
Place Saint-Jean.
• cathedrale-lyon.fr •

❶ Pour se plonger dans l'histoire lyonnaise et remonter le temps, poussez la porte de **Lugdunum – Musée et Théâtres romains.** Ce superbe musée souterrain retrace, en suivant un parcours thématique, la vie de Lugdunum au cours des premiers siècles. Tous les objets proviennent pour la plupart de fouilles et découvertes faites dans la région. Une maquette interactive explique la fondation de la ville et dévoile les récentes découvertes, comme le port de Lugdunum. Et pour compléter la visite du musée, il faut aller admirer le grand théâtre et l'odéon romains juste à côté, classés au Patrimoine mondial de l'Unesco.

❷ Quelques siècles plus tard, on édifie la **cathédrale Saint-Jean,** que les Lyonnais continuent d'appeler primatiale, à cause du primat des Gaules, titre historique de l'évêque de Lyon. Beau mélange de roman et de gothique. La cathédrale fut le théâtre d'événements déterminants pour la vie religieuse et politique : conciles au XIIIe s, dépose de la dépouille de Saint Louis (Louis IX) lors de son retour de croisade, consécration de Jean XXII au XIVe s. Le mariage d'Henri IV et de Marie de Médicis y est aussi solennisé en 1600, après qu'ils se sont mariés par procuration. Le frère du grand Richelieu y reçut sa barrette de cardinal et Napoléon y vint de temps en temps. Le regard s'attarde avec délice sur les vitraux, qui, par chance, ont pu être démontés pendant la guerre et préservés, et sur l'horloge astronomique ; originellement du XIVe s, elle a été remaniée aux siècles suivants.

③ Basilique de Fourvière
8, place de Fourvière, 69005.
• fourviere.org •

③ En sortant de la cathédrale et en levant les yeux, on voit se détacher, tout au sommet de la colline du même nom, la **basilique de Fourvière,** qui veille sur les Lyonnais depuis la seconde moitié du XIXᵉ s. Les nombreuses communautés religieuses installées autour ont valu à la colline le surnom de « colline qui prie », par opposition à celle de la Croix-Rousse surnommée « la colline qui travaille ». De l'esplanade de la basilique, la vue porte jusqu'au Mont-Blanc par beau temps. Les Lyonnais s'étaient promis que si les Prussiens n'envahissaient pas la ville, ils bâtiraient un vaste édifice religieux, en l'occurrence proche d'une forteresse... Allure massive, créneaux, tourelles, ce château fort du Ciel possède ses passages dérobés, ses souterrains, ses tribunes, ses espaces secrets, et un décor romano-baroco-byzantin si ce n'était faire offense à ces styles architecturaux. Hyperchargé donc. Un rapide tour de l'édifice permet de s'apercevoir que tout n'a pas été sculpté, faute de moyens, notamment au niveau de l'abside. Côté crypte, curieusement, plus on s'éloigne du chœur, moins la pierre est travaillée et les murs deviennent peu à peu vides de sculptures, ce qui donne à la crypte cet aspect austère.

LE PATRIMOINE INDUSTRIEL ET CULTUREL, CREUSET DE L'IDENTITÉ LYONNAISE

① Musées Gadagne
1, place du Petit-Collège, 69005.
☎ 04-78-42-03-61.
• gadagne.musees.lyon.fr •

② Maison des Canuts
10-12, rue d'Ivry, 69004.
☎ 04-78-28-62-04.
• maisondescanuts.com •

① Une superbe demeure Renaissance abrite les **musées Gadagne,** dont le **musée des Arts de la marionnette.** Ce musée ne pouvait ouvrir qu'à Lyon, capitale du plus célèbre enfant de la ville : l'immortel Guignol, qu'on peut (re)découvrir quel que soit l'âge de ses artères ! Une exceptionnelle collection (plus de 2 000 marionnettes du monde entier, des castelets, des affiches) présentée par roulement. La récente muséographie, en phase avec les techniques actuelles, est au service d'un art vieux comme le monde, où le robot de *Star Wars* rejoint désormais les ombres chinoises, les marionnettes des Guignols ou de l'incontournable Gnafron dans l'imaginaire des peuples.

HISTOIRE DE PROFILS

En analysant les visages, vous vous interrogerez sur le fait que Gnafron et Madelon ont la bouche tordue ! Présentés de profil, les personnages pouvaient ainsi passer du sourire à la tristesse simplement en changeant de côté. Astucieux, non ?

② Tout aussi emblématique de la capitale des Gaules est l'excellence du travail de la soie. La soie transitait par les importantes foires lyonnaises et fut à l'origine de la richesse de la ville, qui connut un âge d'or au début du XIXᵉ s. Un prestigieux savoir-faire à découvrir à la **Maison des Canuts** (nom donné aux ouvriers de la soie). Le passionnant commentaire décrypte la complexité du savoir-faire du métier et la sophistication des productions : explications techniques et démonstration sur le métier Jacquard, dont les perfectionnements permettent le développement de la soierie lyonnaise, mais transforment également la ville et son urbanisme. Une partie de la visite est consacrée à l'origine de la soie (en Chine) et à l'organisation de la grande Fabrique lyonnaise avec l'histoire des canuts et de leurs luttes, véritable aristocratie ouvrière à l'origine de nombreuses institutions sociales.

Passerelle Paul-Couturier sur la Saône et église Saint-Georges, **Lyon**

Fresque des Lyonnais, rue de la Martinière, **Lyon**

❸ **Musée de l'Imprimerie et de la Communication graphique**
13, rue de la Poulaillerie, 69002.
☎ 04-78-37-65-98.
• imprimerie.lyon.fr •

❹ **Institut Lumière**
25, rue du Premier-Film, 69008.
☎ 04-78-78-18-95.
• institut-lumiere.org •

❺ **Musée des Tissus**
34, rue de la Charité, 69002.
☎ 04-78-38-42-00.
• museedestissus.fr •

Musée des Beaux-Arts
20, place des Terreaux, 69001.
☎ 04-72-10-17-40.
• mba-lyon.fr •

Musée Miniature et Cinéma
60, rue Saint-Jean, 69005.
☎ 04-72-00-24-77.
• museeminiatureetcinema.fr •

❸ Autre savoir-faire qui s'est bien ancré dans la ville : l'imprimerie. Lyon fut, à la Renaissance, l'une des capitales européennes de l'imprimerie naissante et contribua de façon majeure à la diffusion de la pensée de l'époque. Aujourd'hui, c'est dans une élégante demeure Renaissance, le **musée de l'Imprimerie et de la Communication graphique,** que l'on explore tous les territoires de l'imprimé (et du papier), depuis le livre jusqu'à l'affiche grand format en passant par la pochette de disque ou la B.D., et le design graphique. Incunables et autres objets rares aux imprimés éphémères, étiquettes et réclames diverses, qui ont bercé l'enfance de nos parents et grands-parents. Patrons de couture, menu imprimé sur soie pour le président Sadi-Carnot, pochettes de disques des années 1960, presse enfantine, le 1er numéro du ***Canard enchaîné*** et fanzines… Pour finir sont abordés les procédés d'illustration comme la taille-douce, la lithographie ou la chromolithographie, qui coïncide avec l'avènement de la révolution industrielle. La photographie supplante alors progressivement la gravure sur bois dans tous les secteurs de l'illustration.

❹ Évoquer la photo justement permet une habile transition (!)… puisque, au crépuscule du XIXe s, Lyon fut le berceau d'une invention qui a conquis le monde : le cinématographe. Rendez-vous à l'**Institut Lumière** pour en découvrir les prémices et les défis techniques. « Sur l'écran apparaît une projection photographique. Jusqu'ici, rien de nouveau. Mais, tout à coup, l'image, de grandeur naturelle ou réduite suivant la dimension de la scène, s'anime et devient vivante. C'est une porte d'atelier qui s'ouvre et laisse échapper un flot d'ouvriers et d'ouvrières, avec des bicyclettes, des chiens qui courent, des voitures ; tout cela s'agite et grouille. C'est la vie même, c'est le mouvement pris sur le vif », écrivait Victor Perrot, un ami des frères Lumière. Cette rue, vous y êtes. Louis Lumière venait de placer son nouvel appareil, le Cinématographe, devant l'entrée des usines Lumière. C'était le 18 mars 1895. Dans le musée, on découvre les extraordinaires inventions d'Auguste et de Louis Lumière, artistes autant qu'ingénieurs, mais aussi les différentes inventions qui ont précédé les découvertes des frères Lumière (lanterne magique, praxinoscope, des systèmes ludiques que vous pourrez parfois faire fonctionner et qui sont bien souvent de beaux objets en tant que tels).

❺ Magnifiques également, le **musée des Tissus,** qui retrace 4500 ans de production textile, depuis l'Égypte pharaonique jusqu'à nos jours, de l'Extrême-Orient à l'Occident, illustrant tous les types de tissage, et le **musée des Beaux-Arts** ou le **musée Miniature et Cinéma.**

COMME UN CHEVEU SUR LA SOUPE

L'origine du tissage de la soie viendrait de ce que, vers 2700 av. J.-C., une belle (ça va « de soie » !) princesse chinoise qui buvait son thé au pied d'un arbre à soie (le mûrier) a vu un cocon tomber dans l'eau chaude de sa tasse. Et c'est en voulant enlever l'intrus qu'elle s'est aperçue que le fil se déroulait facilement ; d'où l'idée de tisser cette étonnante texture !

L'Ombre (ou *Adam*) d'Auguste Rodin, musée des Beaux-Arts, **Lyon**

LA VILLE CONTEMPORAINE

❶ Centre d'histoire de la Résistance et de la Déportation
14, avenue Berthelot, 69007.
☎ 04-72-73-99-00.
• chrd.lyon.fr •

❷ Musée des Confluences
86, quai Perrache, 69002.
☎ 04-28-38-11-90.
• museedesconfluences.fr •

❶ Incontournable dans une ville déclarée « capitale de la Résistance » par Charles de Gaulle, la visite du **Centre d'histoire de la Résistance et de la Déportation** abrité dans l'ancienne école de médecine militaire qui fut, pendant les années noires, réquisitionnée par la Gestapo. C'est là que Jean Moulin fut interrogé et torturé par Klaus Barbie, avant de mourir au cours de son transfert en Allemagne. Les collections du musée sont jalonnées de clichés grand format pris par trois photographes pendant la guerre. Puis, plusieurs reconstitutions : un intérieur des années 1940, à la cave, une imprimerie clandestine... Enfin, dans l'auditorium sont diffusées les images du procès de Klaus Barbie.

❷ Pour changer de décor et d'époque, faites escale dans le très contemporain **musée des Confluences,** à l'extrémité de la presqu'île. Le musée, qui ressemble à un vaisseau de verre et d'acier surgissant des eaux, répond à 4 questions universelles (et ambitieuses !) : qui sommes-nous ? D'où venons-nous ? Où allons-nous ? Que faisons-nous ? Vaste programme... Les disciplines des sciences humaines et des sciences dures dialoguent sans s'opposer, tissent des passerelles comme chacun le fait dans sa vie quotidienne, à travers un parcours jalonné d'écrans, vidéos et bornes tactiles. Et on guette désormais l'imminente ouverture de la **Cité internationale de la gastronomie.**

MUSARDER LE NEZ AU VENT

❶ Le Vieux-Lyon
Place Bellecour
Place Carnot
2e arrondissement.

❷ Place des Terreaux
Les murs peints
1er arrondissement.

❸ Parc de la Tête d'Or
6e arrondissement.

Lyon mérite aussi qu'on préserve un peu de temps et d'énergie pour se balader, la ville s'y prête très bien. Juste quelques suggestions de quartiers à arpenter, une sorte de « mise en bouche » !

❶ Dans le **Vieux-Lyon,** le long de la rive droite de la Saône, on découvre plusieurs centaines de demeures superbes – qui sont pour la plupart aujourd'hui classées –, vieilles enseignes et traboules, ces passages privés qui permettent de relier deux rues, parfois en passant par de jolies cours. Les plus beaux bâtiments sont concentrés entre les églises Saint-Georges et Saint-Paul. Sur la Presqu'île, entre Saône et Rhône, la fameuse **place Bellecour** est le point central de la ville et la troisième place de France par sa taille, d'où l'on voit la colline de Fourvière. De là et jusqu'à la **place Carnot,** plus au sud, on traverse un quartier chic et résidentiel.

❷ En remontant au nord de la place Bellecour, on arrive **place des Terreaux** qui abrite l'hôtel de ville et l'opéra, à la lisière de la Croix-Rousse. Les pentes de la colline de la Croix-Rousse, ancien quartier des canuts, les ouvriers de la soie, sont aujourd'hui un quartier un peu branché bohème. Ne pas rater les **murs peints** (une spécialité lyonnaise) des Canuts et de la cour des Voraces.

❸ Enfin, sûrement bien mérité, on s'offre une halte chlorophyllée dans le poumon vert de la ville, le **parc de la Tête d'Or,** avant de longer les berges du Rhône réservées aux piétons et cyclistes, et ponctuées de terrasses et cafés, pour revenir vers le centre.

Parc de la Tête d'Or, **Lyon**

FICHE PRATIQUE

OÙ DORMIR ?

HÔTEL GLOBE ET CÉCIL

Déjà, au XIXe s, les prélats de Rome descendaient ici et l'hôtel a gardé son standing. Chaque chambre possède son ambiance, son style propre et une décoration personnalisée en fonction du volume ; les tissus ont été choisis avec soin, tout comme le mobilier. Opter de préférence pour les chambres sur rue, les plus lumineuses. Bar au rez-de-chaussée. Du charme, du confort et du pratique. Service impeccable, accueil souriant et vraiment gentil. 21, rue Gasparin, 69002. ☎ 04-78-42-58-95. • globeetcecilhotel.com •

HÔTEL DU SIMPLON

Le charme d'un hôtel d'une quarantaine de chambres, entièrement rénovées avec sobriété et chaleur. Très bel espace au rez-de-chaussée : un confortable salon – avec un piano (avis à ceux qui ont des talents) – et une belle salle de petit déj, baignée de lumière, où, selon une formule originale, que l'on soit client ou voisin, on peut déjeuner ou dîner pour une poignée d'euros... ou cuisiner pour ces mêmes repas (pour en savoir plus • lespetitescantines.org •). 11, rue Duhamel, 69002. ☎ 04-78-37-41-00. • hoteldusimplon.com •

OÙ MANGER ?

AU PETIT BOUCHON – CHEZ GEORGES

Casseroles en cuivre, glaces murales et zinc d'époque. La petite salle chaleureuse et vivante est le rendez-vous des épicuriens avertis. La cuisine, mitonnée dans la pure tradition, garantit une salle comble à chaque service ! « Menu lyonnais » bien équilibré à midi. Gratin d'andouillette, œuf cocotte au saint-marcellin, rien que des grands classiques. 8, rue du Garet, 69001. ☎ 04-78-28-30 46.

VICTOIRE ET THOMAS

Du bon, du chaleureux, du sympa, du qui ne se prend pas au sérieux le midi, mais assure côté fraîcheur, inventivité. Ces deux-là ne travaillent que des produits locaux de saison, en circuit court, ce qui devrait toujours être le cas. Accords mets-vins faciles à réaliser, le choix de vins au verre étant parfait. Il y a une cave pour les soirées arrosées ou non, la vue sur les cuisines pour ne rien cacher et une ouverture jusqu'à minuit pour tout arranger. 27, rue de l'Arbre-Sec, 69001. ☎ 04-81-11-86-19.

ACHATS

BERNACHON

Les Lyonnais sont très fiers de compter, parmi les nombreux chocolatiers de la ville, l'un des meilleurs artisans de la planète ! La maison fait son propre chocolat selon des recettes familiales depuis 3 générations. Les fèves sont torréfiées sur place, bref tout est maison. 42, cours Franklin-Roosevelt, 69006. ☎ 04-78-24-37-98.

SÈVE CHOCOLATIER

Ce pâtissier et chocolatier lyonnais basé à Champagne-au-Mont-d'Or est le roi des pralines rouges. Prenez chez lui la tarte aux pralines, les orangettes, les macarons et la pierre des monts d'Or. Halles de Lyon, 102, cours Lafayette 69006. ☎ 04-78-62-36-76.

L'ATELIER DE SOIERIE

Pour offrir ou s'offrir une cravate, un carré, un foulard en soie. Également, démonstration sur la méthode d'impression de ce merveilleux tissu. 33, rue Romarin, 69001. ☎ 04-72-07-97-83.

LE PETIT MUSÉE FANTASTIQUE DE GUIGNOL

Beaucoup de choix de marionnettes fabriquées sur place. 6, rue Saint-Jean, 69005. ☎ 04-78-37-01-67.

ACCÈS

En train

Compter **2h** depuis Paris, **1h50** depuis Marseille, **3h** depuis Lille, **4h** depuis Strasbourg.

En voiture

4h45 depuis Paris ou Strasbourg, **3h15** depuis Marseille.

En avion

L'aéroport Lyon-Saint-Exupéry se trouve à 25 km à l'est de la ville.

AGENDA

JUIN-JUILLET | Les Nuits de Fourvière.

L'amphithéâtre romain de Fourvière s'anime tous les soirs avec une programmation musicale éclectique et de grande qualité. • nuitsdefourviere.com •

DÉCEMBRE | La Fête des lumières.

4 millions de visiteurs dans les rues de la ville, transformée pour l'occasion en une gigantesque fresque de couleurs. Des scénarios spectaculaires prennent vie grâce au talent d'artistes éclairagistes lyonnais et internationaux. • fetedeslumieres.lyon.fr •

Quai de l'Isle et rivière du Thiou, **Annecy**

ANNECY

LA PETITE VENISE SAVOYARDE

PATRIMOINE	★★★☆
GASTRONOMIE	★★★☆
NATURE	★★★★
SHOPPING	★☆☆☆
VIE NOCTURNE	★☆☆☆

NOS INCONTOURNABLES

- Le château-musée
- Déambuler dans la vieille ville
- Se baigner dans le lac ou en faire le tour à vélo
- Participer au festival du film d'animation

Son environnement de carte postale, Annecy le doit en grande partie à la nature qui s'est montrée ici franchement généreuse. Son lac enlacé par la montagne, hier moribond pour cause de pollution, est aujourd'hui le plus pur d'Europe, et ses eaux flirtent avec les 24 °C en été.
Avec ses quais presque excessivement fleuris, son entrelacs de canaux et de ruelles médiévales, Annecy a tout – ou presque – pour elle. Et d'ailleurs, on la retrouve souvent dans le peloton de tête des villes où il fait bon vivre.
Jaloux, on voudrait bien cette ville vivante et terriblement séduisante pour soi tout seul !

LES MUSÉES ANNECIENS

On comprend pourquoi les touristes insistent pour séjourner dans la vieille ville au charme qui se situe quelque part entre Bruges et Venise : jaune orangé, terre de Sienne, vert amande se mêlent sur les façades des maisons à arcades, les canaux jouent à cache-cache avec de solides églises, les quais croulent sous les géraniums...

❶ Mais le plaisir de musarder le nez en l'air ne doit pas occulter que la ville abrite quelques sites à découvrir, comme le **musée-château.** La forteresse, dont l'élément le plus ancien, la tour de la Reine, date du XIVe s, fut successivement la résidence des comtes de Genève puis celle des ducs de Savoie. Après la Seconde Guerre mondiale, il sert de refuge aux sans-logis et sera ensuite mis aux enchères publiques. Il est alors acquis par la Ville d'Annecy et restauré pour servir de lieu d'exposition. Les collections réservent une place toute particulière au patrimoine régional, naturel et culturel, à la peinture, aux sculptures religieuses, au mobilier savoyard et à l'art contemporain.

❷ Pas bien loin et toujours en plein centre, inratable avec sa figure de navire de pierre fendant les eaux du Thiou, le **palais de l'Île** est unique. Cette ancienne maison forte du XIe s était le siège d'une première seigneurie, celle de la famille de l'Isle. Elle appartient à la puissante famille des Monthouz du XIVe s au XIXe s. En même temps, il abrite d'autres activités, comme la Chambre des comptes ou le palais de justice, et un atelier monétaire y a fonctionné au XIVe s. Longue histoire dont on découvre les épisodes phares au cours de la visite. Dans les étages, le **Centre d'interprétation de l'architecture et du patrimoine (CIAP)** de l'agglomération d'Annecy. Un parcours d'exposition pour découvrir l'histoire, la géographie, l'architecture, les patrimoines construits et naturels d'Annecy et des environs.

INFOS UTILES

❶ **Musée-château**
☎ 04-50-33-87-30.
• musees-annecy.com •

❷ **Centre d'interprétation de l'architecture et du patrimoine**
3, passage de l'Île.
☎ 04-50-65-08-14.
• musees-annecy.com •

BALADE DANS L'ANNECY MÉDIÉVAL

Annecy a beau ne pas être une ville thermale, elle est pourtant bien associée à l'eau et est d'ailleurs surnommée la « Venise des Alpes ». Bordée par son lac, elle est traversée par des canaux, dont un seul est naturel : la petite rivière du Thiou. C'est sur ses berges que se développa la cité médiévale aux façades colorées, autrefois entourée de remparts dont on repère quelques vestiges, au gré d'une balade dans le dédale des ruelles étroites du vieil Annecy.

Au XIXe s, papeteries, forges et filatures utilisent à nouveau la force motrice du Thiou, transformant Annecy en une ville industrielle. Ce qu'elle est toujours aujourd'hui, même si les apparences sont trompeuses. En plein centre, le monument phare de la ville déjà évoqué, le palais de l'Île, s'avance, tel un paquebot, entre deux bras du Thiou. Non loin de là, on traverse le pont de pierre de Morens, construit au XIVe s et jadis surmonté de maisons. On peut aussi déambuler dans la rue Sainte-Claire, avec ses arcades donnant sur des passages couverts. Puis, en retraversant le Thiou, s'engager dans la rue Jean-Jacques-Rousseau et la charmante rue Filaterie, également dotée d'arcades.

EMBLÉMATIQUE D'ANNECY AUJOURD'HUI

❶ **Musée du Film d'animation**
18, avenue de Trésum, dans la chapelle du Conservatoire d'art et d'histoire.
☎ 04-50-33-87-30.

❶ Indissociable du festival annuel du film d'animation qui se déroule en juin, la ville consacre un **musée** au **film d'animation**, à peine en dehors du centre-ville. Un bel espace d'exposition dédié à l'histoire et aux techniques de l'image animée, du théâtre d'ombres aux images animées par ordinateur. Ici, on touche, on manipule pour saisir les illusions d'optique. Des films d'animation à visionner, bien sûr, des tablettes et écrans qui changent souvent, et d'intéressantes expositions temporaires. En sortant, grimpez jusqu'à l'église Notre-Dame-de-la-Visitation, toute proche, pour découvrir la vue sur la ville et le lac !

Faubourg et porte Sainte-Claire, **Annecy**

DOUCEUR DE VIVRE AU BORD DU LAC D'ANNECY

❶ **Office de tourisme du lac d'Annecy**
• lac-annecy.com •

❶ Aux beaux jours, les Anneciens investissent la verte pelouse du **Pâquier** (aussi appelé Champ-de-Mars), qui était autrefois un pâturage pour les bêtes. Cette esplanade qui s'étend sur 7 ha au bord du **lac** est le lieu rêvé pour un pique-nique. C'est aussi le coin des joggeurs et des promeneurs. À l'extrémité du Pâquier se dresse *L'Impérial Palace,* seul et unique palace de la ville, qui a accueilli Winston Churchill comme Charlie Chaplin, et dont le parc est un jardin public. Le long du quai, on peut louer une embarcation à pédales, un stand-up paddle ou un bateau à moteur. Ou bien on enfourche un vélo pour faire un tour sur la promenade cyclable qui longe le lac jusqu'à Marlens sur une ancienne voie ferrée, soit près de 35 km sécurisés (beaucoup de monde aux beaux jours). N'oubliez pas votre maillot, car on peut aussi se baigner sur les plages des Marquisats ou d'Albigny. L'eau, très propre, dépasse les 20 °C en été !

FICHE PRATIQUE

ACCÈS

En train

3h40 en TGV depuis Paris-gare de Lyon. **1h50** depuis Lyon.

En voiture

560 km depuis Paris (environ 5h), **1h15** de route depuis Lyon et **45 mn** depuis Genève.

En avion

L'aéroport le plus proche est celui de Genève, liaisons par bus.

AGENDA

FIN FÉVRIER À MI-MARS | Carnaval vénitien.

De fin février à mi-mars, selon les années. 2 jours durant lesquels la ville prend des airs de Venise, avec plus de 250 masques qui déambulent.

JUIN | Festival international du film d'animation.

Une semaine. Il est au cinéma d'animation ce que Cannes est au cinéma tout court. Films d'animation (dessins animés, marionnettes, 3D), dont certains ont connu une belle carrière.

JUILLET | Annecy Paysages.

Juillet-septembre. Festival de paysages.

AOÛT | Fête du Lac.

Le 1er samedi d'août. Un prestigieux spectacle pyrotechnique sur le lac. Inutile de vous dire que les places sur les gradins sont chères et que tous les hébergements sont saturés dans un rayon de 50 km minimum...

| Variations classiques.

Une semaine fin août. Des concerts dans différents lieux de la ville, avec des grands noms et virtuoses de renommée internationale !

OÙ DORMIR ?

ATIPIK HÔTEL

Un hôtel indépendant qui se démène pour offrir un service de qualité et personnalisé à ses clients. Chambres thématiques pas bien grandes mais joliment rénovées, avec double vitrage efficace. Celles du 2e étage sur rue ont un balcon, et les plus chanceux auront vue sur le canal. Espace bar au rez-de-chaussée où sont proposées des planches de fromages (de chez *Pierre Gay,* Meilleur Ouvrier de France) et charcuteries d'artisans voisins. Location de vélos. 19, rue Vaugelas. ☎ 04-50-52-84-33.

CHAMBRES D'HÔTES LES FILATERIES

Les Filateries dans la rue Filaterie, quand on est couturière de métier, ça s'imposait ! 3 chambres plus qu'agréables, d'un charme tout en sobriété et tranquilles, abritées dans un immeuble du XIVe s. D'ailleurs, gare à l'escalier en colimaçon (3 étages, vous êtes prévenu) ! Le petit déj est servi dans l'atelier ! 15, rue Filaterie. ☎ 04-50-02-71-74.

OÙ MANGER ?

LES CHINEURS DE LA CUISINE

Ce resto chaleureux ne cache pas son béguin pour la brocante (qui se tient devant tous les derniers samedis du mois). Cuisine de terroir à l'esprit voyageur, pleine de saveurs et de bonne humeur. Les 2 chineurs renouvellent constamment la carte, histoire de ne jamais s'ennuyer. La cuisine, elle, reste constante en qualité et en quantité. En été, la salle s'ouvre sur la rue piétonne, où des tables sont installées. Belle carte des vins et judicieuses propositions de vins au verre. 26, rue Sainte-Claire. ☎ 04-50-10-02-18.

CAFÉ BRUNET

La vieille enseigne, les marronniers qui ombragent l'immense terrasse, le terrain de boules dans un coin... Ce café, fondé en 1875, n'a pas beaucoup changé depuis. *Café Brunet* est aujourd'hui une annexe du voisin étoilé *Le Clos des Sens.* Plats de tradition, gentiment « canailles », qui dépoussièrent les classiques de la cuisine de bistro. 18, place Gabriel-Fauré. ☎ 04-50-27-65-65.

ACHATS

FROMAGERIE PIERRE GAY

Pierre Gay, Meilleur Ouvrier de France, incarne la 3e génération aux commandes de l'une des plus anciennes boutiques d'Annecy. Ici, le fromage est un trésor affiné sur place (voir la cave sous la dalle transparente au fond de la boutique) avec art et passion. Pierre Gay fournit aussi de nombreuses tables réputées de la région... et à Paris. Chèvre, camembert, comté côtoient les grandes stars locales : reblochon, abondance, beaufort, tomme de Savoie aux parfums si caractéristiques. Pour accompagner, vente de vins et divers produits d'épicerie. 47, rue Carnot. ☎ 04-50-45-07-29.

BOURGOGNE-FRANCHE-COMTÉ

Musée du Temps, **Besançon**

BESANÇON ET SES ENVIRONS

QUAND L'ARCHITECTURE VOUS FAIT VOYAGER !

PATRIMOINE	★★★★
GASTRONOMIE	★★
NATURE	★★★★
SHOPPING	★★
VIE NOCTURNE	★★

NOS INCONTOURNABLES

- La saline royale d'Arc-et-Senans
- Les remparts de la citadelle de Besançon
- Les rues de Besançon, sur les traces de Victor Hugo
- La balade le long de la Loue à Ornans
- Le Doubs ou la Loue en canoë-kayak
- Une randonnée dans la campagne franc-comtoise ou les montagnes jurassiennes

Besançon la verte, « Ville d'art et d'histoire », cité étudiante, fière capitale de la Franche-Comté lovée dans une boucle du Doubs sous le regard de la citadelle de Vauban... Tout le monde (ou presque) la connaît, mais la ville natale de Victor Hugo, française seulement depuis le XVIIe s, ne s'endort pas sur ses cartes postales. Sa visite nous emmène à travers les époques et les pays, tout comme ses petites sœurs voisines, Ornans et Arc-et-Senans... De vrais petits bijoux architecturaux, niché dans une Franche-Comté aussi verte que splendide !

INFOS UTILES

❶ **Saline Royale**
Grande Rue.
• salineroyale.com •

LA SALINE ROYALE D'ARC-ET-SENANS :
L'ANTIQUITÉ S'INVITE EN FRANCHE-COMTÉ

❶ Petit bourg tranquille, Arc-et-Senans cache cependant un prestigieux et surprenant monument, inscrit au Patrimoine mondial de l'Unesco depuis 1982 : la **saline royale.** Pour la petite histoire, les technocrates de l'époque (XVIIIe s) eurent l'idée, audacieuse, de faire voyager les eaux saumâtres puisées à 20 m de profondeur au long d'une vingtaine de kilomètres de conduites de bois jusqu'au village d'Arc.

BLANC DE TOUT SOUPÇON

Dans la tradition judaïque, le sel est symbole de fidélité et d'alliance avec Dieu. Cette substance divine était censée repousser le diable. Durant l'Inquisition, on a longtemps pensé que les sorcières se nourrissaient de plats sans sel. L'absence de sel dans une maison était donc une preuve de culpabilité. Sur ce principe, les tribunaux ecclésiastiques ont condamné nombre d'innocents !

L'emplacement de la nouvelle saline fut fixé en 1773 par un arrêté du conseil du roi Louis XV. Claude-Nicolas Ledoux, inspecteur général des salines de Lorraine et de Franche-Comté et, surtout, architecte de génie, mit 4 ans pour édifier ce qui reste son œuvre majeure, avec les murs des Fermiers généraux à Paris.

Elle est le témoignage exceptionnel d'une architecture rationnelle, hiérarchisée et esthétique, traversée par le siècle des Lumières, son effervescence intellectuelle et ses idéaux de progrès.

Imaginez 11 bâtiments s'inscrivant dans un demi-cercle de 370 m de diamètre, aujourd'hui agrémenté d'une jolie pelouse, et en son centre, la maison monumentale du directeur avec son architecture rendant hommage aux villas italiennes... Cette inspiration de l'Antiquité est complètement inattendue pour une usine !

Telle une petite ville, la saline d'Arc-et-Senans disposait dans son enceinte d'une boulangerie, d'une chapelle, d'une infirmerie, de cachots, d'un four pour la cuisson du pain et de jardins potagers. Les ouvriers et leur famille qui y travaillaient y vivaient aussi.

❶ **Julien Gracq**
1910-2007.

❷ **Gustave Courbet**
1819-1877.

Musée Courbet
1, place Robert-Fernier.
• musee-courbet.fr •

ORNANS, LA VENISE TORRENTUEUSE

On aime Ornans un peu, beaucoup, passionnément, selon l'heure, la saison et l'humeur du temps, avec ses ponts jetés sur la rivière (faites la balade le soir, lorsqu'ils sont illuminés), ses maisons suspendues, ses hôtels particuliers... Ceux-ci ont été construits à partir du XVe s, quand la ville se peupla de bourgeois.

❶ Mais en guise d'introduction à cette ville à part, on ne saurait mieux en parler que **Julien Gracq,** dans *Carnets du grand chemin* : « Toutes les maisons se serrent pour venir boire ensemble à la rivière, si pure avec ses longues chevelures d'herbes lissées par le courant. C'est la Loue qui est la rue centrale de cette Venise torrentueuse, toutes ces maisons en vis-à-vis. » En tout cas, on ne se lasse pas d'admirer les vieilles maisons construites en encorbellement, et les pêcheurs à la mouche, se mirant dans la rivière qui paraît si paisible. Le meilleur point de vue est sans doute le **Grand Pont.**

❷ La jolie ville et sa rivière ont inspiré aussi le peintre **Gustave Courbet** ! Décrié notamment pour son œuvre *L'Origine du monde,* le peintre a mis sur toile de nombreux paysages de sa région natale. Un bel hommage à la Loue et à Ornans... Qui le lui rend bien ! La ville a réhabilité trois bâtiments réunis pour créer un espace muséographique d'envergure. Si l'**hôtel Hébert** a été restauré avec soin pour préserver l'atmosphère des années pendant lesquelles les Courbet y ont vécu, la **maison Borel** et l'**hôtel Champereux** ont, à l'inverse, été réaménagés de façon moderne. On y découvre une collection riche et des œuvres rares de l'artiste.

Le Verger du père Courbet à Ornans, **Gustave Courbet**

LA CITADELLE DE BESANÇON,
UN VOYAGE DANS LE TEMPS

❶ Ce site formidable, le plus visité de Franche-Comté, n'est qu'à 20 mn à pied du centre-ville. C'est avant tout un **site naturel d'exception** modelé par un rocher qui domine de 118 m la rivière. Un coup d'œil rapide ne permet d'ailleurs pas de faire la distinction entre ce qui relève de la nature et ce que la main de l'homme y a imprimé. « Un promontoire inaccessible, ou peu s'en faut, aux oiseaux eux-mêmes », écrivait l'empereur romain Julien.

Les Séquanes l'avaient déjà cerné d'une muraille. Les Romains puis l'époque médiévale perfectionnèrent ses défenses. Cet ensemble monumental construit au XVIIe s (11 ha – une ville de 10 000 habitants y serait à l'aise) est l'œuvre (sinon le chef-d'œuvre ; il la considérait comme sa meilleure place forte) de Vauban.

Trois enceintes ou fronts successifs composent la citadelle : le front Saint-Étienne, le front Royal, le front de Secours enfin. Derrière le front Royal s'étend une plateforme divisée en deux cours par le long bâtiment des Cadets. Impressionnant (même Louis XIV en fut ébahi !) puits de 132 m de profondeur et grande roue de 4 m de diamètre dans laquelle tournait un homme pour amener l'eau depuis la nappe phréatique du Doubs. La citadelle est cernée par des remparts où pointent les tours de guet du Roi et de la Reine. On peut faire le tour du chemin de ronde en s'arrêtant pour admirer le panorama, l'un des plus beaux de la ville.

Enfin, comme toute forteresse qui se respecte, elle est sillonnée par un réseau de galeries de communication souterraines. Un tronçon de près de 130 m est visible, mais seulement dans le cadre de visites guidées.

LA GRANDE-RUE DE BESANÇON...
BIENVENUE EN PAYS ANDALOU !

❶ Véritable colonne vertébrale du centre ancien, elle reprend peu ou prou le tracé du cardo romain. D'une belle unité architecturale, la **Grande-Rue** peut se parcourir en laissant glisser son regard sur les façades élégantes auxquelles la **pierre de Chailluz,** ocre et bleu, donne sa couleur dominante.

Remarquez les nombreuses devises en latin au-dessus de certaines portes et les grilles bizarrement ventrues des fenêtres, d'un style très andalou. C'est peut-être pour cela que Victor Hugo comparait Besançon à une vieille ville espagnole.

Il faut également pénétrer dans les cours et arrière-cours intérieures pour découvrir de vertigineux escaliers, se glisser dans les trages (cousins bisontins de la traboule lyonnaise) quand les codes n'en ferment pas l'accès...

Nous vous proposons de descendre la Grande-Rue, de la charmante place Victor-Hugo, qui a vu naître plusieurs gloires locales (Victor Hugo lui-même, Charles Nodier et les frères Lumière), jusqu'au pont Battant.

❷ Au nº 140, la **maison natale de Victor Hugo** (elle se visite). Courbet aurait vécu dans les combles de cette maison.

❸ Au nº 127, l'**hôtel d'Étrabonne** (ou de Clermont) : notez le portail aux vantaux richement décorés.

– Au nº 120, on admire un immeuble de la première moitié du XVIIIe s. La façade aligne de nombreuses sculptures, dont un étonnant Roi mage modèle réduit.

– Au nº 110, dans une cour intérieure pavée et traversée par une minuscule voie ferrée, un de nos escaliers préférés : à balustres de bois et ferronneries, il s'appuie sur un mur recouvert au XIXe s de panneaux de faïence décorée.

❶ **Office de tourisme**
• besancon-tourisme.com •

❷ **Maison natale de Victor Hugo**
140, Grande-Rue.
• maisonvictorhugo.besancon.fr •

❸ **Hôtel d'Étrabonne**
127, Grande-Rue.

FICHE PRATIQUE

ACCÈS

En train

2h20 en TGV, depuis Paris-gare de Lyon.
2h10 depuis Lyon.

En voiture

420 km depuis Paris (environ 4h), **2h30** de route depuis Lyon et **2h15** depuis Genève.

AGENDA

MAI | Festival de Besançon / Montfaucon.
Concerts dans des lieux prestigieux.

JUIN-OCTOBRE | Festival des Jardins / La saline royale d'Arc-et-Senans.
Jardins à thème.

SEPTEMBRE | Festival de musique Besançon-Franche-Comté.
L'un des plus vieux festivals du genre (depuis 1948). Concerts classiques et concours de jeunes chefs d'orchestre, les années impaires (l'une des spécificités de cet événement !).

OÙ DORMIR ?

LA RETRAITE SENTIMENTALE

Colette aimait le coin. Nous aussi. Il faut dire que la vue sur la ville en contrebas et l'environnement paisible favorisent le repos. D'autant que la maison réservée aux hôtes est pleine de surprises : des parties communes cosy et de caractère, une salle de jeux géniale, quatre chambres séduisantes et tout confort ainsi qu'une piscine sur la terrasse. Accueil attentionné, à l'image du petit déj – exemplaire. 39, chemin des Montboucons, Besançon. • laretraitesentimentale.com •

CHAMBRES D'HÔTES LE JARDIN DE GUSTAVE

Voici une demeure bourgeoise qui aurait certainement inspiré le peintre trublion. Déco soignée et pleine de personnalité, où le moderne s'accommode d'objets chinés dans une belle harmonie. Plancher en bois à l'ancienne. Marylène patine et donne de la gaieté à cette maison à taille humaine, de la cuisine au grenier. Vue et jardin donnant sur la Loue. 28, rue Édouard-Bastide, Ornans. • lejardindegustave.fr •

NUIT À LA SALINE

Eh oui, il est possible de séjourner dans ce formidable monument. Les 31 chambres de ce 3-étoiles à l'aménagement contemporain sont tout confort (les plus grandes avec mezzanine) et réparties dans les différents bâtiments du site. Vous aurez ainsi, à la nuit tombée, le chef-d'œuvre de Ledoux et ses beaux jardins pour vous tout seul... L'été, en plus de l'excellente table d'hôtes, possibilité de dîner sous forme de panier pique-nique où bon vous semble pour profiter du site et des jardins mis en lumière (dans les 2 cas, réserver impérativement). La saline, Arc-et-Senans. • salineroyale.com •

OÙ MANGER ?

L'AFFINEUR COMTOIS

Un battant de la qualité et de la convivialité, ici c'est du 100 % franc-comtois et 101 % accueil chaleureux ! Cadre en pierres apparentes et bois pour d'excellentes spécialités au fromage (ah, la fondue aux champignons !) et clientèle locale réjouie qui sait qu'elle retrouvera aussi tous ces bons produits à la Crèmerie du marché des Beaux-Arts. 82, rue Battant, Besançon. • restaurant-laffineurcomtois.fr •

LA GRIOTTE

Un petit restaurant de campagne très discret... qui ne désemplit pas ! Car tous les gourmands connaissent le rapport qualité-prix évident de cette belle table, où le chef mitonne des spécialités régionales savoureuses en fonction des saisons. Velouté de chou-fleur au saumon fumé, truite au vin jaune ou magrets au parfum de truffe sont cuisinés avec précision et servis avec le sourire dans une véranda donnant sur le jardin. En guise de dessert, la soupe de griottes, évidemment ! 3, rue des Cerisiers, Saules. • lagriotte.fr •

AUBERGE DE BUFFARD

Un village vigneron bucolique à souhait et une auberge de terroir tout ce qu'il y a de plus agréable, posée devant l'église. Salle tranquille ou terrasse, service et accueil jovial du maître de maison et de son fils, et spécialités régionales classiques et copieuses. Vins du Jura... et de Buffard ! 5, Grande-Rue, Buffard. • auberge-de-buffard.fr •

Vézelay et ses vignobles

VÉZELAY

LA COLLINE AUX MILLE VISAGES

PATRIMOINE	★★★★
GASTRONOMIE	★★
NATURE	★★
SHOPPING	★
VIE NOCTURNE	★

NOS INCONTOURNABLES

- La visite de la basilique
- Une virée dans le vignoble alentour
- Le château de Bazoches

Si Vézelay mérite une visite pour sa célèbre basilique, haut lieu de l'histoire et de la chrétienté, classée au Patrimoine mondial de l'Unesco, c'est aussi un charmant village perché sur une colline. Connue de l'Europe entière, dès le XIe s, pour abriter les reliques de sainte Madeleine, l'abbaye fut le point de départ de la deuxième croisade prêchée, au XIIe s, par saint Bernard. Puis saint François d'Assise choisit la colline pour y fonder le premier monastère franciscain en France. Au cours des siècles, Vézelay fut une étape majeure pour les pèlerins en route vers Saint-Jacques-de-Compostelle. Vézelay, ce sont aussi des vins d'appellation d'origine contrôlée régionale « bourgogne-vézelay », en blanc. Et poussez donc, dans les environs proches, jusqu'au château de Bazoches, qui vaut le détour.

JOYAU SACRÉ DU MORVAN

INFOS UTILES

❶ **Basilique Sainte-Madeleine**
• basiliquedevezelay.org •

Maison du Visiteur
Place Adolphe-Guillon.
• vezelay-visiteur.com •

❶ La montée est longue et parfois épuisante, sous le soleil, mais la visite de la **basilique Sainte-Madeleine** récompense, aujourd'hui comme hier, les visiteurs arrivés jusqu'à elle. À mi-chemin de la montée, la **maison du Visiteur,** une visite à ne pas négliger, après ou avant celle de la basilique, pour mieux en comprendre le sens et le caractère exceptionnel.

Du point de vue architectural, la basilique intègre à la fois des éléments romans du XIIe s (nef et narthex) et des parties gothiques du XIIIe s (chœur et transept). La façade, sobre et humble, et l'ensemble de l'édifice ont été restaurés par Viollet-le-Duc au XIXe s, à la demande de Prosper Mérimée, inspecteur des Monuments historiques. On pénètre d'abord dans le narthex (lieu d'accueil des pèlerins), plongé dans la pénombre, avec ses quatre imposants piliers. Au-dessus du portail central, l'admirable tympan de la Pentecôte, très bien conservé, représente la mission des apôtres après la Résurrection. Au centre, Christ en majesté, assis sur un trône. Superbe drapé, presque en mouvement ! Le tympan de droite foisonne de détails.

En s'engageant dans la haute nef romane, qu'on découvre plutôt dans la pénombre, le regard est d'emblée happé par la luminosité du chœur gothique. Des pas qui nous mènent de l'ombre à la lumière, tout un symbole ! Les chapiteaux des colonnes offrent les scènes les plus variées, dont les thèmes sont généralement tirés de la Bible. La seule ornementation se limite aux décorations florales qui soulignent les lignes architecturales principales de l'église (étages, voûtes, etc.). Le 21 juin (solstice d'été), les rayons du soleil viennent frapper le sol de la basilique et forment des croix : c'est le fameux « chemin de lumière » qui guidera vos pas ce jour-là.

LA GUERRE DES RELIQUES

Vézelay a toujours été un haut lieu de la chrétienté. Deux croisades partirent de cette colline sacrée. Il fallait donc des reliques à la hauteur de cette réputation. Les Sarrazins envahissant le Midi, il était urgent de sauver les reliques de Marie Madeleine conservées à Saint-Maximin (Var). On envoya le moine Badilon – quand même escorté de soldats – pour les voler. Bien sûr, le clergé de Saint-Maximin prétend aujourd'hui que les reliques de Vézelay sont fausses...

En vous dirigeant vers le chœur gothique, n'oubliez pas de descendre dans la petite crypte carolingienne qui abrite une partie des reliques de sainte Madeleine. Sur le côté droit de la nef, on peut jeter un œil à la partie du cloître restaurée par Viollet-le-Duc. La salle est soutenue par six voûtes d'ogives assez harmonieuses.

À propos de Viollet-le-Duc, deux salles abritent des sculptures médiévales et des moulages provenant des travaux de restauration de la basilique, qui fut le premier chantier d'envergure mené par le jeune architecte.

Derrière la basilique s'étend une vaste terrasse plantée d'arbres. Un ancien chemin de ronde longe les remparts. La vue sur les vallons est superbe.

LES ARTISTES DE « LA COLLINE INSPIRÉE »

❶ **Maison Jules-Roy**
1, rue des Écoles.
☎ 03-86-33-35-01.

❷ **Romain Rolland**
1866-1944.

Musée Zervos
Rue Saint-Étienne.
☎ 03-86-32-39-26.
• musee-zervos.fr •

❶ Vézelay est aussi liée aux nombreux artistes, peintres, écrivains, musiciens, qui l'ont adoptée. On peut ainsi découvrir la **maison de l'écrivain Jules Roy,** qui adorait Vézelay. Il y vécut, écrivit dessus, et y mourut en 2000. Gainsbourg et Mitterrand, à l'occasion, venaient lui rendre visite. On peut découvrir son bureau, laissé en l'état, son cadre de vie et un splendide panorama sur la basilique et la vallée de la Cure.

❷ Autre maison d'écrivain, celle de **Romain Rolland** (dont on peut encore voir la chambre conservée quasiment en l'état), et qui abrite aujourd'hui le **musée d'art moderne Zervos,** aussi remarquable qu'attachant. Des œuvres des années 1925 à 1965, dont de nombreux Picasso, Giacometti, Miró, Calder, Laurens, Kandinsky... léguées par Christian (éditeur et critique d'art qui lança bien des artistes) et Yvonne Zervos. La collection, certainement l'une des plus belles dans le genre, suit le cheminement artistique de Zervos, depuis son « entrée en art ». La première œuvre est une superbe peinture de Le Corbusier. Une approche intimiste de Picasso, l'ami de Zervos, le poète, et de ceux qui ont croisé leur chemin.

Maison de Jules Roy, bureau de l'écrivain

Vézelay

DANS LES PAS DE VAUBAN

❶ **Château de Bazoches**
☎ 03-86-22-10-22.
• chateau-bazoches.com •

❶ On quitte ensuite Vézelay et son monument d'architecture religieuse pour aller découvrir le château de celui qui fut, sous Louis XIV, à l'origine de bien des monuments d'architecture militaire cette fois, le maréchal de Vauban. Le **château de Bazoches,** construit sur le versant d'une vallée à peine encaissée, bucolique et secrète, semble veiller sur son village et son « pays » depuis toujours. Un site superbe, plein d'harmonie, d'où l'on aperçoit Vézelay. Noble et imposant, le château, construit au XIIe s par Jean de Bazoches, a conservé trois ailes et trois tours d'origine.

La façade est postérieure, du XVIIe s, conférant à l'ensemble une forme trapézoïdale. Elle fut édifiée par le plus illustre propriétaire du château, Vauban (1633-1707), le bâtisseur de forteresses, à qui l'on doit plus de 300 places fortes et ouvrages. Vauban, bien sûr, y demeure très présent : armure (celle qui est exposée dans la Grande Galerie porte encore les stigmates de la guerre !) et bureau de travail, plans divers et portraits dont celui, fameux, de Louis XIV à cheval. Cadeau du roi à son maréchal, ce tableau possède la particularité d'être signé de son auteur, Van der Meulen, chose très rare s'agissant d'un portrait du roi. Outre le château, on peut aller voir la charmante église où est enterré le maréchal de Vauban.

Château de Bazoches

FICHE PRATIQUE

ACCÈS

En voiture

À **2h30** de Paris, **2h50** de Lyon.

AGENDA

AOÛT | Rencontres musicales de Vézelay.

Concerts de musique classique dans les différents monuments de la ville et églises des alentours. Chaque jour, en fin de matinée et après-midi, Vézelay en musique à travers le village. Quelques concerts gratuits aussi, avec en parallèle conférences, tables rondes et stages.

☎ 03-86-94-84-40. • lacitedelavoix.net •

OÙ DORMIR ?

SY LA TERRASSE

Notre chouchou à Vézelay. Un vrai hôtel de charme, avec un resto-bar sympa au rez-de-chaussée faisant dans le simple, le bon, le frais, le local. On peut s'attabler à la grande terrasse qui fait face à la basilique pour un repas ou une pause sucrée-salée dans la journée. Six chambres d'un confort total, au design contemporain. Concerts jazz de temps en temps, pour animer le village.
2, place de la Basilique, Vézelay. ☎ 03-86-33-25-50. • vezelay-laterrasse.com •

SY LES GLYCINES

Un autre hôtel de charme de la même maison et dans le même esprit, dans un bâtiment du XVIIIe s. 33, rue Saint-Pierre, Vézelay. ☎ 03-86-47-29-81. • vezelay-laterrasse.com •

HOSTELLERIE DU MOULIN DES RUATS

Un ancien moulin à farine recouvert de lierre avec terrasse au bord de la rivière pour l'été. Au resto, on se régale du spectacle de la grande roue du moulin. Chambres élégantes, au grand calme, avec pour certaines la vue sur la rivière et la verdure.
23, rue des Îles-Labeaume, vallée du Cousin, Avallon. ☎ 03-86-34-97-00. • moulindesruats.com •

OÙ MANGER ?

À LA FORTUNE DU POT

Petite adresse très agréable avec sa grande terrasse aux beaux jours, où toutes les générations se retrouvent. Cuisine simple (rien de gastro). Ici, on peut dire qu'on mange vraiment à la fortune du pot.

Place du Champ-de-Foire, Vézelay. ☎ 03-86-33-32-56.

RESTAURANT LE CHEVAL BLANC

Un restaurant qu'on découvre en arrivant sur la place. Rien de bien compliqué, mais un accueil courtois et une carte qui suit les saisons et ne triche pas avec les produits du pays. Terrasse un peu à l'écart, pour prendre un bain de soleil plutôt qu'un bain de foule, on préfère.
16, place du Champ-de-Foire, Vézelay. ☎ 03-86-33-22-12. • lechevalblancvezelay.fr •

ACHATS

BRASSERIE DE VÉZELAY

Bière artisanale bio de qualité, sans sucres ajoutés ; boutique et bar pour déguster. Petite restauration en pleine saison, pour déjeuner en terrasse, et concerts réguliers.
Rue du Gravier, Saint-Père. ☎ 03-86-34-98-38.

Pour déguster les beaux et encore peu communs vins de Vézelay, plusieurs boutiques-carioles en ville.

Vieille ville, **Dijon**

DE DIJON À BEAUNE

PAR LA ROUTE DES GRANDS CRUS

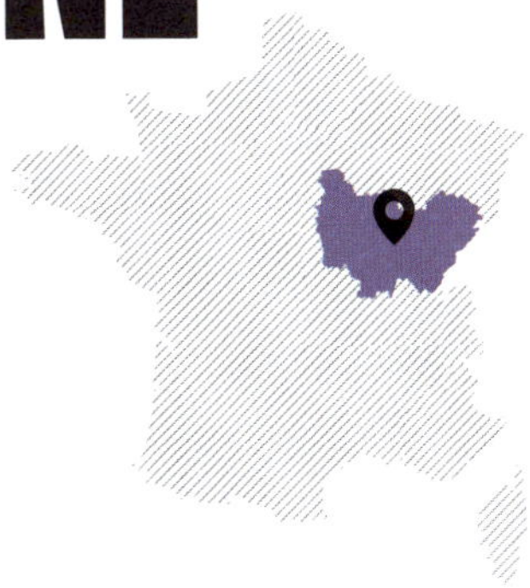

PATRIMOINE	★★★★
GASTRONOMIE	★★★★
NATURE	★★
SHOPPING	★★★
VIE NOCTURNE	★

NOS INCONTOURNABLES

- Les hospices de Beaune
- S'offrir une dégustation de grands crus

Dijon « mustard » ou « Dijon must art » ? C'est le slogan qu'aurait pu prendre la capitale des Grands Ducs d'Occident, connue dans le monde entier pour une moutarde souvent fabriquée ailleurs, et pour un musée redevenu un des plus importants de France. Le deuxième après le Louvre à être abrité dans un ancien palais. Mais c'est aussi une ville qui joue la carte du contemporain dans ses rues et qui a transformé son ancien hôtel-Dieu en Cité internationale de la gastronomie et du vin ! Aux portes de vignobles mondialement connus, Dijon offre une insolite balade dans le temps, avant de se mettre au vert, mais aussi au verre… le centre historique de Dijon ayant été inscrit au titre des climats de Bourgogne au Patrimoine mondial de l'Unesco, en tant que « paysage culturel ».

LE DIJON DES DUCS

INFOS UTILES

❶ **Musée des Beaux-Arts**
1, rue Rameau.
• beaux-arts.dijon.fr •

Que reste-il du temps des ducs ? Un symbole d'abord, bien visible depuis l'ancienne place d'Armes, aujourd'hui envahie par les terrasses des cafés. Les regards se tournent tous vers l'**hôtel de ville,** noble bâtisse symétrique, un rien trop prétentieuse, sauvé de l'ennui grâce à sa tour Philippe-le-Bon. Il faudra traverser la place pour emprunter un passage que les manants d'autrefois pouvaient déjà utiliser, quand ceux qui les gouvernaient faisaient la tournée des grands ducs, en Flandre notamment.

❶ Depuis le jardin des Ducs, on découvre l'envers du décor, magnifique, avant de parcourir les salles du **musée des Beaux-Arts** qui occupent en partie l'**ancien palais des Ducs,** entièrement rénové. Des ducs qui se contentaient de naître ici, voire d'y mourir, après y avoir festoyé dans des salles qui abritent les tombeaux de deux d'entre eux : Philippe le Hardi (1363-1404) et Jean sans Peur (1404-1419). De tous, c'est le troisième, Philippe le Bon (1419-1467), qui fut le plus aimé des Bourguignons, ayant beaucoup fait pour le vin et la table, sans parler de leur tranquillité et de leur prospérité. Quant à Charles le Téméraire (1467-1477), on ne lui pardonne pas ici d'avoir tout gâché, en allant se faire bouffer par les loups aux portes de Nancy, laissant la Bourgogne et le trésor de la Toison d'Or aux mains des Habsbourg.

De l'autre côté du jardin, le quartier médiéval est resté dans son jus, avec des boutiques vendant notamment ce pain d'épices que l'on doit à une duchesse plus gourmande que les autres.

BALADE DANS LE SECTEUR PIÉTON

❶ **Église Notre-Dame**
2, place Notre-Dame.

❷ **Maison Millière**
10, rue de la Chouette.
• maison-milliere.fr •

❸ **Halles Centrales**
1, rue Bannelier.

❶ Devenu entièrement piéton, le secteur médiéval permet de mieux comprendre une ville où certains vivent toujours comme au temps des ducs, s'arrêtant pour regarder le jacquemart rapporté de Flandre comme prise de guerre. L'homme de fer continue de donner l'heure, du haut de l'**église Notre-Dame.** Les gargouilles en dessous regardent la foule d'un air imperturbable, tout comme la chouette en pierre, à l'ombre de l'église, qui porte bonheur à qui la caresse de la main gauche.

❷ Au chevet de l'église, deux belles maisons à pans de bois, dont la **maison Millière,** construite en 1483, devant laquelle ont été tournées quelques scènes de Cyrano de Bergerac, version Depardieu. Sur son toit ont été perchés, au début du XXe s, un chat et une chouette qui vous feront lever le nez au ciel. Une belle occasion de découvrir ces toits bourguignons multicolores, destinés à se faire remarquer par Dieu plus que par les passants.

❸ On s'arrête boire un verre les jours de marché sous les **halles centrales,** qui ont conservé leur structure Eiffel, ou en terrasse, **place François-Rude,** face au Bareuzai, petit personnage rappelant les activités des vendangeurs d'autrefois par les bas rosés de ceux qui devaient fouler le raisin, à l'époque où on (se) foulait encore ! C'est à la demande des bourgeois de la ville que Philippe le Hardi interdit en 1395 le « très méchant et déloyal plant nommé gamay » au profit du pinot noir, qui a, depuis, fait la fortune des vignerons de la côte, qui démarre à la sortie sud de Dijon.

VOYAGE DANS LE TEMPS, JUSQU'AUX PORTES DE LA VILLE

❶ **Cité internationale de la gastronomie et du vin**
Ouverture prévue en décembre 2021.

❷ **Puits de Moïse**
1, boulevard du Chanoine-Kir.
• destinationdijon.com •

Mulot & Petitjean
13, place Bossuet.
• mulotpetitjean.com •

Pour visiter Dijon, il faut prendre l'allure de l'escargot, pas le rythme. À force de cercles concentriques, on s'éloigne du palais ducal pour passer dans le quartier des beaux hôtels particuliers construits au temps des princes de Condé, entre cour et jardin.

❶ En passant par la rue Monge, on arrive à l'ancien hôpital général, qui accueillera demain la **Cité internatioanle de la gastronomie et du vin.** De là part une coulée verte, longue de 2,2 km, en direction du **lac Kir.** Ce dernier doit son nom à un chanoine peu porté sur l'eau, qui fit trinquer le monde entier à sa santé et à celle de la Bourgogne en offrant à ses visiteurs, en tant que maire de Dijon, un vin blanc-cassis qui avait le don de rendre tout le monde heureux.

❷ Arrêtez-vous pour découvrir le **puits de Moïse,** parmi les magnifiques vestiges de la chartreuse de Champmol, fondée pour devenir la nécropole des ducs de Valois, aujourd'hui dans l'enceinte de l'hôpital psychiatrique. En sortant, il suffit de traverser les voies de chemin de fer pour aller visiter la **fabrique de pains d'épices Mulot & Petitjean,** qui a créé un espace muséographique dans ses ateliers qui devrait ravir les fans de tourisme industriel.

Puis on part découvrir des villes et villages connus dans le monde entier pour les vins qui ont fait leur gloire, et la fortune des maisons de vins et des grandes familles vigneronnes.

Bareuzai de Dijon, **place Francois-Rude**

Vignobles de la côte de Nuits et église Saint-Martin, **Fixin**

LA ROUTE DES GRANDS CRUS, DE DIJON À BEAUNE

Les premiers villages vignerons que l'on rencontre à la sortie de Dijon ne font pas forcément rêver, le béton ayant ici coulé plus que le vin. Mais dès **Marsannay,** on change de paysage et de « climat ». Terme devenu magique depuis que l'Unesco a reconnu ce mot qui explique la typicité des vins, tous différents selon la terre, la disposition des vignes, les « crus », aussi incroyable que cela puisse paraître...

Pas toujours facile de comprendre les vins qui se font ici. Le cépage ne pose guère de problème : à quelques rares exceptions, il s'agit de **pinot noir** pour les rouges et de **chardonnay** pour les blancs. Les appellations sont donc essentiellement géographiques... « climatiques », dit-on ici !

Les « climats de Bourgogne », ce sont peut-être les sommeliers qui vous les expliqueront le mieux, si vous vous arrêtez dans ces restaurants, ces bars à vins qui de **Fixin** à **Nuits-Saint-Georges,** de **Beaune** à **Nolay,** ne vous prennent pas forcément pour des touristes si vous avez envie de partager connaissances et convivialité. Dire que vous serez partout les bienvenus serait exagéré, certaines grandes maisons vendant plus à l'export que sur place.

De Nuits à Beaune, emprunter la **D25** et musarder sur les petites routes de ce pays des fruits rouges. En alternance avec la vigne sont venues s'ajouter des cultures de framboisiers et cassissiers qui ont acquis une belle réputation. Les petites routes vous mènent à travers forêts, collines et crêtes dégarnies jusqu'à des villages où l'on peut encore trouver des artisans authentiques et des vignerons ayant le sens de l'accueil. On n'est pas sur la Côte, comme on dit ici, même si l'océan des vignes n'est pas loin.

Halle du XIVe s, **Nolay**

BEAUNE

❶ **Hospices de Beaune**
Rue de l'Hôtel-Dieu.
☎ 03-80-24-45-00.
• hospices-de-beaune.com •

Rogier Van der Weyden
1399-1464.

❷ **Les Ateliers du Cinéma**
13, boulevard Maréchal-Joffre.
• ateliersducinema.org•

❶ Si Beaune accueille le monde entier, elle reste une cité secrète, où de hauts murs et des grilles ouvragées bordent des rues silencieuses. Est-ce parce que la ville est cerclée par des remparts et des bastions comme un tonneau par ses douelles ? Capitale d'une Bourgogne viticole qui a su tirer son épingle du jeu au carrefour des voies ferrées et routières de l'Europe d'aujourd'hui, Beaune se parcourt à pied, ce qui permet de s'arrêter où on veut pour visiter une cave, avaler une tranche de jambon persillé avant de découvrir les richesses des **Hospices,** monument le plus visité de Bourgogne. L'**hôtel-Dieu** est l'un des rares témoignages de l'architecture civile de la fin du Moyen Âge, d'inspiration flamande, comme il se doit à l'époque. Il faut pénétrer dans la cour d'honneur pour apprécier ces toits de tuiles émaillées multicolores en terre cuite, dessinant d'extraordinaires figures géométriques, et décorés d'une cinquantaine de girouettes. On doit cet hôtel-Dieu à Nicolas Rolin, chancelier du duc de Bourgogne Philippe le Bon et homme de bien ; du moins en avait-il. Pour se faire pardonner toutes ses vilenies, il s'offrit les services du peintre **Rogier Van der Weyden,** qui l'immortalisa avec son épouse à ses côtés dans le polyptyque du *Jugement dernier,* l'une des plus célèbres œuvres de la peinture flamande du XVᵉ s, toujours visible ici.

❷ Beaune, c'est surtout une bourgade où il fait bon se balader, le nez au vent, de jour comme de nuit. Une ville où chacun peut se faire son cinéma, à commencer par les fans de **Lelouch,** qui a installé ici son école, une ville qui fête le polar début avril, et la musique baroque en juillet le temps d'un festival. Et enfin toute l'année, mais surtout en novembre, on sent dans l'air un parfum qui n'est pas seulement celui des billets de banque qui circulent.

Hôtel-Dieu, Hospices de Beaune

FICHE PRATIQUE

ACCÈS

En train

1h40 depuis Paris, **2h** depuis Lyon, **2h10** depuis Strasbourg.

En voiture

2h depuis Lyon, **3h15** depuis Paris ou Strasbourg.

AGENDA

JUILLET | Festival international d'opéra baroque de Beaune.

Concerts des plus prestigieux ensembles mondiaux, sur 4 week-ends, en juillet. • festivalbeaune.com •

OÙ DORMIR ?

MAISON PHILIPPE LE BON

Un lieu très agréable pour passer des nuits paisibles dans un quartier d'hôtels particuliers du XVIIe s. L'hôtel lui-même est composé de plusieurs d'entre eux. Demandez le dernier étage ainsi qu'une chambre sur jardin si possible. Design contemporain aux couleurs et confort d'aujourd'hui. On peut s'attabler à « La Closerie », et notamment en terrasse, côté jardin, aux beaux jours. 18, rue Sainte-Anne. ☎ 03-80-30-73-52, Dijon. • maisonphilippelebon.com •

HÔTEL CENTRAL

Intimiste et confortable, un hôtel qui cache bien son jeu, avec 23 chambres au style contemporain, chic et épuré. Un lieu où l'on dort mais où l'on vit aussi, du petit déj buffet à la *finger food* à la bourguignonne proposée à tous moments. Pour les grosses faims, repas tradi chez *Dame Tartine,* tout à côté. Les chambres, ouvertes sur la cour, sont des plus agréables. 2, rue Victor-Millot, Beaune. ☎ 03-80-24-77-24. • lecentralbeaune.com •

HÔTEL LA GENTILHOMMIÈRE – RESTAURANT LE CHEF COQ

On se sent bien dans cette belle et immense maison, en pleine nature, où l'on prend le temps de vivre. Chambres ou suites thématiques et ethniques, toutes de plain-pied et alignées comme dans un motel ! La cuisine est réussie, bien dans l'air du temps, sur fond de terroir revisité. Le midi en semaine, remarquable menu à prix tout doux. Superbe terrasse, piscine et tennis. 13, vallée de la Serrée, Nuits-Saint-Georges. ☎ 03-80-61-12-06. • lagentilhommiere.fr •

OÙ MANGER ?

D Z'ENVIES

Un bistrot dans le goût de l'époque, ouvert près des Halles par un ex-étoilé libéré de toutes contraintes : cet acrobate des cuissons rapides réalise une cuisine associant les saveurs du Maghreb et du Japon aux techniques culinaires françaises, qu'il détourne avec humour. Tout cela gentiment tarifé, servi rapidement, non sans attention. Terrasse. 12, rue Odebert, Dijon. ☎ 03-80-50-09-26.

RESTAURANT F & B

Un vrai bar à vins où l'on mange bien, sur la petite place Carnot. La carte alterne quelques classiques revisités et des en-cas très qualitatifs. Cuisine simple, avec de beaux produits, et des bouteilles qui dépassent volontiers le terroir bourguignon. Petite terrasse sympa et déco intérieure branchée. 6-8, rue d'Alsace, Beaune. ☎ 03-80-21-04-19.

LES PÔPIETTES

De l'humour, de la bonne humeur et de l'houmous : les volubiles Aurora et Giada, deux sœurs ritales, ont mis la cuisine bourguignonne à la sauce méditerranéenne. Elles pratiquent l'intégration culinaire à leur façon jusqu'à l'incontournable tiramisù rhubarbe, figue et pain d'épices. 10, rue d'Alsace, Beaune. ☎ 03-80-21-91-81.

LE CLOS NAPOLÉON

Une des vraies bonnes tables de la côte de Nuits, accueillante et réjouissante. Pas de sophistication dans cette belle bâtisse où même la pierre et les poutres ont pris un coup de jeune depuis quelques années, tout comme la cuisine de terroir. Terrasse délicieusement ombragée, au pied des vignes. Les vins proviennent de la cave voisine et les prix restent doux. 4-6, rue de la Perrière, Fixin. ☎ 03-80-52-45-63.

ACHATS

PAIN D'ÉPICES MULOT ET PETITJEAN

Une drôle de maison d'allure et d'esprit médiévaux qui abrite un paradis du pain d'épices sous toutes ses formes. 13, place Bossuet, Dijon. ☎ 03-80-30-07-10. • mulotpetitjean.fr •

LA MOUTARDERIE FALLOT

La recette de sa longévité et de son succès, depuis 1840, cette moutarde aux grains broyés à la meule de pierre la doit aux produits de base hyper sélectionnés, tout en changeant de couleurs selon l'humeur (25 en tout). Espace muséographique (style écomusée) et espaces de vente et de dégustation. 31, rue du Faubourg-Bretonnière, Beaune. ☎ 03-80-22-10-10. • fallot.com •

CAN 87

BRETAGNE

Golfe du Morbihan

Maisons à colombages dans la vieille ville de **Vannes**

VANNES

AUX PORTES DU GOLFE DU MORBIHAN

PATRIMOINE	★★★
GASTRONOMIE	★★★
NATURE	★★★★
SHOPPING	★★
VIE NOCTURNE	★★

NOS INCONTOURNABLES

- Déguster une crêpe sur le port de Vannes
- Naviguer dans le golfe du Morbihan
- L'île aux Moines à vélo
- Un pique-nique sur l'île d'Arz
- Les grands rendez-vous maritimes et festifs du golfe !

Magnifique coin de Bretagne où les terres se marient si harmonieusement avec la mer, le golfe du Morbihan est le 50e parc naturel régional de France. Cap sur cette « mer petite » (mor bihan, en breton) aux paysages changeant au gré de la marée et des saisons. Aux portes de Vannes, un superbe enchevêtrement de bras de mer enlaçant des îles aux airs d'aquarelle s'offre à vous. Au large, les îles constellent le bleu du golfe, dans un climat doux toute l'année. Enchanteur !

VANNES, LA BELLE DE LA BAIE

Le cœur de Vannes n'est pas situé directement au bord de l'océan, mais dans les retranchements du golfe du Morbihan : le long chenal dessiné par l'estuaire de la Marle, aux airs de canal, le relie à la « petite mer » comme un étroit et vital cordon ombilical.

❶ Mais si l'Atlantique est à 15 km à vol d'oiseau, la marée va et vient ainsi jusqu'au pied de la **porte Saint-Vincent,** irriguant le cœur historique et l'appelant naturellement vers le large. La mer est d'ailleurs partout, à la carte des restaurants, dans les boutiques de déco et de souvenirs, dans le cliquetis des haubans chahutés par les vents du large.

Au centre de la ville, promenades, jardins, pistes cyclables et cœur piéton délimitent une cité où l'on marche volontiers à la découverte d'une des plus grandes concentrations de maisons médiévales. Ni bourgeoise, ni prétentieuse, Vannes a su rester familiale, décontractée, dynamique, et offrir une qualité de vie qui fleure bon la douceur bretonne.

INFOS UTILES

❶ **Office de tourisme**
Quai Eric-Tabarly.
• golfedumorbihan.bzh •

PLONGÉE DANS LE CŒUR MÉDIÉVAL DE VANNES

❶ **Marché de Vannes**
Place des Lices.

❷ **Porte Poterne**

❸ **Jardins des Remparts**
Accès rue Francis-Decker.

Château de l'Hermine
5, rue Porte-Poterne.

Délimité à l'est par ses hauts remparts médiévaux, le centre historique de Vannes n'est pas bien étendu : on le parcourt aisément à pied, en l'abordant de préférence par la place Gambetta ouverte sur le port, où les terrasses de cafés se tiennent au coude à coude. La place tourne le dos à la belle porte Saint-Vincent, gardienne baroque (XVIIe-XVIIIe s) de la cité, greffée du blason de Vannes.

❶ La rue Saint-Vincent, qui s'étire une fois le porche franchi, demeura longtemps une voie d'eau, trait d'union entre le port et la place des Lices, qui accueille chaque mercredi et samedi matin le **marché de Vannes.** On y trouve aussi les **Halles,** avec leurs commerces de bouche traditionnels.

❷ À droite, l'étroite rue Porte-Poterne se glisse jusqu'à la... **porte Poterne** datant de 1680, qui débouche sur un pont de pierre lancé au-dessus des jardins des Remparts et de la Marle canalisée. À vos pieds, les splendides lavoirs du XIXe s, à colombages et galerie à toit d'ardoise, ont été restaurés.

❸ Les vastes **jardins des Remparts,** égayant les anciennes douves de leurs massifs à la française, invitent naturellement à une pause. Vergers puis potagers y occupèrent longtemps l'espace. Les hautes murailles soulignant l'est du centre historique s'y dressent dans toute leur ampleur. Elles sont dominées au sud par le **château de l'Hermine,** reconstruit vers 1785 à l'emplacement de l'ancien château des ducs de Bretagne.

Côté nord se dresse la haute tour du Connétable, enchâssée au XVe s sur les remparts pour mieux veiller sur le plateau de la Garenne. En repassant la porte Poterne, vous pourrez vous en approcher par la rue du Rempart et grimper l'escalier menant à un beau point de vue.

PÉDALER SOUS LES PINS DE L'ÎLE AUX MOINES

Ici, l'odeur du goémon se mêle à la senteur des pins et, grâce au climat particulièrement doux, camélias, mimosas, palmiers et orangers poussent à profusion. Les habitants sont d'ailleurs très fiers de leurs trois oliviers...

C'est la **plus grande des îles du golfe du Morbihan** et, à l'évidence, la plus gâtée par la nature, très boisée. Mesurant 7 km de long pour 3 km de large au maximum, elle prend la forme d'une croix et doit son nom aux moines de Redon, à qui le roi Érispoë en fit don. On peut en faire le tour en 17 km, à pied ou à vélo.

C'est ici le royaume des cyclistes : seuls quelques insulaires ont une voiture. S'y rendre de préférence en dehors des vacances d'été, période où l'île aux Moines est envahie par la foule touristique.

LES CENTAINES D'ÎLES DU GOLFE DU MORBIHAN ?

La légende affirme que le golfe est parsemé de 365 îles et îlots, un pour chaque jour de l'année. N'en croyez rien. Ils sont une quarantaine (42 exactement), tous privés, à l'exception de l'île aux Moines, de l'île d'Arz (les deux seules habitées à l'année) et d'Ilur qui appartient au Conservatoire du littoral.

Golfe du Morbihan

ARPENTER LES SENTIERS DE L'ÎLE D'ARZ

❶ **Île d'Arz**
Longueur : 3 km ; largeur : 3 km ; tour de l'île : 16,5 km

❶ Paisible, authentique, d'une beauté farouche, l'**île d'Arz** est nettement moins touristique que sa voisine l'île aux Moines. Elle séduit les puristes par cette sorte d'austérité paisible propre aux lieux cultes de la « bretonnitude » vraie.

Du débarcadère, il vous faudra payer un peu de votre personne pour gagner le bourg, situé au beau milieu de l'île, sur sa seule élévation. Le sentier côtier, séduisant en diable, vous y mènera par le **chemin des écoliers,** via le vieux moulin à marée et sa digue. En arrivant, vous tomberez sans doute sous le charme de ces petites maisons toutes recroquevillées sur leurs ruelles, au pied de la vieille église, sans trop de relookage cosmétique.

Au-delà, d'autres **sentiers** mènent à une panoplie de pointes, de presqu'îles et de plages séduisantes, glissant entre les haies, les bois de pins et des champs bien gras où les vaches bretonnes à pis noirs ont repris pied.

RETROUVER LES PANORAMAS PEINTS PAR MONET À BELLE-ÎLE-EN-MER

Au large, un petit joyau : la bien nommée Belle-Île-en-Mer, la plus grande des îles bretonnes. Des champs et des pâturages d'un vert profond, de vastes baies ourlées de plages, Sauzon – le charmant village de pêcheurs –, des caps déchirés, des gouffres, des arches marines… Une côte sauvage dont la beauté inspira Claude Monet à l'été 1886.

FICHE PRATIQUE

ACCÈS

En train

2h30 en TGV depuis Paris-gare Montparnasse ; **1h** depuis Rennes.

En voiture

460 km depuis Paris (environ 4h20), **1h20** de route depuis Rennes.

AGENDA

MAI | La Semaine du golfe.

Week-end de l'Ascension, années impaires. LE rendez-vous maritime du golfe du Morbihan, sur fond de fiesta.

JUIN | Morbihan Paddle Trophy Ouest France.

Week-end mi-juin. Courses de paddle, entre Baden ou Séné et Vannes, et raid longue distance entre Arzon et Vannes !

L'Ultra Marin Raid golfe du Morbihan.

Week-end fin juin. Trail de 177 km, principalement par les sentiers côtiers !

JUILLET | Festival des musiciens voyageurs.

Début juillet. Conférences et surtout concerts de musique ancienne dans des lieux de charme à Vannes et sur les îles du golfe, à Arradon, à Pontivy...

Fêtes historiques.

13 et 14 juillet. Défilé en costume, animations, feux d'artifice, spectacles en ville et sur les remparts. Une époque différente est choisie chaque année comme thème de la fête.

Jazz en ville.

Fin juillet. Concerts à Vannes et ses alentours (Arzon, château de Suscinio).

AOÛT | Les Musicales du golfe.

Pendant 10-15 jours début août. Concerts classiques en ville et dans les églises du pays de Vannes.

Fêtes d'Arvor.

13-15 août. Fest-noz, défilés en costumes bretons. Feu d'artifice du 15 août tiré sur les remparts de Vannes.

Tournoi des Vénètes.

21 août. Joutes nautiques, au port.

Festival de la Voile.

3 jours autour du 15 août, île aux Moines. Régates et animations.

SEPTEMBRE-OCTOBRE | Celti' Vannes.

Pendant 8 jours fin septembre-début octobre. Spectacles, contes, fest-noz, jeu de piste pour les enfants.

OÙ DORMIR ?

CHAMBRES D'HÔTES
LA MAISON DE LA GARENNE

Jolie maison de maître près des remparts. Architecture bourgeoise, déco raffinée dans les 5 chambres, salon, bibliothèque... Bon petit déj à base de produits régionaux. Espace bien-être, spa de nage. 2, rue Sébastien-de-Rosmadec, Vannes. • maisondelagarenne.com •

CHAMBRES ET TABLE D'HÔTES
LE CHEMIN DES ÎLES

Passé le portail, une discrète allée couverte d'une voûte végétale mène à cette jolie demeure précédée d'un vaste jardin. Les chambres, très confortables (excellente literie), sont décorées avec un goût sûr. Le soir, la table d'hôtes prolonge le plaisir. Rue des escaliers, au cœur du bourg, Île-aux-Moines. • lechemindesiles.com •

HÔTEL DE FRANCE

Couleurs, atmosphère, souci du détail et de l'air du temps lui ont mis du rose aux joues et du vert pomme sur les murs. Bon niveau de confort pour des chambres coquettes et modernes. Salle du petit déj agréablement prolongée par une terrasse extérieure. 57, avenue Victor-Hugo, Vannes. • hotelfrance-vannes.com •

OÙ MANGER ?

LE ROSCANVEC

Surprenante, inventive, raffinée, savante, insolite : les qualificatifs ne manquent pas pour définir la cuisine gastronomique de Thierry Seychelle. Son QG : un hôtel particulier du XVe dans une ruelle du centre historique de Vannes ! 17, rue des Halles, Vannes.

LA MÉTAIRIE DE KÉROZER

Cadre séduisant pour cette crêperie qui occupe une longère joliment retapée, nichée au fond des bois de Kérozer. Accueil délicieux, tout comme les galettes de blé noir breton et les crêpes ! Un label « Crêperie gourmande » bien mérité. 28, allée de Kérozer, Saint-Avé.

CHOCOLATIER-GLACIER CHARTIER

Meilleur Ouvrier de France et champion du monde des desserts glacés, Alain Chartier met constamment au point des parfums inédits : kouign-amann, cassis-violette, litchi rose, cactus-gingembre... et bien d'autres encore. 25, place des Lices, Vannes.

ÉTABLISSEMENTS MARTIN

Cette sympathique famille d'ostréiculteurs depuis 3 générations a disposé quelques tables sous les arbres et face au golfe et à l'île d'Arz. Cadre idéal pour déguster huîtres ou palourdes avec un verre de blanc qui va bien ! Beg Moussir, Île-aux-Moines. • huitres-ilesauxmoines.fr •

CRÊPERIE-RESTAURANT LES ÎLES

Belle terrasse en bois (convoitée l'été), cadre rustique chic, plat du jour, galettes « gastronomiques » à base de blé noir breton et fruits de mer. En option : balades contées et paniers pique-nique. Au centre du bourg, Île-d'Arz.

Ville fortifiée, **Saint-Malo**

SAINT-MALO, DINAN ET CANCALE

UN TRIO GAGNANT

PATRIMOINE	★★★★
GASTRONOMIE	★★★☆
NATURE	★★★☆
SHOPPING	★★☆☆
VIE NOCTURNE	★☆☆☆

NOS INCONTOURNABLES

- À Saint-Malo, déambuler le long des remparts et dans la ville close
- À Cancale, déguster une douzaine d'huîtres sur le port
- À Dinan, arpenter la cité médiévale et participer aux fêtes médiévales

Saint-Malo, « couronne de pierres posée sur les flots », selon Flaubert, est l'une des plus étonnantes villes de France. Enclose dans ses hauts remparts, cernée par la mer, chargée d'histoire, elle s'avance tel un fer de lance dans un site maritime exceptionnel à l'embouchure de la Rance, face à Dinard et à la Manche. Pas bien loin de là, toujours sur la côte, Cancale vit au rythme de son port de pêche et de l'ostréiculture. Puis, en mettant le cap vers la terre et Dinan, on découvre un bijou, une petite cité médiévale ceinturée par près de 3 km de remparts, qui domine fièrement la Rance. Un trio gagnant !

SAINT-MALO, CITÉ CORSAIRE

LE GLORIEUX PASSÉ DE LA CITÉ CORSAIRE

Au Xe s, les invasions normandes obligent la population à se réfugier sur une île et à la fortifier. Au XIIe s, l'évêque s'y installe. C'est le début de l'existence de Saint-Malo, qui ne va cesser de gagner en importance au fil des siècles. Son isolement et sa **hautaine solitude** lui permettront aussi d'ignorer quelques conflits majeurs et autres guerres entre Bretons, et de ne pas se soumettre aux différents pouvoirs en place.

Au XVe s, ses vocations marchande et maritime s'affirment déjà. La pêche à la morue, les conquêtes de terres lointaines et le commerce de la toile vont contribuer à la richesse de la ville, à son développement et à bénéficier du respect des pouvoirs de l'époque. À la fin du XVIIe s, Saint-Malo est le **premier port de France** et le siège des grandes compagnies d'armateurs. Les beaux hôtels particuliers reflètent cette prospérité. Quand **Vauban** édifie les dernières fortifications, Saint-Malo prend alors son visage définitif. Tout au long du XVIIIe s et jusqu'en 1815, le port devient aussi la capitale de **célèbres corsaires** : Surcouf, Duguay-Trouin…

En août 1944, Saint-Malo, où les Allemands se sont retranchés, est détruite à 80 % par les **bombardements alliés** et les incendies. Le prestige de Saint-Malo, sa place dans le patrimoine national lui permettent d'être rebâtie à l'identique, mais, le travail étant immense, beaucoup de rues et de façades sont plutôt recréées dans la philosophie générale de l'architecture initiale.

1 Hôtel Magon
5, rue d'Asfeld.

2 Étoile du Roy
Quai Duguay-Trouin.
• etoile-marine.com •

Quelques visites pour mieux comprendre la place que la ville a occupée dans l'histoire. Des tourelles du guet, un panorama circulaire unique sur Saint-Malo et ses environs.

1 En poussant la porte de l'**hôtel Magon,** on découvre l'univers de François-Auguste Magon de La Lande, armateur-corsaire-négociant et directeur de la Compagnie des Indes, personnage emblématique de l'histoire malouine du fastueux XVIIIe s, alors que la ville se développait en commerçant avec les Indes orientales. Un magnifique hôtel particulier, l'un des rares ayant survécu aux bombardements de la Seconde Guerre mondiale. De beaux salons lambrissés, chambres secrètes et escaliers dérobés...

2 On peut aussi visiter la **frégate corsaire *L'Étoile du Roy,*** parfaite réplique d'un bateau corsaire trois mâts de 1745, dont l'intérieur, bien meublé, reconstitue le décor familier des marins et des corsaires.

GRAND BOL D'AIR MARIN

La première chose à faire en arrivant ? Se promener le long des **remparts,** bien sûr ! Rescapés des bombardements alliés de 1944 (sacré Vauban !), ils ceinturent la ville sur près de 2 km. De bastion en bastion, on longe les maisons de riches armateurs, et on savoure les points de vue sur la ville intra-muros, les forts, les îlots alentour, ainsi que sur sa belle voisine Dinard et ses cossues villas balnéaires du XIXe s aux accents British.

Après avoir profité de ce spectacle, on redescend arpenter la **vieille ville.** Pour ne rien rater du vieux Saint-Malo, partir de la place Chateaubriand et suivre le circuit fléché qui permet de découvrir toutes les maisons anciennes, d'origine ou reconstruites, hôtels particuliers, cours pittoresques, passages ou vestiges historiques.

Et, avis aux avaleurs d'écume et à ceux qui veulent y goûter : Saint-Malo est le lieu idéal pour **se jeter à l'eau.** Plages, sorties en mer (bateau, voile ou kayak) ou plongée sous-marine pour les uns, thermes marins pour les autres. Vaste programme !

À CHACUN SA PART DE PLAISIR

Au temps glorieux des corsaires, les dimensions des vaisseaux étaient mesurées en pieds. Lors d'une prise, la coutume voulait que chaque marin, en fonction de son grade, reçoive sa part de butin, comptabilisée en portions de navire, donc en pieds. D'où l'expression « prendre son pied », dont le sens a dérivé plus tard vers d'autres plaisirs, sans doute, mais parfois avec la notion d'abordage ou de mêlée furieuse...

Remparts et île du Grand-Bé, **Saint-Malo**

DE SAINT-MALO À CANCALE PAR LA CÔTE

❶ 22 km de pur bonheur avec vue sur la mer et sa célèbre couleur émeraude. Au large, par temps clair, vous pouvez apercevoir Granville, les îles Chausey et peut-être Jersey… Une succession de **plages de sable fin** et de **petites criques** émaillent le parcours. On quitte Saint-Malo par le quartier de **Rothéneuf** et ses célèbres rochers sculptés. Plus loin, admirez l'ancien **fort du Guesclin** qui abrita durant quelques années Léo Ferré et sa guenon. La route poursuit ses tours et détours et, au passage, on prend le temps de s'arrêter à la pittoresque chapelle du Verger, qui surplombe la plage du même nom (ex-voto et maquettes de bateaux, forcément) avant d'arriver.

Rochers sculptés, Rothéneuf, **Saint-Malo**

CANCALE, CAPITALE OSTRÉICOLE

Jadis réputée pour ses terre-neuvas, ses femmes au verbe haut et ses somptueuses régates de bisquines (bateaux de pêche typiques), Cancale est aussi la « capitale » des fameuses huîtres qui, aux XVIIe et XVIIIe s, arrivaient sur la table du roi et des nobles, deux fois par semaine, par courrier spécial.

AU PAYS DES TERRE-NEUVAS ET DE LA PÊCHE À LA MORUE

❶ Avec Saint-Malo, Cancale fut évidemment un port de corsaires, ce qui lui valut d'être copieusement pillé et bombardé par les Anglais en 1758 et 1779. Mais l'histoire de Cancale se confond surtout avec l'épopée des **terre-neuvas,** ces marins « durs à cuire » qui partaient pour de véritables expéditions pêcher la morue sur les bancs de Terre-Neuve, à bord des fameuses goélettes, sans oublier les petits doris.

Les maisons collées les unes aux autres le long du quai étaient celles des terre-neuvas, des familles de pêcheurs, par opposition à celles, en retrait dans le bourg, plus haut, habitées par les armateurs, commerçants et autres notables de la ville. Guilleret et animé, fief de nombreux restos de fruits de mer de la ville, ce long quai du port de La Houle permet aux ostréiculteurs, retraités, touristes de passage et vacanciers de se rencontrer, autour d'un banc... d'huîtres, évidemment !

LES HUÎTRES DE CANCALE

❷ Car le destin de Cancale est aussi très tôt lié à celui des huîtres que l'on récolte dans la baie, au moins depuis l'**Antiquité romaine.** Cancale bénéficie aujourd'hui du label « Site remarquable du goût », et si les huîtres ne sont pas encore protégées par une AOC, la tradition et le savoir-faire des ostréiculteurs, ces « jardiniers de la mer », ont été classés au Patrimoine culturel immatériel de l'Unesco fin 2019. Comme pour les vins, on peut parler de crus.

La grande spécialité de Cancale reste l'**huître plate** (ou belon), la seule connue et consommée jusqu'au XIXe s. Mais le dragage intensif des gisements par les célèbres bisquines finit par épuiser les fonds marins. Cancale fut sauvée *in extremis* par l'arrivée de l'huître portugaise, puis de la japonaise, qui est en fait l'**huître creuse** que nous consommons partout en France. L'élevage de ces huîtres creuses remonte donc à la fin du XIXe s, favorisé par la faible profondeur des eaux et la grande amplitude des marées. Les huîtres sont commercialisées et calibrées après trois ou quatre années d'élevage et d'affinage.

Tout au bout de la **promenade du port,** à marée basse, on peut admirer l'ordonnancement rigoureux des parcs à huîtres. Un sentier partant de l'église et rejoignant le port de la Houle permet de découvrir ce spectacle d'en haut.

Les huîtres plates, quant à elles, sont restées **sauvages**. On les trouve en eaux profondes, sur le sable, et non dans les parcs. Cela explique – en partie – leur différence de goût, à la fois plus salé avec une saveur de noisette, mais surtout leur différence de prix. La récolte est, en effet, beaucoup plus aléatoire.

On peut déguster les très fameuses huîtres de Cancale en les achetant directement aux **ostréiculteurs** installés sur le port, au **marché aux huîtres,** ouvert toute l'année. Ensuite, muni de son plateau en plastique, on prend place sur les marches de la digue, face aux parcs particulièrement esthétiques à marée basse. La tradition veut que l'on jette sa coquille vide à la mer, cela porterait chance. Les plus avisés prévoiront une petite bouteille de blanc !

POUR EN SAVOIR PLUS

Rendez-vous à **La Ferme marine** pour une excellente visite guidée et des explications instructives sur les huîtres en général, celles de Cancale en particulier, et sur le « pied-de-cheval », cette huître « géante » et sauvage qui se pêche durant trois semaines en novembre, et dont le poids varie de 350 g à...1 kg !

L'Aurore, sur la route de la Corniche en direction du port. ☎ 02-99-89-69-99.

• ferme-marine.com •

Port de la Houle, **Cancale**

La Cancalaise
☎ 02-99-89-77-87.
• lacancalaise.org •

Association Al Lark.
☎ 06-78-71-41-09.
• al-lark.org •

BALADE EN BATEAU

Dans le cadre de la sauvegarde du patrimoine maritime, une bisquine a été construite en 1987. Avec ses 350 m de voilure, **La Cancalaise** est le bateau de pêche ayant la plus grande surface de toile de France. Excursion ou sortie de pêche.

Il est également possible de participer à des sorties en mer pour étudier et observer l'environnement marin (découverte des marsouins, phoques et grands dauphins) et ornithologique, photographier les couchers de soleil, aller à la pêche au bar. Fabuleux, tout simplement.

DINAN, VILLE COMMERÇANTE DU MOYEN ÂGE

❶ **Basilique Saint-Sauveur**
Place Saint-Sauveur.

❷ **Château de Dinan**
Rue du Château.
• dinan.fr •

❶ Dinan, puissante ville commerçante au Moyen Âge, est l'une des plus belles cités bretonnes et se découvre à pied. Un enchantement permanent, dont le prix à payer est inévitablement le flux touristique qui envahit la ville aux beaux jours. On se croirait certains jours au Mont-Saint-Michel ! Mais, rassurez-vous, le charme opère toujours. La **basilique Saint-Sauveur,** place Saint-Sauveur, est l'un des chefs-d'œuvre de l'art roman en Bretagne, bâtie au XIIe s selon les vœux d'un chevalier revenu vivant de croisade. D'où, sans doute, les influences orientalo-byzantines.

❷ Un peu plus tardif que la basilique, on visite aussi le **château,** édifié au XIVe s, ensemble élégant et bien proportionné de deux tours massives accolées. Le donjon, haut de 34 m, couronné de remarquables mâchicoulis, abrite un espace muséographique consacré au Moyen Âge, à l'art de la guerre au XVe s et à la vie quotidienne dans une résidence princière au XIVe s.

❸ Dinan se découvre aussi le nez au vent, en parcourant le fascinant ensemble médiéval et Renaissance du **quartier des places des Merciers et des Cordeliers,** d'une parfaite harmonie. Ne pas manquer non plus la rue du Jerzual où les artisans remplacent désormais les boutiquiers de jadis dans leurs jolies maisons à pans de bois des XVe et XVIe s. La porte gothique du Jerzual franchie, relais assuré par la rue du Petit-Fort et la maison du Gouverneur, superbement restaurée. Tout en bas, le petit port sur la Rance et son vieux pont gothique.

FICHE PRATIQUE

ACCÈS

En train

Pour Saint-Malo, **2h30** depuis Paris, **2h30** depuis Nantes.

En voiture

Pour Saint-Malo, **4h15** depuis Paris, **2h20** depuis Nantes.

AGENDA

FÉVRIER ET AOÛT | La Route du Rock.

Le festival de pop, rock et électro indés accueille plus de 20 000 personnes par an et se décline en deux éditions (février et août). • laroutedurock.com •

PENTECÔTE | Étonnants Voyageurs.

Ce fameux Festival international du livre voit défiler à Saint-Malo les plus grands noms du travel writing. Sur place, librairie géante, café littéraire, rencontres avec les écrivains, concerts...
• etonnants-voyageurs.com •

OÙ DORMIR ?

LA MAISON PAVIE

Auguste Pavie était un explorateur-baroudeur du XIXe s. Sa maison, l'une des plus belles de Dinan, a été magnifiquement réhabilitée sur le thème des expéditions de cet aventurier. La déco est un savant mélange d'architecture du XVe s, de bibelots d'Indochine et de mobilier design... Les chambres sont originales et raffinées. Beaux espaces, salon commun avec vue sur la basilique, et petit jardin à l'arrière avec solarium. Magnifique ! 10, place Saint-Sauveur, Dinan. ☎ 02-96-84-45-37. • lamaisonpavie.com •

HÔTEL QUIC EN GROIGNE

À 50 m des remparts, modeste hôtel à taille humaine dans une maison en granit, au bord d'une rue calme (de jour comme de nuit), tout en granit aussi. Chambres petites mais d'un bon confort. Accueil d'une grande cordialité.

8, rue d'Estrées, Saint-Malo (intra-muros). ☎ 02-99-20-22-20. • quic-en-groigne.com •

OÙ MANGER ?

BOUCHE EN FOLIE

Un joli petit resto, avec une agréable terrasse où il fait bon se poser. Le chef Mathieu Bouchand met ici un point d'honneur à choisir les meilleurs produits de saison. Résultat, la cuisine est fraîche, légère, savoureuse et revisite agréablement le terroir breton. 14, rue du Boyer, Saint-Malo. ☎ 06-72-49-08-89.

CRÊPERIE L'HIRONDELLE

Une adresse reposante et sympa, à l'écart de la ribambelle de restos du bord de mer. La patronne remporte régulièrement des prix régionaux. Pâte délicieuse, produits frais et prix doux. 116, rue du Port, Cancale. ☎ 02-99-89-91-31.

L'ARRIÈRE-COUR

Cuisine d'ici aux saveurs d'ailleurs, et vice versa, sur fond de déco vintage et de vraie convivialité. Pour prolonger le plaisir, 4 chambres confortables, à la déco marine décalée. 18, quai Gambetta, Cancale. ☎ 02-23-15-35-28.

LA FLEUR DE SEL

Une table gourmande qui revisite joliment le terroir. Les saveurs exotiques, sucrées-salées ou terre et mer, venant réveiller les produits bretons, voire les secouer (gravlax de bœuf aux fraises du marché), ont de quoi séduire sinon surprendre. Impeccable rapport qualité-prix, décor agréable et accueil attentif. 7, rue Sainte-Claire, Dinan. ☎ 02-96-85-15-14.

ACHATS

LA MAISON DU BEURRE JEAN-YVES BORDIER

La boutique du maître du beurre, reconnu bien au-delà de la Bretagne comme l'un de ses meilleurs artisans. Plein d'autres bonnes choses préparées avec le fameux beurre : biscuits, caramels, fromage, sardines (si, si !). 9, rue de l'Orme, Saint-Malo (intra-muros). ☎ 02-99-40-88-79. • lebeurrebordier.com •

VENT DE VOYAGE

Ici, les voiles hors d'usage sont reconverties en sacs, sets de table, rideaux et même en meubles. 3, rue Saint-Thomas, Saint-Malo (intra-muros). ☎ 02-99-20-17-91. • ventdevoyage.com •

GRAIN DE VANILLE

LA boulangerie-pâtisserie-salon de thé d'Olivier Roellinger ! Les gourmands auront déjà repéré le divin pommé, la brioche beurrée, les 6 variétés de millefeuilles, le caramel au beurre salé... et le célèbre feuilleté ! Plein de bonnes choses à emporter ou déguster sur place ; terrasse. 12, place de la Victoire, Cancale. ☎ 02-23-15-12-70. • maisons-de-bricourt.com •

L'ENTREPÔT À ÉPICES ROELLINGER

Une autre des créations de l'enfant prodige du pays. Choix dément de toutes ces épices que le chef aime tant travailler : curry corsaire, rêve de Cochin, poudre d'or... Également des huiles, des chutneys. 1, rue Du-Guesclin, Cancale. ☎ 02-23-15-13-91.

Ploumanac'h, **Perros-Guirec**

LA CÔTE DE GRANIT ROSE

UNE SENSATION DE BOUT DU MONDE

PATRIMOINE	★★★★
GASTRONOMIE	★★★
NATURE	★★★★
SHOPPING	★★
VIE NOCTURNE	★★

NOS INCONTOURNABLES

- Les plages de Trestraou, de Saint-Guirec, de Tresmeur ou encore de Goas Treiz
- Le sentier des douaniers ou l'arrière-pays sauvage
- Le phare de Mean Ruz
- Une virée en bateau pour observer les oiseaux sur les Sept-Îles

De Perros-Guirec à la baie de Lannion en passant par les Sept-Îles, les paysages sauvages se succèdent le long de la côte de Granit rose (Côtes-d'Armor). Avec ses plages de sable, ses stations balnéaires, ses rochers aux formes fantastiques, son sentier des douaniers, ses phares, ses ports et ses îles, ce coin de Bretagne offre au visiteur de quoi faire le plein d'iode et de nature.

PERROS-GUIREC ET SES PLAGES VEDETTES

❶ Étendue sur une dizaine de kilomètres, la commune de **Perros-Guirec** est la plus grande station balnéaire de la côte de Granit rose. Résolument tournée vers la mer, la cité possède deux ports de plaisance et trois grandes plages. Le site, superbe, attire beaucoup de monde en été !

❷ La **plage de Trestraou** récolte les suffrages des estivants. Sur plus d'un kilomètre de sable fin, on profite du soleil breton, on se baigne ou on expérimente l'une des activités proposées par le centre nautique. Au choix : catamaran, planche à voile, rando en kayak ou encore longe-côte.

❸ À 1 km du centre-ville, la **plage de Trestrignel,** plus sauvage, est installée dans une anse entre la pointe du Château et la pointe du Sphynx. Sur la corniche, des maisons et des manoirs Belle Époque dominent les eaux turquoise de la baie.

❹ La troisième plage est celle de **Saint-Guirec,** dans le secteur de Ploumanac'h, joli village balnéaire (élu Village préféré des Français en 2015) avec ses hôtels, ses restaurants, ses boutiques et son phare de granit rose. Dans l'anse, les chaos rocheux composent un paysage changeant au gré de l'heure du jour et de la météo.

INFOS UTILES

❶ **Office de tourisme**
21, place de l'Hôtel-de-ville.
☎ 02-96-23-21-15.
• perros-guirec.com •

LA VIE EN ROSE SUR LE SENTIER DES DOUANIERS

❶ **Sentier des douaniers**
• tourisme.perros-guirec.com/decouvrez/les-randonnees/randonnees-pedestres/le-sentier-des-douaniers.html •

❷ **Phare de Mean Ruz**
Hauteur : 15m
Construction : 1945

❶ Pour découvrir les **spectaculaires rochers de granit rose** et les **landes** du site protégé de Ploumanac'h, il suffit d'emprunter le **sentier des douaniers,** entre les plages de Trestraou et de Saint-Guirec. Une belle rando (3h aller-retour), réservée aux piétons et accessible à tous. À faire de préférence le matin et à marée haute dans le sens Ploumanac'h/Perros-Guirec (départ : plage de Saint-Guirec), ou en fin d'après-midi dans le sens Perros-Guirec/Ploumanac'h (départ : plage de Trestraou).

Quelques pas le long du sentier, et c'est la découverte fascinante de rochers et amoncellements aux formes les plus insolites, les plus extravagantes, patiemment façonnées par les éléments. Les soirs d'été, ils prennent des teintes lumineuses, et les roses s'enflamment. Rochers de la Sorcière ou du Singe, du Lapin ou du Champignon, de la Tortue ou de la Bouteille renversée ou encore du Chapeau de Napoléon... L'imagination a vite fait de rebaptiser les plus remarquables de ces monstres de granit, et l'on comprend vite l'utilité de ces petits noms, qui étaient autant de repères pour les marins (cela permettait notamment aux pêcheurs de retrouver leurs casiers).

❷ Le phare, le hangar du bateau de sauvetage ou le cap Ar-Skevell vous serviront de balises. Les bornes numérotées le long du chemin renvoient à un fascicule que vous pouvez vous procurer à l'office de tourisme de Perros-Guirec ou à la Maison du littoral. Le **phare de Mean Ruz,** « pierre rouge » en français, est l'une des images emblématiques de la côte, voire de la Bretagne.

LES SEPT-ÎLES, PARADIS DES OISEAUX MARINS

❶ **L'archipel des Sept-Îles**
Excursions avec **Armor Navigation** (à Perros-Guirrec) et, en été, la **Ligue pour la protection des oiseaux** (LPO).

❶ Classé réserve naturelle, l'**archipel des Sept-Îles** abrite la plus importante colonie d'oiseaux marins de France métropolitaine. Parmi eux, les **macareux** font un passage remarqué au printemps, avant de migrer vers d'autres horizons. Véritables routards du ciel, pétrels, fulmars, mouettes, cormorans huppés, petits pingouins, faucons pèlerins ou huîtriers pies s'y donnent aussi rendez-vous.

L'autre grande figure ailée des Sept-Îles est le **fou de Bassan,** qui semble occuper chaque centimètre carré de l'**île Rouzic.** Un spectacle impressionnant. Mais il n'y a pas que des oiseaux aux Sept-Îles : une **colonie de phoques** se prélasse aussi sur les rochers, semblant prendre la pose.

Les Sept-Îles abritent au total un millier d'espèces animales et végétales, sous observation et surveillance constantes. Le débarquement est évidemment interdit, sauf sur l'île aux Moines, propriété du Conservatoire du littoral.

ET PARADIS DES POISSONS

La côte de Granit rose vous réserve encore bien des plaisirs, autres que terrestres ! Jetez donc un oeil sous l'eau, particulièrement dans l'archipel des Sept-Îles, véritable sanctuaire marin (réserve naturelle), accessible par beau temps uniquement. La liste des clubs de plongée est disponible à l'office de tourisme.

Pointe de Squewel et phare de Mean Ruz, **Perros-Guirec**

LA CÔTE DE TRÉGASTEL À LANNION

❶ **GR®34**
• gr-infos.com/gr34f.htm •

❶ En suivant la côte sur le **fameux GR®34** à l'ouest de Perros-Guirec, on arrive à **Trégastel.** On y retrouve les rochers de granit, également présents dans l'arrière-pays, où ils côtoient la forêt moussue, les fougères et un ruisseau dans la **vallée des Traouïero,** un site classé et riche en légendes. À découvrir, pourquoi pas à l'occasion d'une visite guidée ou d'une balade contée au clair de lune (et à la lueur d'une lampe-tempête, quand même).

❷ Plus loin, si vous faites le tour de la **presqu'île Renote,** un autre espace protégé, vous apercevrez les Sept-Îles, le phare de Ploumanac'h, l'île du Gouffre et le château de Costaérès, un manoir néomédiéval de la fin du XIXe s (non visitable).

❸ Dans la station balnéaire de Trégastel, les ports nautiques ont aussi la part belle, tout comme à **Trébeurden,** à 9 km de là. L'été, les familles se retrouvent sur la grande **plage de Tresmeur.** Celle de **Goas Treiz,** non surveillée, est un spot réputé de kitesurf. Les véliplanchistes y ont aussi leurs habitudes.

❹ Tout près de là, le **marais du Quellen** est le point de départ d'une belle balade à la découverte de la faune et de la flore locales. À noter, vous avez de grandes chances d'y croiser des chevaux... de Camargue. Pour le point de vue, rendez-vous à la **pointe du Bihit,** couverte de fougères, de bruyères et d'ajoncs. De là, on aperçoit la baie de Lannion et l'île Losquet.

❺ En redescendant le long de la côte, vous arrivez jusqu'à l'**embouchure du Léguer** et à **Lannion.** Tranquille, la petite cité ne manque pas de charme, avec ses ruelles pavées, ses maisons à pans de bois ou d'ardoise, ses manoirs, ses églises et ses quais fleuris.

❻ De là, on peut explorer la **vallée du Léguer** jusqu'aux jolis bourgs de Plouaret et de Cavan, à la découverte de l'arrière-pays où le murmure de la forêt fait écho à celui des flots de la côte de Granit rose...

Oratoire de Saint-Guirec, **Ploumanac'h**

FICHE PRATIQUE

ACCÈS

En train

Entre **3h20** et **4h** depuis Paris, en fonction de la destination finale. Entre **1h45** et **2h30** de Rennes.

En voiture

515 km entre Paris et Lannion **(5h)**, **1h45** de Rennes. Les villages de la côte se trouvent dans un rayon de **10 km** de Lannion.

OÙ DORMIR ?

LES COSTANS

Ancienne pension de famille élégante, qui a su concilier charme d'antan et bel esprit contemporain. On s'y sent bien ! Côté mer, la vue sur l'archipel des Sept-Îles reste époustouflante. 14, rue Rouzic, sur la corniche, Perros-Guirec. • hotel-les-costans.fr •

CAMPING LE RANOLIEN

Camping relativement calme et tout confort, très bien situé, sur le sentier des douaniers, pas loin de la petite plage de Pors-Rolland. On y trouve un vaste complexe aquatique, une aire de jeux pour les enfants, une école de voile, un ciné, un spa (accessible aux non-résidents), un salon de beauté ! Un des plus beaux campings de Bretagne ! Chemin de Skevell, Ploumanac'h. • leranolien.fr •

HÔTEL SAINT-GUIREC

Les pieds dans le sable, cette belle bâtisse bénéficie d'une vue des plus pittoresques. L'intérieur a été entièrement relooké dans un style très tendance. Chambres de taille variable avec déco dernier cri. Plage de Ploumanac'h. • hotelsaint-guirec.com •

MANOIR DE LAN KERELLEC

Véritable havre de paix, ce Relais & Châteaux propose des chambres spacieuses, avec une vue magnifique. Déco classique et soignée. Jeune chef talentueux proposant le meilleur de la terre et de la mer. Splendide salle à manger panoramique, à l'impressionnante charpente marine. 9, allée centrale de Lan-Kerellec, Trebeurden. • lankerellec.com •

OÙ MANGER ?

L'EMBARCADÈRE

Aux manettes de ce nouveau bistrot gourmand, Aurélien Broudic, l'ancien chef de Depardieu, et Louis Le Roy, restaurateur maintes fois étoilé. Carte courte, évolutive et bistronomique, privilégiant pêche de petits bateaux et produits du terroir de saison. 18, boulevard Thalassa, plage de Trestraou, Perros-Guirec.

LA MAISON DE MARIE

Une des tables incontournables du coin. Cadre d'une élégante sobriété, mettant en valeur le raffinement de la cuisine. Le chef suit fidèlement le marché et combine finement les saveurs... Résultat : de merveilleuses associations et des desserts d'anthologie. 24, rue Gabriel-Vicaire, La Clarté (à 3 km du centre de Perros-Guirec).

LE TEMPS DES CERISES

Accueil vraiment sympa, ambiance chaleureuse (concerts, contes, débats...), produits frais (locaux), cuisine au feu de bois (galette, potées, kig ha farz) dans la belle cheminée de la salle... Les raisons ne manquent pas pour tester cette adresse conviviale ! Lieu-dit L'Hôtel, 55, route de Lannion, Tonquédec (à 10 km de Lannion).

AGENDA

AVRIL | Festival de la bande dessinée de Perros-Guirec.
1re quinzaine d'avril.

JUIN-JUILLET | La Trégor classique.
3 jours fin juin-début juillet (Trébeurden). Rassemblement de bateaux anciens, expo d'art contemporain, animations sympa.

JUIN-OCTOBRE | Les Estivales photographiques.
Expos photos variées (Lannion).

JUILLET | Les puces de Lannion.
3e dimanche de juillet.

JUILLET-AOÛT | Les Festives.
Concerts le mardi sur la plage du Trestraou (Perros-Guirec).

Festival de musique de chambre de Perros-Guirec.
Les mercredis, de mi-juillet à mi-août. Concerts de musique classique au palais des congrès.

Les Mercredis du port.
Mercredi soir (Trébeurden). Concerts, fest-noz gratuits.

Les Tardives.
4 vendredis de l'été (Lannion). Concerts, théâtre, spectacle, animations.

Festival Voce Humana.
Festival d'art vocal (Lannion).

AOÛT | Show de la Patrouille de France.
2 jours en août (Perros-Guirec). Spectacle aérien de haute volée ! Depuis plus de 30 ans...

Pardon de Notre-Dame-de-la-Clarté.
14-15 août (Perros-Guirec). Avec bannières et costumes traditionnels.

24 Heures de la voile.
Un week-end mi-août (Trégastel). Épreuve d'endurance sur dériveurs type 420. Ambiance nocturne étonnante et bouillonnante, spectacles gratuits.

SEPTEMBRE | Festival d'art de l'Estran.
Mi-septembre (pendant les grandes marées, Trégastel, Pleumeur-Bodou, Trébeurden). Un des temps forts de la côte de Granit rose. Animations culturelles, sportives et artistiques sur les plages.

SEPTEMBRE-OCTOBRE | Festival de Lanvellec et du Trégor.
Sur 3 week-ends, concerts de musique baroque et ancienne dans les églises et les théâtres.

Rue Kéréon et cathédrale Saint-Corentin, **Quimper**

QUIMPER

CAPITALE DE LA CORNOUAILLE

PATRIMOINE	★★★★
GASTRONOMIE	★★★
NATURE	★★
SHOPPING	★★
VIE NOCTURNE	★★

NOS INCONTOURNABLES

- Une balade dans le vieux Quimper
- Traverser l'Odet et déambuler dans le quartier de Locmaria de Quimper
- Admirer l'admirable unité architecturale de Locronan

La capitale historique de la Cornouaille s'étire noblement le long de l'Odet, et abrite toujours de charmantes ruelles médiévales et de paisibles placettes. Un ensemble de caractère. Ses anciens remparts encerclent encore une partie de la ville ancienne, et les nombreuses passerelles fleuries qui semblent jouer à saute-mouton sur l'Odet lui confèrent beaucoup de charme. Et, à quelques encablures de Quimper, cap sur Locronan, un des « Plus beaux villages de France », qui mérite largement une escale.

BALADE DANS LE VIEUX QUIMPER

INFOS UTILES

❶ **Cathédrale Saint-Corentin**
Place Saint-Corentin.

❷ **Musée départemental breton**
1, rue du Roi-Gradlon.
• musee-breton.finistere.fr •

❸ **Musée des Beaux-Arts**
40, place Saint-Corentin.
• mbaq.fr •

❶ On peut partir de la **cathédrale Saint-Corentin,** place Saint-Corentin. Commencée en 1239, elle a été achevée... sous Napoléon III. C'est dire à quel point elle a été fignolée ! La restauration a permis de restituer à l'ensemble sa **polychromie ocre et rouge** originelle.

❷ Attenant à la cathédrale et installé dans l'ancien palais des Évêques de Cornouaille (XVIe au XVIIIe s), on peut faire escale au **Musée départemental breton** qui abrite aujourd'hui 4 000 ans d'art régional breton, d'ethnographie et d'archéologie bretonnes.

❸ Toujours sur cette même place Saint-Corentin, décidément bien riche, le **musée des Beaux-Arts.** Impossible d'énumérer tous les trésors qu'il recèle, parmi lesquels de belles œuvres de l'école française du XVIIIe s. La salle Max-Jacob vaut également le détour. Peu d'œuvres du poète né à Quimper, mais surtout une émouvante évocation de sa vie.

Place maintenant aux déambulations dans **la vieille ville,** là où le vent portera vos pas. Il subsiste pas mal de **maisons à pans de bois** (XVIe-XIXe s) et beaucoup de ruelles, passages et placettes tout autour vous livreront leur lot de belles demeures à encorbellement et pignons pour certaines. Débrouillez-vous pour ne pas rater les plus **belles façades !** On ne résiste toutefois pas à l'envie d'en évoquer une : à l'angle des rues Kéréon (qui part de la cathédrale) et des Boucheries s'élève l'une plus belles demeures. Avec la cathédrale s'inscrivant dans la perspective, vous réaliserez la photo du siècle.

LA FAÏENCERIE DE LOCMARIA

❶ **Musée de la Faïence**
14, rue Jean-Baptiste-Bousquet.
• musee-faience-quimper.com •

❷ **Faïencerie Henriot-Quimper**
Pl. Berardier.
• henriot-quimper.com •

❶ Une fois l'Odet traversé, on déambule dans le **quartier de Locmaria,** où se situait l'ancien port de Quimper. Les marées montent jusqu'à la ville, et on y extrayait l'argile qui a donné naissance à l'art de la faïence. Le **musée de la Faïence** justement est installé dans une ancienne faïencerie, le long de l'Odet, et retrace l'histoire de cet artisanat à Quimper depuis 1699. Son principal intérêt est d'avoir su intégrer et synthétiser les motifs, les couleurs et les techniques des villes concurrentes comme Rouen ou Nevers, créant ainsi son propre style. De petites maquettes expliquent les différentes étapes avant la cuisson et le décor. Puis sont présentées les faïences du XVIIIe s, où l'on retrouve les différents héritages, tout en devinant déjà l'ébauche d'un style quimpérois.

❷ Tout près du musée, la **faïencerie Henriot-Quimper,** place Bérardier, créée en 1690, est l'une des plus anciennes manufactures françaises. Elle est aujourd'hui la seule faïencerie bretonne à fabriquer et à décorer entièrement à la main toutes ses pièces, qui sont d'ailleurs signées par l'artiste. Visite (45 mn) et... boutique.

LE BOL-PRÉNOM

Il fut popularisé par les congés payés en 1936. Les premiers vacanciers voulaient rapporter un souvenir abordable et utile (ça change). Le prénom doit être peint à main levée. Mais attention, les bols-prénoms que l'on trouve sur les marchés sont souvent fabriqués en Chine. Bientôt, ce pays exportera des crêpes en Bretagne !

❸ **École de broderie d'art de Quimper Pascal Jaouen**
• pascaljaouen.com •

❸ Autre savoir-faire quimpérois à découvrir dans le quartier de Locmaria, celui de la broderie d'art. Rue Haute, l'**École de broderie d'art de Quimper,** fondée en 1995 par **Pascal Jaouen,** brodeur professionnel et enfant du pays, s'attache à moderniser les décors en réinterprétant les motifs traditionnels des différentes communautés, comme le glazig. La broderie glazig (« bleu », en breton), qui a donné son nom à la région de Quimper – « pays Glazik » –, se reconnaît à ses motifs caractéristiques de fleur et de cœur, brodé sur deux épaisseurs (lin et drap de laine initialement bleu, d'où le nom) avec du fil de soie aux points de chaînette et de feston. On y trouve une boutique-mercerie, une école et une galerie.

Faïencerie Henriot, **Quimper**

❶ Office de tourisme
Place de la Mairie.
☎ 02-98-91-70-14.
• locronan-tourisme.bzh •

LOCRONAN

❶ Petite cité de caractère, Locronan possède – ce qui est rarissime – une parfaite **unité architecturale.** Un vrai dépaysement donc, d'autant qu'aucune voiture n'y circule. À l'origine de la ville, on trouve un moine irlandais, saint Ronan (VIIe s), venu chercher dans le coin paix et recueillement pour méditer, et dont la renommée s'est perpétuée jusqu'à aujourd'hui. Puis Locronan a connu, à partir du XIVe s, une grande prospérité grâce au tissage de toiles de lin et de chanvre. Les nombreuses **demeures Renaissance** en témoignent. La Compagnie des Indes avait même des bureaux sur la grande place. La qualité de la **toile de Locronan,** utilisée pour les voilures par toutes les flottes des grandes puissances maritimes, était réputée jusque dans le Nouveau Monde. La fin des grands voiliers et la révolution industrielle ont signé au XIXe s l'arrêt de mort de la production locale. Au XVIIe s, Locronan comptait plus de 300 tisserands ; le dernier a fermé boutique en 1914...

LE PAYS GLAZIK

Il regroupe les communes autour de Quimper et signifie « petit bleu », ce qui rappelle la couleur des costumes masculins. Les soldats de Napoléon étaient habillés en bleu. En 1815, après la défaite de Waterloo, on ne savait pas comment utiliser les énormes stocks de tissu. Un marchand breton les racheta et les vendit sur les marchés près de Quimper. Le bleu est toujours utilisé pour le costume traditionnel et a donné son nom à la région.

En déambulant dans ses petites rues, on tombe sur de superbes demeures et hôtels particuliers des XVIIe et XVIIIe s, comme ceux qui s'ordonnent harmonieusement autour de la **place principale** et de son vieux puits. Des rues qui constituent un véritable décor de cinéma, d'ailleurs souvent choisi pour le tournage de films. Polanski y a tourné *Tess* et Philippe de Broca certaines scènes de *Chouans !*

❷ Vos pas vous mèneront à l'**église Saint-Ronan,** un chef-d'œuvre du gothique flamboyant (XVe s) qui n'a jamais subi ni adjonction ni modification. À l'intérieur, gisant, chaire, vitrail principal... un festival de merveilles. Un peu plus loin, ne pas manquer le **musée d'Arts et de Traditions populaires.** Atelier de tissage de lin et de chanvre, vidéos explicatives, métier à tisser du XVIIIe s, costumes, mobilier, outils et objets domestiques... Un petit musée intéressant.

FICHE PRATIQUE

OÙ DORMIR ?

ESCALE OCÉANIA

Hôtel central et fonctionnel, récemment refait à neuf. Plus d'une soixantaine de chambres assez spacieuses. 6, rue Théodore-Le-Hars, Quimper. ☎ 02-98-53-37-37. • oceaniahotels.com •

BEST WESTERN HÔTEL KREGENN

À deux pas du centre historique, un bel hôtel restauré, qui allie la sobriété du contemporain et l'élégance des meubles anciens. Tapisseries incrustées de mica d'Italie, tissus achetés en Angleterre, couettes moelleuses, clim pour les chambres donnant côté sud... Équipe jeune et alerte. 11-15, rue des Réguaires, Quimper. ☎ 02-98-95-08-70. • hotel-kregenn.fr •

LATITUDE OUEST HÔTEL

Dans un parc arboré de 3 ha, à 800 m du village. Chambres thématiques : « Atlantique », « Orient » ou « Côté Sud », dans un cadre superbe. Bel espace bien-être. Bon resto. Route du Bois-du-Névet, Locronan. ☎ 02-98-91-70-67. • latitudeouest.fr •

MANOIR DE MOËLLIEN

Séduisant manoir du XVIIe s au cœur d'une paisible campagne. Superbe façade de granit surmontée de lucarnes sculptées. Beaux meubles bretons dans la salle à manger également en pierres sèches. Une vingtaine de chambres de plain-pied dans d'anciennes dépendances, charmantes et tranquilles, rénovées de façon contemporaine. Cuisine raffinée. Accueil de grande qualité. À Plonévez-Porzay, Locronan. ☎ 02-98-92-50-40. • manoirmoellien.fr •

ACHATS

LES MACARONS DE PHILOMÈNE

Une halte gourmande à deux pas de la cathédrale. Réputée pour ses macarons et ses bonnes glaces artisanales. 13, rue Kéréon, Quimper. ☎ 02-98-95-21-40.

LA BISCUITERIE DE QUIMPER-STYVELL

La star, ici, c'est la crêpe dentelle, pur produit quimpérois. Vendue nature ou enrobée de chocolat, elle est fabriquée artisanalement sur place (roulée au couteau, selon la méthode ancestrale), et avec un peu de chance, vous assisterez à ce « spectacle ». 8, rue du Chanoine-Moreau, Quimper. ☎ 02-98-65-12-37. • biscuiteriedequimper.com •

MAGASIN D'USINE ARMOR LUX

La bonneterie d'Armor, spécialisée dans les pulls marins, a été fondée à Quimper en 1938. Également cabans, marinières, duffle-coats, cirés, vareuses, polaires... 21-23, rue Louison-Bobet, zone industrielle de Kerdroniou-Ouest, Quimper. ☎ 02-98-90-05-29.

BOULANGERIE-PÂTISSERIE LE GUILLOU

Spécialités de gâteaux bretons et de kouign-amann, dont une variante aux pommes formidable. Et les caramels, les chocolats, les miels, les pâtisseries...

Place de l'Église, Locronan. ☎ 02-98-91-70-04.

ACCÈS

En train

Nombreux trains pour Quimper depuis Paris-gare Montparnasse.

En voiture

Principal accès par la **voie express** Nantes-Quimper-Brest qui dessert très bien le littoral.

En avion

Paris Orly-Quimper : **3 allers-retours quotidiens** en semaine, seulement 1 ou 2 le week-end.

AGENDA

JUILLET | Festival Cornouaille Quimper.

Existe depuis 1923. Au total, 140 spectacles, concerts, expos, animations, des milliers de participants en costume, jeux bretons, festoù-noz, musique dans la rue... Superbe atmosphère.
• festival-cornouaille.bzh •

OÙ MANGER ?

CRÊPERIE DU QUARTIER

Les crêpes sont préparées devant vous, et le patron passe ses dimanches à cultiver ses salades, récolter le miel de ses ruchers ou faire des confitures qui finiront tôt ou tard dans votre assiette. Très bon accueil dans un cadre simple et chaleureux et agréable terrasse sur ruelle piétonne pavée. 16, rue du Sallé, Quimper. ☎ 02-98-64-29-30.

LE STEINWAY

Un peu à l'écart des flux touristiques, un resto réputé pour la qualité régulière de sa cuisine. Cadre contemporain sans caractère particulier, mais offrant calme et confort : box, banquettes de moleskine et terrasse. Grand choix à la carte, subtil sens des sauces, poisson cuit juste ce qu'il faut. 20, rue des Gentilshommes, Quimper. ☎ 02-98-95-53-70.

LE COMPTOIR DES VOYAGEURS

Une escale gastronomique qui porte bien son nom, puisque le chef y marie les saveurs avec audace. De bons plats tout aussi bien présentés, à grand renfort de touches de couleurs et de fleurs. Bon accueil. Place de l'Église, Locronan. ☎ 02-98-91-70-74

CENTRE-VAL-DE-LOIRE

Cathédrale Notre-Dame de Chartres

CHARTRES

LA LUMINEUSE

PATRIMOINE	★★★
GASTRONOMIE	★
NATURE	★★
SHOPPING	★★
VIE NOCTURNE	★

NOS INCONTOURNABLES

- La cathédrale
- Une balade dans la vieille ville et ses rues piétonnes
- La maison Picassiette
- Le château de Maintenon

Bien sûr, Chartres, c'est avant tout sa fabuleuse cathédrale, célèbre dans le monde entier, dont les deux flèches surgissant au milieu des champs de blé permettaient aux pèlerins de se repérer. Mais c'est aussi une vieille ville charmante, avec des ruelles bordées d'édifices anciens, des escaliers bucoliques reliant la ville haute à la ville basse et des promenades romantiques le long de l'Eure.
À quelques encablures de la ville, rendez-vous au château de Maintenon, pour continuer à remonter le temps...

IL ÉTAIT UNE FOIS...

Les origines de Chartres se perdent dans les brumes de l'**histoire antique...** Vers le VIe s av. J.-C., une puissante tribu gauloise, les Carnutes, décide d'en faire sa capitale. La ville abrite alors un important centre religieux dédié au culte de la déesse-mère.

Quelques siècles plus tard, après le passage de Jules César, des Barbares et d'autres envahisseurs, l'Église reprend ce culte à son compte, remplace la déesse par la Vierge et les processions païennes par des pèlerinages ! Chartres devient en quelques décennies l'un des plus importants **lieux de culte marial,** vers lequel des milliers de croyants affluent. Le « voile de la Vierge », relique offerte à la ville par Charles le Chauve (petit-fils de Charlemagne) en 876, accroît encore la renommée de la ville.

En parallèle, le développement économique, favorisé par l'exploitation des plaines fertiles de la **Beauce,** permet l'émergence d'une classe aisée qui participe au financement de la nouvelle cathédrale, en 1194. Chartres atteint alors son apogée ; mais bientôt, la guerre de Cent Ans et les guerres de Religion la laissent exsangue et ruinée, la privant du rôle majeur qu'elle aurait pu jouer dans l'histoire de France...

Aujourd'hui, Chartres demeure un **lieu de pèlerinage** important – surtout à la Pentecôte où le parvis de la cathédrale est bondé – et de nombreux visiteurs profitent aussi, pour découvrir la ville, de la longue période de **mise en lumière de la ville,** et plus particulièrement de la cathédrale.

ÉTERNELLE CATHÉDRALE

❶ **Notre-Dame de Chartres**
16, Cloître Notre-Dame.
• cathedrale-chartres.org •

❷ **Centre international du vitrail**
5, rue du Cardinal-Pie.
• centre-vitrail.org •

❶ La rencontre avec ce spectaculaire **vaisseau de pierre** peut bouleverser. Par rapport à certaines cathédrales qui l'ont précédée, **Notre-Dame de Chartres** a bénéficié d'innovations technologiques et architecturales (notamment le perfectionnement de l'arc-boutant) qui ont permis d'augmenter la hauteur de l'église. Un véritable élan vers le ciel, qui favorisa l'explosion de l'**art du vitrail.**

Quant à son **homogénéité architecturale,** elle est quasiment unique en France. La statuaire délicatement ciselée des porches et des chapiteaux stupéfie. L'ensemble des vitraux a traversé les siècles sans trop de dommages, puisque 80 % sont d'origine : exceptionnel ! Une 1re chose fascine : le célèbre « bleu de Chartres », limpide et lumineux, visible sur la façade. Impossible de décrire les 176 verrières qui représentent plus de 5 000 personnages !

❷ Au-delà de la finesse de leur exécution et de la richesse des épisodes relatés, l'art du vitrail constitue en lui-même tout une symbolique : il illustrerait les pierres précieuses évoquées dans la Bible à propos de la Jérusalem céleste, et la présence de Dieu (la lumière) dans l'humanité (le savoir-faire). Cet art se perpétue aujourd'hui dans les ateliers des maîtres verriers et du **Centre international du vitrail,** où l'on découvre une collection de vitraux Renaissance ainsi qu'une école. Des expos temporaires permettent aussi d'approcher le vitrail contemporain.

❸ Au sol de la cathédrale, un célèbre **labyrinthe,** chemin symbolique qui serait inspiré du mythique labyrinthe du Minotaure en Crète. Les pèlerins suivaient les 261,50 m de ses méandres, symbole de leur cheminement vers Dieu et vers l'éternité. Encore aujourd'hui, le vendredi, libéré de ses chaises, le labyrinthe s'offre à la lente progression des fidèles, priant et méditant, à genoux pour certains. Impressionnant ! La raison d'être de ce labyrinthe fait encore couler beaucoup d'encre chez les spécialistes.

MAUVAISE PIOCHE

Henri IV fut le seul roi de France à être couronné dans la cathédrale de Chartres, en 1594. En effet, à l'époque, Reims, lieu des sacres royaux, était contrôlée par la Ligue catholique, ses ennemis. Ça ne lui a pas porté chance !

CHARTRES EN LUMIÈRES

❶ **Chartres en Lumières**
Début octobre.
• chartresenlumières.com •

Maison du Saumon
8, place de la Poissonnerie.

❶ Presque aussi indissociable de Chartres que sa cathédrale : **Chartres en Lumières** ! Mise en valeur du patrimoine chartrain, à découvrir à travers la ville tous les soirs de mi-avril à mi-octobre dès la tombée de la nuit. Sur le portail de la cathédrale bien sûr, mais aussi sur bien d'autres façades à pans de bois de la vieille ville (dont la jolie **Maison du Saumon** abritant l'office de tourisme), des chapelles, sur les traces du résistant Jean Moulin, les ponts et lavoirs des **bords de l'Eure.** Le parcours est balisé et les scénographies colorées tournent en boucle, permettant à chacun de les découvrir dans l'ordre choisi et à son rythme. Féerique. Un patrimoine aussi intéressant à découvrir en plein jour bien entendu, d'autant qu'un bon nombre de rues aux savoureux noms anciens sont piétonnes et permettent de déambuler le nez en l'air.

Cathédrale Notre-Dame de Chartres, Portail royal

PICASSO DE L'ASSIETTE

❶ **Maison Picassiette**
22, rue du repos.
• chartres.fr/sortir-a-chartres/culture/maison-picassiette/ •

❶ Loin des préoccupations spirituelles et architecturales des bâtisseurs de cathédrales, **Raymond Isidore** (1900-1964), balayeur au cimetière de Chartres, poursuivait le rêve d'« embellir sa vie ». En 1930, Raymond acheta un terrain sur les hauteurs de la ville, où il construisit un minuscule trois-pièces et un jardin. Un jour, il ramasse quelques débris d'assiettes, les enfonce dans du béton frais, le transformant en une mosaïque de couleurs. C'est la révélation... Bientôt tout y passe, les sols, les murs, le toit, puis l'intérieur avec le lit, la table, les chaises, le poste de TSF, la machine à coudre, l'armoire de sa femme Adrienne, le jardin...

Des mosaïques complétées par des espaces peints où *La Joconde* voisine avec Landru. Les voisins, moqueurs, donnent le surnom de **Picassiette** à ce « Picasso de l'assiette ». Et cette maison Picassiette, on peut aujourd'hui la visiter.

UNE ESCALE CHEZ SAINTE FRANÇOISE

❶ **Château de Maintenon**
Place Aristide-Briand.
• chateaudemaintenon.fr •

❶ Et comme il serait dommage de se priver d'une si jolie visite aux portes de Chartres, on vous invite à pousser jusqu'au **château de Maintenon,** à 20 km au nord-est. Il fut autrefois la propriété de l'une des plus célèbres favorites du royaume de France, Françoise d'Aubigné, **marquise de Maintenon,** qui acheta le domaine en 1674, l'agrandit et l'embellit avant de devenir, 9 ans plus tard, l'épouse secrète de Louis XIV. Un Louis XIV qui aimait l'appeler sainte Françoise en privé... Très occupée à Versailles, la marquise ne séjournait que par intermittence dans son château. En revanche, elle contribua grandement au développement de la ville en créant écoles, hôpital, fabriques... Une visite éblouissante.

INSATIABLE !

Au soir de sa vie, à 70 ans, Louis XIV honorait encore assidûment sa seconde épouse, Mme de Maintenon (elle en avait 73 !). Elle s'en plaignait régulièrement à son confesseur : « Il me tue au devoir conjugal », disait-elle.

❷ En été, des visites nocturnes sont organisées dans les **jardins illuminés,** dont les plans ont été dessinés par **Le Nôtre.** Magique, tout simplement ! En sortant du parc, faire un crochet par l'**aqueduc.** À la demande de Louis XIV, qui avait pour ambition de faire venir les eaux de l'Eure à Versailles, Vauban, le spécialiste des fortifications, et La Hire furent mis à contribution pour réaliser ce projet gigantesque jamais achevé. Initialement, l'aqueduc devait avoir trois étages ; un seul vit le jour. Il reste aujourd'hui 47 arcades qui s'étirent sur près de 1 km. Un comble : alors qu'il l'avait donné à Mme de Maintenon en dédommagement des dégâts causés par les travaux dans sa propriété, c'est Louis XV qui fut le premier à démolir des arches et en récupérer pierres et briques pour bâtir le château de Mme de Pompadour à Crécy !

FICHE PRATIQUE

ACCÈS

En train

À **1h** ou **1h15** de Paris.

En voiture

À **1h30** de Paris.

AGENDA

AVRIL | Les Tulipiades.

3e week-end d'avril, au château de Maintenon. Marché aux fleurs, créations florales, jeu de piste, balades en calèche...

• chateaudemaintenon.fr •

JUIN-AOÛT | ChartrEstivales.

De fin juin à fin août, spectacles de rue, concerts d'orgue, de jazz, dans les rues, la cathédrale... Renseignez-vous à l'office de tourisme.

• chartrestivales.com •

Festival international d'orgue.

Depuis 1975, des récitalistes français et du monde entier viennent se produire chaque été, le dimanche après-midi, dans la cathédrale Notre-Dame de Chartres, sur l'orgue Danion-Gonzalez.

SEPTEMBRE | Fêtes des Vendanges.

Sur un week-end, fin septembre, c'est l'occasion de découvrir, au rythme d'animations, les traditions populaires et les pratiques agricoles de la région.

OÙ DORMIR ?

HÔTEL JEHAN DE BEAUCE

Un hôtel 1930 entièrement rénové, principalement dans un style Art déco bien sûr – chambres très graphiques – ou Art nouveau pour ceux qui préfèrent. Celles qui donnent côté cour n'ont pas de vue dégagée. Literie très douillette, moquette épaisse, lourds textiles... Espace détente payant (sauna, possibilité de massages, salle de fitness). 1, place Pierre-Semard. ☎ 02-37-21-01-41. • jehandebeauce.fr •

CHAMBRES D'HÔTES L'ESCALE EN COULEUR

Pousser la porte de cette maison, c'est s'accorder une escale pleine de gaieté. Terre citadine, boisée, d'ombre ou de lumière, les noms des chambres donnent le ton. Chacune possède son propre style, toujours soigné et personnalisé. Spacieuses et parfaitement tenues, elles disposent d'une salle de bains moderne avec douche à l'italienne. Poutres apparentes, vitraux colorés et jeux de lumière confèrent à la maisonnée un charme certain. Délicieux petit déj maison préparé avec soin par Carole qui vous réserve un accueil familial. 6, rue Daniel-Boutet. ☎ 07-85-75-57-12. • escale-en-couleur.com •

OÙ MANGER ?

LA TABLE DE JULIE

Cadre contemporain un peu feutré mais pas guindé. Le repas commence par une mise en bouche. Dans l'assiette, un plat raffiné choisi sur la très courte carte, avec juste ce qu'il faut de créativité et des produits rigoureusement sélectionnés. Frites maison : les inconditionnels apprécieront. Un délice et un très bon rapport qualité-prix. Accueil et service bien orchestrés. Petite terrasse dans la rue piétonne. 7-11, rue Saint-Michel. ☎ 02-37-32-57-60.

LE CAFÉ BLEU

Les plats sont goûteux et bien présentés, les produits saisonniers, et locaux dans la mesure du possible. Accueil et service souriant et pro. Jolie terrasse qui donne sur... ? On vous laisse deviner. Et puis c'est ouvert en continu, et le dimanche. Place de la Cathédrale. ☎ 02-37-36-59-60.

PÂTISSERIE DE CHARTRES

Craquez donc pour une choupinette, ce délicieux chou croustillant à la crème légère et à différents parfums, un délice ! Laissez-vous aussi tenter par la spécialité chartraine : le mentchikoff, un chocolat praliné enrobé d'une fine meringue. 2 bis, rue du Soleil-d'Or. ☎ 02-37-21-41-14.

Cathédrale Sainte-Croix et clocher de l'église Saint-Donatien, **Orléans**

LA LOIRE

D'ORLÉANS À SULLY-SUR-LOIRE

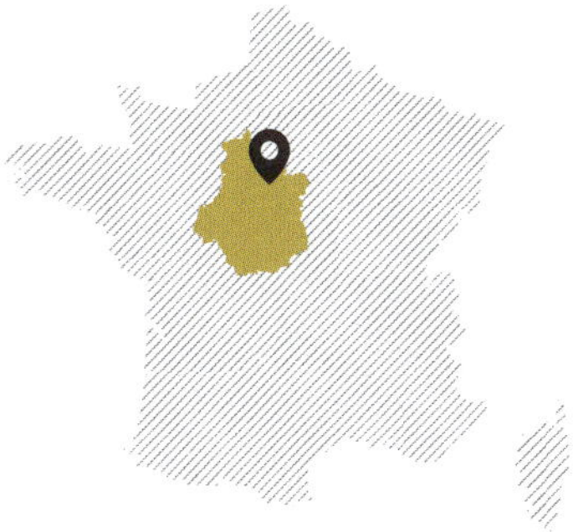

PATRIMOINE	★★★★
GASTRONOMIE	★
NATURE	★★★
SHOPPING	★★
VIE NOCTURNE	★★

NOS INCONTOURNABLES

- La cathédrale Sainte-Croix, sur les traces de Jeanne d'Arc
- Le musée des Beaux-Arts et le musée-mémorial des Enfants du Vél' d'Hiv
- Le centre historique et les quais de la Loire

Orléans aurait pu devenir la capitale de la France, avantagée par sa position stratégique sur le plus long fleuve du pays. Mais son environnement sauvage profita à Paris. Le fameux siège de la ville de 1429, qui révéla une certaine Jeanne, fut décisif pour l'unité et l'indépendance du pays. Aujourd'hui, la cité johannique connaît une vraie métamorphose : aménagement de rues piétonnes, de places du centre historique, et surtout elle se tourne de nouveau vers son fleuve, avec ses quais en partie rendus aux promeneurs. La région est ponctuée de châteaux et autres richesses de pierre, mais aussi de musées qui valent un détour. Et tout ça dans un mouchoir de poche ou presque ; alors, en avant !

UN PEU D'HISTOIRE...

... sans remonter jusqu'aux calendes grecques (ouf) ! Le **siège d'Orléans** (1428-1429) est un chapitre essentiel du grand livre de l'histoire de France. En pleine guerre de Cent Ans, les places fortes françaises sont enlevées une à une par l'armée anglaise. En octobre 1428, 4000 hommes arrivent aux portes de la ville, coupée du reste du pays. Ne parvenant pas à s'en emparer, les Anglais pratiquent alors une guerre des nerfs pendant de longs mois, affamant la population. **Jeanne d'Arc** lance alors un ultimatum aux envahisseurs (« Je suis ici de par Dieu le roi du Ciel et je vous bouterai hors de France ! ») et charge à plusieurs reprises l'adversaire, remportant à chaque fois une victoire avant que les forces anglaises, dépitées, ne rentrent à la maison. Pendant la **Renaissance,** la ville se refait une beauté, et un nouvel essor économique permet la construction de beaux hôtels particuliers. Mais arrivent les **guerres de Religion...** et leur cortège de destructions et de massacres. La ville redevient ensuite prospère. Au XVIIe s, elle se lance dans le raffinage du sucre, vite réputé comme le meilleur du pays, pour en vendre dans le monde entier. D'ailleurs, comme Nantes et Bordeaux, Orléans a bien profité de l'esclavage. Le textile participe également à son essor, et, au XVIIIe s, Orléans est classée parmi les dix plus grandes villes du pays grâce à ses deux ports. La navigation sur la Loire bat son plein ! Le XIXe s marque son **déclin commercial et industriel** : la perte de certaines colonies françaises limite les importations et les débouchés, et la ville ne saura pas profiter des bienfaits du nouveau chemin de fer. Une des rares activités à redorer l'industrie orléanaise est la fabrication du vinaigre, dont elle se fait une spécialité. Ce n'est autre que du vin devenu... aigre ! En effet, les cargaisons de vin, en provenance d'Anjou et de Touraine et transportées par bateau vers Paris, tournaient souvent au vinaigre car les embarcations étaient immobilisées par des bancs de sable et connaissaient d'autres problèmes de navigation sur la Loire. Bien située sur le parcours, la ville transformait un mal pour un bien... Si Orléans n'a pas trop souffert de la Première Guerre mondiale, la Seconde Guerre mondiale, en revanche, lui porte un rude coup : 17 ha du centre-ville sont détruits pendant les bombardements de juin 1940, dont une partie des quartiers historiques...

PARFUMEUR-VINAIGRIER

Jusqu'au début du XIXe s, on s'enduisait le corps de vinaigre de toilette pour « fouetter les sangs », à l'aide d'une toile imbibée. C'est l'origine du mot « toilette ». C'était efficace, mais l'odeur était insupportable. Guerlain, vinaigrier à l'origine, pensa à rajouter des essences de fleurs. Il créa un flacon spécial : Eau impériale, pour l'impératrice Eugénie. Le parfumeur était lancé. Aujourd'hui, ses usines sont toujours implantées dans la région.

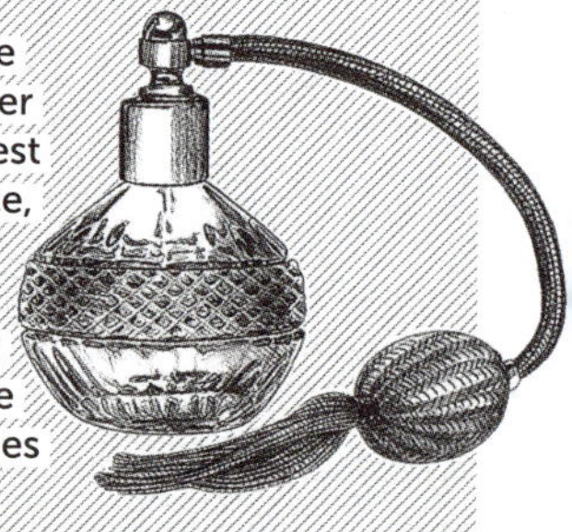

RICHESSES DE LA CITÉ JOHANNIQUE

❶ **Cathédrale Sainte-Croix**
Place Sainte-Croix.
• orleans-metropole.fr/713/cathedrale-sainte-croix.htm •

❷ **Musée des Beaux-Arts**
1, rue Fernand-Rabier.
• orleans-metropole.fr/330/le-musee-des-beaux-arts.htm •

Hôtel Groslot
2, place de l'Étape.

Cercil – musée-mémorial des Enfants du Vél' d'Hiv.
45, rue du Bourdon-Blanc.
• cercil.fr •

❸ **Turbulences**
88, rue du Colombier.
• frac-centre.fr •

❶ Peu de cathédrales en France peuvent se prévaloir d'un passé comme celui de **Sainte-Croix.** En 511, Clovis réunit ici le premier concile mérovingien qui réorganise l'Église des Gaules. En 848, Charles le Chauve se fait couronner empereur d'Occident à Orléans. Un siècle plus tard, Robert le Pieux, fils d'Hugues Capet, y reçoit l'onction royale. Puis une succession de destructions et reconstructions... La cathédrale retrouvera sa splendeur lorsqu'en 1920 auront lieu les cérémonies de canonisation de Jeanne d'Arc. Les chapelles du pourtour sont les seules qui subsistent de l'ancienne cathédrale dans laquelle Jeanne d'Arc entra en 1429.

❷ En sortant de la cathédrale, on rallie en quelques foulées le **musée des Beaux-Arts.** Ce vaste et beau musée abrite des collections variées du XVe s au XXe s, dont l'un des fleurons est le « cabinet des pastels », le plus riche de France après celui du Louvre, avec des œuvres majeures du XVIIIe s. On y découvre aussi une riche collection d'art moderne et contemporain. Et si l'on y ajoute quelques Soutine, Maurice Denis et même des Gauguin, on se dit que, vraiment, ce musée est un incontournable à Orléans ! Et, à deux pas de la cathédrale, on peut jeter un œil à l'**hôtel Groslot,** construit au XVIe s.

❸ Toujours en plein centre-ville, ne faites pas l'impasse sur le **Cercil – musée-mémorial des Enfants du Vél' d'Hiv.** Le Cercil est un important centre d'études et de recherches, mais c'est aussi un musée qui retrace l'histoire des trois camps d'internement du Loiret durant la Seconde Guerre mondiale : Jargeau, Beaune-la-Rolande et Pithiviers. Le premier site fut principalement réservé aux tsiganes, tandis que les deux autres sont tristement célèbres pour avoir « accueilli » les femmes et les enfants raflés au Vélodrome d'Hiver, en juillet 1942, par les Allemands avec l'aide des autorités françaises. Sur les 4700 enfants internés à Beaune et Pithiviers, 4400 seront déportés et assassinés.

❹ Encore un peu d'énergie ? Immergez-vous alors dans un patrimoine résolument plus contemporain en marchant jusqu'aux **Turbulences** (bâtiment du Fonds régional d'art contemporain, Frac ; photo ci-dessous). Dans une réalisation architecturale audacieuse, on découvre, à mi-chemin entre architecture expérimentale et création artistique, les approches visionnaires et utopiques de l'habitat sous forme d'œuvres d'art, maquettes et dessins qui ont bouleversé l'architecture des années 1950 à nos jours.

Maison à pans de bois, **Orléans**

Château de Chamerolles, **Chilleurs-aux-Bois**

ÉCHAPPÉE AU NORD DE LA LOIRE

❶ **Musée campanaire Bollée**
156, rue du Faubourg-de-Bourgogne, 45800 Saint-Jean-de-Braye.

❷ **Musée du Théâtre forain**
Quartier du Paradis, 45410 Artenay.
• musee-theatre-forain.fr •

❸ **Château de Chamerolles**
Gallerand, 45170 Chilleurs-aux-Bois.
• chateauchamerolles.fr •

On profite d'être à Orléans pour faire escale dans deux musées plutôt atypiques et un château, avant de reprendre le fil du fleuve sauvage.

❶ Le **musée campanaire Bollée** d'abord, à Saint-Jean-de-Braye, pour tout comprendre sur l'art de la cloche ! Dominique Bollée, dernier artisan français à fabriquer des cloches de ses propres mains, a notamment créé la sonnerie de la plus grande basilique au monde, Notre-Dame-de-la-Paix de Yamoussoukro. Chaque cloche est un instrument de musique unique (le moule est détruit après sa fabrication) et la sonorité produite est obtenue grâce à une composition très précise de l'alliage d'étain et de cuivre utilisé. Étonnant.

❷ Tout aussi étonnant, le **musée du Théâtre forain,** à Artenay. Un univers complexe partagé entre le monde du théâtre et celui des gens du voyage. Farceurs médiévaux organisés en corporation, « sauteurs de campagne » du XVIIe s qui jouaient des pièces populaires ou savantes dans les jeux de paume, les châteaux ou les auberges, arlequins de la commedia dell'arte, marionnettistes du théâtre de Guignol, tous ont écrit une page d'histoire de ce théâtre sans attache. Dans ces troupes, grandes ou petites, inconnues ou célèbres, toujours familiales, on était comédien de père en fils, de mère en fille. Leur disparition s'amorce après la Seconde Guerre mondiale et elles s'éteignent définitivement dans les années 1960. Heureusement, la tradition du théâtre forain renaît !

❸ Visite plus classique mais néanmoins incontournable, celle du **château de Chamerolles,** à Chilleurs-aux-Bois. En passant le pont-levis (l'un des trois en état de marche en France !), vous pénétrez dans le château de Lancelot du Lac (!), guerrier émérite en Italie, gouverneur d'Auxerre puis d'Orléans, chambellan du roi… Fort de sa renommée, il fit de cette grosse maison forte, édifiée au XIIe s, un très beau château Renaissance. Il y a encore une vingtaine d'années, le château était en ruine avant que les services du Patrimoine du département et le travail de compagnons de talent n'en fassent cet endroit superbe. L'intérêt principal de la visite réside dans la promenade des Parfums, véritable musée du parfum.

Musée du Théâtre forain, **Artenay**

LE LONG DE LA LOIRE, CAP À L'EST

❶ **Musée de la Marine de Loire**
1, place Aristide-Briand, 45110 Châteauneuf-sur-Loire.
• musee-marinedeloire.fr •

❷ **Oratoire carolingien**
Route de Saint-Martin, 45110 Germigny-des-Prés.

❸ **Abbaye de Fleury**
• abbaye-fleury.com •

❹ **Château de Sully**
• chateaudesully.com •

Château de Sully

❶ Plein de découvertes à prévoir en longeant le fleuve sauvage sur quelques poignées de kilomètres. On peut d'abord faire une halte au **musée de la Marine de Loire,** dans les écuries du château de Châteauneuf-sur-Loire. Ces anciennes écuries, construites par l'un des secrétaires d'État de Louis XIV, sont absolument superbes, tout comme l'expo et la scénographie contemporaine. On retrouve la plupart des activités nées de la présence de la Loire, sur laquelle nos lointains ancêtres naviguaient déjà et qui fut, jusqu'au XIXe s, le fleuve français le plus utilisé pour le transport des marchandises.

❷ On reprend la route pour filer à **Germigny** découvrir l'**Oratoire carolingien.** Le Catalan Théodulfe, poète et théologien, comptait parmi les conseillers de Charlemagne et fut nommé évêque d'Orléans et abbé de Saint-Benoît-sur-Loire. Il décida alors de se faire construire une jolie maison sur le domaine que possédait le monastère à cette époque, flanquée d'un oratoire que l'on peut encore découvrir aujourd'hui. Superbes mosaïques et statues. L'intérêt de cette église carolingienne – une des plus anciennes de France, consacrée en 806 – est exceptionnel.

❸ Tout aussi exceptionnelle, l'**abbaye de Fleury,** à Saint-Benoît, fondée en 630, et dont ne subsiste que l'abbatiale. L'abbaye fut l'une des écoles les plus célèbres avant la fondation des universités et sa bibliothèque, l'une des plus riches du monde monastique. Le chœur et le transept datent du XIe s. Les chapiteaux extérieurs, de toute beauté, évoquent l'Apocalypse. À l'intérieur, la nef romane du XIIe s est couverte d'une voûte gothique. Dans le chœur, ne pas manquer les étonnants pavements d'origine romaine.

❹ Enfin, *last but not least,* on peut pousser jusqu'au **château de Sully.** Ce beau château rectangulaire flanqué de quatre tours fut bâti à la confluence de la Sange et de la Loire, à la fin du XIVe s, sur des plans de Raymond du Temple, architecte du Louvre au temps de Charles VI. Entouré de larges douves, il comprend deux parties : le donjon, imposant bâtiment médiéval, et le « petit château », ajouté quelques décennies après le premier. On accède à plusieurs pièces, bien sûr, et notamment à une grande salle à la charpente en chêne, d'une hauteur de 15 m, dont l'assemblage est entièrement à tenons et mortaises. D'origine à près de 80 %, elle constitue un témoignage exceptionnel du savoir-faire du XIVe s !

Croisière sur un bateau traditionnel en bois et à fond plat

Une balade haute en couleur avec le passionné et passionnant Bertrand Deshayes, à la découverte de la faune et de la flore ligériennes. Et comme Bertrand ne manque pas de bonnes idées, il propose aussi des sorties au marché, et même des apéros sur l'eau !

INFOS UTILES Quai du Châtelet, Orléans. ☎ 06-78-53-03-86. • legirouet.com •

FICHE PRATIQUE

ACCÈS

En train

À **1h20** de Paris, minimum
4h de Lyon.

En voiture

À **1h45** de Paris,
3h20 de Rennes,
4h15 de Lyon.

AGENDA

AVRIL-MAI | Fêtes de Jeanne d'Arc.

Pendant 15 jours en avril, la ville célèbre sa délivrance, en 1429. Différentes fêtes et marchés médiévaux, commémoration traditionnelle de la Jouvencelle, avec cortège en costumes d'époque, concerts, illuminations, son et lumière... • orleans.fr •

JUIN | Jazz à l'évêché.

Une poignée de jours autour du 21 juin (fête de la Musique), au Campo Santo et dans le jardin de l'Évêché notamment. De bonne réputation, quelques grosses pointures s'y retrouvent chaque année (Hancock, Solal...).

AOÛT-SEPTEMBRE | Fêtes de Saint-Fiacre.

Voilà plus de 2 siècles que les fleurs sont fêtées à Orléans. Pendant un week-end, fin août-début septembre, autour de la peinture, de la musique ou de la photo, les horticulteurs, vignerons, fleuristes ou jardiniers sont à l'honneur. • stfiacreorleans.fr •

Fin septembre | Festival de Loire.

Rassemblement pendant 5 jours de centaines de bateaux, défilés, démonstrations, guinguettes, spectacles, concerts, produits du terroir, animations de rue... • orleans-metropole.fr •

OÙ DORMIR ?

HÔTEL DE L'ABEILLE

Il y a quelque chose d'unique dans l'atmosphère de cet hôtel, qui appartient à la même famille depuis 1919 : le chaleureux salon-réception – qui fait aussi office de salle de petit déj et salon de thé –, empreint de nostalgie avec sa statue et les affiches de la Pucelle. Et aussi l'accueil aimable, l'escalier de bois patiné... Beaucoup de charme, en somme, pour cette adresse douillette d'une vingtaine de chambres, qui dissimule une petite terrasse verdoyante au 4e étage.

64, rue Alsace-Lorraine, Orléans. ☎ 02-38-53-54-87. • hoteldelabeille.com •

LA CLOSERAIE

Cette maison bourgeoise du XIXe s abrite aujourd'hui une dizaine de chambres aux murs doucement teintés et aménagées dans un style cosy chic. Agréable cour intérieure, où résonne le glouglou de la fontaine, pour profiter du petit déj. Sauna dans une cave voûtée. Atmosphère reposante.

14, rue Porte-Berry, Sully-sur-Loire. ☎ 02-38-05-10-90. • hotel-la-closeraie.com •

OÙ MANGER ?

JANE A

Une belle escale d'angle au look rétro soigné, et articulée autour d'un comptoir où se rencontrent lumière, couleur et sourire. Bref, un cadre séduisant pour s'offrir dans la bonne humeur une dégustation de galettes et de crêpes bien réalisées.

15, rue de la Croix-de-Malte, Orléans. ☎ 02-38-42-75-89.

DE SEL ET D'ARDOISE

La pépite du faubourg, qui mérite largement les 10 mn de promenade depuis le centre. Car le chef régale ses invités de plats de marché modernes, vifs et colorés. Sa spécialité, les légumes, dont la maîtrise acquise chez Passard (à Paris) sublime les viandes et les poissons aux cuissons justes. C'est bon, c'est beau, et c'est encore mieux avec un verre de vin de Loire (bio) proposé par madame. La salle est riquiqui, alors réservez !

44, rue du Faubourg-Bannier, Orléans. ☎ 02-34-50-23-40.

LA PARENTHÈSE

Tout pour plaire : la terrasse de poche est attirante, les petites salles sont élégantes, et surtout la cuisine est une vraie surprise à ce niveau de tarifs. Le chef nous séduit avec un répertoire actuel très soigné, transcendé par des sauces bien élaborées. Au déjeuner, l'addition se serre encore la ceinture et la parenthèse devient enchantée.

26, place du Châtelet, Orléans. ☎ 02-38-62-07-50.

Palais Jacques-Cœur, **Bourges**

AU NORD DU BERRY

ENTRE BOURGES ET SANCERRE

PATRIMOINE	★★★
GASTRONOMIE	★★★
NATURE	★★
SHOPPING	★★
VIE NOCTURNE	★

NOS INCONTOURNABLES

- Le palais Jacques-Cœur
- La cathédrale Saint-Étienne
- La découverte des marais de Bourges
- La Maison des Sancerre

Bourges a su conserver un riche patrimoine architectural – aujourd'hui classé –, dont le fameux palais Jacques-Cœur, une majestueuse cathédrale, de petites rues abritant de nombreuses maisons médiévales à pans de bois et Renaissance, ainsi que d'intéressants musées. Avec l'ouverture de son Centre d'art contemporain, le Transpalette, Bourges a aussi prouvé son engagement artistique et novateur, comme en témoignent le fameux Printemps aux célèbres têtes d'affiche. Et, last but not least, *un immense marais classé aux portes de la ville, véritable écrin de verdure. Pour offrir un bon équilibre avec cette riche escale patrimoniale qu'est Bourges, rendez-vous à Sancerre pour découvrir un patrimoine… gustatif, celui-là !*

DE JACQUES CŒUR AU TRANSPALETTE, VIA LE PRINTEMPS

❶ Sur la route de Saint-Jacques-de-Compostelle, Bourges vit grandir au milieu du XVe s un certain Jacques Cœur, grand argentier – gestionnaire des dépenses du royaume de Charles VII. Il marqua la cité de son empreinte au point qu'ici tout porte son nom, du lycée au resto. La ville lui doit même l'un de ses plus beaux bâtiments : le **palais Jacques-Cœur.** Construite entre 1443 et 1451, la « grand' maison » de l'argentier reste l'un des plus beaux exemples d'architecture gothique civile. Son emplacement ne doit rien au hasard : elle se situe à mi-chemin entre la ville haute, dont la cathédrale symbolise le pouvoir intemporel, et la ville basse, siège du pouvoir temporel où se situent les palais épiscopal et royal. Richement ornementée, la grand' maison a été construite pour symboliser le pouvoir et l'incroyable réussite dans les affaires de Jacques Cœur. Celui-ci ne vit pas la fin des travaux et n'occupa jamais sa luxueuse maison, les travaux étant à peine achevés lorsqu'il fut brutalement arrêté pour abus de confiance. On repère un peu partout – sur les façades notamment – une profusion d'emblèmes et de symboles royaux, témoignage de la reconnaissance qu'il voue à Charles VII.

DEVISES PARLANTES

Difficile d'ignorer les devises du maître de maison, elles sont visibles et bien connues, pour certaines : « À vaillants cœurs rien d'impossible » ; « Dire, faire, taire, de ma joie », et, la plus parlante (si l'on peut dire !), « Dans bouche close n'entre mouche ».

INFOS UTILES

❶ **Palais Jacques-Cœur**
10 bis, rue Jacques-Cœur.
• palais-jacques-coeur.fr •

❷ Maison de la culture
Place André-Malraux.
• mcbourges.com •

Printemps de Bourges
Fin avril.
• printemps-bourges.com •

❸ Le Transpalette
24-26, route de la Chapelle.
• emmetrop.fr/a-propos/les-lieux/transpalette/ •

Sur le plan architectural, le projet est totalement novateur : construite sur les hauteurs de la ville, la demeure jouit d'une double exposition. La lumière y entre par les nombreuses ouvertures créées de part et d'autre du bâtiment, modifiant ainsi les habitudes et rythmes de vie. Novateurs aussi, les appartements privés jouissent de commodités rapportées de voyage par Jacques Cœur : les bains, les étuves avec son système de dalles en porphyre chauffées à blanc, sur lesquelles on jetait de l'eau froide pour provoquer de la vapeur, les latrines, et des pièces en entresol, basses de plafond, plus faciles à chauffer. Bel exemple de modernité, les pièces privées sont desservies par un corridor, ancêtre du couloir...

LE RÉBUS EST-IL L'ANCÊTRE DU LOGO ?

L'invention du logo est souvent apparentée au développement de l'économie de marché, ou comment se démarquer pour mieux communiquer. Jacques Cœur, lui, avait déjà compris l'astuce en signant d'un rébus ! Sur son palais, la coquille et le cœur marquent son identité.

❷ Plus proche de nous, on peut dire que la Bourges moderne s'éveilla à la culture avec la création par André Malraux de la première **Maison de la culture** en France, inaugurée en 1964. Un symbole essentiel qui anticipe notamment la création de l'incontournable **Printemps de Bourges,** en 1977 ! Depuis, tout ceux qui comptent dans le petit monde de la chanson à texte sont passés par là, avec un principe essentiel de tremplin. Les jeunes talents, français ou internationaux, ont la possibilité de s'exprimer, quel que soit leur registre (rock, world, folk, raï, funk, rap...). Repris par l'équipe des Francofolies, ce festival, plus que jamais attaché à sa vocation de tremplin musical, bat aujourd'hui des records de fréquentation.

❸ Et puis, toujours en phase avec son temps, Bourges s'est bien ouverte à l'art contemporain, avec **Le Transpalette.** Ce Centre d'art contemporain est implanté dans la **friche de L'Antre-Peaux,** une ancienne usine de construction de matériaux. Ce chouette lieu de partage propose plusieurs expos par an.

❶ Cathédrale Saint-Étienne
Place Étienne-Dolet.
• .bourges-cathedrale.fr/ •

❷ L'escalier George-Sand

BALADE DANS LA VIEILLE VILLE

❶ Perchée au sommet d'une butte, la **cathédrale Saint-Étienne** domine la ville du haut de ses 47 m. Cet imposant vaisseau, inscrit au Patrimoine mondial de l'Unesco, est la première cathédrale gothique construite au sud de la Loire. Ses particularités résident surtout dans son absence de transept et son fantastique ensemble de cinq portails sculptés. Les vitraux d'époque se regardent quant à eux comme un livre d'images. Au nord de la cathédrale, après la grange aux dîmes, par un porche discret dans la rue des Trois-Maillets, poursuivre le long du **rempart gallo-romain.** Au XVIIIe s, pour faire face aux pillages des pierres, le roi Philippe Auguste céda par morceaux aux plus riches Berruyers ces antiques remparts pour qu'ils y édifient, adossées, de **belles demeures médiévales** que l'on peut admirer de ce chemin piéton. On distinguera la partie la plus ancienne avec ses petites pierres de celle qui fut ajoutée au XVIIIe s, en grosses pierres de taille. L'empreinte gallo-romaine y est d'ailleurs bien visible avec cette alternance caractéristique de briques et de moellons. L'ensemble atteint 6 à 8 m de hauteur et 3 m d'épaisseur ; les tours, espacées d'environ 40 m (il y en avait 50 au total autour de la cité), offrent un relief saisissant.

❷ La promenade continue avec l'**escalier George-Sand,** passage casse-cou (appelé ainsi parce qu'il est raide) reliant la ville haute à la ville basse.

Cathédrale de Bourges

Jardin de l'Archevêché, **cathédrale de Bourges**

❸ **Jardins de l'Archevêché**
1, avenue Eugène-Brisson.
• berryprovince.com/patrimoine-culturel/jardin-de-larcheveche-bourges/ •

Musée des Arts décoratifs
6, rue Bourbonnoux.
• ville-bourges.fr/site/musee-arts-decoratifs •

❹ **Place Gordaine**
Entièrement piétonne toute l'année.

❺ **Musée du Berry - hôtel Cujas**
4, rue des Arènes.
• ville-bourges.fr/site/musee-berry •

❸ On descend ensuite la **rue Bourbonnoux** depuis les **jardins de l'Archevêché.** Semi-piétonne et bordée d'un unique ensemble de maisons à pans de bois, elle compte aujourd'hui parmi les artères les plus pittoresques de Bourges. Il subsiste quelques magasins de jouets anciens, des luthiers, antiquaires, et autres artisans d'art. Au bas de cette rue, le **musée des Arts décoratifs,** dont le bâtiment, l'**hôtel Lallemant,** est un chef-d'œuvre de la Renaissance. Dans son oratoire, le plafond à caissons sculptés, couvert de reliefs étranges jamais déchiffrés, pourrait bien être une représentation de symboles alchimiques dont la famille Lallemant, l'une des plus importantes de Bourges, était férue. L'hôtel abrite aujourd'hui un beau mobilier et des tapisseries des Gobelins du XVIIe s.

❹ Tout en bas de la rue Bourbonnoux, voici la **place Gordaine,** l'une des plus jolies et des plus animées de Bourges. C'est ici que se tenait naguère le marché des bouchers et les maisons autour témoignent de la richesse de leurs commerçants. C'est en son centre, sur la pierre de criée, que Calvin, alors étudiant, aurait prêché la parole réformatrice. Arpentez les charmantes rues voisines.

❺ Pas bien loin de là, le **musée du Berry – hôtel Cujas** accueille les découvertes archéologiques et objets découverts dans la région. Les récents travaux de rénovation ont redonné du lustre à ces antiques collections hétéroclites, avec notamment une belle mise en valeur donnée aux collections de peintures, des primitifs au XIXe s.

Dès le mois de juin, la ville médiévale est, à la tombée de la nuit, **baignée de lumière** selon un parcours libre de quelque 2,5 km, balisé de loupiotes bleues au sol et doté d'une bande-son musicale de belle qualité, le tout mis en place par l'office de tourisme. Quelques scénographies lumineuses ponctuent le parcours, projetées sur les façades des bâtiments majeurs. Un must !

Place Gordaine, **Bourges**

DES MARAIS AU CŒUR DE LA VILLE

❶ **Marais de Bourges**
• ville-bourges.fr/site/marais •

❶ Autre possibilité de balade, à ne pas louper d'ailleurs : partir à la découverte des marais. Ce **poumon vert de 135 ha,** classé au Patrimoine naturel par l'Unesco, fait partie intégrante de l'histoire et de l'identité de la ville. C'est aussi sympa de les sillonner à pied qu'à vélo. Traversés par des grandes allées et deux grands coulants (fossés navigables), les marais sont encadrés de **parcelles individuelles** appartenant à des propriétaires-locataires qui cultivent leur jardin potager et forment une petite communauté conviviale. On n'en compte pas moins de 1500 !

❷ Les marais se divisent en deux parties : les **marais du bas,** qui offrent parmi les plus beaux chemins de balade pédestre. On y observe le grèbe castagneux, seul oiseau piscivore des marais, des cygnes, des colberts foulques (oiseaux noir à bec blanc)... Les **marais d'en haut** se découvrent essentiellement lors de la fête des Marais, dans les « plates », barques à fond plat, seul moyen de transport. C'est le paradis aquatique des gardons, brochets... Depuis les marais, on a l'une des vues les plus surprenantes sur la cathédrale et les toits des maisons.

SANCERRE

❶ Office de tourisme
Esplanade Porte-César.
☎ 02-48-54-08-21.
• tourisme-sancerre.com •

❷ Maison des Sancerre
3, rue du Méridien.
☎ 02-48-54-11-35.
• maison-des-sancerre.com •

❶ Sur la route de Sancerre, on repère la ville de loin, assise sur son **piton rocheux** à 312 m d'altitude et parfaitement préservée. En 1573, la ville, bastion du protestantisme, tient tête au roi **Charles IX** lors d'un siège mémorable qui durera huit mois. Deux siècles plus tard, en 1792, alors que la quasi-totalité des villes de l'Hexagone adoptent la République, la ville est le théâtre d'une rébellion royaliste. Plus tard, lors de la Seconde Guerre mondiale, la Résistance y établit son centre de commandement régional. Une ville d'irréductibles, en somme !

Aujourd'hui, il y flotte une douce atmosphère quand on musarde au fil des petites rues et placettes. Faire un tour sur l'**esplanade de la Porte-César,** sorte de prolongement des remparts, permet de mieux comprendre la situation de la ville et d'embrasser une vue splendide sur la vallée de la Loire. Mais la vue du jardin de la **Porte-Oison** n'est pas mal non plus ! Entre ces deux points de vue, on découvre la **tour des Fiefs,** construite au XIVe s, unique vestige du château des comtes de Sancerre, détruit par Henri de Bourbon (gouverneur du Berry) en représailles de la fidélité des habitants au protestantisme. Au sommet de la tour, magnifique panorama à 360° sur la région, la Loire et les vignobles. Maisons à colombages, jolies placettes et autres points d'intérêt de la ville sont indiqués par un fléchage au sol.

TINTAMARRE

Au Moyen Âge, un seigneur berrichon rencontra des vignerons exténués qui se tuaient au travail 16h par jour. Il décida de diminuer ces horaires. Ceux qui entendaient la cloche des églises sonner l'angélus (18h) devaient taper sur leur marre (outil proche de la binette) pour avertir les ouvriers agricoles plus éloignés que la journée était achevée. Le mot « tintamarre » était né.

❷ Mais c'est surtout pour son **vignoble,** l'un des plus anciens de France – il était déjà évoqué dès le Ier s apr. J.-C. –, que le sancerrois est connu. Pour en apprendre davantage sur le vignoble et les vins, un tour à la **Maison des Sancerre,** rue du Méridien, s'impose ! Près de 350 vignerons ont acquis et aménagé cette imposante bâtisse pour en faire LA vitrine du vin de Sancerre. Une visite incontournable avant de partir à la découverte du vignoble. Un bel espace pédagogique et ludique tout à la fois. On peut par exemple se glisser dans la peau d'un grain de raisin pour découvrir son parcours de la vigne à la cave. À propos de caves : ce sont aussi ces huis clos souterrains, souvent installés dans d'anciennes carrières, qui donnent son âme au sancerre et à tant de bons vins si français ; 14 communes, réparties sur un vignoble d'environ 2800 ha, se partagent le droit de produire les vins d'**Appellation d'origine contrôlée sancerre.** Contrairement à ce que certains croient, le sancerre n'est pas qu'un vin blanc. Il y a aussi des sancerres rouges et rosés, tous deux de cépage pinot noir (le blanc étant un sauvignon). Les producteurs sont nombreux, mais toutes les caves ne se visitent pas, alors mieux vaut se renseigner (y compris sur les jolies balades possibles à travers le vignoble) plutôt que de partir au p'tit bonheur.

FICHE PRATIQUE

ACCÈS

En train

2h15 de Paris,
3h de Nantes,
3h30 de Lyon.

En voiture

2h45 de Paris,
3h30 de Lyon,
3h40 de Nantes.

AGENDA

MI-AVRIL | Festival Le Printemps de Bourges.

LE rendez-vous incontournable de la chanson française, du rock et des musiques du monde, qui révèle chaque année de nouveaux talents. Pendant une semaine, mi-avril, près de 130 artistes sur scène, sans compter les 300 artistes qui se produisent sur les scènes gratuites ou dans les bars de la ville !
• printemps-bourges.com •

PENTECÔTE ET FIN AOÛT | Foire aux vins de Sancerre (à la Pentecôte) et de France (fin août).

Le week-end de la Pentecôte (début juin), aux caves de la Mignonne. Renseignez-vous à la Maison des Sancerre.

DE FIN JUIN À MI-SEPTEMBRE | Nuits Lumière de Bourges.

Un étonnant parcours-spectacle, libre et gratuit, dans la ville médiévale baignée de lumière, d'images, d'émotions, tous les soirs en haute saison. Le circuit est balisé par des loupiotes bleues au sol et une bande-son de belle qualité. Magnifique !

OÙ DORMIR ?

LA VILLA C

Dans une élégante demeure du XIXe s à quelques enjambées de la gare et du centre historique, 12 chambres lumineuses et contemporaines, hyper confortables bien sûr. Les plus chères sont au 1er étage, avec terrasse individuelle surplombant un petit cours d'eau (et machine Nespresso...). Grande terrasse de bambou sur le toit pour l'été. Calme, relaxant et confortable. 20, avenue Henri-Laudier, Bourges. ☎ 02-18-15-04-00. • hotelvillac.com •

BRITHOTEL LE CLOS SAINT-MARTIN

Un hôtel idéalement placé au cœur de Sancerre. Un bar en façade côté rue, un hall d'entrée rouge et or, à la fois chic et chaleureux, et des chambres apaisantes, aux couleurs de la ville, beige, bordeaux et blanc. Déco cosy et harmonieuse. 10, rue Saint-Martin, Sancerre. ☎ 02-48-54-21-11. • hotel-sancerre.brithotel.fr •

OÙ MANGER ?

LA GARGOUILLE

Cette gargouille installée dans une vieille maison a tout pour plaire ! Épais murs de pierre, poutres, petit jardin, tables bistrot en bas, nappées et auréolées de lustres baroques au premier. Et une carte d'un épatant rapport qualité-quantité-prix. Délicieuse cuisine de bistrot saisonnière aux associations créatives et présentations soignées. Et intéressante sélection de vins gourmands gentiment tarifés. À l'heure du coup de feu, ça pulse, mais rien n'est laissé au hasard. Pas même l'accueil, pro et tonique. 108, rue Bourbonnoux, Bourges. ☎ 02-48-24-23-59.

LE BOURBONNOUX

C'est sans doute le meilleur rapport qualité-prix de la ville qui se cache derrière la petite façade vitrée de cette vieille maison. Deux longues salles agréables où l'on vient déguster de délicieux classiques, mais avec un petit truc en plus... Cuisine savoureuse et gentiment créative, qui fait l'unanimité en ville. Carte des vins en accord avec la cuisine. Ambiance tranquille, accueil souriant et service attentionné. 44, rue Bourbonnoux, Bourges. ☎ 02-48-24-14-76.

AUBERGE LA POMME D'OR

Une petite maison à la déco coquette, avec des tables espacées et joliment dressées, et une verrière où il fait bon manger. Cuisine de tradition allégée, que parfume avec bonheur un brin de rusticité. Le patron, ancien sommelier, propose une belle sélection de vins à prix abordables et cuisine les poissons de la Loire pêchés le jour même. Une excellente adresse. 1, rue Panneterie (place de la Mairie), Sancerre. ☎ 02-48-54-13-30.

ACHATS

AUX ARÔMES DU VIEUX BOURGES

Un magasin classé Monument historique qui est un monument en soi. Chocolats, douceurs, sablés sucrés et salés... Une épicerie fine, très réputée, à l'accueil hors pair. 11, place Gordaine, Bourges. ☎ 02-48-24-64-25.

CAVE À VINS LE TOCSIN

Une Mecque du vin naturel, on précise tout de suite. C'est après sa rencontre avec un vigneron de Sologne que Jacques Flouzat s'est pris de passion pour les nectars produits en bio(dynamique) et sans sulfite. Accueil chaleureux et petites expos d'art contemporain. 36, rue Édouard-Vaillant, Bourges. ☎ 02-48-65-00-58.

PÂTISSERIE LE LICHOU

Les spécialités ici se nomment *lichou* (gâteau moelleux à la pâte d'amandes) ou *pessiaux* (feuilletés aux raisins). Autres délicieuses douceurs. 7, place du Beffroi, Sancerre. ☎ 02-48-54-00-32.

Poutre décorée d'une maison à colombages, rue Colbert, **Tours**

TOURS
ET LES TRÉSORS TOURANGEAUX

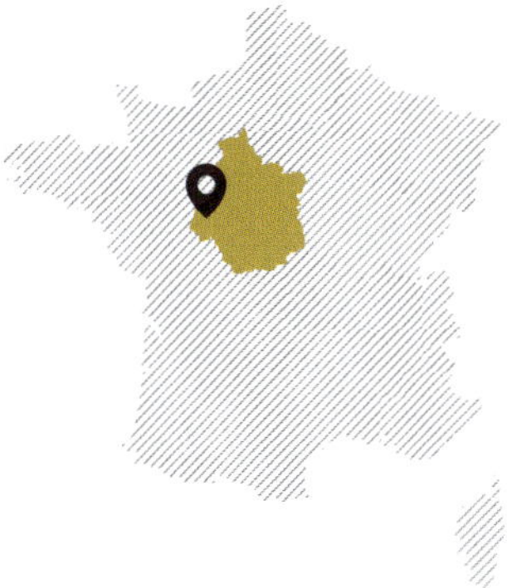

PATRIMOINE	★★★
GASTRONOMIE	★★★
NATURE	★★★
SHOPPING	★★
VIE NOCTURNE	★★★

NOS INCONTOURNABLES

- Le musée du Compagnonnage
- Le Centre de création contemporaine Olivier-Debré
- Flâner au marché puis s'attabler place Plum' autour d'un petit noir
- La guinguette des bords de Loire
- Villandry

*Tours a la tranquille assurance que seuls affichent les héritiers d'une prestigieuse histoire ; ce n'est pas rien d'avoir été la capitale d'un royaume (même brièvement…) ! Mais si la ville, classée Ville d'art et d'histoire, sait vivre avec son passé, elle ne s'endort pas pour autant sur ses lauriers. Admirablement située, au cœur d'un site inscrit au Patrimoine mondial de l'Unesco, son dynamisme renforce ses attraits touristiques. Tours est aussi une ville étudiante, dotée d'un centre bien vivant, où restos et bars étalent largement leurs terrasses dès les beaux jours, tandis que les marchés rythment la vie des Tourangeaux. Enfin, la ville marque son entrée dans le XXI*e *s avec la réalisation de projets d'envergure, parmi lesquels l'ouverture du Centre de création contemporaine Olivier-Debré. Bref, Tours a plus d'un tour dans son sac et mérite vraiment que l'on s'y attarde !*

BALADE DANS TOURS

INFOS UTILES

❶ **Cathédrale Saint-Gatien**
Place de la Cathédrale.
• paroisse-cathedrale-tours.fr •

❷ **Basilique Saint-Martin**
7, rue Baleschoux.
• basiliquesaintmartin.fr •

Le développement urbain et économique de Tours doit beaucoup aux pèlerinages de Saint-Martin, qui en fut l'évêque au IVe s, et de Saint-Jacques-de-Compostelle, dont les chemins passent par ici. Mais pas seulement. Lorsque Louis XI succède à Charles VII en 1461, il choisit de s'installer à Tours, lui conférant de fait la position de capitale du royaume. La ville devient alors florissante : les artistes y accourent ; les commerces, l'imprimerie, l'orfèvrerie s'y développent. Et Louis XI aura même une idée lumineuse en y faisant planter des mûriers, et y transférer ouvriers et métiers à tisser de la soie, boudés par Lyon. À la mort de Louis XI, même si la résidence royale est transférée à Amboise, le développement de la ville se poursuit, et ce jusqu'au milieu du XVIIe s. De superbes hôtels Renaissance sont édifiés, ainsi que de nombreux châteaux dans les alentours, tandis qu'un foisonnement d'idées et d'activités l'anime.

❶ Site majeur de la ville, la **cathédrale Saint-Gatien,** dont l'édification s'est échelonnée sur quatre siècles, forme un bel ensemble à dominante gothique. Sa façade en dentelle de pierre mêle toutefois éléments romans, gothiques et Renaissance. Les verrières illustrent l'évolution de l'art du vitrail du XIIIe s à nos jours. À l'intérieur, une partie des grandes orgues du XVIe s est classée Monument historique.

❷ Autre grand édifice religieux, la **basilique Saint-Martin,** de style néo-byzantin, est édifiée en lieu et place d'une collégiale qui fut un haut lieu de pèlerinage. Dans une atmosphère propice au recueillement, la crypte tapissée d'ex-voto abrite le tombeau de Martin de Tours, rendu célèbre grâce au récit selon lequel il partagea son manteau avec un indigent.

❸ **Le vieux Tours**

❹ **Victor Laloux**
1850-1937.

❺ **Musée du Compagnonnage**
1, square Prosper-Mérimée.
• museecompagnonnage.fr •

Musée des Beaux-Arts
8, place François-Sicard.
• mba.tours.fr •

❻ **Centre de création contemporaine Olivier-Debrés**
Jardin François 1er.
• cccod.fr •

❸ Les **rues pittoresques du vieux Tours** valent le coup d'œil, notamment la **place Plumereau** – place « Plum' » –, cœur battant de la ville bordé de maisons à pignon et pans de bois du XVe s, admirablement restaurées. Aux beaux jours, les terrasses des cafés de la place font le plein, illustrant bien la convivialité de la ville, et donne le pouls de sa vie estudiantine. La **rue Briçonnet** qui part de la place Plum' abrite elle aussi plusieurs belles façades des XIIIe-XVIe s. Puisque vous êtes dans le coin, poussez jusqu'au **quartier des Arts,** entre la rue du Petit-Saint-Martin et le carroi aux Herbes, où artistes et artisans d'art ont installé ateliers et boutiques.

❹ Même sortis du vieux Tours, gardez l'œil ouvert pour dénicher les beaux hôtels particuliers en pierre. Certains sont percés de bow-windows d'**inspiration Art déco.** On voit aussi dans les rues des édifices de l'architecte tourangeau **Victor Laloux** : la basilique Saint-Martin (1890), la gare (1898) et l'hôtel de ville (1904), dont la façade représente symboliquement les vertus républicaines.

❺ Impossible d'évoquer le patrimoine culturel de Tours sans citer l'original **musée du Compagnonnage,** né au cours des grands chantiers médiévaux ; une vénérable institution donc ! On passe en revue son histoire, l'évolution du compagnonnage et de ses corporations et des savoir-faire, on découvre le fonctionnement du fameux tour de France, ainsi que d'étonnants chefs-d'œuvre. Plus classiques, les collections du **musée des Beaux-Arts** font se côtoyer la plus importante collection française de primitifs italiens après le Louvre, peintures françaises, sculptures, mobilier ancien...

❻ D'autres peintures toujours, mais à découvrir au **Centre de création contemporaine Olivier-Debré** cette fois. Le centre est conçu comme un véritable lieu de vie artistique. L'idée est non seulement de diffuser l'art le plus actuel, mais aussi de promouvoir le fonds d'œuvres légué par l'artiste Olivier Debré à raison d'une grande exposition annuelle. Aménagé au bord de la Loire, il est composé de deux volumes distincts, dont un nouvel édifice en pierre qui offre le spectacle saisissant d'un volume en lévitation sur un socle transparent et lumineux. Des visites personnalisées sont organisées, ainsi que des conférences et des rencontres avec les artistes.

LA CAPE DE SAINT MARTIN

Légionnaire romain, il trancha sa cape en deux pour l'offrir à un pauvre transi de froid. Et pourquoi n'a-t-il pas offert la totalité de son vêtement ? Parce que si les capes des militaires étaient payées par l'empereur, la doublure était à la charge du soldat. Martin n'a donc offert que sa doublure... Le culte de cette cape est d'ailleurs à l'origine du mot « chapelle » (*capella* en latin).

Musée des Beaux-Arts, **Tours**

Musée du Compagnonnage, **Tours**

Place Plumereau, **Tours**

ART DE VIVRE À LA TOURANGELLE

❶ **Marché aux fleurs**
2, boulevard Béranger.

❷ **Les Halles**
1, place Gaston-Paillhou.
• leshallesdetours.fr •

Maison Hardouin
• hardouin.fr •

Les Fromages du Moulin
• rodolphelemeunier.fr •

Les Belles Caves
• lesbellescaves.com •

❶ Ancienne capitale du royaume, cité lettrée implantée dans un pays où l'on parle, dit-on, le français le plus pur qui soit, Tours offre une **vie culturelle dynamique** et a le goût des belles et bonnes choses. Au fil des librairies anciennes, galeries d'art, antiquaires et boutiques d'arts de la table, Tours s'affirme comme la capitale d'un certain art de vivre ligérien. Le **marché aux fleurs** du boulevard Béranger, communément appelé « le Mail », est une institution locale à ne pas manquer.

❷ Quant aux **halles,** elles offrent une vitrine aux produits du terroir local : rillons, sainte-maure de Touraine, nougat de Tours (à base d'amandes et de fruits confits)... en particulier les appellations de Vouvray et Montlouis-sur-Loire, qui bordent la ville. Depuis un bon siècle et demi, les halles centrales sont le cœur battant de la ville, un marché aussi remarquable que coloré qui concentre vraiment le meilleur de la Touraine (sinon d'ailleurs !). Parmi les incontournables, ne pas manquer les charcuteries (rillettes et rillons, andouillette à la ficelle...) des maisons **Hardouin** ou **Bourdeau-Au Roy Gourmet**. Aux **Fromages du Moulin,** superbe sélection de fromages affinés par Rodolphe Le Meunier, Meilleur Fromager de France et International, dont une soixantaine de chèvres différents. Pour compléter le panier pique-nique, filer chez **Hardouin boulanger,** dont la variété de pains laisse baba. Et si vous avez soif de touraine, passage obligé aux **Belles Caves** avec de « dives bouteilles » du cru, triées sur le palais par un ex-sommelier très cordial, qui n'a pas les papilles dans sa poche (la langue non plus !). Par ailleurs, une nouvelle génération de producteurs-commerçants fait souffler un vent nouveau sur les halles : l'exotique **Palais des Épices,** les magrets et foie gras de la famille **Clément...** Les amateurs de saveurs iodées, enfin, ne passeront pas à côté du **Comptoir Saint-Kerber** sans avaler quelques huîtres et coquillages de la production familiale à Cancale (la très sérieuse maison Pichot). Propose également à la dégustation au coude à coude des poissons fumés (excellent saumon d'Aquitaine) accompagnés d'un petit ballon du cru. Vous l'aurez compris, Tours est une destination gastronomique, comme en attestent les alléchantes vitrines des commerçants de bouche et une brochette de bistrots gourmands.

Plateau de fromages de chèvre, **Tours**

LA BATAILLE DE LA RILLETTE

Les rillettes étaient fabriquées à la fois à Tours et au Mans dès le début du XXe s, alors pourquoi Le Mans a-t-il gagné la bataille de la renommée ? Tout simplement parce que Tours ayant dans un premier temps refusé l'arrivée du chemin de fer, la distribution de ses rillettes était bien plus compliquée !

❸ Dès que le printemps pointe le bout de son nez et de mai à septembre, les Tourangeaux reprennent possession des **bords de Loire.** Rendez-vous à la **guinguette de Tours sur Loire,** au pied du pont Wilson, ou même à la plage (rive droite) !

ÉCHAPPÉE AUX PORTES DE TOURS

❶ **Prieuré Saint-Côme**
Rue Ronsard, 37520 La Riche.
• prieure-ronsard.fr •

❷ **Château et jardins de Villandry**
3, rue Principale, 37510 Villandry.
• chateauvillandry.fr •

❶ Autre atmosphère à quelques encablures de la ville, dans la **demeure de Ronsard, le prieuré Saint-Côme,** encore habitée par la présence de celui qui en fut prieur au XVIe s. Les espaces-jardins rappellent les jardins monastiques : potager, verger, jardin des simples… Chaque plant évoque les variétés citées par Ronsard et symbolise l'histoire du prieuré. Ainsi, la pergola de roses rend-elle hommage au cloître. À ces hommages au passé se sont ajoutés des formes et matériaux d'art contemporain, comme les baies contemporaines du réfectoire, signés par le peintre Zao Wou-Ki, ou le cabinet de travail de Ronsard, où l'on lit une exhortation au plus beau des desseins : « cueillir le jour », en référence au fameux vers « Cueillez dès aujourd'hui les roses de la vie » des *Sonnets pour Hélène.*

❷ À peine plus loin, se dessinent le **château et les sublimes jardins de Villandry,** l'un des derniers-nés (1536) de l'époque Renaissance en Val de Loire. La création des jardins, qui figurent parmi les plus beaux d'Europe, est due à Joachim Carvallo (la famille à la tête du navire depuis plus d'un siècle) et à son épouse, Ann Coleman, héritière d'une riche famille de Pennsylvanie. L'harmonie entre château et jardin, et le souci d'en faire une demeure vivante sont le but de cette famille de châtelains. Les façades Renaissance ont été restituées au début du XXe s, et l'aménagement intérieur, lui, date de l'occupation du marquis de Castellane au XVIIIe s : lambris, parquets, mobilier… tout a été repensé selon les standards de confort de l'époque. Les jardins, classés depuis 1936, feraient presque de l'ombre au château, tant leur réputation a fait le tour du monde. Il faut dire que, à ce jour, ce sont les seuls jardins Renaissance reconstitués à partir de lectures. Plusieurs niveaux de terrain et autant de jardins différents. Quant au potager, c'est un pur chef-d'œuvre !

La Loire à Vélo

La Loire à vélo s'offre ici à tous les amoureux du cyclotourisme, sur les bords… du Cher ! Depuis Tours jusqu'à Villandry, c'est en effet le long de cette rivière que le parcours sécurisé s'étend, avant de rejoindre le fleuve royal. Inaccessible aux voitures, ce parcours est idéal pour les familles.

INFOS UTILES Départ du Grand Moulin, accessible par la D 7.
• loireavelo.fr •

FICHE PRATIQUE

OÙ DORMIR ?

Hôtel Ronsard

Une adresse conviviale, réunissant une vingtaine de chambres pimpantes, au style sobre et contemporain de bon goût, et surtout très confortables. Entretien parfait ! Excellent rapport qualité-prix ! 2, rue Pimbert. ☎ 02-47-05-25-36. • hotel-ronsard.com •

Chambres d'hôtes La Maison Jules

Un hôtel particulier du XIXe s, typiquement tourangeau, d'où se dégage une chaleureuse atmosphère « maison de famille ». Réparties sur deux étages et desservies par un élégant escalier en bois, 5 chambres ultra-personnalisées, confortables et de très bon goût. 45, rue Jules-Simon. ☎ 06-83-84-71-22. • lamaisonjules.fr •

OÙ MANGER ?

Le Marché Gourmand

Derrière une façade rouge pétard, petites salles sur 3 niveaux. Savoureuse cuisine de marché, à base de produits locaux et de saison, servie dans une ambiance bistrot conviviale. On ne s'y trompera pas : les charcutailles viennent de chez Hardouin, le must ! 27, rue du Grand-Marché. ☎ 02-47-64-50-38.

Les Bartavelles

Sympathique table tourangelle drivée par une jeune équipe passée par quelques autres belles adresses. Produits choisis pour une cuisine à quatre mains, toute d'inventivité. Jolie carte des vins et service charmant. 33, rue Colbert. ☎ 02-47-61-14-07.

ACHATS

La Balade Gourmande

Cette jolie boutique, relais *Slow food*, propose toute une gamme de spécialités dûment sélectionnées dans la région Centre-Val de Loire : vins de Loire, bien sûr, rillettes de gibier de Sologne, poires tapées, vinaigres d'Orléans... Bon accueil en prime. 26, place du Grand-Marché. ☎ 02-47-75-11-65.

ACCÈS

En train

À **1h30** de Paris,
2h10 de Rennes,
3h10 de Lille.

En voiture

À **2h30** de Paris,
2h45 de Rennes,
3h15 de Clermont-Ferrand.

AGENDA

PENTECÔTE | Florilège vocal.

Un concours international de chant choral, unique en France.
• florilegevocal.com •

FIN MAI-DÉBUT JUIN | Vitiloire.

Une centaine de vignerons font déguster les meilleures cuvées des AOC ligériennes le temps d'un week-end. Également des ateliers pour apprendre à associer mets et vins, et des chefs talentueux qui exécutent des recettes.
• vitiloire.tours.fr •

JUIN | Festival Aucard de Tours.

Musique rock au programme. Organisé par Radio Béton, un incontournable de la bande FM à Tours, parc de la Gloriette. • radiobeton.com/aucard/ •

Château d'Amboise

ESCAPADE À AMBOISE

AVEC LÉONARD DE VINCI

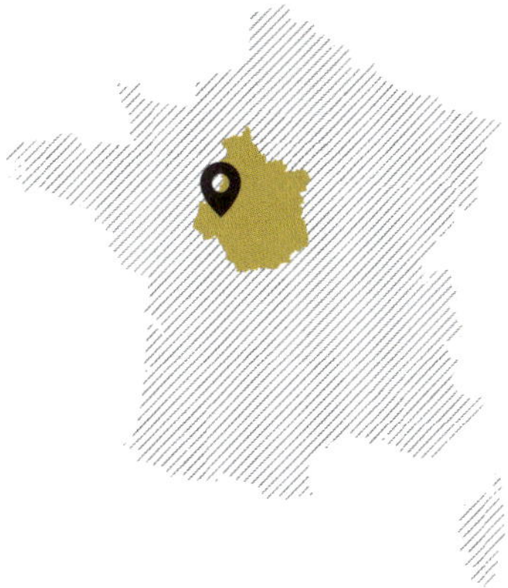

PATRIMOINE	★★★★
GASTRONOMIE	★★★★
NATURE	★★★
SHOPPING	★★
VIE NOCTURNE	★★

NOS INCONTOURNABLES

- Le Clos Lucé
- La tombe de Léonard de Vinci
- Le château royal d'Amboise
- Les jardins des châteaux
- Déguster les spécialités tourangelles

Faire bouger ces drôles de machines inventées par Léonard de Vinci, suivre son sentier botanique, traverser son double pont, apprendre à jouer au jeu de paume ou à rendre la justice… Autant d'activités auxquelles se livrer en famille autour d'Amboise, où le génie italien vécut les trois dernières années de sa vie.

LÉONARD DE VINCI À AMBOISE

Peintre, architecte, savant, philosophe humaniste… Léonard de Vinci (1452-1519) est déjà célèbre en Italie (après avoir travaillé pour les Médicis, les Sforza, les Vénitiens et les papes), lorsqu'il rencontre **François Ier,** à la suite de la victoire française de Marignan (1515). Caprice de roi, ce dernier lui commande aussitôt un lion automate dont le flanc s'ouvre pour dégorger des lys symboliques. François Ier est ébloui et devient le mécène de Léonard.

❶ À 64 ans, Vinci part donc s'installer en France, traversant les Alpes à dos de mulet, avec ses trois toiles préférées : *La Joconde*, *Sainte Anne* et *Saint Jean-Baptiste*. François Ier l'installe au **manoir du Cloux** (actuel Clos Lucé), à 400 m de son château tourangeau d'Amboise. Il le nomme « Premier peintre, ingénieur et architecte du roi ». Léonard organise bientôt de somptueuses fêtes pour la Cour, devenant maître de la mode et de l'esprit.

Au Clos Lucé, Vinci travaille à la fois à des œuvres architecturales, philosophiques, hydrauliques, anatomiques et botaniques. Trois ans plus tard, à sa mort, et selon sa volonté, 60 mendiants suivront son cercueil jusqu'à sa tombe. Sa dépouille est toujours dans la magnifique **chapelle gothique Saint-Hubert** du château royal d'Amboise.

Il subsiste de nos jours environ 13 000 dessins, notes, carnets issus des 50 000 documents cryptés en vieux toscan par Léonard de Vinci. Ils ont inspiré les animations du Clos Lucé.

INFOS UTILES

❶ **Château du Clos Lucé**
2, rue du Clos-Lucé.
• vinci-closluce.com •

LE CLOS LUCÉ, JOUER AVEC LÉONARD DE VINCI

❶ **Parc Leonardo da Vinci**
• vinci-closluce.com •

❷ **L'Auberge du Prieuré**
☎ 02-47-57-00-73.
• vinci-closluce.com/fr/informations/restaurants •

❶ Le Clos Lucé, propriété de la famille Saint Bris, présente les inventions reconstituées de Léonard de Vinci. De quoi s'amuser en s'instruisant dans le **parc Leonardo da Vinci,** où une vingtaine de machines géantes peuvent être actionnées. Ponts mobiles, char d'assaut, machine volante, roue à aubes, écluse, bateau à aubes, noria, roue à écureuil, entre autres, illustrent l'axiome de Vinci : « Le mouvement est la cause de toute vie. » Des toiles et 8 bornes sonores commentent ces inventions.

❷ Proche du pigeonnier, **L'Auberge du Prieuré** propose même des plats Renaissance servis en costume d'époque. Un peu « too much » ? Mais les chers petits apprécient...

❸ Un **sentier botanique** bordé de plantes sauvages décrites par Léonard longe l'étang. Les genêts des teinturiers voisinent avec les callunes. Près du potager « à la Vinci », un atelier de peintre. Et encore une salle sur le thème « Vinci et la France », avec quelques trésors, dont le fameux lion automate.

Enfin, sur la route de la crêperie et de la boutique type « Vinciland », une salle présente 40 maquettes miniatures qui vous réconcilieront avec l'ingénieur. Ces merveilles de créativité sont expliquées virtuellement sur 6 écrans en 3D. Absolument passionnant !

Il est temps de visiter le logis du Maître. Seul le chat du gardien se permet de dormir en toute sérénité sur le lit de velours grenat, dans les appartements restaurés de Léonard de Vinci...

AU CHÂTEAU ROYAL D'AMBOISE

❶ **Château royal d'Amboise**
• chateau-amboise.com •

❶ Idéalement situé en bord de Loire, le **château royal d'Amboise** est la propriété de la Fondation Saint-Louis. Son histoire relate avec rigueur l'histoire des Valois et des Orléans. Démantelé à la Révolution, il subsiste le corps du logis, la chapelle gothique Saint-Hubert et les jardins suspendus à l'italienne.

❷ Avant de partir à l'assaut des terrasses du château, découvrez son histoire depuis le Moyen Âge jusqu'à aujourd'hui, dans l'**orangerie.** Bornes interactives et grands écrans permettent de prendre la mesure de cet édifice dont la première phase de construction remonte à la fin du XVe s.

❸ Il est de tradition de commencer la visite par le côté sud de la terrasse et la petite et intime **chapelle royale Saint-Hubert.** Un vrai bijou d'architecture gothique de la fin du XVe s, juché sur un contrefort. Admirez le véritable travail de dentelle réalisé dans le tendre tuffeau, tant à l'intérieur qu'à l'extérieur. La chapelle abrite la tombe de Léonard de Vinci.

Château du Clos Lucé, **Amboise**

Pagode de Chanteloup

❹ L'intérieur du château, magnifiquement meublé (statues, tableaux, mobilier ancien...), dégage une atmosphère de la fin de l'époque médiévale que l'on trouve rarement ailleurs. En saison, à certains horaires, la visite traditionnelle des **logis royaux** peut être étoffée avec la découverte de parties habituellement non accessibles au public, qui comprennent la tour Garçonnet, une petite collection lapidaire, quelques salles souterraines (dont l'intrigante chapelle secrète) et la tour des Minimes avec son impressionnante rampe cavalière et ses nombreux graffitis gravés par des prisonniers. Sinon, la promenade se prolonge dans de **beaux jardins panoramiques** qui dominent la Loire.

Méritant ses labels de qualité, le château d'Amboise, outre ses audioguides tout public en 12 langues, propose des vidéoguides pour les malentendants et les handicapés moteur, et des audioguides pour les handicapés visuels.

Mais où est donc Léonard ?

La chapelle Saint-Hubert du château renferme toujours la dalle mortuaire de Léonard de Vinci. Mais qu'en est-il de sa dépouille ? Pendant la guerre, Mussolini voulut récupérer les cendres du génie italien. Gonzague Saint Bris racontait que le comte de Paris, alors propriétaire du château, déplaça nuitamment la dépouille pour la cacher. En mourant, le comte a emporté son secret avec lui.

GOURMANDISES ET CURIOSITÉS TOURANGELLES

« L'appétit est le soutien de la vie », déclarait Vinci. Pas de problème de ce côté-là, à Amboise, où les tentations se succèdent.

❶ Commencez, au pied du château, par la **chocolaterie Bigot,** avec différents chocolats chauds accompagnés de fondants et de croquants. À quelques pas, les produits du terroir et le vin touraine-amboise se choisissent à l'**épicerie Galland.** Si possible, ne manquez pas le marché, l'un des plus importants de la région, les vendredi et dimanche matin.

❷ Adresse originale, l'**huilerie Deballon-Bonnet,** quai des Marais, produit artisanalement de l'huile de noix et de noisette depuis 1834. Les noix sont broyées avec une meule en pierre de 1783 et la cuisson est réalisée au feu de bois. À voir avec les enfants, le matin en semaine et sans rendez-vous. Mais n'oubliez pas que ces huiles se consomment à froid !

❸ Des jeux, toujours des jeux. À 9 km au sud, rendez-vous à la **pagode de Chanteloup** qui reflète romantiquement ses sept étages, hauts de 40 m, dans un vaste plan d'eau. Une occasion de pique-niquer en famille, de faire un tour en barque et de pratiquer des jeux chinois inspirés de cette folie du duc de Choiseul au XVIIIe s, que n'aurait pas reniés le cher Léonard.

❶ **Chocolaterie Bigot**
2, rue nationale.
• maison-bigot-amboise.com •

Épicerie Galland
27, rue nationale.
• galland-terroirs.fr •

❷ **Huilerie Deballon-Bonnet**
9, quai des marais.
• huilerieamboise.com •

❸ **Pagode de Chanteloup**
• pagode-chanteloup.com •

FICHE PRATIQUE

ACCÈS

En train

Depuis Paris-gare d'Austerlitz, quelques trains s'arrêtent à Amboise (environ **2h**). Depuis Paris-gare Montparnasse (TGV), correspondance à Tours ou à Saint-Pierre-des-Corps (à partir de **1h20**).

En voiture

À **225 km** de Paris (environ **2h30**), à **30 mn** de Tour

En bus

Ligne C et **C bis** entre Amboise et Tours avec la compagnie *Réseau Rémi*.

AGENDA

AVRIL | Foire aux vins.

Le week-end de Pâques.

JUIN | Festival de brass bands.

Le 1er week-end de juin. Ici, on ne brasse pas que de la bière. Un rassemblement de fanfares et de cuivres qui ne passe pas inaperçu.• openamboise.com •

JUIN-JUILLET | Festival de musiques actuelles Les Courants.

Fin juin-début juillet.• lescourants.com •

Festival de musique italienne.

Fin juin-fin juillet au château d'Amboise.

JUILLET-AOÛT | La prophétie d'Amboise.

Début juillet-fin août, le mercredi et le samedi, en soirée (après la tombée de la nuit), au château. Un spectacle alliant multimédia, projections sur la façade du château et des centaines de figurants.• renaissance-amboise.com •

AOÛT | Foire aux vins.

Autour du 15 août.

OÙ DORMIR ?

CHAMBRES D'HÔTES IRIS DES MARAIS

Cette maison ancienne pleine de caractère ne manque pas d'atouts : elle est idéalement située, profite d'un adorable jardin clos (superbes roses !) et renferme des chambres simples, à l'agréable charme suranné et au confort suffisant. Quant à l'accueil, il est sympa et de bon conseil. Une bonne adresse à prix d'ami pour le coin ! 14, quai des Marais, Amboise. • irisdesmarais.com •

LE CLOS D'AMBOISE

Une très élégante demeure du XVIIe s, remaniée au XVIIIe, où il fait bon se poser, loin du monde et du bruit. Belle enfilade de salons, et des chambres confortables et lumineuses qui mêlent harmonieusement les styles classique et contemporain. Jardin avec pin extraordinaire et essences rares, qui cache au fond, piscine chauffée et sauna. Un charme fou ! Sauna et salle de remise en forme. Ambiance à la fois chic et décontractée.

27, rue Rabelais, Amboise. • leclosamboise.com •

LE MANOIR DU PARC

À peine arrivé, le cadre magnifique et l'accueil charmant incitent à prolonger le séjour. Que vous choisissiez l'une des chambres d'hôtes, mignonnes à croquer, au 1er étage de la maison, ou l'un des studios ou appartements meublés en face, vous vous sentirez vite comme chez vous. Pour les familles nombreuses ou les couples voulant leur intimité, il y a même des gîtes ou des cabanes de luxe avec jacuzzi et/ou sauna. Piscine chauffée en saison et grand parc. 8, avenue Léonard-de-Vinci, Amboise. • manoirparc.com •

OÙ MANGER ?

PÂTISSERIE BIGOT

Une chocolaterie de renom depuis 1913. Excellentes tartes aux légumes, omelettes et tartes Tatin. Goûter aux *amboisines* (confiseries au marc de Touraine) et aux truffes Pouchkine (chocolat à la vodka parfumé à l'orange). Glaces maison. 2, rue Nationale, Amboise.

L'ÉCLUSE

Une adresse bien d'aujourd'hui qui privilégie les produits locaux. Bonne cuisine dans l'air du temps, inventive juste ce qu'il faut, et gentiment tarifiée (joli menu à déjeuner). Service d'une réelle efficacité, de bon conseil pour le choix des vins. Et il y a cette adorable terrasse sous son saule pleureur... Rue Racine, Amboise.

LE PATIO

Côté déco, c'est plutôt tendance avec un délassant et rafraîchissant mur d'eau qui occupe tout le fond de la salle. La cuisine suit le même chemin : des classiques réactualisés, bien réalisés et joliment présentés. Intéressant rapport qualité-prix, surtout le midi. 14, rue Nationale, Amboise.

LES CLOSEAUX

Cet ancien relais de chasse de l'époque des rois de France est devenu une table prisée pour son accueil chaleureux et sa cuisine de terroir On y sert des produits locaux dans un cadre champêtre idéal. Vallières-les-Grandes.

ACHATS

DOMAINE DES BESSONS - FRANÇOIS PÉQUIN

Où déguster et acheter du vin d'appellation touraine-amboise ? Mais dans ce caveau troglodytique, bien sûr. Excellent accueil de François et Brigitte Péquin, viticulteurs passionnés et passionnants. 113, rue de Blois, Limeray. • domainedesbessons.com •

HISTOIRE DU COSTUME
LES PARLEMENTAIRES
DAUMIER
CHARDIN
45
LE LIVRE
2 €
FIGURES TOURANGELLES
VAUTRIN
Doisneau
Chinon

CHINON

AU PAYS DE RABELAIS

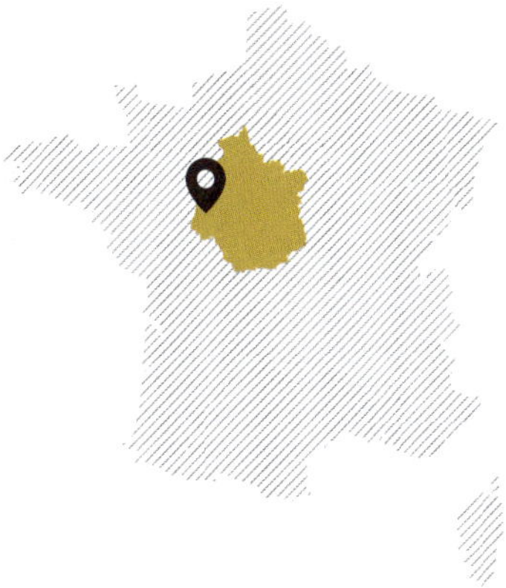

PATRIMOINE	★★★★
GASTRONOMIE	★★★★
NATURE	★★★
SHOPPING	★★
VIE NOCTURNE	★

NOS INCONTOURNABLES

- La forteresse royale de Chinon
- Les châteaux alentour
- Une promenade le long de la Vienne et dans la campagne chinonaise
- La visite et la dégustation de vin dans les caves
- Le musée de Rabelais La Devinière

Nonchalamment étendue au bord de la Vienne, au pied d'une haute falaise que couronne son imposante forteresse, Chinon est un chef-d'œuvre médiéval, avec ses tours et ses donjons. Autour de cette Ville d'art et d'histoire et de son imposante forteresse royale restaurée, les clins d'œil à l'œuvre de Rabelais, enfant du pays, ne manquent pas, de références littéraires en plaisirs culinaires. À l'ouest de Tours, une idée week-end à la fois gourmande et culturelle, à la douceur toute ligérienne.

TRÉSORS SUR LES PAS DE RABELAIS

INFOS UTILES

❶ **François Rabelais**
1485-1553.

❷ **Caves Painctes**
Impasse des Caves-Painctes.
• chinon.com •

❸ **La Devinière-Musée Rabelais**
4, rue de la Devinière.
• musee-rabelais.fr •

❹ **L'Abbaye de Seuilly**
• chinon-vienne-loire.fr/tourisme/abbaye-seuilly •

❶ **François Rabelais** est l'auteur de cinq livres qui relatent les aventures extraordinaires de Pantagruel et de Gargantua. Rabelais naît à Chinon où une plaque indique encore l'emplacement de la maison de son père, avocat.

❷ Dans la rue principale, les **Caves Painctes** sont le siège de la Confrérie des Entonneurs rabelaisiens. S'il y a belle lurette que les fresques ont disparu, le Temple de la Dive Bouteille et les salles éclairées par des flacons s'enfoncent avec mystère dans le tuffeau.

❸ Franchissant la Vienne, on arrive à **La Devinière,** modeste maison de campagne à Seuilly où Rabelais passa son enfance. Il s'en inspira pour son œuvre. On y découvre les différents visages de l'humaniste : des livres pour l'homme d'église et le professeur, des pots à pharmacie pour le médecin, des plantes pour le botaniste, des vignes pour le bon vivant.

❹ De là, le circuit pédestre des Guerres Picrocholines (17 km) conduit à Seuilly (jardin de frère Jean des Entommeures), Lerné (Picrochole), La Roche-Clermault (moulin cavier) et Cinais (moulin à eau), évoquant les sites où s'affrontèrent les vilains fouaciers et les gentils bergers. Un sentier botanique mène à l'**abbaye de Seuilly,** où Rabelais fit son éducation religieuse.

Mais ne cherchez pas trop à mettre vos pas dans ceux de Rabelais : les lieux de la Rabelaisie sont bien souvent mêlés de fictions dont le message, politique et philosophique, se lit entre les lignes pour s'idéaliser à l'abbaye utopique de Thélème.

CHINON MÉDIÉVAL

❶ **Forteresse royale**
• forteressechinon.fr •

❷ **Escape Game**
• wescape.fr •

❸ **Rue Voltaire**

❹ **Fournil du Château**
16, rue Jean-Jacques-Rousseau.
☎ 02-47-93-17-65.

Chapelle troglodytique Sainte-Radegonde
Rue du coteau Sainte-Radegonde.

❶ « Chinon... petite ville, grand renom, assise sur pierre ancienne. Au haut le bois, au pied la Vienne », décrit encore Rabelais. Créneaux, remparts, tours et logis royal, la **forteresse royale** de Chinon, restaurée depuis peu, coupe le souffle d'émotion à ses admirateurs, depuis le **pont sur la Vienne.** Les Templiers, les Plantagenêts et Charles VII qui reçut Jeanne d'Arc dans la salle de la Reconnaissance, ne sont pas les moindres des fantômes évoqués par une muséographie contemporaine et très ludique. Les décors, les reconstitutions et les animations ne cessent de changer à chaque saison.

❷ Les familles et les groupes d'amis ne manqueront d'ailleurs pas de s'inscrire à l'***escape game*** (jeu d'énigmes grandeur nature). On se laisse enfermer dans une salle meublée à la mode médiévale, où l'on doit dénicher, puis résoudre, des énigmes qui permettront de trouver la sortie ! Bienvenue dans une forteresse du IIIe millénaire !

❸ À l'extérieur de la forteresse, le charme et le sublime opèrent toujours, dans la blancheur du tuffeau. La **rue Voltaire,** principale rue médiévale de Chinon, est superbement mise en valeur. Elle est pavée et bordée sur presque toute sa longueur de maisons datant des XVe, XVIe et XVIIe s, toutes plus belles les unes que les autres ! Ses ruelles adjacentes recèlent tout autant de trésors : pans de bois sculptés, encorbellements, armoiries, etc.

❹ Les commerces et les églises sont nombreux dans cette ville qui sait vivre. C'est au **Fournil du Château** qu'il faut déguster les fameuses fouaces des guerres Picrocholines. Une fois repu, une balade digestive s'impose sur le chemin de la **chapelle troglodytique Sainte-Radegonde** : admirez ses fresques (XIIe s) ! Ou optez pour une croisière fluviale sur la Vienne et la Loire.

Un miracle enfin élucidé

Tous les élèves de France ont appris que Jeanne d'Arc a rencontré Charles VII, en 1429, à Chinon, pour le convaincre de bouter les Anglais hors de France. Et comment la Pucelle a-t-elle pu reconnaître le roi au milieu des 300 gentilshommes de la Cour ? se demandent encore des générations d'enfants. Des études récentes ont enfin percé le secret : Jeanne d'Arc avait tout simplement rencontré Charles VII, en tout petit comité, deux jours avant. Hé, hé !

LES ENVIRONS CHINONAIS : CHÂTEAUX, JARDINS ET JEUX POUR UN GÉANT

❶ **Château du Rivau**
9, rue du Château, 37120 Lémeré.
☎ 02-47-93-17-65.
• chateaudurivau.com •

Dans ces paysages protégés par le parc naturel régional Loire-Anjou-Touraine et inscrits au Patrimoine mondial de l'Unesco, les châteaux ne se comptent plus. Si la plupart sont propriétés privées, les plus importants sont ouverts au public.

❶ Ainsi, le **château du Rivau** à Lémeré et ses jardins classés « remarquables » évoquent les fées. Citrouilles géantes, arrosoirs et bottes démesurés pour le potager de Gargantua, mais aussi nains de jardin aux visages d'hommes politiques et paons qui s'admirent devant des miroirs entourés de rosiers, on ne s'ennuie pas ici.

❷ À **Lerné,** Le Picroboule, seul musée consacré au jeu de la Boule de fort explique avec passion ce jeu déjà pratiqué par Gargantua. Imaginez une boule en bois – de nos jours en plastique – cerclée de métal, asymétrique et lestée d'un côté. Elle roule en biais sur un terrain incurvé de 20 m de long. Une boule bizarre et un terrain étrange dont on ne connaît pas l'origine, à voir absolument.

Château du Rivau, **Lémeré**

VINS ET VIGNOBLES

❶ **Plus d'infos sur les vins de Chinon**
• chinon.com •

❶ « À boire ! À boire ! À boire ! », furent les premiers cris du nouveau-né Gargantua... « Trincq ! » oserons-nous dire en pénétrant dans le temple de la Dive Bouteille à Chinon. Les cépages de cabernet franc pour le rouge et de chenin pour le blanc font ce fameux **vin chinonais AOC**, à boire de préférence frais. Sans lendemain, il était réputé guérir « les humeurs pécantes » et la gravelle sous Rabelais.

Les terrains argilo-calcaires des coteaux et du plateau au nord de Chinon donnent un vin puissant qui demande « un certain temps de réflexion ». Les sols du sud de la Vienne favorisent un cépage aromatique à boire tout de suite. Le pétillant rosé ou blanc, bien frais, ouvre l'appétit. Encore faut-il « humer le piot ! ».

❷ Voilà de quoi s'arrêter le long de la route des vins, **de la Loire à L'Île-Bouchard.** Et surtout, n'oubliez pas en sortant de la forteresse de Chinon, de vous rendre près duv et de crier bien fort : « Les femmes de Chinon sont-elles fidèles ? » Et le mur de répondre : « Noooooon ! »

Clos de l'Écho, vignoble Couly-Dutheil, **Chinon**

FICHE PRATIQUE

OÙ DORMIR ?

HÔTEL DIDEROT

Pour la collection de rosiers anglais qui ornent la ravissante cour-jardin et les innombrables confitures faites par Laurent. Belle maison du XVIIIe s. Accueil de qualité. 4, rue Buffon, Chinon. • hoteldiderot.com •

HÔTEL DE FRANCE

Dans un bel immeuble du XVIe s, chambres confortables, à la déco contemporaine, certaines avec balcon et vue sur le château. Agréable jardin dans la cour intérieure où l'on peut prendre son petit déj aux beaux jours. Accueil très pro. 47, place du Général-de-Gaulle, Chinon. • bestwestern.fr •

OÙ MANGER ?

L'ENTREPOTES

Avec sa terrasse très déco et son cadre tendance lounge, c'est l'adresse qui détonne un peu à Chinon. Mais rien de m'as-tu-vu ici : l'ambiance est décontractée, l'accueil chaleureux, et la cuisine, à l'ardoise, fait dans le classique de saison, avec un soupçon de modernité. 88, quai Jeanne-d'Arc, Chinon.

AU CHAPEAU ROUGE

Des fleurs en façade, des tables joliment dressées sur la place en été, une salle douce à vivre en toute saison. Spécialités régionales astucieusement retravaillées. Le maître restaurateur Christophe Duguin joue à fond la carte du terroir et des bons produits locaux selon la saison. Quant à la sélection de vins, elle est précise et de qualité. Service très sympathique et très bel accueil. 49, place du Général-de-Gaulle, Chinon.

LA PART DES ANGES

Tout petit resto au cadre d'une élégante sobriété (mais où chaque détail semble avoir été pensé). Cuisine ouverte où madame travaille avec talent et originalité les produits de région et de saison. En salle, monsieur conseille avec le sourire les meilleurs crus du secteur (très bonne sélection). 5, rue Rabelais, Chinon.

OÙ DÉGUSTER ET ACHETER DU VIN ?

DOMAINE DE LA NOBLAIE

Les vins valent le détour, mais aussi le site, plein de charme ! Une belle balade œno-bucolique ! Le Vau-Breton, Ligré. • lanoblaie.fr •

CAVE TOURISTIQUE DE PANZOULT

Groupement des 15 vignerons de Panzoult (AOC chinon). Visites libres ou guidées de la cave sculptée retraçant l'histoire de la Sibylle (conte de Rabelais). Les Villeseaux, Panzoult. • cave-panzoult.com •

MAISON DES VINS

14, rue du 8-Mai-1945, Beaumont-en-Véron. • maisondesvinsduveron.com •

DOMAINE DE L'R

Après avoir tout appris à bonne école, Frédéric Sigonneau a repris le domaine familial pour y appliquer des méthodes naturelles. Le résultat est à son image : franc et sincère ! On se régale de vins gourmands, fruités et équilibrés pour les plus simples, fins et puissants pour les grandes cuvées. La plus belle, *Les Mains Sales*, est même éraflée grain par grain, tandis que l'emblématique *SO2* ne contient pas de soufre ! 14, coteaux de Sonnay, Cravant-les-Coteaux. • domainedelr.com •

ACCÈS

En train

À partir de **2h20** en TGV/TER depuis Paris-gare Montparnasse, avec une correspondance ;
50 mn depuis Tours.

En voiture

85 km depuis Paris (environ **3h**),
40 mn de route depuis Tours.

AGENDA

AVRIL-MAI | Les Vignerons dans la ville.

Un samedi d'avril.

JUILLET | Avoine Zone Groove.

Le dernier week-end de juin ou le 1er week-end de juillet. Festival de musique blues. • avoinezonegroove.fr •

AOÛT | Marché médiéval.

Le 1er samedi d'août.

Marché à l'ancienne.

Le 3e ou 4e samedi d'août, toute la journée. Marché 1900 reconstitué par les habitants des villages de la rive gauche de la Vienne, avec défilé le matin, animations jusqu'en soirée.

CORSE

Cap de Roccapina

PORT DE PLAISANCE
TINO ROSSI
BAR
SANDWICHS
CREPES
COCKTAILS
Creperie

AJACCIO

LE GOLFE ET L'ARRIÈRE-PAYS

PATRIMOINE	★★☆☆
GASTRONOMIE	★★☆☆
NATURE	★★★★
SHOPPING	★★☆☆
VIE NOCTURNE	★☆☆☆

NOS INCONTOURNABLES

- Le musée Fesch
- Embrasser la vue sur la ville depuis la statue de Napoléon
- Faire un tour au marché
- Nager dans l'eau cristalline
- Randonner dans l'arrière-pays

Ajaccio, c'est une vieille ville, concentrée autour du port, avec ses hautes bâtisses, ses vieilles rues aux maisons colorées, la rue Fesch, piétonne et animée, son marché et ses terrasses de cafés, et la partie moderne qui s'étire tout le long du grand boulevard de bord de mer et dont les constructions, à l'architecture pas toujours heureuse, se disséminent jusque sur les collines. D'Ajaccio, on a de quoi faire dans les proches environs : la route des îles Sanguinaires, les plages de Porticcio, les trois vallées (dont celle de Gravona) et la montagne toute proche, qui offre à la baie d'Ajaccio un cadre superbe et de belles balades.

AJACCIO, CITÉ IMPÉRIALE

Bien sûr, on ne peut parler d'Ajaccio sans évoquer Napoléon, l'enfant du pays, maître de l'Europe et, pour certains, génie militaire et politique – pour d'autres, tyran et boucher.

❶ La **maison où vécurent les Bonaparte** à partir de la fin du XVIIe s se visite. La famille, assez modeste, l'a d'abord occupée en partie, puis entièrement, rachetant un à un les étages. Carlo-Maria Bonaparte, notable important et père du futur empereur, apporta quelque lustre au foyer. Pillé, remeublé, repillé... : il ne reste pas grand-chose du cadre où naquit et grandit Napoléon. Mais la muséographie est très didactique et les textes pédagogiques qui accompagnent les œuvres et documents, intéressants. On termine par un petit tour dans les écuries (matériel ancien venu des Milleli, la maison de campagne des Bonaparte).

INFOS UTILES

❶ **Musée de la maison Bonaparte**
Rue Saint-Charles.
☎ 04-95-21-43-89.
• musees-nationaux-malmaison.fr/musee-maisonbonaparte/visites/b-visites-guidees •

NAPOLÉON EMPESTAIT !

❶ **Palais Fresch, musée des Beaux-Arts**
50, rue Cardinal-Fesch.
☎ 04-95-26-26-26.
• musee-fesch.com •

C'est à l'arrivée des Français en Allemagne en 1801 que l'usage de l'eau de Cologne se popularisa. Son plus célèbre utilisateur était Napoléon, qui en vidait un flacon dans ses bottes avant de monter à cheval. Il en consommait jusqu'à... 40 l par mois ! À Sainte-Hélène, privé de son eau favorite, il parvint à en retrouver la formule en faisant appel aux souvenirs de ses compagnons.

❶ Incontournable dans le paysage ajaccien, le **palais Fesch, aujourd'hui musée des Beaux-Arts.** Construit au XIXe s, ce vaste bâtiment, dessiné par Frasseto et conçu pour abriter la collection Fesch (420 tableaux exposés aujourd'hui), ne manque pas de prestance avec sa cour d'apparat où trône la statue du cardinal Joseph Fesch, oncle de Napoléon. Le grand homme a réussi l'exploit de réunir une fabuleuse collection à l'occasion de ses séjours romains et a également permis à la Corse de créer son premier grand musée. La présentation est digne de la plus vaste collection de peintures italiennes après celle du Louvre ! Les œuvres sont logiquement présentées dans un ordre chronologique : les primitifs italiens, bien sûr, mais aussi toute la période qui couvre la Renaissance jusqu'aux dernières tendances à Rome au XVIIIe s.

❷ Tant que vous y êtes, jetez un œil à la **bibliothèque municipale,** dans l'aile gauche du palais Fesch et à la **chapelle impériale,** aile droite du palais Fesch.

Musée des Beaux-Arts, **Ajaccio**

Port d'Ajaccio

Siège de l'Assemblée générale de Corse, **Ajaccio**

BALADE DANS LA VILLE

❶ Office de tourisme du pays d'Ajaccio
3, boulevard du Roi-Jérôme.
☎ 04-95-51-53-03.
• ajaccio-tourisme.com •

❶ Pour un début de balade sympa, flânez **place du Maréchal-Foch,** où un marché se tient tous les matins : saveurs et animation sont au rendez-vous ! Et on peut faire emballer sous vide la charcuterie et le fromage pour le voyage. Une fois rassasié de cette atmosphère bon enfant, on peut se diriger vers la **citadelle,** bel ouvrage militaire, qui ne se visite malheureusement pas. C'est en fait le noyau originel de la ville, un promontoire rocheux choisi par les Génois en 1492 pour la construction du *castello* flanqué d'un donjon. Renforcée par une nouvelle enceinte édifiée au milieu du XVIe s, la citadelle conserve aujourd'hui deux beaux bastions et une échauguette.

❷ Un peu plus à l'ouest, le **quartier des Étrangers** évoque une autre page de l'histoire de la ville : sous le Second Empire, on a créé des bâtiments luxueux destinés à une nouvelle espèce de l'humanité… le touriste. Une aristo écossaise, miss Campbell, avait fait la promotion d'Ajaccio, qui accueillait, à la fin du XIXe s, une moyenne de 1 000 touristes hivernaux. Elle écrivit en 1868 l'un des premiers guides touristiques. Le *Grand Hôtel Continental* (où siège aujourd'hui la Collectivité territoriale), le *Cyrnos-Palace,* l'hôtel *Germania,* tous le long du cours Grandval, étaient les fleurons de l'industrie touristique d'alors. Sur le même cours Grandval, quand il devient le cours du Général-Leclerc, on peut même voir une ancienne petite église anglicane.

❸ À l'ouest du centre-ville, on arrive à la **statue de Napoléon.** Monument colossal élevé à la gloire de l'enfant du pays : c'est la copie d'une statue du sculpteur Émile Seurre, qui se trouve aujourd'hui dans la cour d'honneur des Invalides. Intéressant point de vue sur la ville depuis le sommet des marches.

POURQUOI NAPOLÉON POSAIT-IL LA MAIN SUR SON VENTRE ?

Il appuyait la main sur son estomac pour se soulager d'un ulcère persistant (trop de soucis !). Mal soignée, cette maladie se transforma en tumeur qui l'emporta à l'âge de… 51 ans.

VAMOS A LA PLAYA !

❶ Le **golfe d'Ajaccio** compte plus d'une vingtaine de plages. À Ajaccio même, près de la citadelle, la plage Saint-François est plutôt étroite, mais elle est en plein centre-ville. Sinon, vers l'aéroport, vous trouverez la plage de Ricanto. Mais c'est sur la **route des Sanguinaires** que vous découvrirez les plus beaux coins, des plages pas bien grandes qui s'égrènent sur près de 8 km, comme celle de Trottel, située à côté du square Trottel et de l'hôtel Impérial, toute proche du centre-ville. Inconvénient, toutes ces plages sont bondées en été (et desservies par bus) : ne pas croire que plus on s'éloigne du centre-ville, moins elles seront fréquentées… Coin très plaisant sous la maison de Tino Rossi (accès par la paillote du Scudo). Le mieux est d'aller à la très agréable plage de Capo di Feno, en s'engageant sur la route des Sanguinaires. Magnifique au couchant, mais parfois dangereuse (courants puissants). On peut y manger.

LE GOLFE D'AJACCIO ET L'ARRIÈRE-PAYS

❶ **Grand Site de la Parata – Sanguinaires**
• grandsitesanguinaires-parata.com •

❷ **Plages de Porticcio, de la Viva, d'Agosta, de Mare e Sole**

❸ **Cité des tortues - A Cupulatta**
T20, 20172 Vero.
☎ 04-95-52-82-34.
• acupulatta.com •

❶ Sans trop s'éloigner, on peut se faire une idée du golfe et de l'arrière-pays, en faisant cap sur le **Grand Site de la Parata – Sanguinaires** par exemple. Au coucher du soleil, ces îlots de porphyre qui prolongent la presqu'île de la Parata prennent des reflets rougeâtres – et surtout la mer et le ciel, car les îles elles-mêmes ne sont ensoleillées le soir qu'un ou deux mois en hiver. Superbe spectacle ! Après s'être garé, on rallie la pointe en 40 mn aller-retour. Si une soif de randonner se fait sentir, rejoindre le site à pied en 3h en empruntant le sentier des Crêtes au départ d'Ajaccio.

❷ Dans le golfe, mais à l'opposé du Grand Site de la Parata, on peut aller lézarder sur la **plage de Porticcio.** Celle de la **Viva** est la plus connue ; très propre, elle offre un beau panorama sur le golfe (location de planche à voile et catamaran). Sinon, une plage plus grande, **Agosta,** à 2 km au sud, est plus sympa et beaucoup plus tranquille. Attention aux courants et à la houle. À 8 km au sud d'Agosta, la plage **Mare e Sole,** qui est prolongée par celle de Verghia, est splendide, comme celles, plus proches, de la presqu'île d'Isolella.

❸ Et pour avoir un avant-goût de l'arrière-pays, on peut prévoir une marche du côté de la **vallée de la Gravona,** on opte pour la découverte de la **cité des tortues A Cupulatta,** la plus grande « collection » d'Europe, avec plus de 3 000 individus, dont les tortues géantes des Seychelles et des Galápagos, ou la terrifiante tortue-alligator, qui capture ses proies sans bouger, juste en ouvrant la gueule. Les repas sont donnés devant les visiteurs, en fin de matinée. En saison, éclosion des bébés tortues en direct !

Pointe de la Parata, **golfe d'Ajaccio**

FICHE PRATIQUE

ACCÈS

En avion

Aéroport Napoléon-Bonaparte : à Campo dell'Oro, à **6 km** d'Ajaccio, sur la route de Porticcio.

En bateau

Au moins 1 départ/jour pour Toulon et Marseille.Genève.

ACHATS

U STAZZU

De la charcuterie de Bocognano et plein d'autres bonnes choses provenant des meilleurs producteurs. 1, rue Bonaparte, Ajaccio. ☎ 04-95-51-10-80.

LE CHEMIN DES VIGNOBLES

Nicolas Stromboni est surnommé « l'Empereur des cavistes » : avec près de 2 500 références de vins, difficile de faire mieux ! Épicerie fine. Également des cours d'œnologie sur place (hors été) et bar à vins. 16, avenue Noël-Francini, Ajaccio. ☎ 04-95-51-46-61.

OÙ DORMIR ?

HÔTEL MARENGO

Petit hôtel au calme caché dans une cour intérieure, au fond d'une impasse, à proximité de la plage Trottel, juste au-dessus du début de la route des Sanguinaires. Les chambres sont simples mais bien tenues, fonctionnelles et confortables. Certaines sont de plain-pied et donnent sur la cour paysagée et sa petite terrasse fleurie. 2, rue Marengo, Ajaccio. ☎ 04-95-21-43-66. • hotel-marengo.com •

HÔTEL LES MOUETTES

Une belle villa de charme à la déco raffinée, lumineuse, et stratégiquement située les pieds dans l'eau. Chambres élégantes et tout confort, la plupart avec terrasse privative ou balcon. Celles sur l'arrière sont proches de la route, mais... bien plus abordables. Piscine en surplomb de la grande bleue, de la pelouse et du bout de plage en contrebas. Resto chic. Accueil pro et souriant. 9, cours Lucien-Bonaparte, à 1,5 km du centre-ville d'Ajaccio. ☎ 04-95-50-40-40. • hotellesmouettes.fr •

A CASA FUNTANA

À Carbuccia, dans le bas du village, une belle, discrète et solide maison en pierre sur 3 niveaux, avec un petit jardin arboré. Déco élégante dans les chambres et bon petit déj. Excellent accueil de Cathy et de Fred. Carbuccia, vallée de la Gravone. ☎ 04-95-20-68-82. • casafuntana.com •

PROMENADES EN MER

Ces adresses sont situées à Ajaccio, sur le port Tino-Rossi, en bas de la place du Maréchal-Foch, ou sur le port Charles-d'Ornano.

NAVE VA

Propose d'avril à octobre des virées à la journée pour Scandola-Girolata et Bonifacio. Également une sortie dans le golfe d'Ajaccio dans l'après-midi, avec arrêt baignade à Mezzumare, la « grande Sanguinaire », et en soirée. ☎ 04-95-51-31-31. • naveva.com •

DÉCOUVERTES NATURELLES

Promenade en mer vers les Sanguinaires, avec escale à Mezzumare ou au moment du coucher du soleil. Excursion vers Scandola également. Départs de Porticcio et Propriano également. ☎ 04-95-21-06-16. • promenades-en-mer.org •

OÙ MANGER ?

A NEPITA

En salle, c'est Julien, le pâtissier, qui accueille ses hôtes avec décontraction et compétence. Et, en cuisine, c'est Simon, qui se (nous !) fait plaisir en élaborant chaque jour un menu en fonction du marché et de l'inspiration (juste 2 entrées, 2 plats et 2 desserts). Sa maîtrise, sa générosité (il a renoncé à son étoile pour se consacrer sans pression à sa passion) et la qualité des produits sont la garantie d'un repas toujours raffiné et savoureux. 4, rue San-Lazaro, Ajaccio. ☎ 04-95-26-75-68.

DA MAMA

Une adresse discrète et familiale, dotée d'une terrasse ombragée agréable, retranchée dans une ruelle pentue reliant le cours Napoléon à la rue Cardinal-Fesch. Service prompt et attentionné – et pourtant, il y a du monde ! – pour une cuisine qui se tient, notamment le menu corse, d'excellente facture. Sélection de bons vins corses. Passage Guinguette (porche et escalier donnant cours Napoléon, face à la poste), Ajaccio. ☎ 04-95-21-39-44.

L'USTARIA (CHEZ MARTIN)

Un resto en bord de route, de construction récente, qui ne paie pas de mine. C'est pourtant une table tout à fait correcte, avec notamment des plats du jour copieux et bien tournés, et des spécialités de veau (au myrte notamment). Légumes du potager. Chants ou guitare corses le samedi soir en saison. À environ 15 km d'Ajaccio direction Corte, Peraccia. ☎ 04-20-01-67-93.

La port, **Bastia**

BASTIA

ET LE CAP CORSE

PATRIMOINE	★★
GASTRONOMIE	★★
NATURE	★★★★
SHOPPING	★★
VIE NOCTURNE	★

NOS INCONTOURNABLES

- Balade dans la vieille ville et sur les quais du Vieux-Port
- La citadelle et le quartier de Terra Nova
- Le cap Corse et Saint-Florent

*L'histoire a amarré Bastia au flanc d'une montagne haute de 900 m qui dévale dans la mer. Les longues affinités génoise et romaine, l'énergie des gens du maquis devenus citadins l'ont rendue plus méditerranéenne que nature. C'est une ville grave comme ses maisons altières, gaie comme ses églises baroques et leur atmosphère. Bastia, à l'origine, n'est que la marine du village perché de Cardo où étaient installés les pêcheurs. Au XIV*e *s, un gouverneur génois, Lomellini, fait construire une place forte sur le gros rocher qui domine Porto Cardo et qui donnera son nom actuel à la ville. Bastia, c'est aussi la porte du cap Corse. Relief abrupt, villages accrochés face aux flots bleu azur et, discrètes et pittoresques, des marines pleines de charme. Et le vin, ah ! les bons vins du Cap et de Patrimonio...*

LA VIEILLE VILLE DE BASTIA (TERRA VECHIA) ET LE VIEUX-PORT

La **place du Marché,** grande place calme et ceinte d'anciennes bâtisses typiques, permet de prendre le pouls de la ville, d'autant qu'elle est animée par le marché les samedi et dimanche matin. À côté, l'**église Saint-Jean-Baptiste** domine le Vieux-Port de ses deux tours-campaniles. Le bel intérieur baroque date du XVIIe s. À deux pas de là, la **chapelle de l'Immaculée-Conception,** édifiée en 1589. Le Parlement anglo-corse s'est réuni ici pendant 3 ans (1794-1796). Le roi d'Angleterre y avait un représentant, et l'on y jouait alors le *God Save the King* sur le petit orgue italien toujours en état. Le pavage de galets à la génoise figure un grand soleil et la lune, et l'intérieur est somptueux. En quelques enjambées, on arrive sur la vaste **place Saint-Nicolas,** ombragée par des platanes et des palmiers, bordée de vénérables immeubles, parfaite pour y prendre un verre en fin de journée quand les terrasses des cafés sont bondées. Tout aussi animés en fin de d'après-midi, les **quais du Vieux-Port** ; il est d'autant plus agréable d'y flâner que les quais deviennent piétons le soir. Les lève-tôt se régalent quant à eux d'observer l'arrivée des chalutiers au point du jour.

LA CITADELLE ET LE QUARTIER DE TERRA NOVA

❶ **Musée de Bastia**
Cours Favale.
☎ 04-95-31-09-12.
• musee.bastia.corsica •

❷ **Cathédrale Sainte-Marie-de-L'Assomption**
12, rue Notre-Dame.

Oratoire de la confrérie de la Sainte-Croix
Rue de l'Évêché.

❸ **Oratoire de Monserato**
13, boulevard Général-Giraud.

❶ La **Citadelle génoise,** superbe, est organisée selon un plan en damier, et mérite vraiment une visite. Se balader dans les étroites ruelles piétonnes est un ravissement. La citadelle abrite, dans ce qui fut le siège des gouverneurs génois entre les XVe et XVIIIe s, le **musée de Bastia,** d'où l'on profite, bien sûr, d'une remarquable vue sur la ville.

❷ Pas bien loin de la citadelle s'élève la **cathédrale baroque Sainte-Marie-de-l'Assomption,** du XVIIe s, qui abrite une impressionnante Vierge en argent massif pesant près de 650 kg d'argent fin, offerte par les Bastiais au XIXe s. Patrimoine religieux toujours, et clou de la visite de Bastia, l'**oratoire de la confrérie de la Sainte-Croix,** seul oratoire de style rococo de France, qui allie grâce et exubérance. Dans la pénombre de l'une des chapelles veille le *Christ noir des Miracles,* trouvé en 1428 et vénéré par les pêcheurs.

❸ Et, juste à la sortie de Bastia, on pénètre dans l'**oratoire** (eh oui, un deuxième !) **de Monserato,** qui abrite un monument rare : un escalier saint, ou *Scala Santa,* réplique de l'escalier saint de la basilique Saint-Jean-de-Latran à Rome, dont l'origine remonte à la chute de Napoléon. Son histoire est tout à fait intéressante. Obtenir une *Scala Santa* du pape est un privilège rare, et sa particularité est de permettre à celui qui la gravit à genoux d'être lavé de ses péchés ; seul moyen reconnu par l'Église d'arriver à ce résultat sans l'entremise d'un prêtre. Ils sont malins, ces Corses : obtenir cette distinction suprême à coups de *brocciu* et de patrimonio !

Citadelle, quartier de Terra Nova, **Bastia**

Port de Centuri, **cap Corse**

LE CAP CORSE, L'INDEX POINTÉ DE L'ÎLE DE BEAUTÉ

❶ **Plus d'infos sur le cap Corse**
• bastia-tourisme.com/le-cap-corse/ •

Pour se sentir vraiment insulaire, un tour du côté du **cap Corse** s'impose ! C'est comme le doigt de la Corse, un index pointé vers le nord dans le bleu de la mer. Voici donc *l'isula di l'isula,* « l'île de l'île » : une chaîne de montagnes couverte de maquis, une échine rocheuse longue de 40 km et large de 12 à 15 km. Les sommets culminent entre 1000 et 1324 m, puis les versants dévalent vers la grande bleue. Les paysages ? Une alternance de plages de galets (et de sable dans l'extrême pointe du Cap) et de criques secrètes, le tout entrecoupé de montagnes.

Et cerise sur ce beau gâteau, le cap Corse, c'est aussi un **pays de vignerons.** On y produit des vins très divers, des blancs surtout, et également un muscat. On se nourrit de tant de beauté, une beauté qu'on retrouve aussi, dans un autre genre, du côté de Saint-Florent.

SAINT-FLORENT, PETIT SAINT-TROP' CORSE, ET SES ENVIRONS

❶ Office de tourisme de Saint-Florent
☎ 04-95-37-06-04.
• corsica-saintflorent.com •

❷ Office de tourisme de Nonza
• nonza.fr •

❸ Église San Martinu
2, hameau Cardeto, 20253 Patrimonio.

❶ **Saint-Florent** est un port au fond d'une merveilleuse **baie** encadrée par les montagnes du cap Corse et du Nebbio. À l'ouest, la mer vient lécher la **côte sauvage des Agriates,** formant un chapelet de belles plages, presque exclusivement accessibles par bateau. Si la jolie petite cité, dans l'air du temps, séduit les stars et les marins venus s'y mettre au vert, ou plutôt au bleu, elle est aussi le point de chute évident pour ceux qui font le tour du cap Corse par la route (ouille… bouchons en haute saison !). La petite promenade dans la vieille ville derrière le port, en poussant jusqu'à la citadelle, se révèle bien agréable.

❷ De Saint-Florent, on peut facilement se rendre à **Nonza.** Ce petit bijou accroché entre ciel et mer est de ces villages qui donnent le vertige. Un petit bistrot sous les platanes, quelques maisons héroïquement soudées à la montagne (qu'il est agréable de se promener dans ces ruelles !) et une tour (corse, pas génoise !) plantée sur un rocher plongeant dans la mer. La vue est vertigineuse et le contraste saisissant entre les eaux turquoise et les galets gris métallique. Et cette plage… depuis la tour, vue extra.

❸ Puis on peut retourner à Bastia en faisant une halte à **Patrimonio.** Un site exceptionnel à flanc de montagne, des versants ensoleillés couverts de vignobles et une vue superbe sur la baie de Saint-Florent et les montagnes du Nebbio. Patrimonio et sept communes alentour, jusque dans les Agriates, élaborent vins blancs, rosés et rouges, ainsi qu'un délicieux muscat (le tout en **AOC patrimonio**). De succulents nectars, un peu sucrés, à boire très frais. Ce vignoble, le plus vieux de Corse (V^{e} s av. J.-C.), produit des vins d'une qualité « biologique », un vrai breuvage écolo, grâce à des méthodes traditionnelles d'encépagement et de vinification, sans adjonction de produits chimiques. Dans le village, ne pas manquer la **statue-menhir** et la superbe **église San Martinu,** perchée sur une butte un peu à l'écart.

Saint-Florent

FICHE PRATIQUE

ACCÈS

En avion

Aéroport Bastia-Poretta, à **20 km** au sud de Bastia. • bastia.aeroport.fr • Navettes de et vers l'aéroport via la gare SNCF.

En bateau

Liaison régulière avec Marseille, Nice et Toulon.

OÙ DORMIR ?

HÔTEL CENTRAL

Un petit hôtel fort bien tenu, sans aucun doute le meilleur rapport qualité-prix-charme du centre de Bastia. Chambres chaleureuses, à l'atmosphère familiale, aux couleurs méditerranéennes, toutes différentes. Ambiance sympathique et discrète qu'on apprécie. 3, rue Miot, Bastia. ☎ 04-95-31-71-12. • centralhotel.fr •

HÔTEL PIETRACAP

Un beau 3-étoiles tout blanc, niché dans la verdure, sur plusieurs niveaux. La plupart des chambres ont vue sur mer (plus chères). Jolie piscine en contrebas du jardin. Petite restauration en été. 20, route de San-Martino, Pietranera, San-Martino-di-Lota. ☎ 04-95-31-64-63. • pietracap.com •

HÔTEL MAXIME

Établissement très propre et toujours d'un bon rapport qualité-prix, tout particulièrement à Saint-Florent, où l'on prend vite la grosse tête. TV, minibar, balcon (certains donnant sur la rivière de Poggio). Route de la Cathédrale, Saint-Florent. ☎ 04-95-37-05-30. • hotel-maxime-saint-florent.fr •

CHAMBRES D'HÔTES CASA MARIA

Dans une solide maison de famille riche en histoires, 5 belles chambres, toutes avec clim et TV. Salon commun réservé aux hôtes. Bon petit déj, servi en été sur la terrasse d'où la vue est si belle. Chemin de la Tour, Nonza. ☎ 04-95-37-80-95. • casamaria.fr •

CHAMBRES D'HÔTES CASA EVA MARIA

Adorable escale, assez luxe. Chacune des 4 chambres (avec clim, TV et entrée privative) possède sa terrasse, qui donne sur un coin de jardin fleuri dévalant en pente douce vers la belle piscine. Calme absolu et vue sur les montagnes. Via Rossa, Patrimonio. ☎ 06-28-46-24-27. • casaevamaria.com •

OÙ MANGER ?

A SCUDELLA

Ici, ni terrasse ni vue renversante, mais une cuisine au plus près de la vérité du pays, avec de bonnes recettes des familles où s'invitent sanglier, lapin, *figatellu* et charcuterie. 10, rue Pino, Bastia. ☎ 06-25-27-26-25.

LA TABLE DU MARCHÉ

Le menu est déjà très satisfaisant, mais rien n'empêche d'aller piocher dans la carte et les plats corses, ou le superbe poisson, d'une exemplaire fraîcheur. Élégant décor et service de qualité. Terrasse sur l'adorable place du Marché, avec ses hautes maisons et sa fontaine moderne. Place du Marché, Bastia. ☎ 04-95-31-64-25.

CHEZ MORGANTI

Dans l'ancien hôtel Morganti (1892), grande salle ou jolie terrasse, ombragée par des mûriers platanes et avoisinant une adorable chapelle. Spécialités de soupe de poissons, spaghettis à l'araignée de mer ou bouillabaisse. Plus simple, salade de poulpe, friture de rougets frais ou encornets à la mode corse. Du bon. Marine d'Albo, Ogliastro. ☎ 04-95-37-85-10.

LE PETIT CAPORAL

Cuisine régulière et service prévenant. Les petits budgets opteront pour les bonnes pizzas, les budgets moyens choisiront les excellentes pâtes (celles aux fruits de mer sont top), voire un poisson du golfe, fraîchement pêché. Sur le port, Saint-Florent. ☎ 04-95-37-20-26.

LIBERTALIA BISTROT TROPICAL

Des légumes du jardin, des produits choisis auprès de producteurs sérieux et une cuisine enlevée, généreuse : superbe pageot, beignets de courgette, poulet corse mariné… Grosses tables de bois sous les arbres, un grand gril pour les cuissons et une bonne bière Ribella (brassée sur place) pour se désaltérer. Du beau, du bon, du frais. Route de l'Église, Patrimonio. ☎ 06-23-16-41-25.

ACHATS

CHEZ MIREILLE

Pour se ravitailler en canistrelli au citron, en fiadone ou en beignets à la farine de châtaigne… 5, rue des Terrasses, Bastia. ☎ 04-95-32-41-05.

CAP CORSE MATTEI

Apéritifs et digestifs dont le fameux Cap Corse, emblématique de l'île, fabriqués depuis le siècle dernier par la célèbre maison Mattei. Caviste et épicerie fine du monde. 15, boulevard du Général-de-Gaulle, Bastia. ☎ 04-95-32-44-38.

DOMAINE ANTOINE ARENA

Des vins hyper structurés, superbement élaborés. Rond-point de la route du cap Corse, Patrimonio. ☎ 04-95-37-08-27.

ÉPICERIE U SAN PETRONE

L'antre de Benoît Rinaldi, agriculteur-charcutier en Castagniccia, l'un des mieux approvisionnés de Corse : charcuterie, fromages, liqueurs, vin, le tout de grande qualité. Place Doria, Saint-Florent. ☎ 04-95-37-10-95.

GRAND-EST

Ribeauvillé et son vignoble

Petite Venise, **Colmar**

COLMAR

LA BELLE D'ALSACE

PATRIMOINE	★★★★
GASTRONOMIE	★★★
NATURE	★★
SHOPPING	★★
VIE NOCTURNE	★

NOS INCONTOURNABLES

- Le retable d'Issenheim, au musée Unterlinden
- Les Dominicains
- Une balade dans la vieille ville
- S'attabler dans une *winstub*
- Découvrir les villages des environs, sur la route des Vins d'Alsace

Capitale des vins d'Alsace, Colmar est sans doute la plus alsacienne des villes de la région. Considérée comme l'une des plus belles cités de France, Colmar a tout pour plaire aux nostalgiques de l'Alsace éternelle, tout comme aux curieux, soucieux de découvrir les richesses d'une ville qui vit aussi avec son temps : de beaux musées et des chefs prestigieux qui réinventent la gastronomie du terroir pour déchaîner les papilles... Son cachet rhénan lui confère un charme fou ! Les maisons à colombages débordant de géraniums sont légion, et les canaux verdoyants s'avèrent romantiques à souhait. La cité se découvre à pied, au rythme paisible de l'Alsace souriante. Sa proximité immédiate avec la route des Vins d'Alsace est un atout supplémentaire. Une destination week-end parfaite, en toute saison !

LE MUSÉE UNTERLINDEN, STAR DE COLMAR

INFOS UTILES

❶ **Musée Unterlinden**
1, rue des Unterlinden.
• musee-unterlinden.com •

Martin Schongauer
1448-1491.

❶ La star de Colmar, c'est le **musée Unterlinden.** Il résume, à lui seul, le prestige architectural et artistique de la ville. La richesse de ses collections, qui couvrent 7 000 ans d'histoire, de la préhistoire au XXe s, est immense. Installé dans un ancien couvent de dominicaines fondé en 1232, à côté d'une chapelle dédiée à saint Jean sous le Tilleul *(St Johann unter der Linde)*, et flanqué d'une aile moderne, voici le « Louvre » d'Alsace !

Son extension, achevée fin 2015 après trois ans de travaux pour améliorer la scénographie des expositions, est l'œuvre des architectes suisses de réputation internationale Herzog & de Meuron. Ils ont construit une étonnante annexe, en cuivre et briques, reliée, en sous-sol, par un vaste corridor lumineux : une sorte de galerie de l'évolution de l'art, qui part du cloître médiéval, avec des œuvres du Moyen Âge et de la Renaissance, pour arriver à l'aile contemporaine, regroupant des créations de Monet, Picasso, Fernand Léger, Otto Dix, Dubuffet, Nicolas de Staël, entre autres.

Mais la pièce incontournable du musée est le fabuleux **retable d'Issenheim** (1512-1516), magnifiquement mis en valeur dans la chapelle du XIIIe s, et ce d'autant plus qu'il vient d'être restauré. Un véritable livre géant en relief, comportant plusieurs pans de bois peints et sculptés qui montrent la crucifixion de manière expressive et touchante. Les malades, qui venaient en pèlerinage devant ce Christ saisissant de réalisme, devaient relativiser leurs souffrances. Ils espéraient la guérison, symbolisée par la Résurrection, représentée sur d'autres volets du polyptique.

Autre spécificité du musée, son importante collection d'œuvres majeures – parmi lesquelles figure le retable d'Orlier – de **Martin Schongauer,** graveur et peintre de talent, originaire de Colmar, dont le travail a beaucoup influencé l'art germanique. Enfin, le musée, dont la visite prend plusieurs heures, ancre son identité dans le savoir-faire régional, à travers les arts décoratifs et les traditions populaires d'Alsace.

HANSI, L'ENFANT DU PAYS

❶ **Musée Hansi**
28, rue des Têtes.
• hansi.fr •

❶ D'une envergure plus modeste, mais emblématique de l'histoire de Colmar et de l'Alsace, un autre musée intéressant est celui-là consacré à **Hansi,** surnom de Jean-Jacques Waltz. Ce caricaturiste et illustrateur, pionnier de la ligne claire, popularisée ensuite par Hergé, se définissait comme un imagier populaire. L'agréable scénographie permet de découvrir les multiples talents de Hansi : aquarelles de paysages, peintures et eaux-fortes de Colmar, cartes postales ou encore publicités pour des dragées médicinales, des banques et la société des potasses d'Alsace, avec sa cigogne iconique, logo créé en 1929.

Hansi est aussi l'auteur de la célèbre *Histoire d'Alsace* (1912) – livre qui lui valut 12 jours de prison – et de *Mon Village* (1913) où il dépeint des scènes rurales traditionnelles et se moque des Prussiens arrogants. Ses images, simples et efficaces, peuvent se lire à différents niveaux.

Hansi a laissé son empreinte dans les rues de Colmar grâce à six enseignes en fer forgé qu'il avait dessinées : à dénicher lors d'une balade dans le centre ancien (allez, un indice que dans la rue du musée vous en découvrirez deux !), l'occasion aussi de contempler le superbe patrimoine architectural colmarien.

Enseigne de maison réalisée par Hansi, **Colmar**

Maison des têtes, **Colmar**

BALADE ARCHITECTURALE DANS LA VILLE

❶ **Les Dominicains**
1, place des Martyrs-de-la-Résistance.
• dominicains.colmar.fr •

Maison des Têtes
19, rue des Têtes.

❷ **Maison Zum Kragen**
9, rue des Marchands.

Maison Pfister
11, rue des Marchands.

Koïfhus (ancienne douane)
29, Grand-Rue.

❸ **Maison Adolph**
15-16, place de la Cathédrale.

Colmar se découvre à pied la tête en l'air pour mieux admirer les innombrables détails architecturaux : enseignes du XVe au XXe s, maisons à colombages du Moyen Âge, demeures de caractère aux statues et médaillons sculptés, ou encore oriels en façade, ces avancées vitrées qui apportent la lumière dans les intérieurs... autant de surprises sublimées, la nuit, par les illuminations – quotidiennes en haute saison.

❶ La rue des Têtes, riche en enseignes signées Hansi, est bordée par **Les Dominicains** de Colmar. Cet ancien couvent fait aujourd'hui l'objet d'un ambitieux chantier de rénovation (ouverture prévue fin 2020). Outre la valorisation des bâtiments (dont un cloître du XIIIe s, jumeau de celui d'Unterlinden), le site abritera une bibliothèque, un atelier du livre, et un parcours muséographique intaractif sur l'histoire du livre et de l'image. Dans la même rue, découvrez l'admirable **maison des Têtes,** de 1609, classée Monument historique : de style Renaissance allemande, témoin de l'âge d'or des marchands, elle est ornée de plus de cent masques, d'un des plus beaux oriels et d'une sculpture de tonnelier, conçue en 1902 par Bartholdi, l'autre enfant du pays.

❷ Un musée est d'ailleurs dédié au créateur de la statue de la *Liberté* à New York, dans une demeure cossue de la rue des Marchands. Celle-ci abrite également deux splendides bâtisses contiguës, **Zum Kragen** (architecture à pans de bois du XVIe s) et la **maison Pfister,** la plus célèbre de Colmar ! Cette dernière a été construite en 1537 en un subtil et harmonieux mélange de pierre et de bois par le chapelier Ludwig Scherer, originaire de Besançon, qui s'était enrichi dans les mines d'argent du val de Lièpvre. Pour terminer, l'**ancienne douane** ou **Koïfhus,** des XVe et XVIe s, sans doute le plus remarquable monument public de la ville.

❸ L'habitation la plus ancienne de la commune se trouve non loin de là, face à la collégiale Saint-Martin, église gothique érigée entre 1235 et 1365 : c'est la **maison Adolph,** datant de la moitié du XIVe s, dont les fenêtres en ogive rappellent celles de la collégiale. Juste à côté, l'ancien corps de garde du XVIe s est agrémenté d'un charmant balcon ouvragé.

❹ Plus austères, les beaux alignements de maisons à pans de bois du **quartier des Tanneurs,** des XVIIe et XVIIIe s. Elles possèdent une structure particulière, tout en hauteur : au sixième et dernier étage, les greniers, bien ventilés, servaient à faire sécher les peaux, lavées dans le ruisseau voisin. Car Colmar est parcourue de plusieurs cours d'eau, au point qu'un de ses quartiers est baptisé « la Petite Venise »...

COLMAR, VILLE D'EAU ET DE VIN

Le surnom **« la Petite Venise »** (mais alors vraiment petite !) vient d'une affiche de chemins de fer prussiens qui avait pour but d'inciter les voyageurs à se rendre à Colmar. Plusieurs petits canaux dérivés de l'Ill irriguent cette partie du centre ancien, lui apportant charme et romantisme, surtout à l'automne et au printemps. Autour du quai de la Poissonnerie, les maisons colorées à colombages sont belles, avec leurs balcons débordant de géraniums et leurs adorables fenêtres médiévales ouvrant discrètement, sur les eaux tranquilles, des coins et des recoins ombragés... Rassurez-vous, ici, on ne vit pas au rythme des gondoles ; seulement quelques barques à fond plat utilisées jadis par les maraîchers et qui proposent aujourd'hui une balade d'une demi-heure sur la Lauch, pour profiter d'un point de vue différent.

Si les poissonniers restaient dans un secteur bien délimité, attenant à celui des maraîchers, les vignerons n'en avaient pas vraiment un. C'est en fait sur toute la ville qu'ils régnaient, tant Colmar doit sa prospérité aux vignes. Car la préfecture du Haut-Rhin demeure la capitale des vins d'Alsace, à quelques kilomètres de la très renommée **route des Vins d'Alsace.** À goûter sur place, dans les domaines viticoles et dans les *winstubs* (ou *wistubs*), littéralement « les pièces à vin », qui fleurissent en ville.

LA ROUTE DES VINS D'ALSACE

❶ **Route des Vins d'Alsace**
• route-des-vins-alsace.com •

❶ De Colmar, on peut donc facilement partir flâner sur la route des Vins d'Alsace pour explorer tout un monde chaleureux, propre et coquet, à l'image des maisons à colombages aux murs multicolores, avec géraniums aux fenêtres. Ainsi, de **Saint-Hippolyte,** au nord, bourgade frontalière avec le département du Bas-Rhin, jusqu'à **Thann,** au sud des Vosges, on découvre une succession de vieux **villages fortifiés** hors du temps, miraculeusement préservés des guerres et soigneusement bichonnés.

❷ Ces villages aux allures de bourgades de contes de fées, proches les uns des autres, sont éparpillés au pied des douces collines vosgiennes qui montent la garde dans l'arrière-pays verdoyant, enrobé de forêts de sapins, hérissé de ruines de châteaux forts perchés sur des nids d'aigle et dominant la plaine du Rhin.

Hunawihr

FICHE PRATIQUE

ACCÈS

En train

Liaison directe Paris-gare de l'Est (**2h30** de trajet). Colmar est également reliée par le train à de nombreuses villes françaises.

En voiture

Paris-Colmar par l'autoroute **A4** (**5h**), de Lyon par l'**A39** puis l'**A36** (**4h**) et à **1h** de Strasbourg par l'**A35.**

En avion

Les aéroports de Strasbourg et de Bâle-Mulhouse se trouvent à environ **70 km** de Colmar.

AGENDA

AVRIL | Colmar fête le Printemps.

Marchés traditionnels, concerts classiques et jazz, expos, animations, le tout dans un décor bucolique.• printemps-colmar.com •

JUILLET | Festival international de musique de Colmar.

Un des plus importants festivals européens de musique classique. Sous la direction artistique du violoniste et chef d'orchestre d'origine russe Vladimir Spivakov, le festival rend chaque année hommage à un compositeur ou instrument qui a marqué ou marque encore son époque. • festival-colmar.com •

JUILLET-AOÛT | Foire régionale des vins d'Alsace.

Concerts pop-rock, dégustation de vins et foire commerciale, en général fin juillet-début août. • foire-colmar.com •

OÙ DORMIR ?

HÔTEL SAINT-MARTIN

La belle adresse du centre ancien ! Cette vieille façade traditionnelle pittoresque cache une quarantaine de chambres réparties aussi dans d'autres bâtiments anciens attenants. Chambres plus ou moins spacieuses, parfaitement équipées et tenues, avec quelques variantes dans l'allure traditionnelle. Bon accueil. 38, Grand-Rue. • hotel-saint-martin.com •

HÔTEL QUATORZE

Idéalement placé au cœur de la vieille ville, petit hôtel de caractère proposant – dans un bâtiment ancien – treize chambres et suites tout confort, dont la déco répond aux codes du design contemporain : meubles épurés dans les tons noir et blanc, salles de bains ouvertes sur les chambres ; le tout rehaussé de toiles colorées. Espace détente et hammam. Bref, une adresse cosy et raffinée. 14, rue des Augustins. • hotelquatorze.com •

OÙ MANGER ?

TABLES DU MARCHÉ COUVERT

Au beau milieu des étalages, quelques gargotes pour grignoter sur le pouce ; sur une fesse, ou même 2, car on peut prolonger le moment ! Cuisine simple qui donne dans le traditionnel ou l'exotique, à vous de voir. Une adresse plébiscitée au déjeuner par ceux qui travaillent dans le quartier. 13, rue des Écoles. ☎ 03-89-41-55-94.

LA KILB

La carte fait la part belle aux belles pièces de viande régionale, maturées, à partager pour certaines (T-Bone, côte de bœuf), et des légumes bien mis en valeur. Frites maison. À l'ardoise, les plats (pavé de cabillaud sauce safran…) changent toutes les semaines. Quelques soirées concerts le samedi soir. Et un bon atout supplémentaire : c'est ouvert le dimanche soir ! Belle terrasse pour couronner le tout. 37, route de Neuf-Brisach. ☎ 03-89-24-00-23.

L'ATELIER DU PEINTRE

Le peintre en question – Schongauer – vivait juste en face, au XVᵉ s. Mais c'est un tout autre art qui se dessine sur les murs et surtout dans les assiettes : celui d'un chef étoilé, Loïc Lefèvre. Son credo : un attachement au produit brut sublimé par des compositions et des juxtapositions de textures créatives, savamment maîtrisées. Service de grande maison et cadre très contemporain. Cet atelier est une fête de tous les sens ! 1, rue Schongauer. ☎ 03-89-29-51-57.

SÉZANNE

Alléchante épicerie fine au rez-de-chaussée, pleine d'odeurs et de saveurs ; doublée d'une belle cave à vin au sous-sol. La salive monte ! À l'étage, une salle confortable pour déguster un goûteux plat du jour, une assiette de charcuterie ou de fromage, autant qu'une part de tarte sucrée du jour. Produits simples, sains, et vins à découvrir au verre. Une adresse pour les gourmets ! 30, Grand-Rue. ☎ 03-89-41-55-94.

ACHATS

DOMAINE KARCHER ROBERT ET FILS

Une des plus vieilles caves de Colmar, datant de 1602, et curieusement située en plein centre-ville, avec grosses poutres d'origine et cuves plus que centenaires. Sorte de ferme au cœur du monde urbain où vous pouvez même séjourner : 3 gîtes impeccables et lumineux dans une vieille maison du XVIIᵉ s entièrement rénovée. 11, rue de l'Ours. • vins-karcher.com •

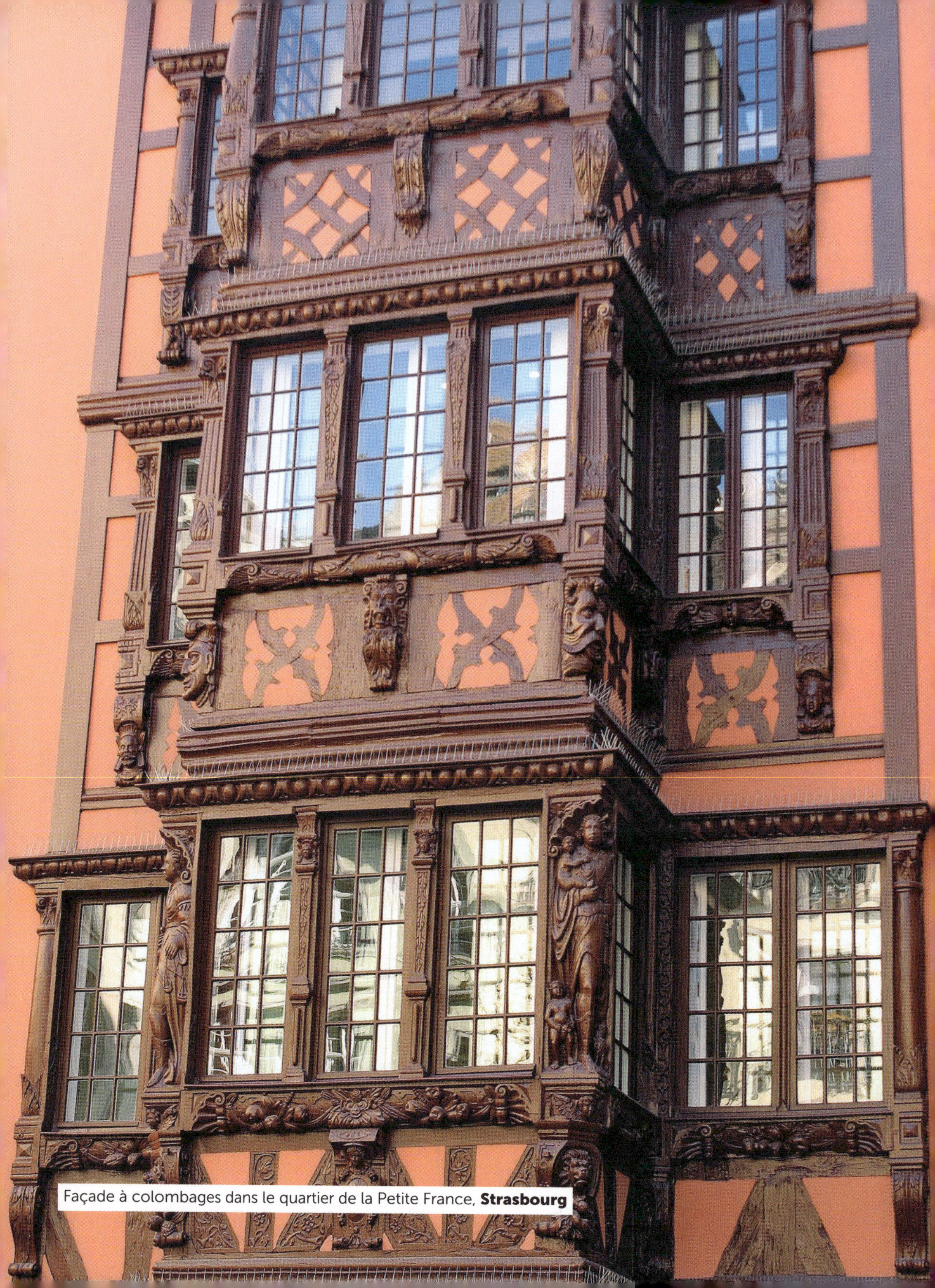
Façade à colombages dans le quartier de la Petite France, **Strasbourg**

STRASBOURG

EN TOUTES SAISONS

PATRIMOINE	★★★★
GASTRONOMIE	★★★
NATURE	★★
SHOPPING	★★★
VIE NOCTURNE	★★★★

NOS INCONTOURNABLES

- La cathédrale
- Le maison Kammerzell
- Le palais Rohan
- Le quartier de la Petite France
- Le Parlement européen
- Le marché de Noël

Passée quasiment sans transition de capitale régionale, économique et culturelle de l'Alsace à capitale européenne, la belle Alsacienne profite pleinement de ces honneurs. Le succès ne lui est pourtant pas monté à la tête. La capitale alsacienne, devenue une importante métropole européenne, allie à merveille quiétude provinciale et ouverture sur l'extérieur. Hiver comme été, on déambule avec plaisir dans les rues piétonnes de son centre historique. N'allez surtout pas croire, en découvrant le nombre impressionnant de monuments et de quartiers attendant votre visite, que Strasbourg est figée dans l'histoire. Les salons de thé, les terrasses et même de vraies winstubs à la mode d'aujourd'hui sont autant de lieux de repos bienvenus entre deux visites de musées ou d'églises, une balade sur les quais ou dans les parcs, à son rythme...

AU PIED DE LA CATHÉDRALE

INFOS UTILES

❶ **Cathédrale Notre-Dame**
• cathedrale-strasbourg.fr •

❷ **Musée de l'Œuvre Notre-Dame**
3, place du Château.
• musees.strasbourg.eu/musee-de-l-oeuvre-notre-dame •

❸ **Maison Kammerzell**
16, place de la Cathédrale.
• maison-kammerzell.com •

❶ À chaque fois, elle nous donne des frissons. Surgissant, telle une apparition, entre les maisons à colombages de l'étroite rue Mercière, la **cathédrale Notre-Dame** s'élève, gigantesque et aérienne à la fois, vers le ciel. L'édifice, toujours majestueux, semble presque irréel, lorsqu'il est illuminé, les soirs d'été. Il se caractérise par son unique clocher surmonté d'une flèche et par ses murs en grès rose des Vosges qui lui donnent sa tonalité si particulière. Construite du XIIe au XVe s, la cathédrale de Strasbourg constitue l'un des plus beaux exemples d'architecture gothique au monde – même si son chœur est roman. Le gros de l'œuvre (façade et flèche) demanda un siècle et demi de labeur. Plusieurs architectes se succédèrent. Le plus célèbre fut Erwin de Steinbach, qui imagina de décaler les sculptures, arches, colonnettes et autres ornementations à 30 cm de la façade, ce qui donne cet aspect unique au monde de légèreté, de grès rose ciselé dans l'espace. Un **pur chef-d'œuvre de l'art médiéval**, qui fut jusqu'au XIXe s, avec ses 142 m, la plus haute église de la chrétienté. À l'intérieur, l'horloge astronomique du XVIe s, avec ses personnages animés, émerveille toujours les 4 millions de visiteurs annuels de la cathédrale. Une fusion harmonieuse des techniques, des arts et des sciences.

❷ Indissociable d'une visite à la cathédrale, le **musée de l'Œuvre Notre-Dame,** de l'autre côté de la place du Château, abrite de nombreux trésors de l'art alsacien et rhénan du Moyen Âge et de la Renaissance, dont des collections issues de la cathédrale. Le splendide bâtiment qui l'abrite date de la même époque (XIVe-XVe s) : c'était le siège de la corporation des maçons et des tailleurs de pierre. Au cas où vous n'auriez pas le temps de le visiter, jetez au moins un œil à travers les grilles, sur la reconstitution du jardin médiéval, avec ses 9 carrés où poussent plantes médicinales, aromatiques et d'agrément.

❸ Autre merveille de la place, la **maison Kammerzell,** remarquable bâtisse Renaissance avec une façade à colombages de bois sculpté surmontée d'un pignon pointu. Il s'agit d'une magnifique demeure, témoignage précieux de l'architecture urbaine pendant la Renaissance. Elle abrite aujourd'hui un hôtel et un restaurant chic, renommé pour sa choucroute aux trois poissons.

DANS LE RICHE PASSÉ ALSACIEN

❶ **Palais Rohan**
2, place du Château.

❷ **Musée des Arts décoratifs**
• musees.strasbourg.eu/musee-des-arts-decoratifs •

Musée des Beaux-Arts
• musees.strasbourg.eu/musee-des-beaux-arts •

Musée archéologique
• musees.strasbourg.eu/musee-archeologique •

❸ **Musée historique de la Ville de Strasbourg**
2, rue du Vieux-Marché-aux-Poissons.
• musees.strasbourg.eu/musee-historique •

❹ **Musée alsacien**
23-25, quai Saint-Nicolas.
• musees.strasbourg.eu/musee-alsacien •

❶ Plus classique, le **palais Rohan,** entre la cathédrale et les rives de l'Ill, est un parfait exemple d'architecture à la française, dans le pur style des hôtels particuliers parisiens ou bordelais. Ce palais fut construit entre 1732 et 1742, à l'initiative du cardinal prince-évêque de Strasbourg, Armand Gaston de Rohan-Soubise (fils illégitime de Louis XIV et d'Anne de Rohan-Chabot). Trois musées y ont pris place.

❷ Le **musée des Arts décoratifs** comprend les appartements des cardinaux ainsi que les appartements royaux, dont l'ordonnancement est le même qu'à Versailles. Ils sont très représentatifs du goût français au XVIIIe s, même si la grande majorité du mobilier original fut dispersée à la Révolution. Strasbourg, à l'époque, est une ville riche et les arts décoratifs se portent au mieux, notamment dans le domaine de l'orfèvrerie, de la faïence et de la ferronnerie. Le **musée des Beaux-Arts** offre un beau panorama de la peinture italienne, française et hollandaise, de la Renaissance au XIXe s. Enfin, le **Musée archéologique** propose d'importantes collections d'archéologie régionale qui illustrent plusieurs millénaires de l'histoire alsacienne, de la préhistoire (600 000 ans av. J.-C.) jusqu'à l'aube du Moyen Âge (800 apr. J.-C.).

❸ Pour continuer votre balade, faites un tour au **musée historique de la Ville de Strasbourg,** tout proche, installé dans l'ancienne grande boucherie. Ce bel édifice du XVIe s est l'une des plus remarquables machines à remonter le temps que cette ville éminemment culturelle a su mettre en place. Sa muséographie à la fois ludique, claire et précise permet d'appréhender l'histoire singulière de Strasbourg depuis le Moyen Âge, ville à la frontière de la France et de l'Allemagne qui conserva malgré la succession des régimes – Saint Empire romain germanique, couronne française, république, Empire allemand – sa prospérité économique et son rayonnement intellectuel.

❹ Traversez l'Ill pour terminer votre tournée des musées au remarquable **Musée alsacien,** pour ses riches collections des arts et traditions populaires locales. Tous les grands moments de la vie sont ici représentés, des chaises d'accouchement et du berceau de baptême aux stèles funéraires en bois, en passant par les robes de communion et le trousseau de la mariée, avec les taies d'édredon en kelsch. Les trois confessions de la région sont aussi présentes : ex-voto catholiques, estampes protestantes, objets cultuels juifs... On y trouve le meilleur du patrimoine rural, abrité dans des demeures bourgeoises du XVIIe s, pleines de charme, qui étaient situées face au port de l'époque. Pittoresque parcours où l'on traverse de belles cours à galeries de bois sculpté. Et où l'on remonte le temps, sourire aux lèvres. Vous l'avez compris : ne manquez pas la visite de ce prodigieux musée, certes vieillissant, mais à la hauteur de la richesse du patrimoine culturel alsacien.

LE VIEUX STRASBOURG

❶ Strasbourg n'a rien d'une ville-musée, même si son centre-ville est admirablement préservé. Inscrit au Patrimoine mondial de l'humanité par l'Unesco, le **vieux Strasbourg** se situe sur une île au milieu de... l'Ill (c'est le nom de la rivière qui traverse la ville). Largement piéton, il se parcourt à pied pour de formidables balades empreintes de poésie urbaine.

Dieu que cette ville est séduisante ! Le promeneur ne sait plus où donner de la tête : vénérables demeures qui ont traversé les siècles, églises adorables, ruelles romantiques, petites places, cafés, restos et traditionnelles *winstubs* à profusion pour goûter aux spécialités alsaciennes... Demandez la brochure *Balades strasbourgeoises* à l'office de tourisme.

❷ La **Petite France** – le plus célèbre quartier de la ville – a beau être très touristique, elle n'en a pas perdu son charme pour autant. Ici, l'Ill se divise en 5 bras, ce qui permit la construction de moulins et l'installation de tanneries. Ancien quartier des tanneurs, pêcheurs et meuniers donc, qui, bizarrement, a été épargné par les vicissitudes de l'Histoire : les vieilles demeures de charme continuent de se mirer dans les eaux d'une petite Venise de l'Est, avec ses écluses, ses saules pleureurs, ses cygnes, ses recoins secrets, etc.

❸ Ne manquez pas la **rue du Bain-aux-Plantes,** incontournable avec ses demeures Renaissance à colombages et encorbellement, et ses mignonnes maisons de tanneurs aux toits en escalier. Éminemment touristique, ça va de soi, mais choisissez d'y déambuler le matin de très bonne heure ou la nuit. Les matins y sont particulièrement lumineux et les nuits romantiques à souhait. Les **ponts couverts** sont une autre image célèbre de Strasbourg. Ces trois tours du XIIIe s, vestiges des anciennes fortifications, semblent continuer à monter la garde à l'entrée de la ville. Des passerelles en bois recouvertes d'une large toiture sont à l'origine du nom. En 1863, des ponts en pierre les remplacèrent. Les tours servirent d'hôpital et de prison. Plus loin, une quatrième tour, quai de Turckheim, était appelée « tour du Bourreau ».

Quartier de la Petite France, **Strasbourg**

Bords de l'Ill, **vieille ville de Strasbourg**

STRASBOURG CAPITALE

❶ **Conseil de l'Europe**
• coe.int/fr •

❷ **Musée d'Art moderne et contemporain**
1, place Hans-Jean-Arp.
• musee.strasbourg.eu •

❸ **Théâtre national de Strasbourg**
1, avenue de la Marseillaise.
• tns.fr •

Opéra du Rhin
19, place Broglie.
• operanationaldurhin •

La Laiterie
17, rue du Hohwald.
• artefact.org •

Parlement Européen

LA CAPITALE EUROPÉENNE

❶ Impossible de réduire Strasbourg à un conservatoire à ciel ouvert des traditions régionales ! En 1949, la ville est investie **siège du Conseil de l'Europe** par les 10 États fondateurs, en raison de sa situation géographique et de son histoire, symbole de la réconciliation. Un an plus tard, Strasbourg accueille la Cour européenne des droits de l'homme. Puis, en 1952, la Communauté européenne du charbon et de l'acier ; en 1969, l'Institut des droits de l'homme ; en 1972, le Centre européen de la jeunesse. En 1979, le Parlement européen est élu pour la première fois au suffrage universel.

Quelque peu excentré, le **quartier européen,** neuf, est posé comme un satellite à l'ouest de Robertsau, un village resté aujourd'hui encore dans son jus. Le quartier des institutions européennes intéresse et intrigue les visiteurs, à défaut de les fasciner, à l'instar de la Grande Île ou de la ville impériale allemande (également appelée la Neustadt, inscrite au Patrimoine mondial de l'Unesco).

Pour les plus europhiles, un pèlerinage s'impose. Le **Parlement européen,** mis en service en 1999, affiche une immense façade de verre et de métal suivant le tracé de la berge et que domine une tour, haute de 60 m, échancrée en direction de la cathédrale. On peut y découvrir, grâce à un écran de cinéma 360°, la simulation d'une session parlementaire, et accéder à la terrasse du 13e étage, pour respirer l'Europe à pleins poumons.

Le **palais de l'Europe** construit en 1977 par l'architecte H. Bernard est le siège permanent du **Conseil de l'Europe** et des 47 États membres. Ses objectifs : défendre les droits de l'homme, favoriser l'identité culturelle européenne, rechercher des solutions communes aux problèmes de société, développer la stabilité démocratique en Europe. Ces deux bâtiments ne se visitent que sur réservation.

UNE CAPITALE CULTURELLE ET GASTRONOMIQUE

❷ Autre témoignage de la modernité de Strasbourg, le **musée d'Art moderne et contemporain (MAMCS)** occupe un imposant bâtiment en verre et granit rose réalisé par Adrien Fainsilber. Il offre une large collection couvrant l'art moderne et contemporain de 1870 à nos jours, enrichie par d'importants dépôts de particuliers, mais aussi du musée d'Orsay, du Centre Georges-Pompidou, ainsi que du Fonds national d'art contemporain. Parmi les pièces incontournables, *Le Salon de musique* de Kandinsky et les gravures de Gustave Doré auquel une salle entière est consacrée. Stratégiquement situé à l'étage du musée dans un bel espace design, l'*Art Café,* avec ses immenses baies vitrées et sa grande terrasse, offre une vue privilégiée sur la Petite France et la cathédrale.

❸ Côté institutions culturelles, le quartier de Strasbourg impérial est le siège des très réputés **Théâtre national de Strasbourg** (TNS) et **Opéra du Rhin.** Dans un autre genre, **La Laiterie,** dans le quartier de la gare, est LE lieu strasbourgeois pour les concerts rock, pop et techno.

❹ Enfin, chacun le sait, Strasbourg est une capitale gastronomique. Vous aurez l'embarras du choix, de la traditionnelle choucroute dans une *winstub* aux restos plus branchés. Pour sortir le soir, les **quartiers de la Krutenau et de Finkwiller,** au sud de la vieille ville, abritent pas mal d'adresses sympa pour manger ou prendre un verre, comme l'étonnante *Choucrouterie,* mi-resto mi-café théâtre, tenu par Roger Siffer, chanteur folk alsacien.

LE PLUS VIEUX MARCHÉ DE NOËL DE FRANCE

❶ **Marché de Noël**
• noel.strasbourg.eu •

❶ C'est à Noël qu'il vous faudra revenir pour découvrir un Strasbourg hors du temps et des modes. Son marché, souvent décrié pour son aspect très commercial, est et demeurera le plus ancien **marché de Noël** de France. Dès le Moyen Âge, autour du 6 décembre se tenait près de la cathédrale le Sankt Klausenmarkt (marché de la Saint-Nicolas) où jouets et cadeaux étaient distribués aux enfants dits sages. Le pasteur Johannes Flinner réclama et obtint sa suppression. Mais ce prédicateur luthérien ne fut pas le seul à lutter contre les traditions catholiques attachées au nom de saint Nicolas. La bourgeoisie locale suivit. C'est ainsi qu'en 1570 fut créé le Christkindelsmärik (le marché de l'Enfant Jésus). Il faudra attendre trois siècles (1870) pour que le Christkindelsmärik rejoigne son emplacement définitif : la place Broglie. Aujourd'hui, des maisonnettes en bois ont non seulement investi tout le centre-ville mais fait des petits un peu partout en France (avec plus ou moins de bonheur). L'atmosphère, elle, n'a pas changé : pains d'épices, crèches, santons, couronnes de l'Avent, boules de Noël, illuminations et artisanat se mêlent aux odeurs de vin chaud épicé et de *bredele*... Par ailleurs, chaque année un pays invité se mêle à la fête et s'ajoute aux quelque 500 animations qui se tiennent dans toute la ville.

FICHE PRATIQUE

ACCÈS

En train

Plusieurs liaisons quotidiennes en TGV Est européen au départ de Paris-gare de l'Est.
Durée : **1h50.**

En voiture

De Paris via l'autoroute **A4** (**4h20**).

En avion

Strasbourg est relié à plusieurs aéroports français. Vols quotidiens.

AGENDA

À L'AUTOMNE | Musica.

Festival des musiques d'aujourd'hui, principalement à la Cité de la musique et de la danse mais aussi dans de nombreux lieux de la ville. Une des plus grandes manifestations consacrées à un genre (la musique contemporaine), près de 40 ans d'existence et quelque 20 000 spectateurs chaque année. • festivalmusica.org •

ACHATS

PAINS D'ÉPICES MIREILLE OSTER

Prenez un savoir-faire familial, un amour de la tradition et des voyages, dont Mireille rapporta saveurs, arômes et ingrédients inédits, et vous comprenez comment cette ambassadrice de l'Alsace a su révolutionner le pain d'épices sans rien concéder d'essentiel à la tradition. 14, rue des Dentelles. • mireille-oster.com •

LA NOUVELLE DOUANE

Une vingtaine de producteurs alsaciens installés dans un bâtiment historique rénové proposent en vente directe leurs productions : charcuteries, fromages, pains, fruits et légumes, confitures et autres produits d'épicerie fine. Vente de sandwichs et plats à emporter. Également une belle représentation de flacons. L'assurance de consommer bon et local ! 1 A, rue du Vieux-Marché-aux-Poissons. • lanouvelledouane.com •

OÙ DORMIR ?

HÔTEL GRAFFALGAR

Ici, chaque chambre a été attribuée à un artiste qui a reçu carte blanche pour la personnaliser. La cage d'escalier est également couverte par des interventions collectives d'artistes peu communs. Literie confortable, chambres calmes, mobilier réalisé par des artisans et associations locales : diversité et originalité sont au programme à tous les niveaux. *Graffalgar* propose 38 chambres uniques en leur genre, un espace brunch, des expos, des spectacles, des installations ludiques et des activités en lien avec les artistes maison. 17, rue Déserte. • graffalgar.com •

HÔTEL SUISSE

Un hôtel qui a une âme avec, à l'accueil, des femmes qui savent recevoir. Discret, sympathique et vraiment charmant, avec des chambres douillettes pour passer des nuits paisibles. Celles avec vue sur la cathédrale sont un vrai bonheur. Il y en a d'autres plus petites, mais toutes sont impeccables et rénovées. Le petit déj-buffet, servi dans une salle à la déco typiquement alsacienne, est des plus agréable. 2-4, rue de la Râpe. • hotel-suisse.com •

HÔTEL LE KLÉBER

Bien situé, trop même, car pour le calme, vous repasserez hors saison ! Quant au tramway, c'est un bruit de fond qui peut devenir lancinant. Mais l'accueil et la situation sont aussi des atouts certains, comme le prix. Colorées, bien conçues et confortables, voici des chambres qui respirent le charme et le style, l'envie de plaire, et tout cela à prix accessibles. 29, place Kléber. • hotel-kleber.com •

OÙ MANGER ?

AU CRUCHON

Ce minuscule établissement ressemble à une *winstub*, mais a intelligemment dépoussiéré sa carte pour laisser place à l'imagination et au réalisme. Cuisine entre tradition et innovation, parfois revisitée avec des légumes oubliés et des plantes aromatiques du terroir alsacien : magret de canard miel et orange, cela dit pour mieux vous mettre le gewurtz à la bouche, comme on dit ici. C'est léger, goûteux et sans frime. 11, rue des Pucelles. ☎ 03-88-35-78-82.

LE TIRE-BOUCHON

Dans cette minuscule ruelle, cette célèbre *winstub* aux salles pleines de cachet fait l'effort de nourrir son monde à des prix démocratiques, et cela fort honorablement, depuis près de 15 ans. Une bonne cuisine de terroir, et une adresse aussi authentique que sympathique, régulière en qualité, et à deux pas de la cathédrale. 5, rue des Tailleurs-de-Pierre. ☎ 03-88-22-16-32.

LA CUILLER À POT

Discret et charmant, voici un restaurant comme on les aime. Si la cuisine est raffinée et inventive, élaborée avec des produits d'une fraîcheur exceptionnelle (délicieuses écrevisses, mirabelles du jardin), les portions sont plus que généreuses. Quant à l'accueil, il est d'une gentillesse irrésistible, car ici on s'emploie à préserver une simplicité qui met tout le monde à l'aise. 18 bis, rue Finkwiller. ☎ 03-88-35-56-30.

Cathédrale Notre-Dame, **Reims**

REIMS

ET LES CAVES DE CHAMPAGNE

PATRIMOINE	★★★★
GASTRONOMIE	★★
NATURE	★★
SHOPPING	★★★
VIE NOCTURNE	★★★

NOS INCONTOURNABLES

- La cathédrale
- Les caves de champagne
- Le palais du Tau
- Les biscuits roses
- L'église Saint-Remi

Sans Reims, la France ne serait pas la même. La capitale champenoise, qui recèle des joyaux patrimoniaux, fait indéniablement partie de notre histoire commune. Même si la ville a été en grande partie détruite lors des bombardements de la Première Guerre mondiale, sa reconstruction a permis l'éclosion de nombreux édifices de style Art déco. Reims, pour ceux qui l'ignoreraient encore, bénéficie d'une double inscription au Patrimoine mondial de l'Unesco : d'une part pour la cathédrale, le palais du Tau et l'église Saint-Remi ; et, plus récemment, ce sont les coteaux, les maisons et les caves de champagne qui sont auréolés de la même distinction. Des noms prestigieux qui résonnent aux quatre coins du monde comme les symboles du raffinement à la française. Levez votre coupe à Reims, le temps d'un week-end.

LA CATHÉDRALE DES ROIS DE FRANCE

INFOS UTILES

❶ **Cathédrale Notre-Dame**
• cathedrale-reims.fr •

❶ De Clovis à la Révolution, tous les rois de France capétiens, à l'exception de Louis VI, Henri IV et Louis XVIII, se sont fait sacrer à Reims. Dans un lieu symbole de notre histoire : la **cathédrale Notre-Dame.** Elle a fière allure, la cathédrale de Reims, avec sa tour à l'Ange qui culmine à 87 m au-dessus de la ville et de la plaine champenoise. Sur le plan historique, la cathédrale de Reims joue le rôle d'église sainte, à la fois nationale et royale. La cathédrale primitive vit la nation franque baptisée par saint Remi en la personne de son roi, Clovis, en l'an 498. Après de multiples incendies et reconstructions, la réalisation de l'édifice actuel débuta en 1211 pour se terminer un siècle plus tard, à part les tours dont la construction se poursuivit jusqu'en 1480. À la suite des terribles dégâts causés par la guerre de 1914-1918 (300 obus !), sa restauration fut entreprise en partie grâce à la donation Rockefeller. L'édifice fut restitué au culte en 1937. Le 8 juillet 1962, le président de Gaulle et le chancelier Adenauer scellèrent la réconciliation franco-allemande dans la cathédrale.

Sa façade est l'une des **façades gothiques** de France les plus belles et les plus ornementées, car l'une des dernières à avoir été érigées. Outre la statue célébrissime – et énigmatique – de l'**Ange au sourire,** elle est connue pour sa somptueuse galerie des rois de France, au-dessus de la rose. Tous les guides vous diront qu'il faut l'admirer en fin d'après-midi : le soleil couchant fait jouer les reliefs et les ombres, ajoutant une note mystérieuse à l'édifice. Les statues des portails ont été souvent comparées à celles des cathédrales de Chartres ou d'Amiens ; autant là-bas elles restent stylisées, liées aux colonnes, autant à Reims elles s'animent (et il y en a 2 300 en tout !). C'est une véritable dentelle de fleurs sculptées qui a miraculeusement traversé les siècles jusqu'à nous.

À l'intérieur, vous serez surpris par l'impression de hauteur, en partie due à l'étroitesse de la nef (138 m de long pour 38 m de large) qui confère une dimension aérienne à l'édifice. Dans le chœur, il ne faut pas manquer les **trois superbes vitraux à dominante bleue de Chagall** surplombant les 9 vitraux abstraits supérieurs réalisés par l'Allemand Imi Knoebel au XIIIe s. Splendide.

HUILE ESSENTIELLE

Une fiole renfermait le chrême (huile sacrée) utilisé pour l'onction des rois de France, lors de la cérémonie du sacre. Ce vénérable liquide aurait été donné par un ange à saint Remi, évêque de Reims, pour oindre Clovis pendant son baptême. Au total, plus de 30 rois ont bénéficié de la sainte huile. Henri IV n'eut pas cette bénédiction ; ça ne lui a pas porté chance ! La sainte ampoule sera brisée en 1793, lors de la Révolution, sur la place Royale de Reims.

❶ Palais du Tau
2, place du Cardinal-Luçon.
• palais-du-tau.fr •

❷ Basilique Saint-Remi
Rue Saint-Julien.

❸ Musée historique Saint-Remi
53, rue Simon.
☎ 03-26-35-36 90.
• musees-reims.fr/fr/musees/musee-saint-remi •

❹ Musée des Beaux-Arts
8, rue Chanzy.
☎ 03-26-35-36-00.
• musees-reims.fr/fr/musees/musee-des-beaux-arts/ •

JOYAUX DE REIMS

LE PALAIS DU TAU

❶ Juste à droite de la cathédrale, le **palais du Tau,** également classé au Patrimoine de l'Unesco. Sa visite est essentielle en complément de la cathédrale. C'était le palais des archevêques de Reims et la résidence du roi et de sa suite à l'occasion du sacre. Si un palais existait déjà dès le IVᵉ s, il a été reconstruit et complété par une chapelle palatine après l'incendie de 1027, puis remanié au XVIᵉ s dans un style gothique flamboyant. Il subit de plein fouet les conséquences de la Grande Guerre et dut attendre près de 30 ans avant d'être restauré. Le palais du Tau a été transformé en musée en 1972. À admirer au fil des salles : un grand nombre de tentures et tapisseries, le dernier manteau porté à l'occasion d'un sacre – celui de Charles X – et moult beautés que l'on vous laisse le soin de découvrir. La visite permet aussi d'approcher les sculptures déposées au cours des campagnes de restauration et de se rendre compte de leur taille ainsi que de l'impressionnante finesse des détails. C'est aussi l'occasion de comprendre la structure de la statuaire de la cathédrale, une organisation de groupes de saints, de rois, de scènes bibliques, qui ne doit rien au hasard.

LA BASILIQUE SAINT-REMI

❷ Parmi les autres édifices notables de Reims, il ne faut pas manquer la très belle **basilique Saint-Remi,** construite au XIᵉ s sur le tombeau de saint Remi, et remaniée au XIIᵉ s. Elle subit de nombreux dommages pendant la Première Guerre mondiale, la charpente et les voûtes de la nef ayant été détruites par un incendie. Sur la façade, les deux tours sont hautes de 56 m. Seule la tour sud est ancienne (XIᵉ s), la tour nord ayant été refaite au XIXᵉ s. L'ancienne abbatiale, presque aussi vaste que la cathédrale, est remarquable autant pour sa nef romane que pour l'architecture du chœur, chef-d'œuvre du style ogival champenois. À l'intérieur, on est saisi par les dimensions impressionnantes de l'édifice, dignes d'une basilique de pèlerinage : 122 m de longueur sur seulement 26 m de large.

LE MUSÉE HISTORIQUE SAINT-REMI

❸ Le **musée historique Saint-Remi** se trouve dans l'ancienne abbaye royale Saint-Remi, un bel ensemble de bâtiments avec cloître des XVIIᵉ et XVIIIᵉ s conservant quelques parties de l'abbaye médiévale. Le musée abrite de très belles collections illustrant l'histoire et l'art de Reims et de la Champagne depuis la préhistoire, sans oublier une intéressante section consacrée à l'histoire militaire (équipements et uniformes du XVIᵉ au XIXᵉ s).

LE MUSÉE DES BEAUX-ARTS

❹ De son côté, le **musée des Beaux-Arts** occupe l'ancienne abbaye Saint-Denis, reconstruite sous Louis XV. Vous y découvrirez les salles consacrées à l'Art nouveau et à l'Art déco, d'une grande richesse. La plupart des objets exposés dans cette section proviennent des legs du collectionneur Henry Vasnier. Attardez-vous sur un étonnant ensemble de toiles de Corot, le deuxième par son importance après celui du Louvre. Dans les étages, large éventail de peintures du XVIᵉ au XIXᵉ s, sculptures et objets d'art : Monet, Matisse, Rodin, Boudin, Bonnard, les frères Le Nain, Pissarro...

Palais du Tau, **Reims**

Salon de thé Waïda, **Reims**

LE PATRIMOINE ART DÉCO

❶ **Plus de détails sur**
• reimsartdeco.fr •

❶ Reims possède un remarquable patrimoine architectural Art déco dû à la reconstruction de la ville, détruite à 80 % durant la Première Guerre mondiale. Parmi les édifices significatifs, en centre-ville, la **bibliothèque Carnegie,** les **halles,** le **Grand Théâtre,** pour sa décoration intérieure, et la **villa Douce.** Voir encore la place **Drouet-d'Erlon,** pour ses nombreuses façades, et sa pâtisserie *Waïda*. Plus excentrée, l'**église Saint-Nicaise,** sans oublier le **cours Langlet** (dans l'axe de la tour nord de la cathédrale). Enfin, on peut visiter la **villa Demoiselle** en face du domaine Pommery.

DE L'HISTOIRE DU CHAMPAGNE

On ne vient pas à Reims seulement pour humer l'air de l'histoire. La ville des rois de France peut s'enorgueillir de posséder un autre fleuron de notre patrimoine : **le champagne,** symbole internationalement reconnu du raffinement à la française. Ce sont sans doute les Romains qui, lors de leur installation dans la région, découvrirent les premiers les vertus de ce bon vin. Les célèbres foires de Champagne du Moyen Âge firent ensuite connaître et aimer ce vin aux marchands venus de toute l'Europe. À chaque sacre royal, la noblesse l'appréciait également. Les papes eux-mêmes n'y étaient pas insensibles : Léon X, sous la Renaissance, possédait un vignoble en Champagne. Mais le vin de l'époque ne ressemblait guère au champagne actuel. Il avait tendance à pétiller, certes, mais on s'efforçait par tous les moyens de dominer cette fâcheuse inclination. Il fallut attendre dom Pérignon, à la fin du XVIIe s, pour réussir à maîtriser la fermentation. Il consacra sa vie à marier des cépages pour créer des cuvées. Il obtint ainsi un « vin clair à la mousse persistante », tel que nous le connaissons aujourd'hui. Aussitôt, le champagne connut un incroyable succès. Poètes et philosophes des Lumières en firent même la pub, tel Voltaire qui écrivit : « De ce vin frais l'écume pétillante / De nos Français est l'image brillante. » Talleyrand, lui, trouva des vertus « civilisatrices » à ce vin qu'il utilisa pour essayer d'amadouer les participants au congrès de Vienne. Et, dès le milieu du XIXe s, les exportations vers de nombreux pays s'accrurent considérablement. L'AOC s'étend aujourd'hui à 319 villages.

Les caves du domaine Pommery

❶ Ruinart
4, rue des Crayères.
• ruinart.com •

Taittinger
9, place Saint-Nicaise.
• taittinger.com •

❷ Pommery
5, place du Général-Gouraud.
• champagnepommery.com •

❸ Veuve Clicquot
1, rue Albert Thomas.
• veuveclicquot.com •

❹ Mumm
34, rue du Champs de Mars.
• mumm.com •

Cave des Champagnes Taittinger

DES BULLES, ENCORE DES BULLES !

❶ La visite des caves des grandes maisons qui font rêver la planète est un véritable pèlerinage. La réservation est obligatoire, le plus souvent très à l'avance, et les prix variables selon les dégustations proposées. L'une des maisons de champagne les plus anciennes est **Ruinart** (fondée en 1729), appartenant au groupe Moët-Hennessy. Elle compte 24 crayères en tout, dont quatre classées aux Monuments historiques. Depuis, de nombreuses autres maisons tout aussi prestigieuses ont fleuri à Reims et ont ouvert leurs portes à la visite. Parmi les plus intéressantes : la visite de **Taittinger** (photo ci-contre) et de ses crayères gallo-romaines. Cette célèbre maison rémoise a été fondée en 1932 par Pierre Taittinger. La famille est toujours à la tête de l'entreprise et propriétaire d'un vignoble de 288 ha.

❷ Ne pas manquer la découverte de la maison **Pommery.** On accède au domaine par la magnifique maison, de style néogothique élisabéthain. Dans le hall d'accueil, imposant foudre en chêne d'Émile Gallé. Sans doute les plus belles caves de la ville : les crayères gallo-romaines s'étendent sur 18 km. Parfois les galeries s'élargissent en salles voûtées décorées de bas-reliefs sculptés à même la craie. La maison Pommery, fondée par un vendeur de textile et un négociant en 1836, a été gérée de main de maître par la veuve Pommery. Aujourd'hui rachetée par le groupe Vranken-Pommery Monopole, la maison possède un domaine de 288 ha et vend chaque année 5 à 6 millions de bouteilles (60 % à l'exportation). Expos régulières d'art contemporain dans les caves. Siège de la compagnie en face, dans la ravissante villa Demoiselle, le plus bel exemple d'Art déco de la ville où peuvent avoir lieu des expositions.

❸ On poursuit avec la visite de la maison **Veuve Clicquot,** qui commence par une présentation sur carte de la Champagne viticole et se poursuit dans une partie des 25 km de caves. Les crayères datent elles aussi de l'époque gallo-romaine (IIIe et IVe s). Vous salivererez en passant devant la vinothèque privée remplie de vieux millésimes (les plus anciens datent de 1928-1930).

❹ Et pour terminer, cap sur la maison **Mumm,** créée en 1827. Elle stocke dans ses caves quelque 25 millions de bouteilles. Une petite vidéo retrace l'histoire de la maison et la fabrication du champagne, depuis la récolte jusqu'à sa dégustation. On descend ensuite au premier niveau transformé en musée (outils traditionnels, machines, etc.) et l'on poursuit dans une partie des 25 km de galeries taillées dans la craie. Pour se remettre de la fraîcheur des caves, une petite coupe de Cordon Rouge est servie à l'issue de la visite. Santé !

« SABLER » OU « SABRER » LE CHAMPAGNE ?

Eh bien les deux ! Sabler est un mot ancien qui signifie « boire d'un trait ». Sabrer se réfère, quant à lui, à l'ouverture sportive pratiquée en cassant le goulot d'un coup (adroit) de sabre.

FICHE PRATIQUE

ACCÈS

En train

Par le TGV Est européen : liaison entre Paris-gare de l'Est et la gare Reims-centre (environ **45 mn**). Sinon, gare Reims-Champagne-Ardenne TGV, à **8 km** de Reims (liaison tram ou TER avec le centre).

En voiture

À **140 km** de Paris. Compter **1h30** par l'autoroute **A4**. Sinon, par la **N3-D1003**, via Meaux, Château-Thierry, puis la **D980**, ou par la **N2** jusqu'à Soissons, puis la **N31**.

AGENDA

À NOËL | Regalia.

Spectacle projeté sur la façade de la cathédrâle, autour des différents objets liés aux sacres royaux (couronnes, sceptre ...).

Village de Noël.

Autour de 140 chalets, nombreuses animations, grande roue, chants de Noël, patinoire, de la fin novembre à la fin décembre.

JUIN-JUILLET | Flâneries musicales d'été.

De mi-juin à mi-juillet, une soixantaine de concerts classiques, la plupart gratuits, dans les lieux les plus prestigieux comme la cathédrale, le palais du Tau, la basilique Saint-Remi, mais aussi dans les cafés, églises, usines, cours et jardins de la ville. Et un concert pique-nique pour conclure. • reims-tourisme.com •

OÙ DORMIR ?

HÔTEL AZUR

Charmant hôtel installé dans une rue paisible. Tenu avec cœur et décoré avec goût, ce 2-étoiles impeccable appartient à une espèce en voie de disparition ! Accueil enjoué, chambres mignonnes comme tout, petit déj aux beaux jours dans le petit jardin-patio verdoyant, et atmosphère proche de celle d'une chambre d'hôtes. Très demandé, pensez à réserver bien à l'avance. 9, rue des Écrevées. • hotel-azur-reims.com •

HÔTEL CONTINENTAL

Dans un ancien hôtel particulier qui a su conserver l'esprit des grands établissements de la Belle Époque, une cinquantaine de chambres contemporaines, dont certaines donnent sur l'agréable promenade piétonne (triple vitrage). Resto sur place. 93, place Drouet-d'Erlon. • continental-hotel.fr •

OÙ MANGER ?

LE CAFÉ DU PALAIS

Ce vénérable bistrot de 1930, toujours tenu par la même famille, est une véritable institution locale. Le superbe décor rococo, la verrière Art déco, la terrasse devant les voies du tram et le palais de justice... tout concourt à créer une atmosphère à la fois élégante et détendue. Cuisine de brasserie enjouée. Grandes assiettes gourmandes et desserts délicieux. 14, place Myron-Herrick. ☎ 03-26-47-52-54.

BRASSERIE LE JARDIN DES CRAYÈRES

Les Crayères, l'un des restos gastronomiques les plus fameux de la Marne, s'est ouvert au plus grand nombre ! Résultat, cette enchanteresse brasserie au cadre zen, son immense terrasse protégée et de grandes baies vitrées, donnant sur un parc magnifique. On y retrouve les grands classiques du terroir, revivifiés, modernisés. Et toute la qualité de cuisine du grand *Crayères,* sans commettre d'attentat au portefeuille ! 64, boulevard Henri-Vasnier. ☎ 03-26-24-90-90.

L'ALAMBIC

La particularité de ce resto, c'est son caveau champenois où sont dressées la majorité des tables. On apprécie d'autant plus l'ambiance intime que la cuisine maison est bien troussée, sans accroc ni faux-semblants. À l'image du couple charmant aux manettes de l'établissement. Mention spéciale pour les sorbets arrosés aux eaux-de-vie (une quarantaine sont d'ailleurs proposées à la carte). 63 bis, rue de Chativesle. ☎ 03-26-35-64-93.

ACHATS

FOSSIER

C'est dans cette antique pâtisserie (créée en 1754) que fut inventé le biscuit rose de Reims qui accompagne divinement une bonne coupe de champagne. Essayez également les croquignoles, idéales pour le café. 25, cours Langlet. ☎ 03-26-47-59-84.

TRÉSORS DE CHAMPAGNE

La vitrine du club Trésors de Champagne, qui regroupe 28 vignerons récoltants, fait découvrir ses vins dans un bel espace de dégustation. Pour se repérer, une carte peinte au sol. Il n'y a qu'à tirer sur les bouteilles suspendues au plafond pour découvrir les caractéristiques d'un vin en particulier. Sympathique, ludique et instructif, d'autant plus que toutes les régions de production sont ici représentées. Sur près de 200 cuvées différentes, 6 sont en dégustation chaque semaine, en roulement. 2, rue Olivier-Métra. • Facebook •

Place Stanislas, **Nancy**

NANCY

CAPITALE DES DUCS DE LORRAINE

PATRIMOINE	★★★★
GASTRONOMIE	★★★
NATURE	★
SHOPPING	★★
VIE NOCTURNE	★★★

NOS INCONTOURNABLES

- La place Stan
- L'Art nouveau au fil des rues et dans les musées
- Le château de Lunéville

Ébloui par les ors des grilles de la place Stanislas, l'une des plus belles d'Europe, par les quartiers Art nouveau aux superbes façades, et impressionné par le classement au Patrimoine mondial de l'Unesco d'une bonne partie du centre ancien, on pourrait vite coller à Nancy l'étiquette de ville-musée. Mais la ville est bien vivante ! Les vieilles maisons de la Grande-Rue accueillent aujourd'hui à leurs tables et comptoirs branchés la jeunesse étudiante.
À quelques encablures de Nancy, la ville de Lunéville, qui faillit bien devenir Nancy à la place de Nancy, abrite aujourd'hui un patrimoine qui court du XVIIIe s à la Belle Époque, et un savoir-faire en matière de faïence mondialement reconnu.

LA VILLE ROYALE ET LA VIEILLE VILLE

INFOS UTILES

❶ **Office de tourisme de Nancy**
Place Stanislas.
• nancy-tourisme.fr •

❶ La **place Stanislas** constitue – à juste titre – la grande fierté des Nancéiens. En 1751, Stanislas décide de faire aménager une place royale à la gloire de son gendre Louis XV, qui l'a fait duc de Lorraine. Créée sur d'anciens marais par l'architecte Emmanuel Héré, la place doit faire la liaison entre la ville vieille et la ville neuve. Les célébrissimes grilles forgées par Jean Lamour, dorées à la feuille, limitent la place sans la fermer et achèvent de lui donner son caractère et son originalité. Entièrement piétonne, on peut en profiter en s'attablant à l'un des cafés. Avec la place de la Carrière et celle d'Alliance, l'ensemble a été inscrit au Patrimoine mondial de l'Unesco.

❷ Derrière la place Stanislas, la **place de la Carrière** justement : une vaste esplanade aménagée depuis le XVIe s pour les joutes équestres et les tournois. Deux siècles plus tard, Héré plaque des façades sur les maisons déjà existantes et fait ériger des hôtels particuliers aux angles. Sur le côté est de la place, il faut se glisser sous une porte cochère pour découvrir la pittoresque mais méconnue **rue des Écuries** : de gros pavés et un caniveau central comme à sa création en 1571. On y voit les anciennes écuries des chevaux de tournoi, et des passerelles jetées au XIXe s entre les maisons et de petits jardins suspendus qui jouxtent le fameux parc de la Pépinière, poumon de la ville aménagé par Stanislas pour élever de jeunes arbres destinés à border les routes.

❸ La **place d'Alliance,** un peu en retrait, est quant à elle plus calme et plus bourgeoise, encadrée d'hôtels particuliers. Toujours dans le quartier, jetez un œil à la **cathédrale Notre-Dame,** du XVIIIe s. L'intérieur est majestueux : l'idéal est de le découvrir à l'occasion des concerts d'été, quand sonnent les grandes orgues du XVIIIe s.

❹ Édifiée à partir du XIe s, la **vieille ville** s'articule autour de la place Saint-Èpvre, qui constituait au Moyen Âge le cœur de la ville. Le quartier est encore populaire, plutôt jeune et animé, plein de bistrots. La Grande-Rue, au tracé médiéval, en est la colonne vertébrale. Dans les petites rues adjacentes, on peut partir à la découverte des hôtels particuliers.

L'ÉCOLE DE NANCY (ART NOUVEAU)

❶ **Villa Majorelle**
1, rue Louis Majorelle.

Musée de l'École de Nancy
36-38, rue du Sergent-Blandan.
☎ 03-83-85-30-01.
• musee-ecole-de-nancy.nancy.fr •

Il n'y a qu'à Prague ou à Bruxelles que l'**Art nouveau** s'est autant épanoui qu'à Nancy, et ici, c'est en raison de la guerre de 1870. L'Alsace et la Moselle rattachées à l'Allemagne, Nancy accueille, de 1871 à 1918, des exilés si nombreux qu'une quatrième ville vient se greffer aux trois déjà existantes. Des artistes, comme Louis Majorelle, Émile Gallé et Jacques Gruber, ont marqué la cité lorraine.

❶ Vraiment incontournable, la découverte de la **villa Majorelle** (réservez absolument !), première maison franchement Art nouveau de Nancy, conçue pour l'ébéniste Louis Majorelle en 1901 et première œuvre du tout jeune architecte parisien Henri Sauvage. Façades, cheminée, vitraux, boiseries... c'est superbe ! Tout aussi incontournable pour qui voudrait vraiment s'imprégner de la modernité de ce mouvement, la visite du **musée de l'École de Nancy,** installé dans une grosse maison bourgeoise du début du XXe s. Les pièces sont intelligemment agencées comme un intérieur de l'époque, et le mobilier et les décors signés Vallin, Majorelle, Gruber...

BALADE ART NOUVEAU

❶ Et comme, bien sûr, l'Art nouveau ne se découvre pas uniquement dans les musées, il vous faut prévoir un peu d'énergie pour arpenter Nancy ! La dissémination dans la ville de l'architecture correspondant à ce style rend difficile la création d'un unique circuit cohérent. Passez à l'**office de tourisme,** qui propose un plan-guide gratuit répertoriant tous les éléments Art nouveau répartis en plusieurs circuits ; sinon, y louer un audioguide qui vous permettra de découvrir, en environ 3h, les façades les plus remarquables.

Musée de l'École de Nancy, **vitrail d'Henri Bergé**

Piscine thermale, **Nancy**

NANCY, VILLE DE MUSÉES

❶ **Musée des Beaux-Arts**
3, place Stanislas.
• musee-des-beaux-arts.nancy.fr •

❶ Outre le musée de l'École de Nancy déjà cité, ne manquez pas non plus le **musée des Beaux-Arts.** Installé dans l'un des pavillons de la place Stanislas, il abrite d'importantes collections d'art de la fin du XIVe s à nos jours, bien mises en valeur dans des salles spacieuses et lumineuses. Parmi les peintres exposés, on trouve aussi bien Delacroix que les cubistes, des peintres de la Renaissance italienne, un tableau du Caravage et des estampes de Jacques Callot.

CHACUN SA CROIX

❶ **Musée lorrain**
64, Grande-Rue.
• musee-lorrain.nancy.fr •

La croix dite « de Lorraine », à double traverse, représente un reliquaire conservé en Anjou et qui contiendrait un fragment de la vraie croix du Christ. Les troupes du duc d'Anjou (et de Lorraine) René II la portèrent en signe de ralliement contre les envahisseurs bourguignons, et la Lorraine l'adopta alors comme emblème. Quelques siècles plus tard, elle devint le symbole de la France libre grâce au capitaine d'Argenlieu, qui suggéra au général de Gaulle cette croix en opposition à la croix gammée.

❶ Enfin, s'il vous reste un peu de temps, faites un saut au **palais des ducs de Lorraine – Musée lorrain.** Il est en grande partie fermé pour rénovation (réouverture prévue fin 2023), mais vous pouvez visiter l'**église des Cordeliers,** qui abrite les sépultures des princes de Lorraine. L'accrochage illustre l'histoire des duchés de Lorraine et de Bar. Les nombreuses œuvres présentées, tableaux, sculptures, vitraux et objets d'art permettent de retracer cinq siècles d'histoire lorraine au sein de la plus ancienne église de Nancy.

CAP SUR LUNÉVILLE...

❶ **Château de Lunéville**
Place de la 2e-Division-de-Cavalerie.
• chateauluneville.meurthe-et-moselle.fr/ •

❶ ... celle qui faillit détrôner Nancy. Pour prendre le pouls de la ville, on peut commencer par une petite balade dans la **vieille ville,** et découvrir les façades du XVIIIe s. En 1702, le duc de Lorraine Léopold, horripilé par la présence de troupes françaises à Nancy, s'éloigne de la capitale lorraine pour s'installer à Lunéville où il se fait bâtir une très jolie résidence à l'emplacement du vieux château qui contrôlait la route du sel. Ce **château des Lumières** se voulait un Versailles lorrain. C'est tout une petite cour qui l'a donc suivi et s'est fait construire de belles demeures.

Le château a été dessiné par Germain Boffrand, neveu et élève de l'architecte Jules Hardouin-Mansart, lequel s'est largement inspiré du style Louis XIV de Versailles, d'où son surnom de « Petit Versailles ». Le château se remet aujourd'hui enfin du gigantesque incendie qui l'a ravagé en janvier 2003 ; de titanesques travaux de reconstruction et de rénovation ont déjà permis la réouverture de la chapelle, de la salle des gardes, de la salle de la Livrée (sorte de salle d'attente avant d'entrer dans les appartements ducaux), et cinq salles de musées dans les communs Nord.

❷ Toujours dans le château, profitez-en pour aller voir le Conservatoire des broderies consacré au fameux point de Lunéville, un type de broderie sur tulle qui a séduit toute l'Europe du XVIIIe s au Second Empire, et à la broderie très « Las Vegas », perlée et strassée, autre spécialité locale. Baladez-vous ensuite au cœur de la vieille ville et entrez dans l'**église Saint-Jacques.** C'est Boffrand, l'architecte du château, puis Héré, celui de la place Stanislas à Nancy, qui ont conçu cette église à l'impressionnante façade en grès des Vosges. À l'intérieur, nef baroque pas trop baroquisante, toute jaune. Ne pas manquer la chaire Régence qui tient du chef-d'œuvre. Dans le chœur, superbes boiseries. Autre chef-d'œuvre, le véritable décor de théâtre d'Emmanuel Héré qui masque les orgues.

FICHE PRATIQUE

ACCÈS

En train

Paris-Nancy **1h30** (direct) ; Lyon-Nancy **4h** ; Strasbourg-Nancy **1h15**.

En voiture

Compter **4h15** depuis Paris ou Lyon, **2h** depuis Strasbourg.

En avion

Vols réguliers de plusieurs villes de France vers Lorraine Airport, à **55 mn** en navette de Nancy.

OÙ DORMIR ?

HÔTEL DES PRÉLATS

Installé dans l'ancien palais épiscopal, juste à côté de la cathédrale, cet hôtel propose des chambres dans les tons clairs, avec lits à baldaquin, écran plat et joli mobilier. Agréable salle de petit déj sous une véranda avec vue sur le jardin du couvent voisin. Du charme, et le son des cloches de la cathédrale. 56, place Monseigneur-Ruch, Nancy. ☎ 03-83-30-20-20. • hoteldesprelats.com •

CŒUR DE CITY - HÔTEL NANCY STANISLAS

L'hôtel a été entièrement réaménagé dans un style design qui ne tient pas de l'école de Nancy même, mais pourrait faire école quand même. Confortable et fonctionnel. Le petit déj se prend toujours dans la cave voûtée. 61, rue Pierre-Semard (place André-Maginot), Nancy. ☎ 03-83-32-28-53. • hotel-nancy-stanislas.com •

HÔTEL MERCURE NANCY CENTRE

À deux pas de la place Stanislas, cet hôtel a réussi haut la main sa reconversion déco. Fresque contemporaine en tête de lit, camaïeu de jaunes et de bleus dans les chambres, ambiance cosy et design dans le lobby... Côté pratique, le parking ouvert ! 5, rue des Carmes, Lunéville. ☎ 03-83-30-92-60. • accorhotels.com •

ACHATS

DAUM

Un des grands noms lorrains dans le domaine des Arts décoratifs. Si vous êtes tenté, faites plutôt un tour au **magasin d'usine** où vous trouverez un second choix d'objets décoratifs (vases, coupes) et bijoux en pâte de verre ; également des fins de série de verres en cristal de Sèvres. 14, place Stanislas, Nancy. ☎ 03-83-32-21-65. Magasin d'usine : 17, rue des Cristalleries, Nancy. ☎ 03-83-30-80-24.

BACCARAT

Superbe boutique et non moins superbes créations de la marque. Bijoux dans la boutique attenante. 2, rue des Dominicains, Nancy. ☎ 03-83-30-55-11.

MAISON DES SŒURS MACARONS

Une institution, où acheter les deux grandes spécialités gourmandes de Nancy : macarons et bergamotes, ainsi que plein d'autres bonnes choses encore à base de mirabelle. 21, rue Gambetta, Nancy. ☎ 03-83-32-24-25.

ALAIN BATT

L'atelier-boutique d'un chocolatier doué qui sacrifie également aux spécialités locales et qui a ouvert, le succès aidant, une pâtisserie plus centrale, au 40, rue Saint-Georges. Salon de thé et petite restauration. 30, impasse du Tapis-Vert, Nancy. ☎ 03-83-35-56-34.

MANUFACTURE DE LUNÉVILLE-SAINT-CLÉMENT (MAGASIN D'USINE)

Toute la gamme des créations récentes et rééditions de modèles historiques des faïenceries de Lunéville, Saint-Clément, Sarreguemines et Niderviller. Espace d'exposition (superbes pièces de Lunéville et d'ailleurs). 1, rue Keller-et-Guérin, Z.A. des Faïenceries, Lunéville. ☎ 03-83-74-07-58.

OÙ MANGER ?

AUX DÉLICES DU PALAIS

Fauteuils de style fifties, bibelots ramasse-poussière, vaisselle de vide-greniers et toiles cirées à fleurs : amusante déco de bric et de broc(ante) pour cette minuscule salle kitsch. Bonne petite cuisine du jour qui fait un peu le tour du monde (tajines, brick de poulet à l'indienne, salades...). Patron à la fois nonchalant et virevoltant. 69, Grande-Rue, Nancy. ☎ 03-83-30-44-19.

BRASSERIE L'EXCELSIOR

Remarquable salle, classée Monument historique grâce à son décor entièrement Art nouveau que l'on doit aux plus grands maîtres de l'école de Nancy : mobilier en acajou de Majorelle, verrière de Gruber... Ambiance et cuisine dans le plus pur style brasserie : service efficace, prévenant, tourbillonnant aux heures de pointe, et, dans l'assiette fruits de mer, choucroute ou foie gras maison. Clientèle un peu chic mais pas coincée. Un bon plan pour les couche-tard : la formule moins chère après 22h. 50, rue Henri-Poincaré, Nancy. ☎ 03-83-35-24-57.

LE PIANO

Ici le piano n'est pas que dans la cuisine. Un autre en salle pour les musiciens ; avis ! Un cadre lounge épuré, cocoon et relax. Très belle terrasse à l'arrière, dans les murs de la vieille ville. Une adresse prisée et branchée, un bar à vins qui mise sur une cuisine fraîcheur et des suggestions qui changent très régulièrement. 18-20, rue de Lorraine, Lunéville. ☎ 09-50-21-00-19.

LANCEL
LANCEL

BAR
RESTAURANT

HAUTS-DE-FRANCE

Quai Bélu, bords de Somme, **Amiens**

Cathédrale Notre-Dame, **Senlis**

SENLIS ET CHANTILLY

AU CŒUR DE L'OISE

PATRIMOINE	★★★★
GASTRONOMIE	★★★☆
NATURE	★★★☆
SHOPPING	★☆☆☆
VIE NOCTURNE	★☆☆☆

NOS INCONTOURNABLES

- Le château et les écuries de Chantilly

Résidence privilégiée des rois de France, Senlis est une charmante cité ancienne, qui a curieusement échappé à la révolution industrielle et continue de vivre au rythme de la campagne. Merveilleusement préservée, elle regorge d'hôtels particuliers bordant de sinueuses ruelles pavées. Sans compter les vestiges des périodes gallo-romaine (l'enceinte est l'une des mieux conservées de France) et médiévale. Sa voisine, Chantilly, célèbre dans le monde hippique notamment pour son champ de courses, abrite en son château l'un des plus beaux musées de France, et la forêt de chênes et de tilleuls qui l'entoure est considérée comme l'un des fleurons de la ceinture verte de Paris.

SENLIS, AU FIL DES MUSÉES ET LE NEZ AU VENT

INFOS UTILES

❶ **Cathédrale Notre-Dame**
Place Notre-Dame.

❷ **Musée de la Vénerie**
☎ 03-44-29-49-93.
• musees.ville-senlis.fr •

❸ **Musée des Spahis**
☎ 03-44-26-15-50.
• musees.ville-senlis.fr •

❹ **Musée d'Art et d'Archéologie**
☎ 03-44-24-86-72.
• musees.ville-senlis.fr •

❶ La **cathédrale Notre-Dame** fut construite de 1153 à 1191, alors que la ville connaissait une grande prospérité économique grâce aux activités viticoles notamment. Remaniée aux XIIIe et XVIe s, Notre-Dame apparaît comme un témoin majeur de l'évolution du style gothique. Le portail central est considéré comme un joyau de la sculpture du XIIe s, et inspira d'ailleurs les architectes de Notre-Dame de Paris.

❷ Hormis la cathédrale et une balade en ville, plusieurs musées méritent aussi le détour à Senlis. Le **musée de la Vénerie,** place du Parvis-Notre-Dame, expose des témoignages artistiques et culturels relatifs à la chasse à courre, beaucoup pratiquée dans l'Oise. Le musée est abrité dans le magnifique logis du prieur, du XVIIIe s, dont l'escalier, en particulier, vaut d'ailleurs le coup d'œil à lui seul.

❸ Attenant, le **musée des Spahis** entièrement consacré à la mémoire de cette cavalerie d'Afrique du Nord qui a tenu garnison à Senlis et occupé une place à part dans l'armée française.

❹ Quant au **musée d'Art et d'Archéologie,** la belle et ingénieuse muséographie met très bien en valeur les vestiges architecturaux et les œuvres présentées : fondations du rempart gallo-romain, surprenante et étrange collection de 300 ex-voto anatomiques en pierre (statuettes données en offrande pour échapper aux maladies ou remercier pour une guérison), imposante statue de femme enceinte (unique en Gaule du Nord), collection lapidaire en provenance de la cathédrale Notre-Dame… Également des peintures des XVIIe et XXe s articulées autour de deux artistes natifs de Senlis, Thomas Couture, maître de Manet, et Séraphine Louis, dite Séraphine de Senlis, immortalisée à l'écran par Yolande Moreau.

❺ **Vestige du château royal**
Place du parvis Notre-Dame.

❺ Et pour remettre le nez dehors, jeter un coup d'œil aux **vestiges du château royal,** sur la place du Parvis-Notre-Dame, adossé à l'ancienne muraille galo-romaine par les rois francs, bien visible de la rue du Chat-Haret. C'est là que l'assemblée des barons de France désigna Hugues Capet roi de France. L'enceinte gallo-romaine, justement, se retrouve aujourd'hui en grande partie englobée dans les maisons et les propriétés privées. Sur les 30 tours, 16 subsistent encore. En se baladant, on ne peut pas rater les hôtels particuliers du XVIIe s, notamment rues de Beauvais et Vieille-de-Paris, ou l'église Saint-Pierre qui sera ouverte si une manifestation culturelle y est proposée.

UN PEU DE CHLOROPHYLLE EN FORÊT D'ERMENONVILLE

❶ **Parc d'Ermenonville**
• ccr-parc-rousseau.fr •

❶ En quittant Senlis et avant de retourner en ville, petite escapade au vert. Célèbre pour sa forêt autant que pour son parc, considéré comme l'un des parcs paysagers les plus beaux de France, le village d'**Ermenonville** reste l'un des lieux de prédilection des romantiques. Pour se dégourdir les jambes, 3 200 ha de verdure (chênes et pins) à parcourir dans la forêt d'Ermenonville, sillonnée d'une dizaine d'itinéraires pédestres. La forêt est parsemée de buttes de sables dont les plaques de grès se colorent de bruyère chaque fin d'été.

Château d'Ermenonville

Rue de la Treille, **Senlis**

LE DOMAINE DE CHANTILLY

❶ **Château de Chantilly**
• domainedechantilly.com •

❷ **Musée Condé**
• musee-conde.fr •

❸ **Grandes Écuries et musée du Cheval**
• domainedechantilly.fr •

❹ **Potager des Princes**
• potagerdesprinces.com •

UN PEU D'HISTOIRE

❶ À quelques encablures de Senlis et Ermenonville, on arrive à Chantilly qui a vu naître un fastueux domaine et que l'on surnomme la **capitale du cheval.** Sans remonter à l'Antiquité (ouf !) on peut retenir qu'au début du XVIe s, le célèbre mécène et connétable (chef des armées) Anne de Montmorency fit ajouter au **château de Chantilly** existant un palais Renaissance appelé aujourd'hui **« petit château »,** seul témoin encore visible de cette époque. Après la mort du dernier des Montmorency, le domaine passa dans les mains des Condé. Le Grand Condé (qui ne mesurait que 1,57 m) fit magnifiquement aménager le parc par **Le Nôtre** et y donna de brillantes fêtes.

À la Révolution française, le grand château fut pillé et démoli, mais le petit château échappa à la destruction. Le dernier des Condé légua la propriété au duc d'Aumale, fils de Louis-Philippe, qui s'illustra lors de la conquête de l'Algérie par la prise de la smala d'Abd el-Kader. De 1876 à 1883, le duc fit reconstruire le château dans un **style Renaissance,** tel qu'on peut le voir aujourd'hui. À la fin de sa vie, en 1886, il en fit don, ainsi que de ses magnifiques collections d'art, à l'Institut de France, mais un don assorti de conditions très strictes : ne rien vendre, ne rien prêter, et conserver la disposition des œuvres telle quelle.

Hélas, à l'orée du XXIe s, faute de moyens, l'Institut de France peine à maintenir à flot un domaine qui a perdu de son lustre.

C'est alors qu'intervient le fortuné **Aga Khan,** chef spirituel d'une branche de l'islam chiite (les Ismaéliens) qui décide, à l'aube du XXIe s, de remettre Chantilly en selle en redonnant notamment leurs lettres de noblesse à son fameux domaine et à ses superbes Grandes Écuries. Mission accomplie !

LA VISITE

❷ Le château abrite les **appartements du duc d'Aumale,** considéré comme l'un des plus grands collectionneurs de son temps, et le **musée Condé,** un des musées les plus riches de France après le Louvre, avec une fantastique collection de peintures anciennes.

❸ Tout aussi incontournables sont le **parc** du domaine et les **Grandes Écuries.** Au XVIIIe s, le duc de Bourbon fit construire ces superbes écuries, persuadé qu'il... se réincarnerait en cheval. À l'époque, ce véritable palais abritait 220 chevaux, les 23 voitures hippomobiles du duc ainsi que tout le personnel afférent. Aujourd'hui, on y trouve une **écurie de spectacle** et un très beau **musée du Cheval,** qui retrace l'importance de cet animal dans l'histoire de l'homme, dans une présentation plutôt ludique.

❹ Côté parc, on prend la direction du **potager des Princes** autrefois créé par Le Nôtre. Sur 2,5 ha, le « potager » compte aujourd'hui 25 jardins thématiques, plantés de légumes anciens et de plantes aromatiques ou médicinales, et des dizaines d'animaux.

FICHE PRATIQUE

ACCÈS

En train

Senlis : **1h** depuis Paris-gare du Nord, **2h30** depuis Lille ou Reims.

En voiture

Senlis : **1h** depuis Paris, **1h45** depuis Lille ou Reims, **3h** depuis Caen.

AGENDA

À L'ANNÉE | Courses hippiques et jumping.
À Chantilly ; renseignez-vous auprès de l'office de tourisme.
• chantilly-tourisme.com •
ou ☎ 03-44-67-37-37.

OÙ DORMIR ?

CHAMBRE D'HÔTES FAB HOUSE

Dans une ravissante ruelle, le portail dissimule une petite maison d'hôtes et sa bien agréable cour fermée. Au choix, 4 chambres douillettes dont le prix varie selon la taille. À disposition, une belle cuisine équipée. À moins que vous ne souhaitiez faire maison à part et préfériez le duplex pour 4 personnes aménagé dans l'ancienne écurie. 6, rue du Périer, Senlis. ☎ 06-81-64-83-89. • fabhouse.fr •

L'AVENUE

Au rez-de-chaussée, une brasserie très appréciée, et dans les étages, une dizaine de chambres agréables, à la déco tendance, dans les tons rouge et noir. Outre leur bon confort, elles ont le mérite de conserver des prix raisonnables pour cette ville où ceux-ci ont tendance à monter sur leurs grands chevaux. 3, avenue du Maréchal-Joffre, Chantilly. ☎ 03-44-57-02-55.

HÔTEL LE CHANTILLY

Un hôtel de charme, d'une vingtaine de chambres seulement, où vieilles pierres et jolies poutres côtoient en toute élégance une déco bien actuelle. Ambiance plutôt intime et feutrée. 9, place Omer-Vallon, Chantilly. ☎ 03-44-21-42-84. • hotel-lechantilly.com •

OÙ MANGER ?

LE SCARAMOUCHE

Voilà un restaurant qui jouit sans doute d'une des plus jolies vues de Senlis, puisqu'il donne sur la cathédrale. Mais ce n'est pas son seul attrait : sa cuisinede terroir et inventive se révèle elle aussi réjouissante. 4, place Notre-Dame, Senlis. ☎ 03-44-53-01-26.

LE GRILL DES BARBARES

Un des restos les plus courus de Senlis. Il faut dire que le cadre a de quoi envoûter. Il est installé dans des caves du XIIe s et l'on y déguste une cuisine simplissime cuite au feu de bois. À la carte : foie gras maison, côte de bœuf... Mais on vient également ici pour l'ambiance et pour les soirées musicales proposées les vendredi et samedi à partir de 19h. Service jeune et enthousiaste. 19, rue du Châtel, Senlis. ☎ 03-44-53-12-00.

LE RESTAURANT DU HAMEAU – AUX GOÛTERS CHAMPÊTRES

Le seul nom de ce resto donne envie de s'y attabler, dans ce hameau dont Marie-Antoinette s'inspira pour son Petit Trianon de Versailles, et c'est une excellente idée quand le soleil pointe son nez. Dans de charmants jardinets, on déguste, à l'ombre des parasols, confits, magrets, salades ou encore une inoubliable crème Chantilly. Demandez à voir le salon de thé du prince de Condé (fresques murales). Parc du château, Chantilly. ☎ 03-44-57-46-21.

Cathédrale Saint-Pierre, **Beauvais**

BEAUVAIS
ET GERBEROY

PATRIMOINE	★ ★ ★
GASTRONOMIE	★ ★
NATURE	★
SHOPPING	★ ★
VIE NOCTURNE	★

NOS INCONTOURNABLES

- La cathédrale Saint-Pierre
- L'église Saint-Étienne
- La Manufacture nationale de la tapisserie
- La collégiale Saint-Pierre
- Les jardins Le Sidaner

Beauvais vaut le voyage pour sa fantastique cathédrale, un ensemble architectural unique du fait de ses dimensions exceptionnelles et de son inachèvement, et pour l'église Saint-Étienne, l'un des monuments exprimant le mieux la transition du roman au gothique. Pour déambuler, aussi, en suivant par exemple l'un des sentiers urbains conçus par l'office de tourisme. Puis, hop, on prévoit une virée à Gerberoy, l'un des « Plus beaux villages de France », où le décor semble n'avoir pas bougé depuis des siècles : aucune construction moderne, aucun poteau électrique... Une balade hors du temps. Alors, c'est parti ?

BEAUVAIS, UN RICHE PATRIMOINE

INFOS UTILES

❶ **Cathédrale Saint-Pierre**
Rue Saint-Pierre.
• cathedrale-beauvais.fr •

❶ Escale obligée pour quiconque se promène en Beauvaisis, la visite de la **cathédrale Saint-Pierre.** L'évêque, qui voulait la cathédrale grandiose, demanda à son architecte de bâtir le sanctuaire le plus élevé de toute la chrétienté... Quelle pression ! Celui-ci prit donc le maximum de risques d'un point de vue technique, et la construction, débutée en 1225 et ponctuée de déboires, resta inachevée. En levant les yeux vers les voûtes du chœur – le plus haut du monde gothique –, on a la sensation d'être aspiré vers le ciel, et on mesure toute la hardiesse et la difficulté de l'entreprise à l'époque de la construction. Ne ratez pas le carillon du XIVe s et son horloge astronomique de 1865 : c'est le plus ancien du monde encore en fonctionnement.

❷ **Notre-Dame-de-la-Basse-Œuvre**
85, rue Saint-Pierre.

❸ **Église Saint-Étienne**
Rue de l'Étamine.

❹ **Musée de l'Oise**
1, rue du Musée.
☎ 03-44-10-40-50.
• mudo.oise.fr •

❺ **Manufacture nationale de la tapisserie**
24, rue Henri Brispot.
☎ 03-44-15-30-30.

Les mesures au Moyen Âge

Avant le système métrique, les mesures différaient d'une construction à l'autre. On se référait à la morphologie du maître d'œuvre. Une fois fixée, chaque mesure était inscrite sur une réglette et tous les ouvriers du chantier utilisaient la même. En revanche, les proportions entre les mesures étaient identiques (exemple : 1 pied = 12 pouces).

❷ Quant à **Notre-Dame-de-la-Basse-Œuvre** – la cathédrale carolingienne de 987 –, n'en subsistent que la partie inférieure de la façade et les trois travées occidentales. Elle était vouée à disparaître une fois la nouvelle cathédrale achevée. Sauf que cette dernière ne le fut jamais. C'est aujourd'hui l'une des rares églises en France qui soit antérieure au XIe s.

❸ Autre incontournable monument beauvaisien, l'**église Saint-Étienne,** rue de l'Étamine. Nef et transept du XIIe s sont de style roman, tandis que le chœur, de 1506, flanqué d'arcs-boutants à double volée, appartient au style gothique flamboyant. Le must : les **vitraux.** Les plus beaux sont ceux des chapelles rayonnantes, dont le superbe arbre de Jessé, chef-d'œuvre d'Engrand Leprince (1522).

❹ En sortant de la cathédrale, on ne peut pas rater l'**ancien palais épiscopal** et le **musée de l'Oise (MUDO).** Situé à côté de la cathédrale, ce magnifique ensemble fut le modeste logement des évêques comtes de Beauvais ! Après être passé sous les deux impressionnantes tours fortifiées du XIVe s, on découvre avec bonheur le beau jardin à la française et le superbe palais Renaissance. Le bâtiment abrite aujourd'hui une riche collection de peintures, principalement françaises, du XIXe s. Pour terminer, ne manquez pas de jeter un œil à l'ancien grenier du palais, avec son impressionnante charpente de 14 m de hauteur, magnifiquement conservée.

❺ Outre le patrimoine de pierre, c'est aussi un savoir-faire d'excellence qui fit parler de Beauvais. La **Manufacture nationale de la tapisserie** fondée par Louis XIV, à l'instigation de Colbert, acquit une prestigieuse réputation au fil des décennies. On ne compte aujourd'hui plus que 150 lissiers dans l'Hexagone, et une dizaine seulement à Beauvais. Si, autrefois, les tapisseries relevaient plutôt de la reproduction d'œuvres de grands maîtres, aujourd'hui, l'art contemporain leur permet de donner libre cours à leur interprétation, en accord avec l'artiste bien sûr. Il en sort toujours un travail d'exception. En quittant la ville après ce petit tour d'horizon, pas besoin de chercher bien loin de quoi nourrir yeux et esprit.

ÉCHAPPÉE CULTURELLE :
CAP SUR LES PROCHES ENVIRONS DE BEAUVAIS

❶ **Musée de l'Aviation**
Rue des Bruyères, 60430 Warluis.
• museedelaviation-warluis.com •

❷ **Château Renaissance de Troissereux**
1, rue du Château, 60112 Troissereux.
• chateau-troissereux.com •

❶ À découvrir, l'attachant **musée de l'Aviation,** à Warluis, animé par des passionnés d'avions de la Seconde Guerre mondiale. On peut même s'installer aux commandes d'un avion Broussard en état de fonctionnement. Le parcours est passionnant, du moteur d'avion au bouton de vareuse qui recèle un secret.

❷ Dans un autre genre, le **château Renaissance de Troissereux** vaut aussi le détour. Belle et imposante construction de pierre et de brique du XVIe s (meublé XVIIIe s), entourée d'un grand parc avec arboretum et palmipèdes en tout genre, parc auquel les proprios tentent de redonner l'allure qu'il avait au XVIe s.

Cathédrale Saint-Pierre, chapelle, **Beauvais**

GERBEROY, LE VILLAGE AUX MILLE ROSIERS

❶ **Henri Le Sidaner**
1862-1939.

❷ **Collégiale Saint-Pierre**
5, ruelle Saint-Amant.

Jardins Henri Le Sidaner
• lesjardinshenrilesidaner.com •

❶ Ici le temps semble avoir suspendu son vol. La petite cité doit son renom à **Henri Le Sidaner,** peintre postimpressionniste intimiste et désireux, comme Monet, de peindre un jardin qu'il aurait lui-même créé. Ses amis parisiens, tombés sous le charme de l'endroit, commencèrent peu à peu à restaurer cette ancienne ville fortifiée, fondée au Xe s. Aujourd'hui le plaisir, à Gerberoy, c'est d'abord de déambuler dans les **ruelles étroites** aux gros pavés disjoints, bordées de **façades de torchis à colombages colorés** ou en briques grignotées par les roses trémières ou la glycine.

❷ On s'y rend aussi pour pousser la porte de la **collégiale Saint-Pierre,** précédée de la tour-porte de l'ancien château. Voûte en bois en berceau, sol en vieilles tomettes de terre cuite, belles stalles au baldaquin finement ciselé, et un ancien mécanisme d'horlogerie... Ça vaut le coup d'œil. De même que, un peu plus loin, le délicieux petit **jardin à l'italienne** que le peintre Henri Le Sidaner créa dans les ruines de l'ancienne forteresse, en utilisant habilement les dénivelées du terrain.

FICHE PRATIQUE

OÙ DORMIR ?

HÔTEL DE LA CATHÉDRALE

En plein centre, une douzaine de chambres standard, mais de bon confort et bien tenues. Les plus chères ont le mérite d'offrir un peu plus d'espace. 11-13, rue Chambiges, Beauvais. ☎ 03-44-04-10-22. • hoteldelacathedrale.fr •

CHAMBRES D'HÔTES AU CŒUR DE BEAUVAIS

Ici, tout est fait pour que votre séjour soit le plus confortable et le plus mémorable possible. Les 3 chambres, de très belle taille, cultivent toutes une atmosphère différente, mais toujours délicate : romantique pour l'une, tournée vers la Birmanie pour l'autre ou destinée aux familles pour la plus grande. Pour couronner l'ensemble : kitchenette et coin salon à disposition, ainsi que le jardin... et un petit déj frais et varié. 3, rue Saint-Paul, Beauvais. ☎ 03-44-05-75-53. • aucoeurdebeauvais.fr •

CHAMBRES D'HÔTES LE LOGIS DE GERBEROY

Belle maison aux volets bleus qui mélange pierre, brique et enduit à la chaux. Une poignée de chambres élégantes, ainsi qu'une superbe suite dans les vestiges du chœur de la chapelle. Jolie salle à manger à l'ancienne avec poutres, cheminée et tomettes. Surtout, les propriétaires vous réservent un superbe accueil. Ils sont fous de photo en noir et blanc et des tirages sépia et ceux-ci peuplent littéralement la maison, lui donnant une atmosphère très particulière. Une belle adresse, y a pas photo ! Chez Olivier et Cécile Gréboval, 4, rue du Logis-du-Roy, Gerberoy. ☎ 03-44-82-36-80. • lelogisdegerberoy.free.fr •

OÙ MANGER ?

LE CHAUDRON

Un pub-brasserie dont le petit menu à l'ardoise change régulièrement. Propositions simples, mais la cuisine maison est réussie, à base de produits frais. Accueil décontracté, dans un cadre moderne et convivial. Sans parler de la belle terrasse, à l'abri des nuisances sonores générées par la rue en contrebas. 6, place de l'Hôtel-Dieu, Beauvais. ☎ 06-95-65-25-96.

L'ATELIER GOURMAND DE SARAH

À côté de la maison du Sidaner et au pied de la collégiale, un ravissant salon de thé, avec une terrasse fleurie sur plusieurs niveaux. Petite restauration utilisant au maximum les produits du jardin : tourtes, tartes (salées ou sucrées), salades... Charmant et bucolique à souhait. 1, ruelle de Saint-Amand, Gerberoy. ☎ 06-33-59-73-56.

LE JARDIN DES IF

Une « bistronomie de campagne », en voilà une idée séduisante. D'autant plus quand on vous ouvre les portes d'une superbe maison de famille et de son jardin remarquable, ainsi que du potager dont l'extraordinaire variété de plantes aromatiques parfume les plats. La carte est simple. La cuisine aussi, sans pour autant transiger sur la qualité des produits. Les belles assiettes, volontiers fleuries, font la part belle aux végétaux. Le tout à savourer dans une ambiance conviviale et bucolique. 3, impasse du Vidame, Gerberoy. ☎ 07-66-20-51-41.

ACHATS

LA RENOMMÉE DU BOUDIN

L'un des meilleurs charcutiers de Picardie, au palmarès étincelant. Coupes et diplômes récompensant le boudin de la maison couvrent les murs. 9, rue du Maréchal-de-Boufflers, Songeons. ☎ 03-44-82-30-67.

ACCÈS

En train

Minimum **1h20** depuis Paris-gare du Nord, **3h** depuis Lille, **2h40** depuis Rouen.

En voiture

1h30 depuis Paris ou Rouen, **2h** depuis Lille.

AGENDA

JUIN | Fête des Roses à Gerberoy.

Créée en 1928, elle se déroule le 3e dimanche de juin (sauf élections !). Défilés costumés, musique, danse, spectacles divers.

EN JUILLET-SEPTEMBRE ET À NOËL | Spectacle son et lumière à Beauvais.

À la nuit tombée, sur la façade de la cathédrale, de juillet à mi-septembre (du jeudi au samedi l'été, et vendredi-samedi en septembre) et pendant les Féeries de Noël.

Cathédrale Notre-Dame, place du Don, **Amiens**

AMIENS
ET LA BAIE DE SOMME

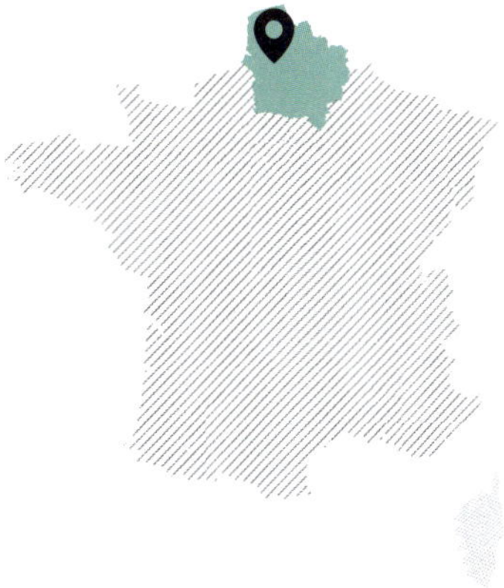

PATRIMOINE	★★★☆
GASTRONOMIE	★★☆☆
NATURE	★★★☆
SHOPPING	★★☆☆
VIE NOCTURNE	★☆☆☆

NOS INCONTOURNABLES

- La cathédrale d'Amiens
- Les hortillonnages
- Le parc ornithologique du Marquenterre
- La découverte de la baie de Somme à pied, à vélo ou en kayak

Amiens est vivante, colorée et historique, bien qu'elle ait été dévastée pendant la Seconde Guerre mondiale. Mais un miracle de pierre sorti des entrailles de sa terre est parvenu à traverser les siècles : chef-d'œuvre gothique, voici la plus grande cathédrale de France. En outre, on y découvre les fameux hortillonnages, incroyable réseau de cultures maraîchères sillonnées par des canaux. Un peu plus loin, sur la côte, la baie de Somme ; immenses étendues sablonneuses et d'herbes hautes, et une nature sauvage balayée par les embruns, refuge des oiseaux. Merveilleux. Et on trouve aussi de quoi satisfaire sa curiosité dans les terres.

AMIENS ET LA CATHÉDRALE NOTRE-DAME

INFOS UTILES

❶ **Cathédrale Notre-Dame**
Place Notre-Dame.
• cathedrale-amiens.com •

❶ « Incomparable dans sa sublime simplicité », comme le disait Claudel, la **cathédrale Notre-Dame** est non seulement le plus grand trésor d'Amiens, mais également l'un des chefs-d'œuvre de l'humanité, inscrite à ce titre au Patrimoine mondial de l'Unesco. Ce ne sont pas uniquement ses dimensions (le double de celles de Notre-Dame de Paris !) qui en font une merveille, mais bien l'accomplissement artistique qu'elle représente, considéré comme l'apogée du gothique.

Elle fut conçue pour abriter une relique de saint Jean-Baptiste, provenant de la quatrième croisade de 1206, et rappelle que la ville était alors l'une des plus riches de France, notamment grâce à ses marchands drapiers. La majeure partie des travaux, fait suffisamment rare pour être souligné, dura seulement 60 ans ; d'où l'étonnante homogénéité de l'ensemble. Il s'agit là d'un **gothique très classique,** très pur. La façade principale (ou occidentale), composée d'une statuaire d'une richesse inouïe, est une authentique bible de pierre. Véritable prouesse technique, l'élévation de la nef n'a pas encore été surpassée. Quant à cet ensemble de 110 stalles incroyablement bien conservées, il est l'une des plus pures réussites de l'histoire de la sculpture sur bois.

❷ En sortant de la cathédrale, hop, un petit tour dans le **quartier Saint-Leu.** Situé au pied de la cathédrale et au bord de la Somme, c'est le cœur vivant de la ville. Devenu en grande partie piéton, il a retrouvé son originalité, son charme et son animation et on y entend davantage résonner les sonnettes des vélos que le klaxon des automobiles. Enfin, les *amiénoises,* ces maisons de brique et de pierre, ont retrouvé leur éclat.

LES HORTILLONNAGES DE LA PETITE VENISE DU NORD

La grande curiosité d'Amiens : des **marais** aux abords du centre-ville ! Faites donc une balade dans cet étonnant réseau de **cultures maraîchères** sillonné de **canaux.** Si cette zone marécageuse fut sans doute cultivée dès l'époque romaine, la première mention historique de ces *hortus* (« jardins » en latin) ou « terres à aire » remontent à 1284. Les hortillonnages représentent une longue tradition horticole, potagère et maraîchère. Ils alimentaient la ville en fruits et légumes mais également en tourbe.

❶ Imaginez d'étonnants jardins qui semblent flotter, des parcelles de terre quadrillées par de multiples rieux et fossés, 65 km en tout, dont 18 km sont publics (le reste du réseau est privé). En tout, un **puzzle de 300 ha,** dont 50 % de terre fertile en alluvions et en tourbe, qui, de surcroît, abrite une riche faune. Et, de-ci de-là, de petites habitations, dont certaines sont de vrais bijoux. Au XXe s s'amorce le déclin inexorable du maraîchage et les hortillonnages se transforment de plus en plus en villégiatures que l'on se transmet de génération en génération et où l'on vient passer la journée en famille. Aujourd'hui il ne reste que 30 ha cultivés dans un but professionnel (contre 300 au début du XXe s). La **Maison des hortillonnages** accueille l'association pour la sauvegarde du site ; cette dernière organise des visites guidées.

❶ **Maison des hortillonnages**
54, boulevard Beauvillé.
☎ 03-22-92-12-18.
• hortillonnages-amiens.fr •

❷ **Musée des Hortillonnages**
21, impasse Marcel, côté Rivery.
☎ 03-22-91-95-53.
• museedeshortillonnages.fr •

Louer une barque dans les hortillonnages

C'est quasiment le même prix que la visite guidée des hortillonnages, mais on mène sa barque (un plan est fourni pour ne pas se perdre).

INFOS UTILES **57, chemin de Halage.** ☎ 03-22-92-04-27.

❷ Pour prolonger – ou préparer – la visite, un petit tour s'impose au **musée des Hortillonnages,** à Rivery. Outils, matériel, souvenirs et copies d'archives ont été amoureusement rassemblés dans ce grand hangar. Chacun est prétexte à une anecdote, à une histoire, c'est pourquoi l'on vous encourage à suivre une visite guidée. Elle vous initie à ce maraîchage de l'extrême qui constitue la vie des hortillons, dont l'activité remonte au Moyen Âge. Enfin, coup de projecteur sur une initiative qui décoiffe un peu le paysage des hortillons, **Hortillonnages Amiens** : des parcelles et des jardins sont investis par des paysagistes et des plasticiens. On y découvre les installations pérennes ou éphémères d'artistes, en barque, à pied ou à vélo.

Hortillonnages, **Amiens**

Baie de Somme, **Saint-Valery-sur-Somme**

LA BAIE DE SOMME, PAYS ENTRE TERRE ET MER

Joyau de Picardie, la baie de Somme fascine tous ceux qui l'ont approchée. La variété de ses lumières et paysages est infinie, et change au gré des humeurs du ciel, des marées, du vol des oiseaux. S'étalant sur plus de 7 000 ha, de la pointe de Saint-Quentin-en-Tourmont au nord jusqu'à la pointe du Hourdel au sud, elle comprend les estuaires de la Somme, de la Maye et du Dien.

❶ Au nord de la baie, **Le Crotoy,** un ancien village de pêcheurs dont les derniers chalutiers partent désormais du Tréport, mais toujours connu pour sa pratique de la pêche à pied (la pêche aux coques) et celle des moules de bouchot. Vers la mer, la plage de la Maye, d'où démarre la **réserve naturelle de la baie,** espace protégé qui s'étend sur le domaine maritime sur plus de 3 000 ha.

❷ Ensuite s'étalent le **massif dunaire** et le **polder artificiel** où se trouve le fameux **parc ornithologique du Marquenterre,** qui s'étend sur 200 ha. Un polder où la nature a progressivement repris ses droits dans toute sa diversité : dunes, forêts de pins laricio, zones humides qui s'assèchent en été, roselières... Les plans d'eau sont soit saumâtres (légèrement salés) en bordure de digue, soit en marais d'eau douce plus à l'intérieur. Les vastes prairies sont quant à elle entretenues par les fameux **chevaux henson.** On peut y observer des centaines d'espèces et colonies d'**oiseaux migrateurs.** Plus de 5 milliards quitteraient l'Europe chaque année dès le début de l'été pour gagner le Bassin méditerranéen et l'Afrique, dont plus de la moitié ne feront qu'un voyage aller, tant la mortalité est énorme (prédateurs, fatigue, tempêtes, faute directe ou indirecte de l'homme...). Et la baie de Somme constitue un lieu incroyablement privilégié sur leur route.

❶ **Office de tourisme du Crotoy**
• crotoybaiedesomme.com •

❷ **Parc ornithologique du Marquenterre**
• marquenterrenature.fr •

LES OISEAUX ? DES ANIMAUX PRÉHISTORIQUES

Leurs plumes en sont la preuve. Elles proviennent des écailles de reptiles marins. En sortant de la mer, voilà des millions d'années, certains ont pris la voie des airs. Peu à peu, les écailles se sont transformées en plumes, quand même plus légères.

❸ Ceux qui ont le temps ne manqueront pas d'aller voir les nombreux **phoques** (la plus importante colonie de France ; prévoyez les jumelles) qui viennent animer la baie toute l'année, notamment du côté de la **pointe du Hourdel.** Au sud, la très animée **Saint-Valery-sur-Somme,** avec sa magnifique cité médiévale, ses remparts et sa belle église de pierre et de silex.

❹ Et entre les deux, la baie, qu'on peut découvrir à pied (avec un guide !), en kayak de mer, en chevauchant un henson – le petit cheval de la baie –, ou que l'on peut longer, à vélo ou grâce à un adorable petit train à vapeur. La balade se prolonge vers les plages de galets de **Cayeux-sur-Mer, Ault** et **Mers-les-Bains,** miracle du tournant du XXe s.

❺ La tradition culinaire locale vous fera découvrir les produits de la mer, évidemment, mais également la salicorne, aussi appelée « passe-pierre », ou les « oreilles de cochon » (aster maritime), qui poussent dans les mollières (prés salés) de la baie.

LA BAIE À VÉLO

❶ **Association Vélo en baie de Somme**
• velo-baie-somme.com •

❶ Les cyclistes amateurs bénéficient autour de la baie de Somme d'un terrain de jeu idéal. Avec 190 km de pistes et circuits balisés (plans dans les offices de tourisme) ainsi que sept boucles balisées de 10 à 30 km, les possibilités de rayonner sont infinies. On trouve des loueurs de vélos dans la plupart des petites villes de la côte. Le label « La côte picarde à vélo » met en avant les hébergeurs et restaurateurs offrant un accueil particulier aux cyclistes : local clos pour les engins, menus adaptés, matériel de réparation, location de vélos...

L'association **Vélo en baie de Somme** par exemple propose des randos à vélo vraiment sympathiques, accompagnées par des guides brevetés. Une expérience extra, entre dunes et mollières.

ET CÔTÉ TERRES, ALORS ?

❶ **Abbaye de Saint-Riquier**
Place de l'église.
• abbaye-saint-riquier.fr •

❷ **Église Saint-Vulfran d'Abbeville**
Parvis Saint-Vulfran.

❸ **Abbaye de Valloires**
☎ 03-22-29-62-33.
• abbaye-valloires.com •

❹ **Château de Rambures**
8, rue du château.
• chateau-rambures-picardie.fr •

Si la baie constitue indéniablement la figure de proue de la région, négliger l'intérieur des terres serait une erreur. Que ce soit l'abbaye de Valloires et ses jardins, Abbeville et son abbatiale à la riche façade, la précieuse dentelle de pierre de celle de Saint-Riquier ou, plus au sud, l'étonnant château de Rambures, il faut savoir quitter la côte !

❶ L'escale à l'**abbatiale de Saint-Riquier,** l'un des grands centres religieux et intellectuels du monde occidental sous la dynastie carolingienne, s'impose aux curieux. Dévastée à plusieurs reprises, elle fut reconstruite entre les XIIIe et XVIe s, d'où son éclectisme. La renommée de l'abbaye est notamment due à la présence des reliques de saint Riquier, qui attiraient les pèlerins au Moyen Âge, notamment ceux des pays du Nord faisant halte ici sur la route de Saint-Jacques-de-Compostelle. Étonnant de trouver un tel édifice dans une simple bourgade ! Le chef-d'œuvre de l'abbatiale ? Sa façade gothique flamboyant, au remarquable tympan ; mais l'intérieur ne manque pas de trésors non plus.

❷ À quelques encablures, la **collégiale Saint-Vulfran d'Abbeville** qui transperce le ciel. L'édification de la collégiale débuta fin XVe s, après que le comte Guy de Ponthieu eut apporté les reliques de saint Vulfran pour protéger la ville de la peste. La façade, de la dernière phase du gothique flamboyant, bien qu'assez abîmée, offre trois portails très ouvragés. On ne peut manquer également la remarquable rose, très travaillée. Sur le flanc gauche, rue du Pont-d'Amour, jetez un coup d'œil à la tour Saint-Firmin. À l'intérieur, c'est le volume qui frappe immédiatement. Le rapport hauteur-largeur est même plus important que celui de la cathédrale d'Amiens !

❸ Avant que vous ne soyez saturé de patrimoine religieux, offrez-vous encore un crochet par l'**abbaye de Valloires.** L'ancien monastère cistercien du XIIe s, niché dans l'arrière-pays du Ponthieu et la vallée de l'Authie, est la nécropole des comtes de Ponthieu. Guy II de Ponthieu était le petit-fils d'un certain Hugues Capet. Par sa taille surprenante, sa décoration intérieure baroque du XVIIIe s, l'abbaye de Valloires étonne les voyageurs. On remarque bien vite que les règles de saint Benoît (sobriété, humilité, chasteté, silence, pauvreté, et on en passe...) sont en parfaite contradiction avec la décoration intérieure qui prévaut, fastueuse, riche, exubérante. Une merveille de jardin s'étale sur 8 ha accolés à l'abbaye ; ils ont vu naître en 2004 une certaine rose... de Picardie. On visite l'abbaye, les jardins, on peut s'y attabler, y dormir et se balader dans la petite vallée, loin de l'agitation du monde.

❹ Cap au sud d'Abbeville cette fois, direction le **château de Rambures,** qui mérite à lui seul qu'on vienne s'aventurer dans le Vimeu. Les seigneurs de Rambures furent au service du roi dès le XIVe s. Une impressionnante forteresse féodale du XVe s, tout en généreuses rondeurs, énormes tours joufflues, mâchicoulis et chemin de ronde. Un remarquable exemple d'architecture militaire, le seul de ce genre dans la Somme. On ne visite évidemment qu'une petite partie des... 38 salles du château, qui est entouré d'un magnifique parc à l'anglaise de 15 ha.

« TOUSSE CONTRE L'OCCUPANT ! »

Thérèse Papillon, jeune infirmière major de la Grande Guerre, fonda en 1922 le préventorium à l'abbaye de Valloires pour y abriter de nombreux enfants menacés par la tuberculose. Durant la Seconde Guerre mondiale, quand les Allemands arrivèrent, elle demanda aux enfants présents de tousser, tousser plus fort encore, afin d'effrayer leurs visiteurs. Craignant plus que tout la contagion, ils renoncèrent bien vite à réquisitionner les lieux. Thérèse Papillon en profita pour faire de la résistance en accueillant des enfants juifs dans l'abbaye.

FICHE PRATIQUE

ACCÈS

En train

Minimum **1h10** depuis Paris-gare du Nord ;
1h20 depuis Lille ;
minimum **3h50** depuis Strasbourg..

En voiture

2h10 depuis Paris,
1h45 depuis Lille,
1h30 depuis Rouen.

AGENDA

AVRIL | Festival de l'oiseau et de la nature.

Se déroule à Abbeville, Saint-Valery-sur-Somme, Cayeux-sur-Mer et Le Crotoy sur une petite dizaine de jours en avril. Sorties nature, projections de documentaires, expos photo, animations pour enfants, soirées débats... Ludique et pédagogique.
• festival-oiseau-nature.com •

AVRIL ET OCTOBRE | Les Rëderies.

Grand vide-grenier très populaire, organisé le dimanche (un fin avril, un début octobre), à Amiens.

JUIN | La rue est à Amiens.

Le 3e week-end de juin, spectacles de rue, parades, et surtout le fameux marché sur l'eau des hortillons qui se déroule le dimanche matin. • larueestaamiens.com •

DE MI-JUIN À MI-OCTOBRE | Festival d'art contemporain à Amiens.

Dans les hortillonnages, de mi-juin à mi-octobre. Insolite !

ÉTÉ ET DÉCEMBRE | Spectacle « Chroma ».

Sur le parvis de la cathédrale d'Amiens, spectacle de restitution des polychromies de la façade occidentale, tous les soirs de la mi-juin à la fin septembre et en décembre. À ne pas manquer !

OÙ DORMIR ?

D'UNE ÎLE À L'AUTRE

Six jolies cabanes viabilisées, chauffées et restaurées avec goût au cœur des hortillonnages. Des maisons de poupée, pimpantes et colorées, où tout a été pensé dans le moindre détail pour assurer un maximum de confort tout en préservant le charme rustique du lieu. Barques et vélos à disposition. On adore ! 137 bis, chemin de Halage, Amiens. ☎ 06-23-46-96-34. • duneilealautre.fr •

HÔTEL LE SAINT-LOUIS

Un hôtel du centre-ville au rapport qualité-prix avantageux. Chambres confortables, à la décoration épurée et discrète. Les plus claires sont dans les étages élevés. Agréable et lumineuse salle de petit déj. Une très bonne adresse. 24, rue des Otages, Amiens. ☎ 03-22-91-76-03. • amiens-hotel.fr •

CAP HORNU

Situé à l'embouchure de la Somme, ce charmant ensemble de bâtiments a presque l'allure d'un hameau. Il accueille un hôtel chic. Le matin, réveil au chant des oiseaux. On y trouve aussi un restaurant agréable et toutes sortes d'activités (tennis, piscine, location de vélos...). 1350, chaussée du Cap-Hornu, Saint-Valery-sur-Somme. ☎ 03-22-60-24-24. • hotelcaphornu.fr •

OÙ MANGER ?

LE QUAI

Avec sa belle terrasse au bord de l'eau et ses airs d'attendre le touriste, on est tenté de se méfier. Mais quelle belle surprise ! La carte propose de savoureuses spécialités picardes, généralement cuisinées à la bière, ainsi que des viandes de qualité, des poissons, des moules fraîches, etc. Accueil pro, service efficace et souriant (quand l'affluence le permet !)... 13-15, quai Bélu, Amiens. ☎ 03-22-72-10-80.

AIL DES OURS

Au fond d'une salle cosy, une cuisine grande ouverte où s'activent les deux chefs. 4 mains pour penser et confectionner cette cuisine en tout point éblouissante. Courte carte au déjeuner et menu imposé le soir. On peut se laisser porter et accepter le défilé d'assiettes, toutes plus belles et gourmandes les unes que les autres. Un sans-faute, tout en couleurs et en saveurs. Un coup de cœur et (finalement) un remarquable rapport qualité-prix. 11, rue sire-Firmin-Leroux, Amiens. ☎ 03-22-48-35-40.

LE CARRÉ GOURMAND

Des restos gourmands et locavores du Crotoy, *Le Carré Gourmand* est celui qui offre le rapport qualité-prix le plus bluffant. Chaque produit est sublimé par un chef généreux et inspiré. La courte carte change régulièrement afin de servir ce que la baie de Somme a de meilleur à offrir. Service adorable. Un coup de cœur ! 53, rue de la Porte-du-Pont, Le Crotoy. ☎ 03-22-27-46-72.

ACHATS

JEAN TROGNEUX CONFISERIES

On y trouve depuis plusieurs générations les célèbres macarons d'Amiens, des tuiles, mais aussi des pâtés de canard, terrines et moutarde picarde, et même du gâteau battu picard. Pour l'anecdote, Jean Trogneux n'était autre que le père d'un certaine... Brigitte Macron. 1, rue Delambre, Amiens. ☎ 03-22-71-04-95.

LES TROIS CONSERVERIES

Terrines de bulots, soupes, salicornes, caramel au beurre salé et bières locales artisanales comme la bière à l'aster maritime. La conserverie elle-même se trouve à Argoules. 9, rue de la Porte-du-Pont, Le Crotoy. ☎ 03-22-20-58-45.

Grand Place, **Lille**

LILLE

LA BELLE DES FLANDRES

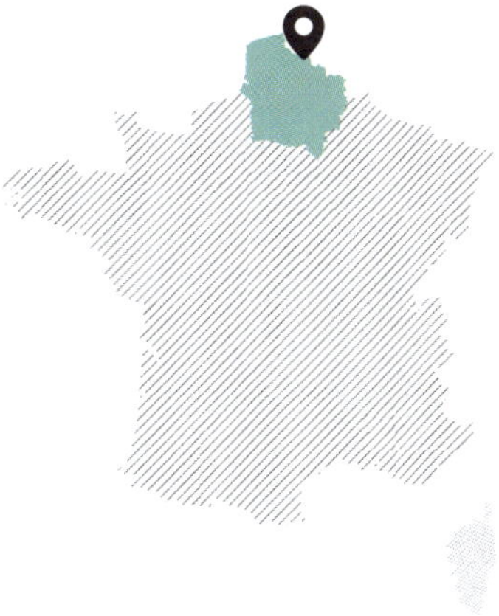

PATRIMOINE	★★★★
GASTRONOMIE	★★★
NATURE	★
SHOPPING	★★★
VIE NOCTURNE	★★★

NOS INCONTOURNABLES

- La visite du Vieux-Lille
- Le musée des Beaux-Arts
- La Piscine (à Roubaix)
- Faire escale dans un estaminet avant de poursuivre la soirée dans le Vieux-Lille

Lille a toujours été une ville stratégique, ce n'est pas Vauban qui nous contredira. À quelques pas de la Belgique, à mi-chemin entre Paris et Londres, la capitale des Flandres, ville d'art et de gastronomie est avant tout une capitale européenne à la croisée des cultures. Rarement une ville aura su autant se métamorphoser. Il est désormais lointain, le souvenir d'une ville du Nord en noir et blanc ; aujourd'hui on est émerveillé par cette métropole animée, jeune et tout simplement belle. Une formidable renaissance, à l'image de sa Grand-Place et du Vieux-Lille réhabilités. Et puis Lille est toujours populaire, conviviale et plébiscitée pour la qualité de vie dont on profite. Quant aux amoureux d'architecture, ils seront comblés tant les projets d'urbanisme sont légion.

IL ÉTAIT UNE FOIS...

En 1369, Marguerite de Flandre, dernière du nom, épouse Philippe le Hardi, duc de Bourgogne, et lui apporte Lille en dot. Période faste pour la ville, capitale itinérante d'une cour qui rivalise avec le royaume de France. Ses successeurs renforcent et embellissent la ville. Puis, par le jeu des alliances et des mariages, la **Flandre** passera à l'Espagne de 1506 à 1667 – nouvelle période faste pour Lille.

À la mort de Philippe IV d'Espagne, Louis XIV (époux de Marie-Thérèse, sa fille) réclame sa part d'héritage, d'autant que la dot de Marie-Thérèse n'a jamais été payée (ah, les histoires de famille !). Peu de temps après, la ville devient française, et le **style architectural français** s'impose progressivement.

Au cours du XIXe s, on assiste à la montée irrésistible de la **bourgeoisie industrielle et du textile** dont les activités sont florissantes, notamment grâce à l'inauguration de la ligne de chemin de fer Paris-Lille (1846). Le fossé entre riches et pauvres se creuse considérablement. Puis l'Occupation allemande et les destructions meurtriront la ville au cours des deux guerres mondiales. Quelques décennies plus tard, dans les années 1980, Lille affirme progressivement sa vocation de plaque tournante du nord de l'Europe, confortée par l'arrivée du TGV-Nord qui entre à Lille. Aujourd'hui, on découvre une ville dynamique, étudiante et bien mise en valeur.

LILLE AU RYTHME DE SES FAÇADES

❶ Non, le **Vieux-Lille** n'est pas qu'un fromage ! Le quartier est un passage obligé pour l'amateur de balades architecturales, qui savourera le spectacle des riches façades du XVIIe s, au décor parfois exubérant. Une flânerie d'autant plus sympa que le quartier est très vivant et ponctué de jolies boutiques. Et à propos d'animation, on aime celle, cosmopolito-bobo, qui règne au grand marché du **quartier de Wazemmes** le dimanche matin. S'attabler en terrasse devant un petit noir et profiter du spectacle est un plaisir en soi.

❷ Un autre quartier mérite aussi qu'on y flâne, pour découvrir son éclectisme architectural, du XIXe s cette fois : il s'agit du **quartier République.** Napoléon III ayant autorisé une nouvelle extension de la ville, les architectes vont s'en donner à cœur joie, mélangeant allègrement les genres : romano-mauresque, gothico-classique, néo-Renaissance, rococo-baroque, néotruc, néochose, saupoudré d'une pincée d'Art nouveau, le tout vraiment sans complexe, à la limite du délire parfois. D'autant que, en pleine révolution industrielle, il y a de l'argent, beaucoup d'argent à Lille. On s'autorise les fantaisies les plus folles. La bourgeoisie délaisse alors ses quartiers de prédilection et fait construire le boulevard de la Liberté et tout autour de la nouvelle préfecture.

❸ Il faut donc se laisser aller à flâner, le nez au vent, de maisons de ville en hôtels particuliers et immeubles de prestige. Le nez au vent... mais sans faire l'impasse sur le **Théâtre Sébastopol,** un décor de théâtre à lui seul, ou la **maison Coilliot,** seule véritable réalisation Art nouveau de Lille (la greffe Art nouveau ne prit pas), œuvre du célèbre Hector Guimard. Quant à la rue Brûle-Maison, elle constitue à elle seule un remarquable parcours dans l'éclectisme lillois.

CÔTÉ MUSÉES

❶ **Palais des Beaux-Arts**
Place de la République.
☎ 03-20-06-78-00.
• pba-lille.fr •

❶ Aucun risque d'être déçu en visitant le **palais des Beaux-Arts,** deuxième musée de France après le Louvre pour la richesse de ses collections, pas moins ! On salue aussi la diversité de la programmation culturelle qui rend le musée particulièrement vivant et n'hésite pas à confronter la création contemporaine à des œuvres plus classiques. En 1801, Bonaparte crée 15 grands musées provinciaux, dont celui de Lille. L'argent coulant à flots grâce à la réussite industrielle de la région, le palais fut le plus grand musée français construit avant la Première Guerre mondiale ! Aujourd'hui, ce colosse à l'architecture néo-Renaissance ronflante, voire démesurée, renferme des chefs-d'œuvre en pagaille, dont une section flamande et hollandaise absolument remarquable... Incontournable !

LES FLAMANDS PERFECTIONNENT LA PEINTURE À L'HUILE

Le climat du Nord étant trop humide pour peindre à fresque, les Flamands peignirent donc sur bois plutôt que sur les murs comme en Italie. On utilisa pour lier les pigments en poudre un mélange de colle de peau ou de poisson (la détrempe) ou bien d'œuf (tempera). Au XVe s, Jan Van Eyck rompit avec cette tradition et utilisa un mélange d'huile de lin et d'essence de térébenthine. Mais il ne fut pas le premier, puisqu'on a récemment découvert dans les grottes de Bamiyan (Afghanistan) les plus vieilles traces de peinture à l'huile, remontant au VIIe s.

Le vieux Lille

❷ Musée de l'Hospice Comtesse
32, rue de la Monnaie.
☎ 03-28-36-84-00.

❸ Maison Charles de Gaulle
9, rue Princesse.
☎ 03-59-73-00-30.

❹ Citadelle de Lille
Avenue du 43e régiment d'infanterie.

❺ Musée d'Art et d'industrie
23, rue de l'Espérance, 59100 Roubaix.
• roubaix-lapiscine.com •
☎ 03-20-69-23-60.

❷ On peut ensuite partir à la découverte du **musée de l'Hospice Comtesse,** rue de la Monnaie, un des derniers témoignages de l'époque des comtes des Flandres. Il fut fondé en 1237 par la comtesse Jeanne, femme de Fernand de Portugal, le grand vaincu de la bataille de Bouvines. Aujourd'hui, on y découvre de superbes bâtiments des XVe, XVIIe et XVIIIe s. Tableaux, tapisseries, faïences et mobilier évoquent bien l'atmosphère d'une institution religieuse flamande des XVIIe et XVIIIe s... Intéressant et ludique !

❸ Changement de siècle et plus proche de nous cette fois : on peut visiter, rue Princesse, la discrète maison des grands-parents maternels de l'illustre **Charles de Gaulle,** dans laquelle il naquit en 1890. Les pièces sont meublées d'époque, « bien dans leur jus », et témoignent du mode de vie d'alors, tandis que des images d'archives de Lille au XIXe s permettent de se plonger dans le contexte et dans le parcours du grand homme.

❹ Pour saluer un autre génie militaire, rendez-vous ensuite à la **citadelle,** première fortification de **Vauban,** dont l'intérieur est une véritable ode à la gloire de Louis XIV. Malin, Vauban l'édifia un peu à la sortie de la ville à l'époque : l'ennemi était alors obligé de soutenir deux sièges au lieu d'un ! Le génie de Vauban consista aussi à rompre avec les systèmes de défense en hauteur, au profit de fortifications rasantes offrant peu de prise aux boulets ennemis. Ces partis pris, conjugués à une architecture élaborée, en étoile, et située au milieu de terres facilement inondables, devait contraindre le futur adversaire à s'étaler sur un front d'au moins 25 km. D'où son surnom de « reine des citadelles ». Quant à la **chapelle,** il s'agit du plus ancien édifice de style classique de Lille.

LA PISCINE

❺ Autre lieu d'exception par sa collection mais aussi par le bâtiment lui-même, et accessible en un coup de métro, le **musée d'Art et d'Industrie,** à Roubaix, aussi appelé « La Piscine ». Le *New York Times* l'a classé parmi les musées les plus fascinants du monde ! Implanté dans une ancienne... piscine de style Art déco, ce musée mérite qu'on s'y plonge. Il regroupe des collections de textiles (Castelbajac...), de sculptures (Rodin, Claudel...), de céramiques (Picasso, Dufy...) et de peintures (notamment des tableaux du père de Robert De Niro). La scénographie mérite le détour. Certaines statues sont exposées jusque dans les vestiaires et les cabines de douche !

Musée d'Art et d'Industrie (La Piscine), **Roubaix**

FICHE PRATIQUE

ACCÈS

En train

1h05 depuis Paris-gare du Nord ; minimum **3h** depuis Strasbourg ; **3h45** depuis Rennes.

En voiture

2h30 depuis Paris.

En avion

L'aéroport de Lille-Lesquin se situe à environ **15 km** au sud de Lille.

AGENDA

À L'ANNÉE | Lille3000.

Découverte des cultures à travers les artistes les plus contemporains, tout en faisant partager ses manifestations par le plus grand nombre au cœur de la ville. • lille3000.eu •

MARS | Festival du cinéma européen.

Films diffusés dans divers lieux culturels de la métropole, sur 7 jours en mars. Sélection de courts-métrages en compétition et de premiers longs-métrages. • eurofilmfest-lille.com •

SEPTEMBRE | Braderie de Lille.

LE plus grand marché aux puces d'Europe, avec entre 2 et 3 millions de chineurs, le 1er week-end de septembre !

FIN NOVEMBRE-FIN DÉCEMBRE | Marché de Noël.

Un des plus connus de la région. Plus de 80 artisans se regroupent place Rihour. En plus, programme de distractions incluant des concerts, des expositions, une grande roue...

OÙ DORMIR ?

UP HÔTEL

Un hôtel à taille humaine, à la fois convivial et design, situé à deux enjambées de la gare de Lille-Flandres. Déco branchée à l'image de la salle de petit déj très cosy. Et rien à redire côté confort. Ajoutez un accueil aux petits soins, vous obtenez un excellent point de chute. 17, place des Reigneaux. ☎ 03-20-06-06-93. • hotelup.fr •

WHY HÔTEL

Un boutique-hôtel avec un petit côté seventies qui fera sourire les nostalgiques. On aime les fenêtres ovales qui font penser à des cercles gentiment psychédéliques. Mais attention, les services, eux, sont bien actuels ! Literie impeccable, salles de bains aux lignes épurées, aménagements soignés, machine Nespresso. L'accueil est courtois et très professionnel. 7 bis, square Morrison. ☎ 03-20-50-30-30. • why-hotel.com •

OÙ MANGER ?

LA DÎNETTE

Un endroit charmant, gai et coloré comme on aime ! Mobilier vintage, murs flashy... Optez pour un burger, ils sont extra ! Les autres plats ne sont pas mal non plus, comme les quiches ou la soupe du jour... et toujours avec une petite touche d'originalité. Et pour le dessert, vous prendrez bien du (délicieux) cheese-cake ? Accueil aux petits oignons. 106 bis, rue Saint-André. ☎ 03-20-78-48-33.

ESTAMINET AU VIEUX DE LA VIEILLE

Un estaminet à l'ancienne, avec *vierpots* (pot à braises pour entretenir une pipe) et tables épaisses. Carte toute simple de plats traditionnels : poulet au maroilles, *potjevleesch*, carbonade flamande... Mention spéciale aux gaufres liégeoises et à la mousse aux spéculoos. Un incontournable du Vieux-Lille. 2-4, rue des Vieux-Murs. ☎ 03-20-13-81-64.

LE BARBUE D'ANVERS

Un incontournable pour découvrir l'âme et la chaleur du Nord. D'ailleurs, *Le Barbue* coche toutes les cases du bon estaminet : l'accès par une petite courette presque moyenâgeuse, l'accueil, les salles au décor ancien, la généreuse cuisine régionale.. Ne pas manquer les fameuses croquettes de crevettes grises. Une adresse qui réchauffe les cœurs. 1 bis, rue Saint-Étienne. ☎ 03-20-55-11-68.

ACHATS

L'ESTAMINETTE

Une boutique de produits régionaux et saveurs du terroir. Cave à bières et à genièvres, avec demi-mètres de bières, verres, cruchons... Gaufres fourrées à la cassonade, à la vanille ou au rhum, bonbons du Nord ou plats cuisinés. 21, rue de la Barre. ☎ 03-66-73-34-33.

BOULANGERIE-PÂTISSERIE-CONFISERIE BRIER

Ça a l'air d'une boulangerie de quartier toute simple, à l'ancienne. Et puis on observe la vitrine qui regorge de merveilles : *babeluttes* (caramels à la cassonade), bêtises de Cambrai, *chuques* du Nord (bonbons fourrés au caramel), spéculoos, gaufres maison... mmh ! 118, rue Esquermoise. ☎ 03-20-55-35-55.

PÂTISSERIE MEERT

La reine des boutiques du Vieux-Lille au somptueux décor classé. Chocolats réputés depuis plus de deux siècles, pour lesquels M. Meert obtint en 1864 le label Fournisseur de Sa Majesté le roi des Belges. Aujourd'hui, on craque toujours pour les fameuses gaufres fourrées à la vanille (sucrées !), les pâtisseries, les confiseries, les glaces et les sorbets. Salon de thé sur place. 27, rue Esquermoise. ☎ 03-20-57-07-44. • meert.fr •

ÎLE-DE-FRANCE

Moret-sur-Loing

La forêt de Fontainebleau

LA FORÊT DE FONTAINEBLEAU

SUR LES TRACES DES PEINTRES

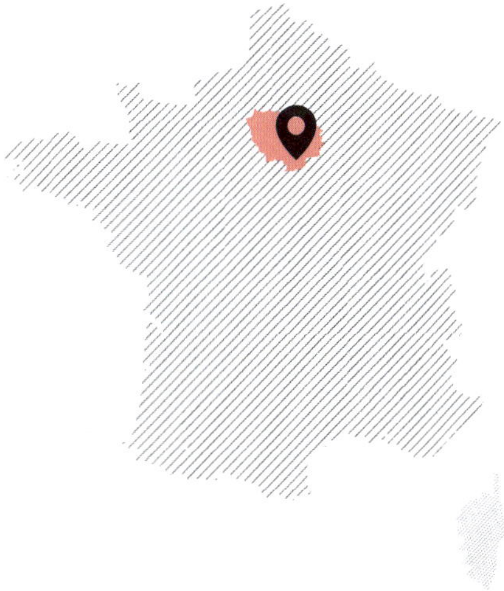

PATRIMOINE	★★★★
GASTRONOMIE	★★
NATURE	★★★★
SHOPPING	★★
VIE NOCTURNE	★

Au XIXe s, la région de la forêt de Fontainebleau attirait nombre de peintres en quête de nature. Millet, Corot, Rousseau et Sisley sont venus s'inspirer de la beauté des lieux. Aujourd'hui, de Barbizon à Moret-sur-Loing, on peut partir sur les traces de ces artistes. Ces villages n'ont rien perdu de leur charme et la forêt est un vrai paradis pour les randonneurs à pied, à vélo ou à cheval, cumulant plus de 230 parcours d'escalade, 500 km de balades balisés et 1 000 km de routes forestières !

NOS INCONTOURNABLES

- La forêt de Fontainebleau
- Partir sur les traces des peintres (l'auberge Ganne, la maison de Théodore Rousseau, l'atelier de Millet...)
- Le circuit des « peintres de Barbizon »
- Les rues médiévales de Moret-sur-Loing
- L'atmosphère chic et bohème de Bourron-Marlotte
- Le château de Fontainebleau et ses jardins

MILLET, COROT, SISLEY ET LES AUTRES

❶ Dans la première moitié du XIXe siècle, la tendance est au retour à la nature, aux vertus simples de la campagne incarnées dans les villes modernes par une population issue de l'exode rural. À l'avant-garde de cette tendance, des **peintres** décident d'aller « croquer » la nature *in situ*, de peindre directement « sur le motif ». Parmi ceux-ci, Jean-François Millet, Jean-Baptiste Corot, Théodore Rousseau, Charles-François Daubigny et Alfred Sisley. On les regroupera par la suite sous l'appellation « école de Barbizon », bien qu'ils n'aient à aucun moment formé de mouvement. Le seul point commun de ces artistes aux styles différents ? Avoir trouvé leur inspiration dans la région de Fontainebleau.

À moins de 50 km de Paris, la **forêt de Fontainebleau,** ses sous-bois vallonnés, sa légende forgée par des siècles de villégiature des rois de France, ses petits villages de bûcherons et de paysans offraient un cadre idéal pour ces artistes. Par bonheur, ces sites immortalisés sur toile, il y a près de deux siècles, ont conservé toute leur authenticité... Sans oublier les nombreux témoignages et souvenirs laissés par ces peintres inspirés, de **Barbizon** à **Moret-sur-Loing** en passant par **Bourron-Marlotte.** Pour goûter à ces lieux, mieux vaut éviter les mois d'été, car il y a foule !

INFOS UTILES

❶ **Forêt de Fontainebleau**
• fontainebleau-tourisme.com/fr/decouvrir-la-region/la-foret/ •

LE CHÂTEAU DE FONTAINEBLEAU, LA DEMEURE DES ROIS !

1 Château de Fontainebleau
• chateaudefontainebleau.fr •

1 « La vraie demeure des rois, la maison des siècles », disait Napoléon du château de Fontainebleau, en 1816. On vous plante le décor : plus de 1 500 pièces, au cœur de 130 ha de **parc et jardins,** pour le seul **château royal et impérial,** habité en continu durant sept siècles ! C'est en 1137 que l'édifice est mentionné pour la première fois dans une charte royale. Bien entendu, il n'avait pas du tout la structure d'aujourd'hui. De cette époque demeure juste le donjon. Puis, siècle après siècle, roi après roi, il fut agrandi (jusqu'à la fin du XVIIIe s). Louis VII, Philippe Auguste, Louis IX ou encore Philippe le Bel y séjournèrent. Mais c'est à François Ier que l'on doit le palais actuel. Plus tard, Napoléon à son tour s'installera ici, faisant, entre autres, aménager la **salle du Trône.** Aujourd'hui, on peut s'y promener, traversant ainsi les époques et découvrant les **artistes** qui ont déposé à tout jamais leur signature : Mignard, Sené, Beneman... La galerie François Ier fut le QG des artistes italiens Rosso et Le Primatice, eux qui imposèrent leur style à toute l'Europe sous le nom d'« école de Fontainebleau ». La **salle de Bal** (ou galerie Henri-II), richement décorée, témoigne d'ailleurs de l'impact de la Renaissance italienne en France. À ne pas manquer également : la galerie des Assiettes et sa collection de 128 pièces en porcelaine de Sèvres, la galerie de Diane et son impressionnante bibliothèque (75 m de long), ou encore l'appartement de Napoléon Ier décoré d'abeilles et de lettres « N »... Un échantillon, non exhaustif, des nombreuses richesses à découvrir dans ce lieu magnétique. Une visite riche en art et histoire !

BARBIZON, VILLE MÉCÈNE ?

1 Barbizon
• fontainebleau-tourisme.com/fr/barbizon/ •

Des raisons autres qu'esthétiques expliquent aussi l'étonnant succès de Barbizon et ses environs : la proximité de Fontainebleau, et donc du possible **mécénat** de la cour impériale et de sa bourgeoisie. En effet, tirer le portrait d'un grand de ce monde, être son protégé était le rêve – ou pour le moins le gagne-pain – de tout artiste peintre. Barbizon les attira donc naturellement, puis une dynamique culturelle d'affinités et de sympathies amplifia le mouvement et les fit se réunir de plus en plus nombreux dans le petit village. Tant et si bien qu'on compta jusqu'à 150 artistes peintres sur 300 habitants ! Le **phénomène Barbizon** était né : d'Europe et même d'Amérique on s'y précipitait – un peu comme à Saint-Germain-des-Prés dans les années 1950. C'est ainsi que Cézanne, Renoir, Seurat ou Pissarro y passèrent, tout comme Verlaine, George Sand, les frères Goncourt, Taine ou Heredia...

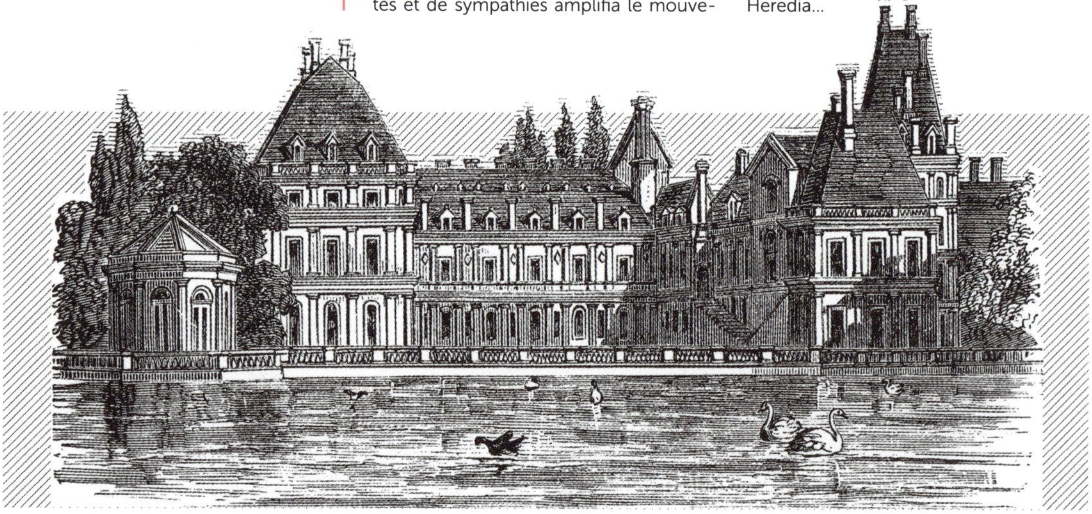

BARBIZON, GALERIE D'ART SOUS LES BOIS

❶ **Musée de l'École de Barbizon**
92, Grande-Rue.
• musee-peintres-barbizon.fr •

❷ **Hostellerie du Bas-Bréau**
22, Grande-Rue.

Atelier de Millet
27, Grande-Rue.
• fontainebleau-tourisme.com/fr •

Du vénérable hameau de bûcherons, Barbizon n'a guère conservé de nos jours que les charpentes des maisons séculaires de sa **Grande-Rue** longiligne. Le village a en revanche maintenu une réelle empreinte du passage de ses peintres paysagistes de 1830 à 1870. À commencer par la route qui mène au centre de cette agréable bourgade, bordée par le champ le plus célèbre de l'histoire de la peinture : une plaine ensoleillée comme les blés d'été, immortalisée par Jean-François Millet dans *L'Angélus*.

❶ L'entrée du village, à quelques centaines de mètres, s'ouvre sur l'auberge qui accueillait les acolytes de l'auteur des *Glaneuses*. L'**auberge Ganne,** devenue désormais **musée de l'École de Barbizon,** abrite aujourd'hui une collection issue de donations et de dépôts des musées nationaux dont *La Hutte des charbonniers* de Rousseau, *La Couseuse* de Millet ou encore *Détail de tronc d'arbre en forêt* de Corot. Des chefs-d'œuvre qui méritent autant le détour que l'aménagement originel de l'auberge : meubles en trompe l'œil, objets peints et surtout de nombreux dessins à même les murs des artistes y ayant séjourné.

❷ En descendant la Grande-Rue qui mène à la lisière de la forêt, on ne manquera pas la curieuse **église** au portail et clocher en bois, qui jouxte la maison où vécut Théodore Rousseau, la façade à colombages sculptée de l'**hostellerie du Bas-Bréau** et l'**atelier de Millet,** qui contient de nombreux témoignages de la présence de l'artiste. Enfin, il est également possible de poursuivre la visite en forêt en suivant le **parcours balisé des « peintres de Barbizon ».**

Reproduction de *L'Angélus* de Jean-François Millet, **Barbizon**

MORET, SI LOING SI PROCHE

❶ **Alfred Sisley**
1839-1899.

❷ **Musée en plein air Sisley**
• alfred-sisley.com •

❶ De l'autre côté de la forêt, Moret-sur-Loing offre une tout autre atmosphère. Les pieds dans l'eau, ce **village médiéval,** avec son vieux pont, ses portes fortifiées, son donjon, ses maisons à colombages et ses petites rues pavées sinueuses, n'a quasiment pas changé depuis des siècles. C'est ici, sur les bords d'un Loing flegmatique, qu'**Alfred Sisley** déposa sa palette et son chevalet dès 1879, puis jusqu'à sa mort en 1899.

❷ Si la ville ne possède pas d'espace abritant des œuvres du peintre impressionniste, elle peut s'aborder, grâce à l'association *Les Amis d'Alfred Sisley,* comme un **musée à ciel ouvert.** Inspiré par la lumière changeante de Seine-et-Marne, l'artiste a d'ailleurs inlassablement reproduit les rives du Loing et les monuments de Moret. La promenade à l'ombre des peupliers permet de découvrir les anciennes lavandières, la batellerie, le moulin de Provencher et sa vieille roue à aubes, et les quelques canotiers qui y flânent aux beaux jours. Un spectacle particulièrement captivant si on y musarde le matin.

❸ Difficile aussi de manquer l'**église Notre-Dame** aux dimensions spectaculaires. Édifiée au XIIe s, elle présente un intéressant portail de style flamboyant et des orgues du XVIe s. Autre curiosité, dans la cour du bel hôtel de ville se dresse une étonnante façade Renaissance entièrement sculptée et ornée de médaillons représentant certains rois de France. Une singularité qui n'a pas inspiré Sisley. Est-ce lié à ses origines anglaises ?

AVEZ-VOUS VU BOURRON-MARLOTTE ?

❶ **Auguste Renoir**
1841-1919.

❷ **Jean Renoir**
1894-1979.

Grez-sur-Loing

❶ En remontant le cours langoureux du Loing, havre de paix pour les canotiers, on rejoint un autre village très apprécié des artistes du XIXe s. Comme Barbizon, Bourron-Marlotte fut le théâtre d'une **vie culturelle intense** marquée par des écrivains comme Théophile Gautier, Alfred de Musset, Alphonse Daudet ou encore Émile Zola, et des peintres comme Claude Monet, Camille Pissarro, Paul Cézanne, **Auguste Renoir** qui y peignit *Le Cabaret de la mère Antony.*

❷ L'attractivité de Bourron-Marlotte perdura même après la première guerre, cette fois grâce au **cinéma.** Jacques Becker, Max Ophüls et surtout **Jean Renoir,** qui y vécut près de vingt ans, y posèrent leur caméra. Cette effervescence bohème a progressivement laissé place à une ambiance plus chic avec ces maisons cossues aux jardins impeccablement entretenus et ces quelques rues étroites émaillées de plaques rappelant le passage d'hôtes célèbres.

❸ Une même impression de quiétude imperturbable que l'on ressent quelques kilomètres plus loin dans le village de **Grez-sur-Loing.** Une bourgade qui conserve de son illustre passé son pont de pierre et les vestiges de sa tour médiévale. Et, curieusement, qui abrite des colonies d'artistes étrangers, américains, japonais et scandinaves.

PROLONGER LE VOYAGE

Partie intégrante de la forêt de Fontainebleau, les **gorges d'Apremont** sont facilement accessibles à pied depuis Barbizon (point de départ des randonnées possibles au carrefour du Bas-Bréau, à environ 1,5 km de Barbizon dans le prolongement de la Grande-Rue). Le terme de « gorges » semble un peu exagéré, mais ce magnifique chaos rocheux offre de belles promenades qui enchantent randonneurs et promeneurs.

Le site des **gorges de Franchard** fut le premier espace protégé au monde, classé en 1863 « Réserve artistique ». Le détour s'impose... L'ancien ermitage (la maison forestière) est le point de départ de belles balades.

FICHE PRATIQUE

ACCÈS

En train

Départ de Paris-gare de Lyon, direction Montereau/Montargis, le Transilien dessert Fontainebleau-Avon toutes les **15-30 mn**. Durée : **40 mn**. Arrivée à la gare de Fontainebleau-Avon, à environ **4 km** de Fontainebleau. Continuer en bus urbain, en taxi ou à vélo.

En voiture

À **50 km** de Paris (environ **1h10**) par l'**A6**, sortie Fontainebleau. Les villages se trouvent dans un rayon de **20 km** maximum à la sortie de l'autoroute.

AGENDA

MAI-OCTOBRE | Brocante à Barbizon.

Dernier dimanche du mois. L'occasion de fouiner en quête de vieilles toiles et d'objets d'autrefois.

OÙ DORMIR ?

HÔTEL VICTORIA (FONTAINEBLEAU)

George Sand et Alfred de Musset y avaient leurs habitudes dans les années 1830... Sans doute la preuve du bon goût de la maison ! Bien sûr, les hébergements se sont largement modernisés depuis, adoptant même une déco résolument contemporaine au n° 122, plus classique au n° 112. Mais dans tous les cas, le confort est impeccable et l'on a accès au vaste jardin et au très agréable café. Une adresse de choix. 112 et 122, rue de France, Fontainebleau. • hotelvictoria.com •

LA DEUMEURE DU PARC (BARBIZON)

Dernier-né des grands hôtels du coin, *La Demeure du Parc* n'a pas usurpé son nom : installé dans d'anciens bâtiments royaux attenants au château et à ses jardins, ce boutique-hôtel abrite des chambres élégantes et épurées. Bois blanc, parquet clair, grandes douches vitrées, le look est assurément contemporain et le confort abouti (avec clim). Les *luxe* ont une terrasse. Pour ne rien gâcher, *La Table du Parc* sert une fort belle cuisine. 36, rue Paul-Séramy, Barbizon. ☎ 01-60-70-20-00. • lademeureduparc.fr •

OÙ MANGER ?

LA PETITE ARDOISE (FONTAINEBLEAU)

Dans la rue des restos, une petite adresse de qualité et une valeur sûre, tenue par une jeune équipe fort sympathique. Elle propose une cuisine fraîcheur, goûteuse et inspirée. Certains plats sont proposés en entrée et en plus petite portion : une bonne idée pour les petits appétits. Service efficace et souriant. Quelques tables en terrasse. 16, rue de Montebello, Fontainebleau. • restaurantlapetiteardoise.fr •

L'ERMITAGE SAINT-ANTOINE (BARBIZON)

Ce joli resto propose une cuisine de bistrot savoureuse qui évolue tranquillement au gré des saisons et de l'inspiration. Pour goûter ces plats bien tournés, on choisit entre la salle d'auberge néorustique (très magazine), un passage privé, le patio aux bambous ou le recoin sous verrières. Un bon rapport qualité-prix pour Barbizon. 51, Grande-Rue, Barbizon. ☎ 01-64-81-96-96.

Château de la Belle au Bois Dormant, **Fantasyland**

DISNEYLAND ET LES VILLAGES NATURE PARIS

LE DÉPAYSEMENT ASSURÉ

PATRIMOINE	★★☆☆
GASTRONOMIE	★☆☆☆
NATURE	★★★★
SHOPPING	★★☆☆
VIE NOCTURNE	★☆☆☆

NOS INCONTOURNABLES

- Hyperspace Mountain
- Big Thunder Mountain
- Indiana Jones et le Temple du Péril
- Rock'n'Roller Coaster
- Le château de la Belle au Bois dormant
- Aqualagon
- La ferme Bellevie

À une trentaine de kilomètres à l'est de Paris, ces deux sites vous couperont assurément de votre quotidien.
À Disneyland Resort Paris, première destination touristique européenne, la magie opère à tout âge. L'ambiance vivante et colorée des parcs Disneyland et Walt Disney Studio vous fait oublier les files d'attente aux attractions et vous transporte dans un autre monde.
Non loin de là, de grands architectes français ont imaginé un village de loisirs, à la fois attractif et basé sur un tourisme durable et responsable : Village Nature Paris. Un des plus importants parcs aquatiques d'Europe, une immersion dans l'univers de la ferme, des jardins écologiques, des logements au cœur d'une cité végétale… Pour un week-end ou plus, laissez-vous porter hors du temps, à 30 minutes de la capitale.

LE PARC DISNEYLAND, AU CŒUR DE L'ANIMATION

INFOS UTILES

❶ **Disneyland Resort Paris**
• disneylandparis.com •

❶ **Main Street,** la grande rue face à l'entrée, est plutôt à explorer en dernier, pour acheter le petit cadeau-souvenir. Les jours de grande affluence, il peut être néanmoins malin de faire ses emplettes en milieu de journée, pour se ménager une pause entre deux attractions bondées. Main Street évoque la rue principale d'une ville américaine du début du XXe s, sortie tout droit des souvenirs d'enfance de Walt Disney. Pour bâtir les maisons qui la bordent, on a utilisé la « perspective forcée », technique très employée pour les décors de cinéma. Ainsi, les 2e et 3e étages sont de plus en plus petits pour accroître l'impression de hauteur et d'intimité. Les Grecs avaient déjà mis en œuvre ce procédé pour la construction du Parthénon ! C'est d'ici que partent les Main Street Vehicles, automobiles anciennes qui vous amènent à Central Plaza, ou les tramways tirés par de magnifiques percherons.

❷ Direction le **Far West** ! Grimpez à bord d'un train à vapeur (tout en bois) typique de la fin du XIXe s américain à Main Street Station et filez vers le monde de votre choix, à moins que vous ne préfériez longer l'avenue dans un tramway – un Horse-Drawn Streecar – tiré par des chevaux. Messieurs, entrez chez *Dapper Dan's Haircuts,* superbe échoppe de barbier d'époque pour vous faire faire une belle barbe à la Lincoln, puis rendez-vous à *Liberty Arcade* afin de découvrir l'histoire de la statue de la *Liberté.* À moins que vous ne préfériez admirer les miniatures des plus grandes inventions du XXe s à *Discovery Arcade.*

❸ Dominée par le château, où un terrible dragon enchaîné se réveille de sa torpeur pour lancer des jets de fumée menaçants, **Fantasyland** est surtout destinée aux tout-petits, qui y retrouvent tous leurs amis d'enfance... Ce pays féerique réunit des attractions telles que *Blanche-Neige et les sept nains, Les Voyages de Pinocchio* ou *Le Vol de Peter Pan,* inspirées de contes et légendes populaires. Les visiteurs voyagent dans des nacelles et assistent à la reconstitution des dessins animés avec des automates dans des décors réels. *Peter Pan's Flight,* en particulier, offre un pur moment de poésie. Ne pas manquer de se renseigner quant aux spectacles joués sur Fantasy Festival Stage ou encore au théâtre du Château.

❹ Finie la douceur de Fantasyland, ici, à **Frontierland,** l'adrénaline monte ! Sur un promontoire se dresse une inquiétante maison, reproduction de celle de *Psychose* de Hitchcock. C'est le *Phantom Manor,* évidemment hanté (photo ci-contre)... Aurez-vous le courage de vérifier ? Si vous en sortez sans dommages, filez vers le *Big Thunder Mountain* et prenez-vous pour John Wayne ou Clint Eastwood en vous engageant dans une course folle à travers le Far West au temps de la ruée vers l'or. Terminez par le *Thunder Mesa Riverboat Landing,* superbe bateau à aubes, typique de la région du Mississippi. De là, vous découvrirez des détails invisibles aux autres : la cabane du vieux pêcheur et son chien fidèle, par exemple. On s'y croirait presque...

❺ On entre à **Adventureland** par une superbe casbah, où un chameau en bois sculpté sert de banc. L'arbre aménagé par les *Robinson suisses* (à escalader, en suivant un jeu de marches pour découvrir les différentes pièces de la « maison ») n'est que le prélude aux deux attractions majeures de cette partie du parc. *Les Pirates*

des Caraïbes, vraiment fabuleux pour tous les âges, et *Indiana Jones et le Temple du Péril,* où des wagonnets dévalent à toute allure (54 km/h en moyenne) de mystérieuses ruines indochinoises. Le premier looping dans l'histoire (vieille de plus de 40 ans) des parcs Disney.

❻ Enfin, **Discoveryland** accueille l'attraction phare *Star Wars Hyperspace Mountain* qui vous propulse (littéralement) dans... l'espace ! En sortant, allez rôder au *Star Tours,* pour prolonger le voyage intergalactique grâce à la rencontre entre la technique des simulateurs de vol et la saga *Star Wars,* encore elle. Pour les plus petits : *Buzz l'Éclair, Bataille Lazer.* Enfin, visite d'un authentique *Nautilus,* conduite de véritables autos des années 1950 à *Autopia* ou pilotage de machines volantes avec *Orbitron.*

Le secret de Disney : le FastPass !

Bien peu de lecteurs savent que ce coupe-file est gratuit ! Il suffit d'aller à l'attraction souhaitée et d'enregistrer votre billet à la borne FastPass. L'ordinateur vous proposera un horaire où vous n'aurez pas de file d'attente. Le plus simple est de réserver au préalable sur • disneylandparis.fr •

Galion des pirates, **Adventureland**

WALT DISNEY STUDIOS, DANS LES COULISSES

Attenant au parc Disneyland, ce second parc à thème propose aux visiteurs de découvrir les coulisses du cinéma, de l'animation et de la télévision, à travers quatre « zones de production ». Le parc est plus petit, il n'y a qu'une quinzaine d'attractions. Certaines sont vraiment extra, d'autres beaucoup moins. Dans l'ensemble, il souffre de la comparaison avec son grand frère en termes de sensations et de magie, aussi. La foule se presse moins nombreuse ici que chez le voisin (tout est relatif). Un bon point ! Du coup, on approche bien plus facilement Mickey, Minnie et tous leurs amis !

On arrive sur **Frontlot,** une place néo-hispanique plantée de palmiers. Pour la petite histoire, sachez que cette espèce de palmier fut sélectionnée pour sa résistance au froid (la Brie, c'est pas la Californie !) : habituellement, ils poussent sur les contreforts de l'Himalaya. Sur la gauche trône un réservoir d'eau de 33 m de haut, surmonté des fameuses oreilles de Mickey et inspiré de celui qui se trouve à l'entrée des studios Disney de Burbank (Californie) depuis 1939. Ce type de réservoir d'eau sert de repère traditionnel dans les studios de cinéma et fait office de symbole du parc. Puis on pénètre obligatoirement dans le Studio 1, une reconstitution d'un Hollywood mythique. En fait, c'est surtout un passage pour accéder aux attractions et à un minicentre commercial avec des boutiques et des restos (l'équivalent de Main Street finalement). Les murs ne sont que des décors puisque, ne l'oublions pas, on est au cinéma.

Toon Studio est une zone consacrée à l'art de l'animation, à l'origine du succès de Disney. C'est ici que vous vous dirigerez en priorité avec des enfants de moins de 10 ans. Et ça commence avec le *Crush's Coaster* : cette attraction, inspirée par *Nemo,* entraîne toute la famille dans une course vertigineuse à travers la barrière de corail pour terminer le voyage dans l'épave rouillée d'un sous-marin échoué au fond de la mer, où une dernière petite surprise vous attend. *Ratatouille, l'aventure totalement toquée de Rémy* : la parcours fou d'un rat (bien connu) dans un grand restaurant parisien. Cette attraction a fait le buzz en 2014. Expérience multisensorielle qui en met plein les mirettes, il faut l'avouer. Quant aux tomates de la ratatouille, on peut en voir 10 variétés au potager, tout récemment créé avec l'aide de Louis-Albert de Broglie, botaniste passionné.

Entrée principale de **Walt Disney Studios**

L'aventure *Cars, Quatre roues rallye* sur le thème du film *Cars,* vous embarque dans une rutilante décapotable, et c'est parti mon kiki pour un rallye sur la légendaire Route 66. Bien sûr, vous retrouverez au cours de vos pérégrinations Flash McQueen, le bolide arrogant, et Martin, la dépanneuse rouillée au grand cœur. Assistez à *Animagique,* un spectacle de marionnettes géantes utilisant des techniques de manipulation chinoise et des effets de lumière noire. On redécouvre des scènes de *Fantasia,* du *Livre de la jungle* et du *Roi Lion.* Parfait pour les enfants.

L'Art de l'animation selon Disney offre un best-of des moments les plus émouvants des dessins animés des studios Disney. Après quoi des animateurs aidés de vidéos expliquent comment on crée un personnage à l'aide des techniques d'animation. Dommage que cela soit si gnangnan.

À la fin, en revanche, une vidéo-karaoké permet de doubler soi-même un personnage de dessin animé (et ça, c'est marrant). *Les Tapis volants* est un manège classique sur le thème du dessin animé *Aladdin.* Un peu court, mais ça plaira aux tout-petits.

À découvrir aussi, *Toy Story Playland* et ses trois attractions : *Toy Story Mission Parachute,* une simulation de saut en parachute à 27 m d'altitude ; le manège *Zig Zag Tour* ; et le circuit *RC Racer* en forme de U qui monte à quelque 25 m (réservé aux amateurs de sensations fortes).

À **Production Courtyard,** nous voilà dans les coulisses du cinéma et de la télévision. En vedette à *Stitch Yard,* le petit alien révélé dans *Lilo & Stitch.* Fruit des toutes dernières techniques d'animation numérique, cette animation permet de bavarder, plaisanter et jouer avec Stitch en temps réel. Les visiteurs sont en quelque sorte les héros de ce spectacle, qui n'est jamais deux fois le même. À *Ciné Magique,* dans un théâtre des années 1930, un spectateur traverse l'écran et se retrouve involontairement mêlé à de grandes scènes de l'histoire du 7e art. Un superbe hommage au cinéma européen et américain, du muet à *Titanic* en passant par *Le Grand Bleu, Mary Poppins* et *Star Wars.* Drôle, bien fichu et émouvant.

Le *Studio Tram Tour* avec *Catastrophe Canyon* permet une visite en tram dans les coulisses du parc, guidée sur un mini-écran par la voix d'Irène Jacob (version française) et de Jeremy Irons (en anglais). On vous prévient, la fin de la balade s'avère plan-plan : passage rapide devant l'atelier des costumes du parc, puis dans le décor d'un Londres ravagé par une (gentille) attaque de dragons.

L'espace **Backlot** est une zone consacrée aux effets spéciaux grâce à *Armageddon* : après une rétrospective d'un siècle de trucages cinématographiques, de Georges Méliès aux prouesses du numérique, on embarque dans la navette spatiale *Mir* pour vivre en direct l'effet d'une pluie de météorites. Beaucoup de bruit et de fumée. Pas mal, mais difficile d'avoir l'œil partout compte tenu de la configuration hémisphérique de la navette. Du coup, on rate inévitablement quelques effets spéciaux.

Moteur... Action ! Stunt Show Spectacular propose à heures fixes un spectacle de cascades motorisées (voiture, moto) mis en scène par Rémy Julienne, le célèbre cascadeur, qui nous montre les trucages utilisés. Un tuyau : présentez-vous 30 mn à l'avance, sinon vous risquez de ne pas avoir de place.

Attention, maintenant on s'accroche... ou pas. La *Tour de la Terreur* est l'une des attractions les plus courues aux États-Unis ! Il faut dire, chuter de 13 étages dans un ascenseur plongé dans l'obscurité, ça fait des adeptes. Mais auparavant, un petit préambule vous met délicieusement dans l'ambiance. Un décor époustouflant et des sensations inégalées. Et pour finir, après avoir bien digéré (fortement recommandé), le *Rock'n'Roller Coaster* se joue de vous dans un enchaînement décoiffant de loopings et de vrilles sur les rythmes effrénés des guitares du groupe de rock Aerosmith. Pour vous mettre en condition, la vitesse de la « limousine » passe de 0 à 100 km/h en 2,8 secondes, ce qui correspond à l'accélération d'une Formule 1 ! C'est l'attraction la plus rapide construite pour un parc à thème Disney et la seule à (grosses) sensations des Walt Disney Studios. Le mélange est détonnant, on sort de là les jambes chancelantes. À faire en dernier si vous ne voulez pas être blasé le reste de la journée.

DISNEY VILLAGE, À L'AMÉRICAINE

Aux portes des parcs, le *Disney Village* (accès gratuit), créé par l'architecte californien Frank O. Gehry, offre à ceux qui souhaitent se dépayser la possibilité de passer une soirée américaine avec ses bars, ses restos, sa discothèque et ses boutiques où l'on trouve non seulement toutes les peluches et tous les gadgets signés Disney, mais aussi et probablement le meilleur choix de déguisements de Paris. Sans oublier les 15 salles du cinéma Gaumont, dont l'une dispose d'un des plus grands écrans jamais installés en France. À midi, pour déjeuner, il y a généralement beaucoup moins de monde ici que dans le parc. Et enfin, le plus grand ballon captif au monde, *PanoraMagique,* qui permet aux visiteurs de s'embarquer pour un voyage de 6 mn dans le ciel de Disneyland. Par temps clair, on peut même voir la tour Eiffel !

VILLAGES NATURE, UNE DOUCE PARENTHÈSE

Grâce à la géothermie, l'**Aqualagon** et le lagon extérieur sont baignables toute l'année (eau à 30 °C). Une piscine à vagues, une rivière à courant en extérieur (génial et sans risque : profondeur 1,20 m), sept toboggans géants, un mur d'escalade et trois jacuzzis. Sans oublier les tout-petits qui ont aussi plusieurs espaces pour patauger. Pour plus de calme, vous apprécierez le spa *Deep Nature* avec cinq salles de soins dont une double, un sauna, un hammam et une cabine de sel. *Deep Nature* propose également une gamme complète de soins du corps et du visage, ainsi que des massages. Entourés de chèvres, poneys, animaux de la basse-cour, la **ferme Bellevie** vous offre une véritable immersion dans le monde de la ferme. Elle dispose d'un salon de thé et d'une épicerie avec des produits de saison issus de la ferme. De nombreuses animations et ateliers pour apprendre en s'amusant sont proposés, tels que la fabrication du pain, du chocolat, la découverte de l'apiculture, des balades à poney...

Parcourez les **jardins extraordinaires.** Étendus sur 2,1 ha, ils sont un véritable festival de couleurs et de senteurs, de formes et de matières. Jeux grandeur nature, cabinets de curiosités, orgues à senteurs ponctuent le parcours de découvertes. De nombreuses animations sont proposées et ouvertes à tous les âges.

Dans un écrin boisé de 2,5 ha, la **forêt des légendes,** inspirée des légendes de la forêt, comble les enfants de 2 à 12 ans. Au milieu des arbres, des aires de jeux enchantent les plus petits. Les plus grands s'amusent à construire des cabanes et à parcourir des ponts suspendus.

La **promenade du lac,** quant à elle, invite à flâner, se restaurer et découvrir les enseignes de Villages Nature Paris. Produits frais et plats gourmands sont à déguster sur place (cuisine méditerranéenne, bio, bar à vins, snack...). De nombreuses activités sont aussi proposées : bowling, embarcations à pédales et même un *escape game* !

FICHE PRATIQUE

ACCÈS

En train

Des **TGV** directs (au départ de nombreuses villes de province) et des **low-cost Ouigo** desservent directement les parcs ; arrivée à la gare de Marne-la-Vallée/Chessy.

En RER

RER A direction Marne-la-Vallée. Descendre à la station Marne-la-Vallée/Chessy. Pour Villages Nature, **bus 47** depuis la même station jusqu'au terminus.

En voiture

420 km depuis Paris (environ 4h), **2h30** de route depuis Lyon et **2h15** depuis Genève.

En avion

Des navettes Magical Shuttle relient les aéroports d'Orly et Roissy-Charles-de-Gaulle aux 2 parcs. • magicalshuttle.fr •

OÙ DORMIR ?

À DISNEYLAND

Les deux hôtels les « moins chers » sont le *Santa Fe,* qui rappelle un *pueblo* indien, et le *Cheyenne,* qui évoque le Far West. Les prix – toujours élevés – sont néanmoins très variables en fonction des jours, saisons et offres. Compter un forfait minimum de 200 €/personne pour une chambre double.

DAVY CROCKETT RANCH (PARCS DISNEY)

Dans un charmant bosquet, ce ranch cache un hôtel de « maisons mobiles » à l'américaine, tout en bois, avec salon, TV, téléphone, cuisine équipée, 1 ou 2 chambres, salle de bains et toilettes, une place de parking juste devant son bungalow, une table et des bancs pour déjeuner à l'extérieur, et un barbecue. Sur place, un resto, la *Crockett's Tavern* (sauf le midi), tout en rondins de bois, dont la déco évoque les contes et légendes qui ont fait de Davy Crockett le roi de la conquête de l'Ouest. Également une boutique d'alimentation si vous préférez manger dans votre bungalow, une immense piscine tropicale, poney, tir à l'arc, tennis, parcours aventure avec tyroliennes, etc. Petite ferme avec aire de jeux. Dépaysement pionnier garanti aux portes de Paris. Route Ranch Davy Crockett, Bailly-Romainvilliers. • disneylandparis.com • Il est obligatoire de passer tout un week-end dans les parcs.

AUX VILLAGES NATURE PARIS

Les appartements et cottages du parc peuvent accueillir de 2 à 12 personnes en proposant 3 gammes de confort. Tous spacieux, modernes, avec terrasse. Vous serez logés en toute tranquillité dans un écrin de bien-être au cœur du village ou face au lac, en pleine nature. Détente assurée. Infos et offres sur • centerparcs.fr •

OÙ MANGER ?

À DISNEYLAND

CAPTAIN JACK'S – RESTAURANT DES PIRATES

On déjeune au cœur même du repaire des pirates, sous la voûte étoilée, au son des insectes tropicaux et du murmure des vagues. Cuisine des îles (poulet au curry, espadon grillé, banane flambée). L'éclairage tamisé recrée bien l'illusion Caraïbes. Dans Adventureland, parc principal.

RESTAURANT DES STARS

Le resto le plus chic des Walt Disney Studios. Belle bâtisse Art déco, vaste salle éclairée par une verrière. Aux murs, de grandes photos de stars de Hollywood immortalisées en train de manger ! On a bien aimé celle de Hitchcock, levant le petit doigt en croquant dans son sandwich. Formule buffet à volonté tout à fait correct. Dans Production Courtyard, Walt Disney Studio.

RAINFOREST CAFÉ

Un décor de forêt amazonienne plus vrai que nature. Des lianes pendent partout, les gorilles secouent les arbres et se frappent le torse, les éléphants barrissent en remuant la trompe, les papillons géants battent des ailes en cadence. Côté cuisine, grosses salades, pâtes, burgers, sandwichs et plats exotiques. Rien de transcendant, mais les assiettes sont copieuses. Disney Village. ☎ 01-60-43-65-65.

AUX VILLAGES NATURE PARIS

Plusieurs restos assez abordables autour du lac : cuisine bio, italienne, bars à vins, snack... Si vous préférez utiliser la kitchenette et manger sur votre terrasse, alors direction la supérette du parc. C'est la solution la plus économique.

Côte d'Albâtre, **Étretat**

Maison de Claude Monet, **Giverny**

GIVERNY ET ROUEN

SUR LES TRACES DE MONET

PATRIMOINE	★★★★
GASTRONOMIE	★★
NATURE	★★★
SHOPPING	★
VIE NOCTURNE	★★

NOS INCONTOURNABLES

- La fondation Claude-Monet à Giverny
- Le musée des Impressionnismes
- La cathédrale de Rouen

Nul ne pouvait soupçonner qu'un jour Giverny, ce tout petit village s'étageant sur une douce colline en bordure de Seine, pourrait devenir le berceau de l'impressionnisme et, aujourd'hui, l'un des hauts lieux du tourisme national. C'est principalement à Monet qu'il doit sa gloire. Difficilement accepté par les autochtones, Monet vivait sans véritable contact avec eux. Il avait seulement besoin de la nature pour peindre, de la lumière aux différentes heures de la journée. Il s'installa en 1883 dans cette longue maison rose aux volets verts, se levait avant le jour et se hâtait d'étudier la lumière avant qu'elle ne se défilât. Il y vécut jusqu'à sa mort, en 1926, et repose dans le cimetière paroissial. Sous son impulsion, nombre d'artistes (dont beaucoup d'Américains) vinrent à Giverny et s'y installèrent parfois.

LA FONDATION CLAUDE-MONET : DANS L'INTIMITÉ DU PEINTRE

INFOS UTILES

❶ **Fondation Claude-Monet**
84, rue Claude-Monet, Giverny.
☎ 02-32-51-28-21.
• claude-monet-giverny.fr •

❶ Monet fut l'un des premiers, conseillé par Eugène Boudin, à peindre sur le site même, stylisant les images à l'extrême pour les « réduire » à une impression lumineuse, à un effet de lumière. La manière de peindre dépasse le sujet peint. *Impression, soleil levant* est la toile qui donna naissance à l'**impressionnisme.** Si Boudin se rapprochait déjà fortement de cette lecture si délicate de la lumière naturelle, Monet en devint le grand maître. Dans le jardin qu'il créa entièrement, il peignit certaines de ses toiles les plus célèbres, notamment la série des *Nymphéas*. Une plongée au cœur de **l'imaginaire de Monet** : la maison et les jardins ont gardé leur aspect d'origine ; à tout moment, on s'attend à ce qu'apparaisse le maître. Vous n'y verrez aucune œuvre originale, uniquement des reproductions. Mais on vient ici avant tout pour admirer les superbes jardins fleuris. Deux secteurs bien distincts : le jardin d'eau orientaliste, où l'artiste peignit les *Nymphéas* (émotion garantie à la saison des nénuphars), et, plus proche de la maison, le « clos normand ». Avouons que, sans l'explosion de couleurs du jardin, la visite perd grandement de son intérêt. L'étang aux nénuphars, situé de l'autre côté de la route, est accessible par un passage souterrain. Au temps de Monet, l'endroit était bien plus romantique, puisque seuls un chemin de terre et une voie ferrée (rares étaient les trains) séparaient le jardin du célèbre plan d'eau. Dans la maison, noter la belle salle à manger éclatante de jaune et les cuisines habillées d'azulejos. Monet était un fin gourmet et il aimait préparer lui-même les dîners lorsqu'il recevait. Ses carnets de cuisine, écrits avec sa compagne Alice Hoschedé, témoignent de son amour des bonnes choses. Quand ils appréciaient un plat au restaurant, ils demandaient la recette au chef, tout simplement. Outre le mobilier dans les chambres, on peut admirer de superbes estampes japonaises, collection personnelle de Monet. Une merveille ! Pour la petite histoire, sachez que Monet n'est jamais allé au Japon. Il découvrit la beauté des estampes à l'occasion d'un voyage aux Pays-Bas.

❷ **Musée des Impressionnismes**
99, rue Claude-Monet, Giverny.
• mdig.fr •

❸ **Musée municipal de Vernon**
Place Barette, Vernon.
• vernon27.fr/laville/culture/musée •

❷ Pour compléter la visite de la maison de Monet, il suffit de traverser la rue et de se rendre au **musée des Impressionnismes** (ex-Musée américain). À l'exception de quelques œuvres au sous-sol, dont trois tableaux de Monet et un de Sisley, ce beau musée ne présente que des expositions temporaires ayant pour principale vocation de mettre en lumière la richesse et la diversité de l'impressionnisme, en s'intéressant aux aspect régionaux et à l'influence internationale de ce courant artistique. Toujours passionnantes, ces expos méritent d'être vues. À l'extérieur, très beaux jardins en visite libre. Belle sélection de livres d'art dans la librairie-boutique.

❸ À quelques kilomètres de là, on peut faire escale au **Musée municipal de Vernon** qui, dans un bel hôtel particulier des XVe et XVIIIe s, met en valeur l'impressionnisme grâce à des œuvres originales de Claude Monet et un ensemble significatif d'œuvres de l'école de Giverny (Mary Fairchild, Frederick William MacMonnies, Theodore Earl Butler ou encore Blanche Hoschedé-Monet, sa belle-fille).

Intérieur maison de Claude Monet, **Giverny**

L'HÔTEL BAUDY : LE REPAIRE DES AMÉRICAINS

❶ Hôtel Baudy
3, rue Blanche-Hoschede-Monet.

❶ C'est l'ancien hôtel où résidèrent plusieurs peintres américains admirateurs de Monet. L'endroit est charmant, malgré l'affluence. Il ne faut pas manquer les **jardins** où l'on trouve un atelier de peinture. Derrière, le grand jardin en pente (7 000 m²) a été recomposé comme à l'époque. C'est en 1886 que le premier peintre américain vint ici chercher une chambre. Il s'appelait Metcalf. D'autres suivirent, nombreux. Chaque week-end, ils venaient de Paris par le train. L'*Hôtel Baudy* devint un lieu de rencontres artistiques : Robinson, Butler, Mary Cassatt, MacMonnies, Sargent et bien d'autres y séjournèrent. Puis l'établissement accueillit Renoir, Rodin, Sisley et Pissarro. Jolie roseraie un peu sauvage et superbes jardins, dans lesquels Monet et Clemenceau devisaient souvent de longues heures durant.

PROLONGER LA BALADE JUSQU'À ROUEN ET SA CATHÉDRALE, VÉRITABLE SOURCE D'INSPIRATION DU MAÎTRE

Claude Monet a réalisé 28 tableaux différents de la cathédrale de Rouen dans lesquels il étudie les variations de la lumière en fonction des heures de la journée et des saisons. Certains font partie de la collection permanente du musée d'Orsay à Paris. Bien sûr, même sans Monet, la cathédrale, chef-d'œuvre gothique, a de quoi impressionner. Une élégante et étourdissante dentelle de pierre, tout en majesté et en finesse, édifiée sur plus de trois siècles. C'est l'une des plus belles constructions de style gothique français. On peut encore distinguer par endroits des traces de polychromie. La **façade** qui inspira tant Monet, encadrée par deux grandes tours de styles différents, présente une série de clochetons et de fenestrages ajourés. À gauche s'élève à 82 m la **tour Saint-Romain,** du XIIe s, de style gothique primitif et de facture simple, sauf dans sa partie supérieure, qui date du XVe s. À droite, la **tour de Beurre,** du XVe s et dans le plus pur style gothique flamboyant, pointe, elle, à 75 m. Elle a été édifiée grâce à la taxe perçue auprès de ceux qui souhaitaient consommer du beurre (d'où son nom) pendant le carême.

Les trois **portails,** chefs-d'œuvre de ciselage, véritable féerie de pierre, présentent toutes les variétés de l'art gothique. Les portails Saint-Jean et Saint-Étienne datent du XIIe s mais leurs tympans sont du XIIIe s. Celui du portail Saint-Étienne représente la lapidation du saint, celui du portail Saint-Jean, orné de belles arabesques et de feuilles d'acanthe, raconte le festin d'Hérode (noter l'acrobate) et la décollation de saint Jean-Baptiste. Le portail central, modifié au début du XVIe s, est brodé de sculptures et on trouve au tympan un bel Arbre de Jessé.

La **tour centrale** et la **flèche,** d'un raffinement extrême, très visibles de la rue du Change, s'élèvent avec élégance à 151 m. C'est la plus haute de France. Il faut prendre du recul pour mieux l'admirer, encadrée par ses quatre clochetons d'angle. La tour-lanterne en pierre date du XIIIe au XVIe s, mais la flèche actuelle est du XIXe s. Sur ce même flanc droit s'ouvre le portail de la Calende, merveilleuse réalisation du XIVe s.

Après le raffinement de l'extérieur, on est frappé par la sobriété de l'intérieur. La **nef** très haute, dépouillée, de style gothique primitif, est soutenue par d'épaisses colonnes mais d'une grande légèreté, grâce aux nervures qui les affinent.

Dans le déambulatoire, la chapelle de la Vierge accueille des pièces remarquables, notamment les tombeaux (sculptés au XVIe s) des cardinaux d'Amboise : Georges Ier d'Amboise (archevêque de Rouen et ministre de Louis XII) et Georges II d'Amboise, son neveu.

LE MUSÉE DES BEAUX-ARTS, POUR PARFAIRE LE DÉCOR

❶ **Musée des Beaux-Arts**
Esplanade Marcel-Duchamp.
• mbarouen.fr

❶ Le **musée** présente un très bel ensemble de peintures européennes, sculptures, dessins et arts décoratifs du XVe s à nos jours. Quelques chefs-d'œuvre à ne pas manquer dans les peintures du XVIIe s, comme *Le Christ à la colonne* du Caravage. La lumière provenant d'en haut dévoile une scène d'un grand réalisme : très forte présence physique des personnages cadrés de près, beaucoup de mouvement dans la scène, épuisement du Christ, dont la tête inclinée semble prête à sortir du tableau. Le *Démocrite* de Vélasquez – initialement le portrait d'un bouffon de cour brandissant un verre de vin, comme l'a révélé la radiographie – illustre l'attitude cynique du philosophe sur la façon dont va le monde ; il s'agit là de l'une des deux seules œuvres du peintre que l'on peut découvrir en France. Du côté des salles impressionnistes, le musée abrite une des plus importantes collections de France en la matière. On peut y admirer des œuvres parfois majeures de Monet *(Portail de la cathédrale de Rouen par temps gris)*, Sisley *(Inondation à Port-Marly, La Seine à La Bouille)*, Degas, Renoir, Pissarro, Caillebotte… Monet souhaitait vendre la série des 28 cathédrales dans son intégralité. Il la proposa à Félix Faure, alors président de la République, mais ce dernier préféra acheter la table de nuit de Napoléon !

Toutes les écoles du XIXe s sont également superbement représentées : le romantisme avec Géricault et Delacroix, l'école de la nature avec Corot et Huet, les préimpressionnistes avec Jongkind, Boudin et Lépine, l'école de Rouen avec Lebourg, Delattre, Angrand. Le traitement des couleurs dans les œuvres de Guillaumin, Pinchon ou Fréchon les rapproche des fauves. Une partie du rez-de-chaussée est consacrée aux œuvres contemporaines, avec notamment un petit espace dédié aux Duchamp (originaires des environs de Rouen). Le musée possède en effet un fonds particulièrement riche consacré à cette famille qui, dans une fratrie de six enfants, ne comptait pas moins de quatre artistes : Jacques Villon, Raymond Duchamp-Villon, Suzanne Duchamp et Marcel Duchamp.

❷ Une fois sorti du musée, les **rues du vieux Rouen** s'offrent à la promenade. Maisons à colombages, place du Vieux-Marché, tour Renaissance du Gros-Horloge… On a l'impression de remonter le temps.

Rue médiévale Martainville, **Rouen**

FICHE PRATIQUE

ACCÈS

En train

Depuis Paris-gare Saint-Lazare, plusieurs liaisons par jour vers Rouen (**1h20**) et Vernon (**45 mn**). Une navette de bus relie Vernon à Giverny.

En voiture

Autoroute **A13** jusqu'à Rouen. Depuis Vernon, prendre la **D313** jusqu'à Giverny.

AGENDA

JUIN-SEPTEMBRE | Cathédrale de lumière à Rouen.
Tous les soirs, de la mi-juin à la fin septembre, on peut assister gratuitement à des projections grandioses sur la cathédrale Notre-Dame, avec pour thématiques Jeanne d'Arc, les Vikings, Guillaume le Conquérant...

Pour connaître les autres festivals ou les manifestations de Giverny, consultez • normandie-giverny.fr •

OÙ DORMIR ?

LE CARDINAL

Pour qui aime vibrer au son des cloches, on peut difficilement faire mieux : les chambres, toutes belles, toutes propres, à la déco lumineuse très zen, donnent presque toujours sur la cathédrale ! Seul petit bémol pour cette maison sérieuse à l'accueil très agréable : les salles de bains sont parfois très étroites (mais toujours nickel !). Nos lecteurs les plus argentés s'offriront les chambres tout en haut : spacieuses, elles disposent d'une belle terrasse pour un tête-à-tête avec la cathédrale. Probablement l'un des meilleurs rapports qualité-prix de la ville. 1, place de la Cathédrale, Rouen. • cardinal-hotel.fr •

OÙ MANGER ?

BISTROT DES FLEURS

Cadre très sympa, genre petit bistro rustique et chaleureux, offrant une cuisine simple mais bonne. Terrasse sur rue. 73, rue Carnot, Vernon. ☎ 02-32-21-29-19.

BRASSERIE PAUL

Idéalement située face à la cathédrale. Des plats qui s'ouvrent volontiers aux saveurs d'ailleurs et à prix aussi gentils que l'accueil. Terrasse côté cathédrale. 1, place de la Cathédrale, Rouen ☎ 02-35-71-86-07.

L'ODAS

Un joli gastro d'aujourd'hui avec serveurs barbus, salle des plus contemporaine avec cuisine ouverte comme il se doit, et terrasse agréable dans ce discret passage, au pied de la cathédrale. L'enseigne est inspirée des initiales d'Olivier Da Silva, jeune chef qui demande à ses clients de lui faire une entière confiance : pas grand-chose d'affiché sur les menus, sa cuisine se fait à l'instant, en fonction du marché et de son imagination (et il n'en manque pas !). 4, passage Maurice-Lenfant, Rouen. ☎ 02-35-73-83-24.

Vallée de la Seine, **Les Andelys**

NORMANDIE

AU FIL DES BOUCLES DE LA SEINE

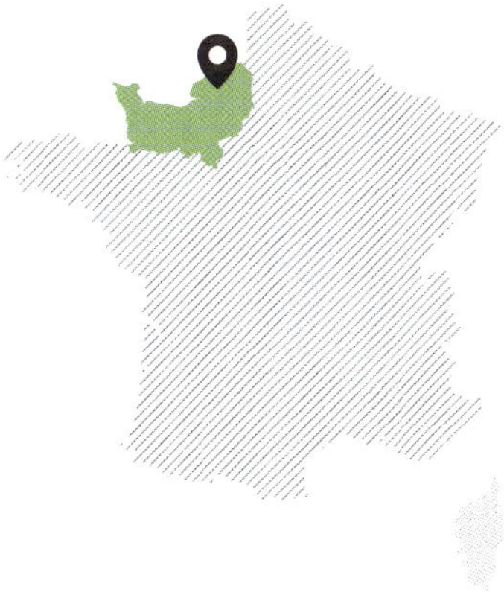

PATRIMOINE	★★★★
GASTRONOMIE	★★★
NATURE	★★★
SHOPPING	★
VIE NOCTURNE	★

NOS INCONTOURNABLES

- Les abbayes de Saint-Martin-de-Boscherville, de Jumièges et de Saint-Wandrille-Rançon
- Le paisible Marais-Vernier

De son entrée dans la région normande (à Vernon) jusqu'à son embouchure (au Havre), la Seine décrit une dizaine de grands méandres paresseux, se frayant ainsi un chemin dans une large vallée devenue le parc naturel régional des Boucles de la Seine normande. De La Bouille au Marais-Vernier, un week-end à l'ombre des pommiers, des abbayes et des villages pittoresques, le long du grand fleuve qui joue de ses contours. Un parcours romantique en cinq étapes.

LE CHARME DE LA BOUILLE

Cet ancien port de mer, situé à une quinzaine de kilomètres en aval de Rouen, sur la rive gauche de la Seine, sommeille au pied des falaises qui bordent le plateau du Roumois.

Son essor date du XVᵉ s : trait d'union entre Rouen et la basse Seine, La Bouille est alors un carrefour très animé. Avec les premiers bateaux à vapeur débarquent les peintres et les promeneurs du dimanche. **Hector Malot** (l'auteur de *Sans famille*) y est né et décrit dans son œuvre les foules pittoresques qui se pressent aux terrasses des auberges.

Aujourd'hui, le site (tout petit) est plutôt touristique, et on le comprend, car le village offre une plongée directe dans l'époque médiévale : partez à la recherche de la plus belle maison à colombages, de l'encorbellement le plus majestueux, du pignon le plus pittoresque... Flânez dans les ruelles pour découvrir les mille détails et raffinements de l'**architecture médiévale.** Trouvez, place Saint-Michel, cette belle maison à l'angle orné d'un archange sculpté dans la masse. Admirez l'ancienne mairie, rue du Grenier-à-Sel, avec son toit à clochetons. Toutes les vieilles demeures sont abondamment fleuries et beaucoup ont conservé une poulie servant à monter le grain ainsi que de typiques toits à lucarnes.

TROIS VILLAGES, TROIS REMARQUABLES ABBAYES

❶ **Abbaye Saint-Georges de Saint-Martin-de-Boscherville**
12, route de l'Abbaye.
• abbayesaintgeorges.fr •

❷ **Abbaye de Jumièges**
24, rue Guillaume-le-Conquérant.
• abbayedejumieges.fr •

❸ **Abbaye Saint-Wandrille**
2, rue Saint-Jacques.
• st-wandrille.com •

Abbaye Saint-Georges de Boscherville

SAINT-MARTIN-DE-BOSCHERVILLE

❶ Le charmant village de Saint-Martin-de-Boscherville abrite la belle **abbaye Saint-Georges,** édifice bénédictin bâti au XIIe s sur une ancienne collégiale par Guillaume de Tancarville, grand chambellan du duc de Normandie, pour accueillir une trentaine de moines bénédictins. Le bâtiment conventuel a été reconstruit au XVIIIe s par les moines (mauristes cette fois !). L'église abbatiale, quant à elle, a dû sa survie au mauvais état de celle du village : les habitants célébraient la messe ici, au couvent.

On visite d'abord la belle abbatiale à l'architecture et aux proportions particulièrement harmonieuses. Sa façade équilibrée, sobre, est remarquable pour son portail roman. Un chemin mène ensuite au bâtiment conventuel des bénédictins, aujourd'hui transformé en accueil et boutique. La salle capitulaire de la fin du XIIe s présente un admirable ensemble de statues et chapiteaux raffinés.

Pour finir, offrez-vous une très agréable balade dans le jardin monastique, reconstitué d'après les plans du XVIIe s (potager, plantes médicinales et aromatiques, verger, jardin des senteurs...). Du haut du coteau, devant le Pavillon des Vents, le promontoire offre une vue dégagée sur l'abbaye et son environnement.

JUMIÈGES

❷ Jumièges, quant à elle, est à juste titre devenue un site hautement touristique, car elle abrite sans conteste l'une des plus admirables abbayes de France. Bien que largement ruinée, elle n'en conserve pas moins une majestueuse prestance dans un superbe environnement.

Fondée au VIIe s par saint Philibert sur l'ordre du roi Dagobert, l'**abbaye** bénédictine de Jumièges accueille d'emblée une centaine de moines chargés d'évangéliser la population. Très vite, on en compte 800 ! En 841, l'abbaye de Jumièges est incendiée par les Vikings, puis reconstruite plus tard sous l'influence du moine lombard Volpiano (fondateur de l'abbaye de Fécamp) et consacrée en 1067 en présence de Guillaume le Conquérant. L'abbaye ne cesse ensuite de prospérer et de s'agrandir jusqu'à la Révolution, époque à laquelle la communauté monastique se disperse. Elle est ensuite utilisée comme carrière de 1802 à 1824. Un nouveau propriétaire, touché par la grâce, cesse les destructions en 1852 et entreprend des travaux de consolidation des ruines (qui durent toujours).

L'imposante **église Notre-Dame** garde entière sa façade flanquée de deux tours (hautes de 46 m) et la majeure partie de la nef. L'impression est grandiose dans cette église à ciel ouvert. De la tour centrale, ne subsiste qu'un pan de mur et surtout un arc d'entrée. Lorsqu'on élève le regard, la perspective est saisissante. Le style roman de l'ensemble est très dépouillé. De-ci, de-là, on devine quelques voûtes et chapelles gothiques qui furent ajoutées au XIVe s.

Pour avoir une idée de ce à quoi ressemblait l'abbaye autrefois, on peut louer une tablette numérique à l'accueil ou, plus facile et gratuit, télécharger à l'avance l'application « Jumièges 3D ». Outre la reconstitution de l'abbaye telle qu'elle était avant sa destruction, on profite de nombreuses explications. En saison, belles expos photo dans le logis abbatial, présentées parmi quelques-unes des sculptures qu'abritait l'ancien musée lapidaire autrefois hébergé entre ces murs.

De belles promenades sont également à faire dans le parc paysager à l'anglaise, sur 15 ha bordés de 2,5 km de clôture (les pique-niques sont autorisés, mais à l'écart des ruines).

SAINT-WANDRILLE-RANÇON

❸ L'**abbaye,** nichée dans un adorable village, héberge toujours une cinquantaine de moines. Une halte à ne pas manquer, tant pour la messe du matin, chantée en grégorien, que pour la visite guidée. Fondée au VIIe s par Wandrille (ministre du roi Dagobert) sous le nom d'« abbaye de Fontenelle » – du nom de la charmante petite rivière qui la traverse –, elle est, comme Jumièges, détruite par les Vikings au IXe s. Au XVIe s, l'abbaye périclite doucement et il faut attendre les deux siècles suivants pour que l'ensemble soit restauré et agrandi. L'église est transformée en carrière après la Révolution. Les moines ne s'y réinstallent définitivement qu'en 1931. Entre-temps, dans les années 1910, la comédienne Georgette Leblanc, sœur cadette de Maurice, le père d'Arsène Lupin, loue l'abbaye avec son amant Maurice Maeterlinck. Ils y reçoivent Sarah Bernhardt, Réjane, Lucien Guitry...

En 1969, la communauté acquiert une ancienne grange seigneuriale située dans l'Eure. Démontée et remontée pièce par pièce sur le site de l'abbaye, elle devient la nouvelle église, superbe par sa simplicité et ses proportions. Splendide charpente du XVe s, entièrement montée au moyen de chevilles de bois, sans un clou.

La visite guidée du monastère est riche : on passe en revue les principaux points d'intérêt, dont le cloître, très élégant. Sur trois côtés, splendide dentelle de pierre mi-gothique, mi-Renaissance, dont les remplages offrent un décor toujours différent.

L'abbaye de Jumièges

LE MARAIS-VERNIER, UN AUTRE VISAGE

1 Le Marais-Vernier
• reserves-naturelles.org/marais-vernier •

1 Le Marais-Vernier est l'un des sites les plus pittoresques de Normandie. Henri IV confia à des Hollandais l'assèchement de ce marais situé dans la dernière boucle de la Seine. Ils construisirent une digue (dite « des Hollandais ») qui délimite un **amphithéâtre de verdure** parfait avec les collines environnantes. Cette cuvette de 4 500 ha tiendrait son nom du « verne », autre appellation pour l'aulne, arbre adapté aux sols humides. On découvre ici une autre Normandie, peu connue, et abritant pourtant certaines des plus **belles fermes et maisons rurales** de la région. Quelques-unes ont la même physionomie depuis plusieurs siècles. Leur aspect, les matériaux utilisés, révèlent une technique de construction sans sophistication, à la fois très « terre à terre » et très pratique. À pied, à vélo, en prenant le temps d'observer, on peut distinguer tout ce qui fait l'originalité des fermes du Marais-Vernier dans un désordre poétique, notamment les iris qui poussent sur le faîtage des maisons pour les protéger de l'humidité, accrochant le faîte grâce à leurs racines noueuses. Le meilleur moment pour visiter le Marais-Vernier est le printemps, quand iris et pommiers sont en fleurs.

Marais-Vernier, **village de Vieux-Port**

FICHE PRATIQUE

ACCÈS

En train

De Paris : autoroute **A13**, sortie Rouen. Ceux qui souhaitent éviter Rouen et aller directement à La Bouille continueront sur l'autoroute et sortiront à Maison-Brûlée (**sortie 24**).

En voiture

Pour Rouen (gare rive droite) : départ de Paris-gare Saint-Lazare. Une bonne vingtaine de trains directs/jour. Compter **1h20**.

OÙ DORMIR ?

HÔTEL LE BELLEVUE

Grande maison blanche à fière allure, proposant des chambres pas toujours bien grandes mais jolies et bien tenues, avec vue sur la Seine ou le village. Cuisine dans la tradition (mais avec quelques idées d'aujourd'hui) au resto. 13, quai Hector-Malot, La Bouille. ☎ 02-35-18-05-05. • hotel-le-bellevue.com •

CHÂTEAU DU VERBOSC

Au fond d'un beau parc planté de pommiers, un petit château du XVIIe s de brique et de pierre dégageant beaucoup de charme, entièrement meublé à l'ancienne avec des trophées de chasse... Une authentique halte pour jouer au châtelain sans devoir pour autant casser sa tirelire. 425, chemin du Verbosc, Touffreville-la-Corbeline. ☎ 02-35-95-18-85. • verbosc.atspace.eu •

OÙ MANGER ?

LA MAISON BLANCHE

En bord de Seine, une jolie petite salle fraîche à l'étage, pour admirer les bateaux qui passent. Les meilleures tables sont donc près de la fenêtre ! Le chef à la barre ne travaille que des produits frais de producteurs locaux et maîtrise l'utilisation des épices. Il mêle avec subtilité cuisine gastronomique française et influences d'Afrique du Nord. Service impeccable. 1, quai Hector-Malot, La Bouille. ☎ 02-35-18-01-90.

AUBERGE DES RUINES

L'adresse gastronomique de Jumièges, où le chef Christophe Mauduit se plaît à travailler les meilleurs produits locaux et les plantes du terroir de façon peu traditionnelle. Que ce soit dans les salles claires ornées de peintures contemporaines ou sur la petite terrasse aux beaux jours, ambiance chic et soignée. 17, place de la Mairie, Jumièges. ☎ 02-35-37-24-05.

AUBERGE DE L'ÉTAMPAGE

Un gros coup de cœur pour cette auberge de village, tenue par Cécile, une Biterroise au caractère bien trempé. Un bar bien dans son jus, une salle à la déco un brin kitsch tout en baies vitrées, et surtout une terrasse offrant une vue panoramique d'exception sur le Marais-Vernier. Choix à l'ardoise de plats très copieux du genre tartare d'andouille, joue de porc confite, souris d'agneau... Une cuisine franche et sincère à base de très bons produits, travaillés avec un grand savoir-faire. On est ressortis repus et heureux. Une adresse incontournable ! Le Bourg, Marais-Vernier. ☎ 02-32-57-61-51.

ACHATS

LA BOUTIQUE DE L'ABBAYE

Les bénédictins de Saint-Wandrille se consacrent aujourd'hui à l'archivage numérique, à la restauration de tableaux et brassent aussi leur propre bière artisanale ! Ils s'installent avec succès dans le paysage des bières d'abbaye. Également des souvenirs, objets et livres religieux. 2, rue Saint-Jacques, en contrebas de l'abbaye. • boutique-saintwandrille.com •

Deauville

LA CÔTE FLEURIE

HONFLEUR, DEAUVILLE ET TROUVILLE

PATRIMOINE	★★★
GASTRONOMIE	★★★
NATURE	★★
SHOPPING	★★★
VIE NOCTURNE	★★★

NOS INCONTOURNABLES

- Les deux inséparables Deauville et Trouville, pour leur paradoxe entre bourgeoisie et charme singulier
- La douceur du port d'Honfleur

Derrière la poésie du nom, c'est tout le faste des stations normandes les plus renommées (Deauville), mais aussi le charme désuet de la plupart d'entre elles (Trouville) sans oublier la grâce du plus mignon des ports : Honfleur.
On est ici au paradis des peintres impressionnistes. On marche dans les pas de Proust et de Baudelaire. Le subtil parfum déposé lors de la Belle Époque y flotte encore par moments. La Côte Fleurie semble protégée par deux remparts naturels : la mer et la campagne. Derrière les pommiers... la plage !
Cette côte est principalement dévolue au tourisme, ce qui explique le contraste entre la saison et les week-ends, pleins de vie et d'animation, et le reste du temps, où la plupart des villes vous donneront l'impression de vivre au ralenti.

DEAUVILLE, SOUS LES PROJECTEURS

❶ Si vous arrivez en train, offrez-vous votre premier contact avec la mer en sortant de la gare avec l'esplanade du bassin Morny, le premier des deux ports de Deauville, avec ses nombreux voiliers amarrés. Les deux jetées ont été bombardées mais reconstruites à l'identique après la guerre. C'était l'un des lieux de prédilection d'**Eugène Boudin,** qui aimait y peindre, y observer la lumière changeante et le va-et-vient des bateaux. La **plage** de Deauville est l'une des plus belles de Normandie. Probablement le plus photographié au monde, le **parasol deauvillais,** avec ses cinq couleurs uniques, n'est en vente nulle part. Il sort chaque année des ateliers de la ville qui le fabriquent, le réparent et le bichonnent.

❷ De nouveau tourné vers la terre, difficile d'évoquer Deauville sans passer par son célèbre **casino.** Immense et luxueuse bâtisse de style Louis XV, construite à partir de 1912, elle fut inaugurée par les Ballets russes, Nijinsky et Chaliapine, et a vu défiler depuis bien du beau monde. À découvrir de préférence le soir, quand les guirlandes électriques illuminent la façade. Les machines à sous ont volé la vedette aux tables de jeu. Les palaces de chaque côté du casino sont les deux plus beaux fleurons de la chaîne Lucien-Barrière, à savoir le *Royal Barrière* (1913) et le *Normandy Barrière* (1912). Le premier, somptueux, porte bien son nom. Mais on peut préférer l'architecture du second, plus typique avec ses colombages auxquels une rénovation a rendu les couleurs d'origine, soit le blanc et le vert.

INFOS UTILES

❶ **Eugène Boudin**
1824-1898.

❷ **Casino Barrière**
2, rue Edmond Blanc.
• casinosbarriere.com •

❸ **Villas balnéaires**
• indeauville.fr •

❹ **Hippodrome de Deauville-La Touques**
45, avenue Hocquart de Turtot.
☎ 02-31-14-20-00.

❸ Deauville, c'est aussi ce flot de **villas balnéaires** : originales ou somptueuses, on en croise à chaque coin de rue ou presque (555 bâtisses ont été recensées, valorisées et protégées). Les découvrir offre aussi l'occasion de croiser les fantômes de tous ceux qui ont fait la légende de Deauville, d'Isadora Duncan à Jean Gabin. Elles se concentrent particulièrement le long du boulevard Eugène-Cornuché. Les plus remarquables : la villa *Griselidis*, la villa *Camélia*, dans l'esprit chalet, ou sa voisine Art nouveau, *Les Abeilles*. La villa *Strassburger* est l'une des plus belles villas de Deauville, de style normand et à clochetons. Construite en 1907 pour les Rothschild à l'emplacement d'une ferme qui appartenait à Flaubert, la propriété fut ensuite rachetée en 1924 par un homme de presse américain, Ralph Strassburger, également époux de l'héritière des machines à coudre Singer. Elle fut léguée à la municipalité, qui en fit un lieu de réception et de visite. On peut découvrir, dans un salon, des œuvres (peintures et sculptures) d'Enrico Campagnola.

❹ Vous ne manquerez pas d'assister à un entraînement ou même une course à l'**hippodrome de Deauville-La Touques,** l'un des deux hippodromes de la ville. Situé le long du boulevard Mauger, il accueille 300 chevaux (600 en été) à l'entraînement chaque matin, de nombreuses courses sur 7 mois de l'année et de prestigieux matchs de polo en août. En 1863, sur la plage reconvertie en piste de galop le temps d'une marée, on sonnait le départ de la toute première course hippique deauvillaise... L'histoire de Deauville, depuis sa création, est si étroitement liée au cheval que la ville est aujourd'hui naturellement considérée comme la capitale du cheval en Normandie, entre courses hippiques, ventes aux enchères de pur-sang, polo, compétitions de saut d'obstacles, de dressage, d'attelage et de horse-ball, équitation, balades à cheval sur la plage...

À LA MODE DE HOLLYWOOD

Pastichant Los Angeles, pour remercier les stars hollywoodiennes d'être venues lors du Festival du cinéma américain, Deauville choisit d'inscrire leurs noms sur les cabines de bain situées le long des Planches. Bette Davis, Liz Taylor, Rock Hudson, Clint Eastwood et Kirk Douglas ont été mis à l'honneur. Chez les plus jeunes, Jessica Chastain, Cate Blanchett et Matt Damon.
Tiens, on a retiré le nom d'Harvey Weinstein.

TROUVILLE, LA MODESTE VOISINE

❶ **Office de tourisme**
• trouvillesurmer.org •

Indissociable de Deauville, dont elle n'est séparée que par la Touques, Trouville a pourtant réussi à se créer une identité bien à elle. Ancien village de pêcheurs devenu lieu de villégiature grâce à sa grande plage de sable fin, la station connaît un essor remarquable à la fin du XIXe s, bien avant Deauville. On y découvre les premiers bains de mer, les joies (et les méfaits) du casino, les chalets puis les villas... Parallèlement, les artistes viennent y faire trempette ou y trouver l'inspiration. On y voit d'abord Alexandre Dumas, puis Flaubert, suivi des impressionnistes, de Maupassant et de Marguerite Duras. Depuis, de nombreuses personnalités ont fait de Trouville leur résidence privilégiée.

Curieusement, après une longue période de décadence, essentiellement due à la concurrence effrénée de Deauville, Trouville est redevenue à la mode. Le charme de son port de pêche et son petit côté familial font de plus en plus d'adeptes chez une certaine bourgeoisie en quête de simplicité. Parce que Trouville a su, semble-t-il, trouver le fragile équilibre entre tourisme et activités traditionnelles. Ici, pas d'enseignes parisiennes trop bling-bling, mais des petits commerces locaux au charme désuet. Dépaysement garanti pour les Parisiens, qui représentent la grande majorité des visiteurs.

❶ Le **centre historique** est peu fréquenté, hormis les quelques rues autour du port (qui ne sont pas, disons-le d'emblée, les plus charmantes), et il serait dommage de ne pas partir à sa découverte.

Trouville était un village de pêcheurs construit à flanc de colline avant de devenir une station balnéaire. Le haut de Trouville est un réseau de ruelles étroites, parfois pentues, et bordées d'un alignement de jolies maisonnettes très modestes. La rue des Rosiers est ainsi bordée de maisons de pêcheurs aux couleurs pastel. L'escalier du Serpent, dit « des 100 marches », offre de belles échappées sur la ville et la mer. La rue Berthier et la rue Mogador appartiennent, quant à elles, à d'anciens quartiers ouvriers.

❷ Trouville a eu la bonne idée de protéger depuis 1989 son patrimoine architectural balnéaire. On trouve donc ici nombre de ces villas et grands hôtels révélateurs de l'aisance dans laquelle on vivait au XIXe s sur la côte. On peut en découvrir quelques beaux exemples en se baladant le long de la **promenade des Planches** (rebaptisée promenade Savignac), en partant de l'extravagant mais charmant casino : la très éclectique villa *Sidonia* de 1868 aux médaillons à figure humaine en façade ; à peine plus loin, le manoir Normand dont on aime bien le damier qui habille tout le rez-de-chaussée. La promenade Savignac s'achève avec la villa *Esmeralda* (à colombages), la villa *Persane* (de style oriental) et la tour Malakoff accolée à une maison gothique construite pour le peintre Mozin. En grimpant quelques marches, on découvre *Les Roches Noires*, prestigieux palace transformé depuis en résidence. Parmi les anciens pensionnaires, Marguerite Duras, qui y possédait un appartement qu'elle conserva jusqu'à sa disparition en 1996 et a écrit là nombre de ses romans.

Trouville-sur-Mer

Honfleur

SE LAISSER ATTENDRIR PAR HONFLEUR

❶ **Église Sainte-Catherine**
Place Sainte-Catherine.

❷ **Rue des Lingots**

❸ **Vieux bassin**

❹ **Balade le long des quais de Seine**
• seine-maritime-tourisme.com •

❺ **Honfleur Normandy Outlet**
Avenue de Normandie.
• honfleuroutlet.com •

❻ **Musée Eugène-Boudin**
Rue de l'Homme de Bois.
• musees-honfleur.fr •

❶ Le plus mignon, le plus fou, le plus choucard des petits ports normands... pour ne pas dire français. Depuis le XIXe s, la ville natale d'Alphonse Allais fut le lieu d'élection des écrivains (Baudelaire, Flaubert...), des musiciens (Satie naquit ici) et des peintres (Boudin, autre enfant du pays, mais aussi Monet, Dufy...), séduits par la lumière changeante de l'embouchure de la Seine et par la verdure de la campagne augeronne. Honfleur est en fait une cité à deux visages : pendant la semaine, avec ses pêcheurs, et le week-end ou pendant les vacances, avec ses touristes. Mais il n'y a pas que la mer, le fleuve, l'arrière-pays et les basses collines de son site, encore vierges (par quel miracle ?) de toute colonisation immobilière... Il y a surtout l'atmosphère si dense d'une petite ville pourtant si fréquentée, et ce cachet unique parmi les ports normands, avec ses bassins intérieurs, ses vieux gréements et ses grosses barques de pêche, ses vieilles maisons aux écailles d'ardoise, son clocher d'opérette et ses ruelles de traviole... L'**église Sainte-Catherine** est sans doute le monument le plus original de Honfleur. La façade extérieure est recouverte de bardeaux (tuiles de bois). L'ancien clocher, très pittoresque, est séparé de l'église par une petite place. Il était apparemment trop lourd pour la charpente. Construit en bois et consolidé par des poutres de châtaignier, on craignait aussi qu'un incendie ne se propage en cas de foudre. Sa forme rappelle certaines églises norvégiennes. L'église fut reconstruite vers 1468 ; à la fin de ce même siècle, il fallut lui ajouter une deuxième nef, car elle était devenue trop petite. L'ensemble fut restauré par un élève de Viollet-le-Duc, puis quelque peu modifié au début du XXe s.

❷ Derrière le clocher, la **rue des Lingots** est l'une des rues les plus caractéristiques de la vieille ville. Elle a conservé son pavage, et la plupart de ses maisons de bois sont anciennes. La maison du n° 30 accueillit brièvement, en 1802, le général Bonaparte, alors Premier consul.

❸ Mais l'endroit le plus connu de la ville reste le **vieux bassin pittoresque.** Créé sous Louis XIV sur ordre de Colbert, il a gardé un cachet tout particulier. Il est bordé par le quai Sainte-Catherine qui aligne ses hautes maisons étroites revêtues d'ardoise, aux étages en saillie, tassées les unes contre les autres. Chacune possède deux entrées, l'une donnant sur le quai, l'autre, au 3e étage, s'ouvrant sur la rue du Dauphin ou la rue des Logettes. Certaines atteignent sept niveaux avec seulement deux fenêtres en façade. Le quai Saint-Étienne lui fait face.

❹ La **balade à pied ou à vélo le long des quais de Seine** est une zone entièrement piétonne, donc très sécurisante pour les familles. Vous pouvez faire une balade de 8 km, de Honfleur à Berville-sur-Mer en passant sous le pont de Normandie.

❺ Certains en reviendront chargés puisque c'est sous le pont de Normandie que se situe la – commerciale – attraction du pays : **Normandy Outlet,** le village de marques de Honfleur.

❻ Enfin, pour les amoureux de la peinture, le **musée Eugène-Boudin** compte, en tout, près d'une centaine d'œuvres (peintures et dessins) qui évoquent Honfleur et le pays d'Auge. Boudin, peintre impressionniste et romantique, y est entouré de ses amis, Courbet, Monet, Jongkind, Cals, Dubourg, Pécrus et Michel-Lévy. Les études de ciels (couverts ou couchants, levers de lune...) de Boudin montrent de façon évidente le rôle précurseur de ce peintre dans le mouvement impressionniste. Une salle est largement consacrée à André Hambourg, peintre du XXe s qui affectionnait les marines et qui a désormais son propre musée au sein du pôle culturel des Franciscaines, à Deauville. Un cabinet de dessins et de gravures présente une centaine d'œuvres à « feuilleter ». On découvre également les toiles du nabi Vallotton, des fauves Duby ou Friesz, et de quelques-uns des piliers de l'école de Rouen. On peut également prendre le temps de visiter les expos temporaires dans la chapelle – c'est l'occasion de découvrir des œuvres habituellement conservées dans les réserves du musée.

Deauville

FICHE PRATIQUE

OÙ DORMIR ?

LES MAISONS DE LÉA

3 vieilles maisons et un ancien grenier à sel du XVIe s qui ne font aujourd'hui plus qu'une somptueuse demeure en pierre recouverte de vigne vierge. Pourtant, chacune de ces 4 maisons a un style différent, toujours cosy et raffiné. Et pour la détente, spa *Nuxe*, hammam, cabines de massage... L'accueil est très attentionné. Place Sainte-Catherine, Honfleur. ☎ 02-31-14-49-49. • lesmaisonsdelea.com •

LA MAISON DE LA PLAGE

On a vraiment l'impression ici d'entrer dans une maison de famille, aux parquets bruts, aux couleurs pop et à la déco broc'. Rassurez-vous, cependant, la literie (top !), elle, n'est pas de récup et l'aménagement, bien pensé, offre un réel confort. Mention spéciale pour le petit déj, de qualité. 30, rue de la Plage, Trouville. ☎ 06-67-78-07-96. • lamaisondelaplagehotel.com •

HÔTEL VILLA GYPSY

Dans un cadre charmant, l'hôtel propose une halte calme et reposante dans un environnement joliment décoré. Bon petit déj et cadre chaleureux qui nous semble éloigné du bling-bling de Deauville. 23, rue des Villas, Deauville. • villagypsy-hotel.com.fr •

OÙ MANGER ?

LES VAPEURS ET LES VOILES

Les Vapeurs, c'est sans conteste la brasserie la plus connue de Trouville, fondée en 1927. Aujourd'hui, il n'est pas un acteur américain venant au festival de la ville d'en face qui ne s'arrête ici. Et la salle ne désemplit pas, même si le rapport qualité-prix est loin d'être toujours évident. Les spécialités maison : les moules crème normande et les crevettes cuites. Tout est frais : normal, les chalutiers sont à 10 m. 160-162, boulevard F.-Moureaux, Trouville. ☎ 02-31-88-15-24.

DADOU

Sur la gauche le petit comptoir traiteur, sur la droite la « salle à manger », avec la longue table que l'on partage ou le coin canapé. Le tout dans un esprit à la fois mode, grotte d'Ali Baba, mais surtout très convivial. 26, rue Carnot, Trouville. ☎ 07-89-83-87-12.

LE COMPTOIR ET LA TABLE

L'ancien troquet de marins, à l'ambiance populo-chic avec sa terrasse sur le port et ses habitués agglutinés autour du zinc, est devenu un lieu tendance, un de plus. Brasserie chic, avec des formules terre-mer intéressantes au déjeuner. 1, quai de la Marine, Deauville. ☎ 02-31-88-92-51.

ACHATS

HALLE AUX POISSONS

Victime d'un incendie en 2006, cette institution de Trouville a été reconstruite à l'identique, dans le style néonormand choisi par ses architectes de 1937. Parmi les étals, passage presque obligé à la poissonnerie Pillet-Saiter ouverte depuis 1887 (elle est tenue aujourd'hui par la 7e génération). Y faire provision, comme les connaisseurs, de bocaux de la soupe de poissons de la grand-mère Jeannette. Boulevard Fernand-Moureaux, Trouville.

L'INSTANT FROMAGES

Une petite boutique offrant une sélection de fromages locaux (ou non), pas nécessairement énorme, mais excellente. Autre atout : l'accueil, charmant et de bon conseil. 50, rue des Bains, Honfleur. ☎ 02-31-98-28-14.

GRIBOUILLE

Une jolie boutique où le patron (de bon conseil) propose tout ce que le terroir normand produit de meilleur : cidre fermier, pommeau, calvados (impressionnante sélection !), poiré, tripes en bocal comme confitures et autres gourmandises. 164, rue de l'Homme-de-Bois, Honfleur.

ACCÈS

En train

Depuis Paris-gare Saint-Lazare (**2h40**).

En voiture

Depuis Paris par l'**A13** (**2h20**), depuis Rennes par l'**A84** (**2h30**).

AGENDA

PENTECÔTE | Fête des Marins.

À Honfleur, le dimanche de la Pentecôte, à l'heure de la marée, on assiste à la bénédiction de la mer, face au port. Pêcheurs et plaisanciers décorent leurs bateaux de roses en papier puis forment un cercle dans l'estuaire. Une gerbe pour les personnes ayant péri en mer est jetée d'un avion. Le lendemain à 9h, procession jusqu'à la chapelle de la Côte de Grâce.

DÉBUT SEPTEMBRE | Festival du cinéma américain de Deauville.

Presque inutile de faire les présentations ! Une centaine de films à l'affiche, dont certains en exclusivité mondiale. À la différence de Cannes, tout le monde peut assister aux projections. Forte affluence (dont des stars) : dur de trouver une chambre à cette époque-là !

• festival-deauville.com •

Cabourg, la plage

CABOURG
ET LE PAYS D'AUGE

PATRIMOINE	★★★☆
GASTRONOMIE	★★★☆
NATURE	★★★★
SHOPPING	★★☆☆
VIE NOCTURNE	★★☆☆

NOS INCONTOURNABLES

- Le Cabourg de Proust
- Le village de Beuvron-en-Auge
- Les manoirs châteaux du pays d'Auge... et son cidre !

Région enchanteresse de Normandie, voici l'arrière-pays conforme à toute image idéalisée de la campagne française : toits de chaume, vaches grasses, pommiers en fleur, vert profond des doux pâturages, adorables fermettes à pans de bois, villages proprets, cuisine à la crème, fromages de renom et bonnes bouteilles d'eau-de-vie de derrière les fagots... On trouve dans le pays augeron tous les ingrédients du week-end réussi : manoirs de rêve, ruisseaux vagabonds, chemins de traverse (qui semblent avoir été créés pour le cheval et le VTT), chapelles rafraîchissantes et paisibles hameaux échappés des gravures des siècles passés.

AVANT DE REJOINDRE LES TERRES... CABOURG

Dès le début du XXe s, Cabourg prend des airs de station balnéaire mondaine. Marcel Proust en fera une belle promotion en la décrivant sous le nom de Balbec dans *À l'ombre des jeunes filles en fleurs*. Les parterres de fleurs et une belle plage accentuent le charme gentiment désuet de cette petite station si romantique.

Cabourg aime les romantiques, mais surtout les familles, le cinéma, la musique (autour de nombreux festivals), les fleurs, voire la boue *(mud day)*. Bref, Cabourg déborde d'intérêt !

Si l'architecture est figée dans le temps par de jolies villas Belle Époque et une promenade piétonne (la plus grande d'Europe) à faire pâlir d'envie les bons marcheurs, la station n'en reste pas moins dynamique avec de nombreuses animations tout au long de l'année.

❶ N'oubliez pas de suivre le **Méridien de l'Amour**, une ligne constituée de 104 clous réalisés par la Monnaie de Paris, qui jalonne le sol de la promenade Marcel-Proust. Le long de la plage de Cabourg, cinq colonnes représentant chacune un continent ponctuent le parcours et déclinent, dans les 104 langues officielles des États du monde, le mot « amour » sous la forme de télégrammes dessinés.

❷ Comme dans toute station balnéaire de ce standing, Cabourg offre de nombreuses activités, tout au long de l'année : casino, discothèque, piscine, activités nautiques (char à voile, kitesurf, etc.), golf, tennis, équitation... Surtout, ne pas rater les **randonnées de la route des marais.** Autrefois, la mer s'enfonçait dans ces zones marécageuses. Les salines du Moyen Âge ont fait place aux prairies d'embouche. De nombreux canaux de drainage croisent encore ces routes étroites. La véritable découverte du marais se fait à pied ou à vélo (renseignez-vous à l'office de tourisme pour la location de vélos).

INFOS UTILES

❶ **Méridien de l'Amour**
Promenade Marcel-Proust.
• meridiendelamour.com •

❷ **Plus d'infos**
• cabourg-tourisme.fr •

Beuvron-en-Auge

BEUVRON-EN-AUGE ET SES ENVIRONS

❶ **Vieux Manoir**
2, rue des Haras.

❷ **Chapelle de Clermont-en-Auge**
2455, route des Forges de Clermont.

❸ **Jardins du Pays d'Auge**
• lesjardinsdupaysdauge.com •

❶ Véritable petit bijou (de poche !), Beuvron-en-Auge est devenu un des villages incontournables de la région ! La place principale, avec ses halles et leur curieuse allure, est si typique qu'on l'imagine sortie d'un décor de cinéma. Elle est entourée de maisons bien restaurées et fleuries avec soin. La plus connue, appelée **Vieux Manoir,** est ornée de poutres sculptées (XVe s). L'ancienne école communale (avenue de la Gare) accueille, quant à elle, un espace où sont regroupés des ateliers d'artisans : un relieur-restaurateur de livres, un joaillier, un céramiste et un décorateur sur porcelaine que l'on peut voir à l'œuvre.

❷ De Beuvron, les amateurs de randonnée pourront grimper jusqu'à la chapelle de **Clermont-en-Auge** et profiter du superbe panorama sur les vallées alentour.

❸ Avant de s'aventurer dans les terres sur la route des grands châteaux, faites une halte à **Cambremer** dans les **jardins du Pays d'Auge et leur écomusée.** Sur une prairie de 4 ha, les propriétaires, pépiniéristes, ont créé ce bel ensemble labellisé « Jardin remarquable ». Parallèlement, ils « récupèrent » dans la région les bâtisses traditionnelles abandonnées qu'ils rapatrient sur leur terrain et restaurent, reconstituant de fil en aiguille un village d'antan. On peut actuellement voir la boulangerie, le musée des Outils anciens, la forge, la bouillerie, la vieille grange et la ferme des animaux. Chapeau !

LE SUD DU PAYS D'AUGE

❶ **Château de Crèvecœur**
• chateaudecrevecoeur.com •

❷ **Château de Canon**
• chateaudecanon.com •

❸ **Château de Vendeuvre**
• vendeuvre.com •

Cette région se pare de nombreux **châteaux** ou **fermes-manoirs,** le plus souvent à colombages, typiques de l'architecture normande. Même si l'on ne peut pas toujours les visiter, les amateurs se régaleront.

❶ Ce circuit permet notamment de découvrir le très beau **château de Crèvecœur.** On est ici au cœur du pays d'Auge, dans un joli village à mi-chemin entre Caen et Lisieux. Un carrefour idéal, dans une région vallonnée aux petites départementales de rêve. Ce site classé, dont les origines remontent au XIe s, fut patiemment restauré et remis en valeur par la famille Schlumberger pour devenir un lieu culturel actif. Il a conservé son plan d'origine en deux parties : le château proprement dit (une petite forteresse en pierre, entourée de douves) et les dépendances à pans de bois disposées en cercle, dont chaque bâtiment est consacré à un thème précis. La grande ferme du XVe s, avec ses grosses poutres et sa monumentale cheminée, abrite une expo sur l'histoire de Crèvecœur et sur l'architecture à pans de bois. Colombier carré et sa curieuse double toiture, exposition consacrée à l'aventure des frères Schlumberger, charmante chapelle romane en pierre du XIIe s, vous ne manquerez pas une miette de 10 siècles d'histoire. Enfin dans le verger, 36 variétés de pommiers représentatifs du pays d'Auge et, dans la cour, reconstitution d'une bergerie, d'un four de potier et d'un four à pain.

❷ La visite de la région se poursuit par le parc et les jardins du **château de Canon.** Classée Monument historique, cette belle propriété typique du XVIIIe s fut conçue pour un ami de Voltaire, l'avocat Jean-Baptiste-Élie de Beaumont, qui désirait appliquer à la lettre les théories économiques des physiocrates (la terre comme source essentielle de richesse). Le parc est splendide, avec son miroir d'eau, ses « fabriques » (temples, kiosque chinois), ses avenues, ses vergers, sa ribambelle de statues ainsi que ses chartreuses, une célèbre enfilade de jardins clos fleuris unique en son genre. Dans l'une des dépendances du château, la visite de la ferme pédagogique offre un instant de douceur avec les animaux et se termine dans une petite boutique de produits fermiers et dégustation.

❸ Poursuivez, vers le sud, au **château de Vendeuvre.** Cette élégante demeure du XVIIIe s est entourée d'un joli parc de 14 ha avec jardins à la française et jeux d'eau « surprises », qui jaillissent du bec des colombes ou de la gueule des tortues !

❹ **Manoir de Coupesarte**
14140 Mézidon.

Une grotte aux coquillages, de splendides topiaires, un pont chinois, un jardin psychologique comme au XVIIIe s où l'on se perdait dans un labyrinthe pour oublier ses soucis. Mieux qu'une séance de thérapie ! Les enfants peuvent même partir à la recherche d'un lapin caché. Sans oublier un jardin exotique avec plus de 150 plantes tropicales venues d'Afrique du Sud, d'Australie et de Chine (à voir surtout en juillet-août). Dans le château, on découvre des salons au mobilier d'époque, où sont reconstitués, à l'aide d'automates, la vie d'une famille aristocratique du XVIIIe s. Vous trouverez aussi une originale collection de niches à chien et le **musée des Meubles miniatures** situé dans l'orangerie du château, unique en son genre : plus de 700 chefs-d'œuvre de meubles miniatures du monde entier.

❹ Enfin, en remontant sur la route de Lisieux, on peut faire escale au **manoir de Coupesarte** qui est le plus typique, le plus romantique et sans doute le plus attachant des manoirs du pays d'Auge. Tout le charme de cette admirable demeure, aux colombages sertis de fines briquettes entrecroisées, réside dans ses imperfections : murs de guingois, dessin irrégulier, poutres difformes, etc. Si on le contourne par la gauche : un sentier longe les douves jusqu'à une petite écluse d'où l'on peut voir le manoir se refléter dans l'eau.

SANS OUBLIER... LA ROUTE DU CIDRE

❶ **Route du cidre**
• larouteducidre.com •

❶ Voici un circuit fléché très prisé, parmi les plus séduisants de Normandie. On peut se procurer la petite brochure des routes touristiques du Calvados dans les offices de tourisme. Cet itinéraire d'une quarantaine de kilomètres est ponctué de **ravissants villages,** de **petites églises,** de **châteaux** et d'**étapes gourmandes.** « Normands, tous que nous sommes, nous avons du cidre dans nos veines », disait Flaubert. Et c'est vrai que, en Normandie, pommiers et cidre sont associés. On fait le cidre en combinant le plus harmonieusement possible les qualités de plusieurs variétés de pommes. Dans le pays d'Auge, vous êtes au cœur d'une région cidricole... amateurs de bon cidre, faites donc le tour des producteurs locaux ! On peut y acheter cidre (bien sûr), calvados, pommeau et autres produits du terroir.

FICHE PRATIQUE

ACCÈS

En train

De Paris-gare Saint-Lazare à Dives-Cabourg (**3h30**).

En voiture

Depuis Paris par l'autoroute **A13** (**2h20**), depuis Rennes par l'**A84** (**2h10**).

AGENDA

MAI | Les Rencontres de Cambremer – Festival des AOC et AOP en Normandie.

Week-end début mai. Concours de cidres du pays. Visites de caves, randonnées gourmandes, etc. 6 produits augerons AOC-AOP à l'honneur : calvados, cidre, pommeau, camembert, pont-l'évêque et livarot.

JUIN | Festival du film de Cabourg « Journées romantiques, Journées européennes ».

Juin (mercredi-dimanche). Un festival à la fois professionnel et grand public avec projections (payantes), pour certaines en plein air. Thème central : le romantisme !

AOÛT | Foire aux fromages.

1er week-end d'août, Livarot. Livarot fête son fromage, mais aussi tous les autres fromages normands ou d'autres régions françaises (et les vins qui vont avec !). Plus d'une centaine d'exposants !

Le Dîner sur la digue.

Avant-dernier samedi d'août, Cabourg. 5 000 convives partagent un dîner sur 3 km le long de la promenade Marcel-Proust, agrémenté d'animations musicales et d'un feu d'artifice.

OÙ DORMIR ?

HÔTEL LA VILLA LES MOTS PASSANTS

Cette adresse est le meilleur rapport qualité-prix-charme. Déco en accord avec Cabourg la romantique, aux couleurs tendres et au mobilier blanc rétro. 24, avenue du Général-Leclerc, Cabourg. ☎ 02-61-45-17-01. • hotel-cabourg-lesmotspassants.com •

ACHATS

CALVADOS CHRISTIAN DROUIN – DOMAINE CŒUR DE LION

Une distillerie artisanale et familiale à l'architecture augeronne typique du XVIIe s. Voir cet alambic à roulettes datant de 1946, qui servait à la distillation dans les fermes, ou bien ces fûts de chêne, aux formes peu conventionnelles dans les chais ! Dégustation gratuite de cidre, pommeau et calvados. À la vente, une gamme unique de vieux millésimes qui remontent jusqu'à 1939. Route de Trouville, Coudray-Rabut. • calvados-drouin.com •

LE VILLAGE FROMAGER – FROMAGERIE E. GRAINDORGE

Une visite instructive de la fromagerie pour tout apprendre de la fabrication des 4 AOP régionales : livarot, bien sûr, mais aussi pont-l'évêque, neufchâtel et camembert de Normandie. Cette entreprise familiale travaille avec du lait cru et joue la carte du développement durable. Tout cela est habilement mis en scène avant d'arriver... à la boutique du terroir, où l'on vous offre la dégustation des quatre délicieux fromages normands. Rue du Général-Leclerc, Livarot. • graindorge.fr •

OÙ MANGER ?

LE BALIGAN

Les produits de la mer sont ici traités avec doigté. Les amoureux de la chose maritime pourront choisir, dans le grand panier d'osier qu'on apportera à leur table, la belle pêche du jour : saint-pierre, sole, raie... On vous les prépare à votre convenance et vous payez au poids. Salle bistrot chic avec fresque sépia terre-mer. Fraîcheur des produits, professionnalisme dans le travail réalisé, bonne humeur dans le service. 8, avenue Alfred-Piat, Cabourg. ☎ 02-31-24-10-92.

LE PAVÉ D'AUGE

Une des meilleures tables du département. Le chef a les pieds ancrés dans le terroir normand et, du produit le plus rustique, il fait une merveille de délicatesse. Son « petit » menu, avec sa farandole de mises en bouche et de mignardises, est un véritable enchantement. Atmosphère un peu bourgeoise et compassée. Propose également des chambres d'hôtes. Le Bourg, Beuvron-sur-Auge. ☎ 02-31-79-26-71.

AUBERGE DE LA LEVRETTE – LA PUCE À L'OREILLE

L'une des très bonnes tables normandes où la fraîcheur, l'accueil et le cadre sont de concert pour une mélodie parfaite. La cuisine du terroir, dans une version un peu plus légère, et les menus variant au gré des saisons sauront vous conquérir. Jolie déco rustique et bourgeoise pour cet ancien relais de chasse du XVIe s. 48, rue de Lisieux, Saint-Julien-le-Faucon. ☎ 02-31-63-81-20.

Omaha Beach

BAYEUX
ET LES PLAGES DU DÉBARQUEMENT

PATRIMOINE	★★★★
GASTRONOMIE	★★★
NATURE	★★★
SHOPPING	★★
VIE NOCTURNE	★

NOS INCONTOURNABLES

- Les plages du Débarquement
- Le cimetière américain
- La pointe du Hoc
- La cathédrale et la fameuse tapisserie de Bayeux

Sur des dizaines de kilomètres, des étendues de sable clair, ponctuées de-ci de-là par des falaises de craie. Plus de 75 ans après le Débarquement, ces plages ont conservé leurs cicatrices : cratères de bombes, blocs de béton armé, et surtout, les cimetières où reposent des milliers de soldats venus perdre leur vie pour libérer l'Europe. Le sable nettoyé des champs de combat, les bunkers aménagés en musées et les villes reconstruites n'ont plus grand-chose à voir avec ces journées terribles de notre histoire mais entretiendront à jamais le devoir de mémoire. Que ce soit pour ces légendaires plages ou pour découvrir la ville miraculeusement épargnée de Bayeux, ce circuit mérite le détour. Bienvenue dans la Normandie rurale où l'Histoire a laissé son empreinte.

NOM DE CODE : UTAH BEACH

INFOS UTILES

❶ **Musée du Débarquement**
Sainte-Marie-du-Mont.
• utah-beach.com •

Le **6 juin 1944 à 6h25.** Ils sont les premiers parmi les premiers à surgir de la mer pour poser pied sur le sol de France. Une plage dont ils ne connaissent que le nom de code – Utah. En Normandie, on l'appelait la Madeleine : dunes, marécages et tarets (ruisseaux débouchant sur la mer). Vingt péniches de débarquement transportent l'avant-garde du 8e régiment d'infanterie américain du colonel James A. Van Fleet, et de la 4e DI du général Barton. L'adjoint au commandant, le général Theodore Roosevelt, cousin éloigné du président des États-Unis, se promène de long en large sur la dune « comme s'il cherchait un terrain à acheter » et plante sa canne dans le sol en criant d'une voix rauque : « On commence ici ! » Le général ne se doute pas qu'il vient de désigner l'emplacement de la **borne 00** de la voie de la Liberté.

❶ Le **musée du Débarquement d'Utah Beach** est construit sur la dune autour d'un blockhaus allemand. Sa grande superficie (3 000 m^{2}) permet d'abriter une barge d'assaut et un chenillé amphibie restauré (pièce unique en Europe). Sous un énorme hangar de verre et d'acier, on peut observer l'un des cinq modèles restants du bombardier B26 Marauder qui participa à l'opération Overlord, et ce grâce à l'initiative et à la générosité de deux frères texans, fils d'un vétéran et héros du D-Day. Doté de moyens multimédias et de bornes interactives, le musée propose un parcours scénographique selon un cheminement chronologique. Avec panneaux, témoignages, films d'archives... Après six séquences, le visiteur « débarque » sur la plage dans une salle panoramique.

OMAHA BEACH ET LE CIMETIÈRE AMÉRICAIN

❶ Cimetière américain
à Colleville-sur-Mer, au bord de la falaise.
☎ 02-31-51-62-00.
• abmc.gov •

❶ Les Américains qui débarquèrent ici connurent les pires conditions : mer agitée, obstacles meurtriers dressés partout (mines, barbelés...), site quasi imprenable (falaises truffées de bunkers, dunes fortifiées), ennemis plus nombreux que prévu, etc. Omaha, seule plage où le réembarquement fut envisagé (au risque de compromettre les opérations futures), reste le symbole de la détermination des militaires américains. Mais aussi, avec le bilan le plus catastrophique du D-Day (on estime le nombre de blessés, tués et disparus à environ 3 000), le symbole du prix payé pour libérer l'Europe. Ce n'est pas pour rien que le site qui surplombe la plage (concession américaine à perpétuité) fut choisi pour accueillir le cimetière : ici reposent les corps de plus de 9 000 Américains tués sur les champs de bataille normands...

Le site se compose en fait de quatre parties : le **Visitor Center** ; le **mémorial,** hommage solennel aux soldats ; le **cimetière** proprement dit et, enfin, les **falaises,** depuis lesquelles la vue se prolonge sur la plage et la mer.

L'exposition a l'intelligence de mettre de la vie dans ce lieu de mémoire et de mort. S'y rendre avant la visite proprement dite du cimetière donne un éclairage plus humain et poignant à ces milliers de croix blanches qui semblent si présentes. On a alors le sentiment que tout s'est joué hier. Juste hier. Un excellent film (diffusé en permanence dans le grand auditorium) met l'accent sur quelques jeunes militaires embringués dans l'aventure du Débarquement et qui ne revinrent jamais. De simples troufions d'à peine 20 ans, tout sourire, dont l'histoire est racontée par le biais de courriers écrits à leurs familles, de vidéos, de photos d'eux dans leur cadre quotidien et d'interviews de leurs proches. Bouleversant. Par ailleurs, une vaste salle à l'éclairage doux présente, par le biais d'une muséographie de qualité, l'enchaînement des événements (organisation, préparation, stratégie, logistique...). Un film d'époque rappelle le difficile choix de la date du Débarquement par Eisenhower (le 5 ou le 6 ?). Pour finir, on traverse un couloir de béton où les noms de tous les jeunes Américains morts sur le sol français sont égrenés. Quand on retourne à la lumière, les croix blanches du cimetière prennent vie.

Le mémorial est composé d'un monumental péristyle néogrec, d'une statue de bronze de 7 m de haut (symbolisant l'*Âme de la jeunesse américaine*), d'un « jardin des Disparus » et d'un plan d'eau. Sur les murs encadrant le portique, d'immenses cartes sculptées retracent les opérations du Débarquement.

Le cimetière est le plus grand, le plus connu et le plus émouvant des cimetières du Débarquement. Cette vaste nécropole, étendue sur environ 70 ha, fut achevée en 1956 pour qu'y soient réunis les corps des soldats initialement enterrés dans les différents cimetières temporaires. Le cimetière, avec sa majestueuse esplanade de gazon verdoyant, donne accès aux alignements de croix blanches (9 387, dont celles de 307 soldats inconnus) et d'étoiles de David (pour les soldats juifs). Il faut vraiment prendre le temps de se promener dans ce vaste espace où règne aujourd'hui une étrange quiétude. Pour finir, allez vous balader du côté des falaises, où une table d'orientation indique l'emplacement des différentes plages attaquées le 6 juin.

Cimetière américain de Colleville-sur-Mer

Omaha Beach

La pointe du Hoc

L'ASSAUT DE LA POINTE DU HOC

L'un des **plus beaux sites naturels de la côte normande.** Imaginez une **falaise abrupte,** atteignant 35 m de haut à certains endroits, constamment battue par les vents. Ce lieu sublime, qui permettait une bonne surveillance de la côte ouest et est, fut choisi par les Allemands pour l'implantation d'une puissante batterie de canons, particulièrement bien gardée. Entièrement protégé et balisé, le site est une concession à perpétuité, propriété des États-Unis. Cas suffisamment rare dans l'histoire du Débarquement pour être souligné, il est resté en grande partie intact, c'est-à-dire dans l'état même où il avait été laissé par les rangers le 8 juin 1944. Exception faite, bien sûr, du monument élevé à la gloire des héroïques rangers, des sentiers de promenade, des panneaux explicatifs, et un bâtiment d'accueil. On visite donc un champ de bataille où se mêlent bunkers en ruine et cratères de bombes, barbelés et amas de rocaille, et béton criblé de balles. Certains des bunkers, restés intacts, peuvent être visités, notamment le grand poste de direction de tir. On vous conseille de venir tôt le matin ou en fin d'après-midi, quand le site retrouve sa tranquillité (et que l'on y croise plus de lapins que de touristes !). Beau panorama même si l'accès à la pointe proprement dite est interdit.

ARROMANCHES, UN LIEU QUI A MARQUÉ L'HISTOIRE

❶ **Musée du débarquement Arromanches**
Place du 6-juin.
• musee-arromanches.fr •

❶ Cette toute petite station de la côte normande n'est pas une plage du Débarquement à proprement parler, comme on l'imagine souvent à tort. Elle fut libérée... par voie terrestre le soir du 6 juin, mais la garnison allemande d'Arromanches continua de résister quelque temps.

Elle est devenue l'un des hauts lieux de l'espace historique de la bataille de Normandie grâce à l'inimaginable port flottant qui y fut acheminé d'Angleterre et installé, considéré comme la plus grande prouesse technique de la guerre, et au débarquement qui s'ensuivit. On découvre bien ce qu'il en reste depuis la route côtière, avant d'entrer dans le bourg. Les vestiges, léchés par les flots depuis près de 80 ans, témoignent tout de même de la solidité du système. Les caissons flottants les plus éloignés (à 2 km du rivage !) montrent à quel point le port pouvait être étendu... On se rend mieux compte du dispositif de l'époque après avoir vu les maquettes exposées au musée de la ville (y aller tôt en saison car beaucoup de monde).

Arromanches, vestiges du port Winston

BAYEUX, UNE VILLE MIRACULÉE

❶ **Office de tourisme**
• bayeux-bessin-tourisme.com •

❷ **Musées de Bayeux**
• bayeuxmuseum.com •

❶ C'est l'une des très rares dans ce coin de Normandie à ne pas avoir souffert des destructions de la Seconde Guerre mondiale. La vieille ville est donc restée intacte, on se croirait presque au XVIIIe s ! La **capitale du Bessin** attire beaucoup de touristes, ne serait-ce que pour sa fameuse tapisserie et sa fastueuse cathédrale. Mais ne vous contentez pas de ces deux trésors : le **centre-ville** abrite un nombre considérable de vieilles maisons médiévales et de superbes hôtels particuliers, ainsi que le passionnant musée d'Art et d'Histoire Baron-Gérard, et celui consacré à la bataille de Normandie. Cerise sur le gâteau, l'Aure, qui la traverse nonchalamment (et dont les rives sont aménagées en promenade), lui donne un petit cachet supplémentaire.

On peut commencer la visite de la ville par la **cathédrale,** l'une des plus belles de France, élevée au XIe s. On en doit l'essentiel à Odon, évêque de Bayeux et accessoirement demi-frère de Guillaume le Conquérant. Le style gothique le dispute au style roman, dans une très grande harmonie.

La façade principale, très belle, est constituée de cinq portails décorés de sculptures. On est saisi dès l'entrée par les vastes proportions de la nef (102 m de long, tout de même). Les remarquables sculptures aux murs sont caractéristiques de l'art roman mais remplies de réminiscences anglo-saxonnes, scandinaves et même orientales. La nef présente un bel exemple de juxtaposition architecturale avec des arcades romanes en plein cintre et, au-dessus, des fenêtres hautes ouvertes par des arcs brisés. Le chœur, d'une grande luminosité, est lui d'époque gothique et s'échelonne sur trois niveaux. Beaucoup de choses à voir : n'hésitez pas à profiter d'une visite guidée pour en apprendre davantage, d'autant que cela vous permettra d'accéder à la salle du Trésor et à celle du Chapitre.

❷ Pour les passionnés d'histoire, rendez-vous au **musée-mémorial de la Bataille de Normandie.** Ce bâtiment moderne offre un panorama complet et passionnant des opérations militaires de 1944. La scénographie met l'accent sur la tactique, la logistique, la stratégie et le déroulement de cette grande bataille de Normandie, le tout à grand renfort de couleurs et de cartes. On y trouve également des archives, des photos, des témoignages. Un vibrant hommage est aussi rendu au général de Gaulle, chef de la France combattante, « visionnaire rebelle » qui lui-même rendit de nombreux hommages à la ville. On apprend qu'il revint en France libérée à bord du destroyer *La Combattante*. Puis qu'il prononça à Bayeux (sur la place qui porte aujourd'hui son nom) un discours qui enflamma les esprits : « Nous allons tous ensemble, bouleversés et fraternels, [...] remonter du fond des abîmes... » Il revint dans la ville en 1945 pour accueillir les déportés, mais c'est son passage du 14 juin 1944 qui aura la plus grande portée historique. Le choix de Bayeux pour ce musée était évident : première ville (continentale) libérée, elle fut investie par le général de Gaulle « capitale territoriale du gouvernement provisoire de la République ». C'est également ici (juste en face du musée) que reposent le plus grand nombre de combattants de la Couronne britannique morts en Normandie.

Avant de prendre le large, ne manquez sous aucun prétexte la **tapisserie de Bayeux,** incroyable broderie (et non pas « tapisserie » en fait), qui court sur une toile de lin longue de 70 m, retraçant la conquête de l'Angleterre par Guillaume le Conquérant. Inaugurée en 1077, elle est aujourd'hui inscrite au registre de la Mémoire du monde établi par l'Unesco. Conservée au centre Guillaume-le-Conquérant dans une salle plongée dans la pénombre qui la met parfaitement en valeur, la grande broderie est protégée par une vitre blindée et éclairée de l'intérieur. Les coloris (intacts), le relief donné aux dessins par les « points », le mouvement de certaines scènes (de combat notamment), entretiennent l'illusion. La naïveté des traits et la déformation des proportions expliquent la comparaison, souvent faite, avec la bande dessinée. La force et l'originalité de l'ensemble sont évidentes, ainsi que la qualité des matériaux (qui ont résisté plus de 900 ans) et l'impressionnant travail fourni, digne de Pénélope... Les détails dans les costumes, la robe des chevaux, sans oublier le fabuleux bestiaire imaginaire, sont absolument époustouflants ; surtout si l'on songe que seuls trois colorants végétaux ont donné quelque 10 teintes de fil ! La tapisserie fut pourtant plusieurs fois rapiécée au cours des siècles. Il aurait même été prévu de s'en servir comme d'une vulgaire bâche pendant la Révolution... En tout cas, l'œuvre semble inachevée : il manque apparemment une partie à la fin, celle censée représenter le couronnement du duc Guillaume, devenu roi d'Angleterre. Les salles situées aux étages donnent les clés de ce fabuleux récit, en le resituant dans son contexte historique. Des maquettes, des outils, des costumes, une maquette de navire d'inspiration viking et des infos sur la vie quotidienne de l'époque plongent le visiteur dans l'Angleterre au temps de Guillaume.

FICHE PRATIQUE

OÙ DORMIR ?

HÔTEL D'ARGOUGES

Un ancien hôtel particulier du XVIIIe s, en plein centre mais au calme, au fond d'une grande cour pavée. Boiseries, cheminées anciennes : les chambres sont franchement réussies. Une dizaine de chambres dites « standard » se trouvent dans l'annexe. Et pour une fois, il ne s'agit pas d'un bâtiment anodin mais d'une vieille et belle bâtisse dévorée par le lierre. Salle à manger somptueuse mais, quand il fait beau, prendre le petit déj dans le jardin fait partie de ces petits bonheurs qu'on ne se refuse pas. 21, rue Saint-Patrice. ☎ 02-31-92-88-86. • hotel-dargouges.com •

HÔTEL DE LA REINE MATHILDE

3 catégories de chambres réparties dans 3 bâtiments différents, certaines légèrement mansardées, d'autres donnant sur la cathédrale ou côté Aure. Jolie déco dans l'air du temps et un coup de cœur pour la *Maison de Mathilde*, maison d'origine médiévale bien au calme, dont l'aménagement laisse éclater la blondeur de la pierre de Caen. Également un resto avec terrasse, où l'on peut prendre le petit déj. 23, rue Larcher. ☎ 02-31-92-08-13. • hotel-bayeux-reinemathilde.fr •

HÔTEL DE LA MARINE

Un hôtel sur lequel souffle un vent de fraîcheur, au propre comme au figuré, puisque toute la structure est peu à peu refaite. Côté resto, une cuisine fine faisant honneur aux poissons, à la mer et à ses fruits ! Pas donné, mais le cadre élégant est agréable et la vue superbe. Quai Letourneur, Port-en-Bessin. ☎ 02-31-21-70-08. • hoteldelamarine.fr •

OÙ MANGER ?

L'ANGLE SAINT-LAURENT

Jolie cuisine d'époque qui accompagne de saveurs nouvelles les produits du terroir comme le cochon de Bayeux, le veau normand, sans oublier les huîtres ni le poisson. De belles trouvailles dans la carte des vins, un accueil et un service qui savent trouver le juste équilibre entre élégance et décontraction, et une salle entre hier et aujourd'hui où l'on se sent tout simplement bien. 4, rue des Bouchers. ☎ 02-31-92-03-01.

LA TRINQUETTE

Un p'tit resto dont la réputation ne s'est pas démentie depuis la cabane de bois qui l'accueillait à la fin des années 1960. La salle est aujourd'hui plaisante, dans l'air du temps, et les produits toujours d'une éclatante fraîcheur. La mer, évidemment, est à l'honneur. Quelques tables en terrasse aux beaux jours. Accueil sympathique. 7, route du Joncal, Grandcamp. ☎ 02-31-22-64-90.

ACHATS

LES SABLÉS D'ASNELLES

Un détour pour des sablés ? Oui, mais quels sablés ! Et des recettes supplémentaires en été : sablés confiture, tarte aux fruits rouges, rochers, cookies... 17, rue de Southampton, Asnelles. ☎ 02-31-22-32-09.

LA LAITERIE ISIGNY-SAINTE-MÈRE

Avec 4 produits AOP et deux Label Rouge, *Isigny-Sainte-Mère* vend ses 70 ans de savoir-faire, ses vaches normandes qui broutent de la vraie herbe et ses camemberts moulés à la louche. Cela dit, si certains sont moulés à la main, la plus grande partie de la production est automatisée. Le magasin vend toute l'année les produits de la maison et, en été, ne vous étonnez pas d'y voir la queue : les locaux sont légion à venir en famille se délecter de glaces à l'italienne élaborées avec la crème fraîche d'Isigny. 2, rue du Docteur-Boutrois, Isigny. ☎ 02-31-10-12-06. • isigny-ste-mere.com •

SOCIÉTÉ CARAMELS D'ISIGNY

Ici, on fabrique le vrai caramel d'Isigny au lait entier et au beurre doux ou salé. D'un côté, vous avez les *Halles* (magasin de vente). De l'autre, sur 350 m², tout un espace pédagogique et ludique dédié à l'histoire d'Isigny mais surtout aux délicieux produits maison, avec la découverte des ateliers de fabrication à travers une baie vitrée. L'entreprise *Caramel d'Isigny* travaille main dans la main avec la laiterie. Zone artisanale Isypôle, rue du 19-Mars-1962, Isigny. ☎ 02-31-51-39-89.

ACCÈS

En train

Depuis Paris-gare Saint-Lazare (**2h10**).

En voiture

Depuis Paris par l'autoroute **A13** direction Caen (**2h50**).
Depuis Rennes par l'**A84** (**1h55**).

En avion

Aéroport de Caen à **25 mn** de Bayeux.

AGENDA

JUIN | D-Day Festival.

Autour du 6 juin. Célèbre la libération de la ville.

JUILLET | Fêtes médiévales.

1er week-end de juillet. Animations et Salon du livre médiéval. Ambiance vraiment festive et conviviale.

JUILLET-AOÛT | Rendez-vous à la cathédrale.

De mi-juillet à fin août, les mardi, jeudi et samedi. Fabuleux son et lumière, avec projection à 360°.

Barfleur

LE COTENTIN

BARFLEUR ET LA POINTE DE LA HAGUE

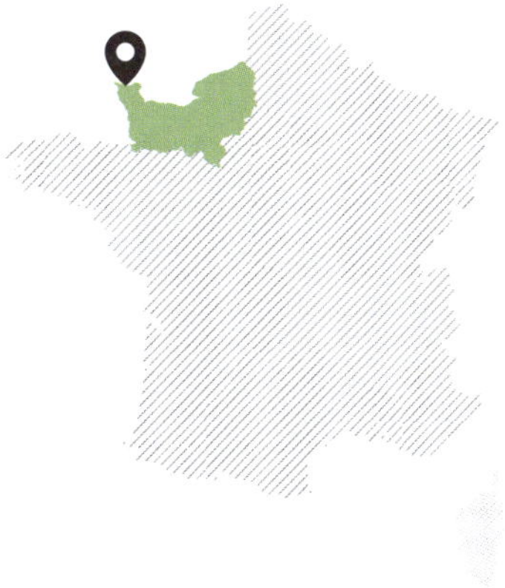

PATRIMOINE	★ ★
GASTRONOMIE	★ ★ ★
NATURE	★ ★
SHOPPING	★
VIE NOCTURNE	★

NOS INCONTOURNABLES

- La Cité de la mer à Cherbourg
- L'authenticité du port de Barfleur
- Les paysages sauvages du cap de la Hague

La presqu'île du Cotentin égrène une diversité de paysages de caractère, aussi contrastés que les couleurs du ciel. De vertes landes laissent place à des plages de sable blond. Sous des cieux versatiles, des stations balnéaires de poche éclosent entre dunes, falaises et criques. Le long du sentier des douaniers, les rochers de granit gris sont battus par les vents et les flots couleur émeraude.
Vous découvrirez ces petites vallées riantes entaillant l'austère plateau de la Hague au travers de villages de cartes postales. Mais d'abord, un passage s'impose dans le ravissant petit port de Barfleur, avant de se laisser charmer par les nombreux atouts de Cherbourg-en-Cotentin. Bienvenue dans une autre Normandie, un bout du monde sauvage prenant même des airs d'Irlande.

BARFLEUR, PARMI LES « PLUS BEAUX VILLAGES DE FRANCE »

Dur à imaginer, mais Barfleur fut l'un des **ports** les plus importants de la Manche au Moyen Âge. Selon la légende, c'est d'ici que le duc Guillaume serait parti à la conquête de l'Angleterre en 1066. Et c'est toujours de Barfleur que, par la suite, les chevaliers normands embarquaient pour aller administrer leurs fiefs anglais.

Après cette chevauchée médiévale, Barfleur retombe dans un anonymat tranquille, long de plusieurs siècles, même pas troublé par les visites régulières que lui fait **Jules Renard,** qui y écrit la suite de *Poil de carotte*, *L'Écornifleur*, dont les personnages et les décors lui sont inspirés par Barfleur. Comme nous, l'homme est sûrement tombé sous le charme du port « bleu d'eau de Javel, comme si un peuple de blanchisseuses venaient d'y laver leur linge » (*Journal*, Jules Renard, 1890).

Le charme de Barfleur réside avant tout dans sa **simplicité,** ses lignes rigoureuses, la beauté des matériaux utilisés (schiste et granit). L'église et son petit écrin de nobles demeures de granit et toits de lauzes composent un ensemble architectural austère mais ravissant. Et tout cela a fort bien résisté, à travers les siècles, aux furieuses tempêtes et coups de vent assassins.

CHERBOURG-EN-COTENTIN ET SA PASSIONNANTE CITÉ DE LA MER

❶ **La Cité de la mer**
Allée du Président-Menut.
• citedelamer.com •

❶ Au fond de sa rade artificielle parmi les plus vastes du monde, c'est depuis toujours un grand port grâce à sa position stratégique au bout du monde occidental. La montagne du Roule, qui surplombe Cherbourg, a fourni les milliers de blocs de grès brut qui servirent à édifier les longues digues qui ferment le port (il fallut près d'un siècle pour l'achever !). Aujourd'hui, c'est le port français couvrant le plus d'activités : port militaire, port de commerce, port de pêche, port de voyageurs (avec l'Irlande et l'Angleterre) et port de plaisance (le deuxième de France, après Cannes !). Cette ville ne vous séduira peut-être pas au premier coup d'œil, mais elle dégage une ambiance vraiment particulière et de très belles surprises vous attendent au détour des rues de son centre-ville animé ou dans ses proches environs : d'anciennes demeures pleines de charme, de ravissants jardins, un musée d'art qui vaut le détour...

La **Cité de la mer** mérite absolument une halte. Le bâtiment abritait autrefois l'ancienne gare maritime transatlantique, construite pour répondre à l'énorme émigration des Européens vers les Amériques. Inaugurée en 1933, la gare était considérée à l'époque comme l'un des plus beaux bâtiments Art déco de France, accueillant les plus prestigieux paquebots, et constituait le plus vaste bâtiment de l'Hexagone après le château de Versailles ! Aujourd'hui, ce parc à thème a pour vocation d'expliquer et de faire partager l'aventure de l'homme sous la mer, depuis les mythes et légendes jusqu'aux sous-marins et aux techniques océanographiques les plus modernes. On entre par l'ancien hall ferroviaire, devenu la Grande Galerie des Engins et des Hommes, qui retrace l'épopée internationale de la découverte des grands fonds : engins, maquettes et témoignages inédits.

Le **pôle Océan** présente le monde sous-marin (faune, flore, géophysique, économie...), les relations que l'homme, de tout temps, a entretenues avec l'univers sous-marin, les techniques de l'archéologie sous-marine... Le tout illustré de manière didactique et ludique avec force photos, vidéos, bornes interactives, maquettes, quiz pour les enfants... Un incroyable aquarium abyssal de 10,70 m de haut représente une faille sous-marine et accueille quelque 1200 poissons multicolores de Tahiti, pour la plupart concentrés en surface (plus on descend, moins il y a de vie). Pour résister à la pression des 350 000 l d'eau de mer, les vitres mesurent 33 cm d'épaisseur !

La vedette incontestée du **pôle sous-marin** est *Le Redoutable*, premier sous-marin nucléaire français (pour les accros, il s'agit d'un SNLE, sous-marin nucléaire lanceur d'engins). Équipé d'un audioguide, on arpente les 128 m du bâtiment pour revivre de façon très réaliste le quotidien d'une patrouille en mer. Même les bruits et l'odeur sont au rendez-vous. L'animation virtuelle *On a marché sous la mer* entraîne quant à elle ses passagers dans les abysses, à bord de simulateurs de pilotage. Mention spéciale pour l'audioguide enfant, plus abordable et passionnant.

Très réussi aussi, l'**espace Titanic** immerge le visiteur dans la vie à bord du (tristement) célèbre paquebot dont Cherbourg a fêté le centenaire de la première escale continentale en 2012.

Et depuis peu, on peut désormais plonger dans « L'Océan du Futur », à la découverte du dernier territoire de la planète (l'océan, donc !).

LA BALADE DE LA POINTE DE LA HAGUE

De Saint-Germain-des-Vaux, petit bijou dans son écrin de verdure, rayonnez dans les alentours, à l'inspiration, le nez au vent, dans l'adorable treillis de routes. D'abord, un petit tour à **Auderville,** ravissante bourgade fleurie à l'architecture haguaise traditionnelle. Puis à **Goury,** devant le phare et le fameux **Gros du Raz.** Ici, le Cotentin se prend pour le Kerry. Cultures et pâturages viennent lécher la mer et confient leur protection à des murets de pierres sèches couverts de mousses et de lichens. Les amoureux d'humeur marine pourront observer, surtout au moment des grandes marées et à mi-marée, l'un des plus saisissants spectacles qui soient : les **courants du raz Blanchard** (photo ci-contre) soulèvent souvent de véritables barrières d'écume, infranchissables pour beaucoup de bateaux. Le courant est ici l'un des plus puissants au monde. Par tempête d'équinoxe, le spectacle est total. Tout au bout, le phare, un édifice octogonal des années 1920 qui est l'une des stations de sauvetage les plus modernes de l'Ouest, veille sur ces méchants courants.

La Cité de la mer, **Cherbourg**

L'INCONTOURNABLE JARDIN BOTANIQUE DE VAUVILLE

❶ **Jardin botanique de Vauville**
14, route des Fontaines, 50440 La Hague.
• jardin-vauville.fr •

❶ Face à la mer, ce petit **bijou de végétation** (pas si petit que ça : 40 000 m²), créé par les parents des actuels propriétaires, feu Guillaume Pellerin et Cléophée de Turckheim, abrite aujourd'hui plus de 1 000 espèces, toujours à feuillage persistant et souvent de l'hémisphère austral. Tantôt une petite palmeraie (la plus septentrionale d'Europe, merci le Gulf Stream !), tantôt un délicieux et surprenant jardin d'eau, le tout ondulant paisiblement vers la mer. Amaryllis, théâtre de bambous, aloès, étonnante collection d'hydrangéas... Certains lieux (la Demi-Lune, la Voûte bleue) ne sont accessibles que dans le cadre des visites guidées. Le contraste avec les landes déchirées de la Hague est saisissant. Mais comment ont-ils réussi à faire pousser tout ça ? En créant (depuis 1950) des barrières végétales qui protègent les espèces exotiques, comme les palmiers, des tempêtes de l'hiver. Un dépaysement à ne rater sous aucun prétexte, tant pour la beauté insolite de l'endroit que pour l'accueil chaleureux de ses propriétaires, passionnants et passionnés. On leur doit d'ailleurs d'autres réussites dans la région, comme la restauration du jardin de la maison de Christian Dior à Granville.

FICHE PRATIQUE

ACCÈS

En train

Liaison directe en Intercité de Paris-gare Saint-Lazare à Cherbourg (**3h**).

En voiture

De Paris par l'**A13**, puis la **N13** (environ **4h**).

AGENDA

Très nombreuses manifestations au cours de l'année à Cherbourg et dans sa communauté urbaine. Citons : le **Cinemovida, Festival des cultures hispaniques** (janvier-février), le **Mois de la photo** (mai), et la **fête des Produits de la mer et du terroir** (novembre).
• cherbourgtourisme.com •

OÙ DORMIR ?

HÔTEL LE CONQUÉRANT

Pas de vue sur la mer, mais cette belle demeure du XVIIe s nous a néanmoins conquis. Derrière la sobre façade de granit se cache un vaste et magnifique jardin à la française où est servi le petit déj aux beaux jours. Dans tout l'hôtel, des objets de déco chinés par les propriétaires et qui sont à vendre. 16-18, rue Saint-Thomas-Becket, Barfleur. ☎ 02-33-54-00-82. • hotel-leconquerant.com •

HÔTEL LE CERCLE

Jusqu'en 2014, cette bâtisse construiste en 1945 appartenait à la Marine nationale ; elle abritait le restaurant des officiers et servait à héberger leur famille. Depuis, la maison a fait peau neuve, et c'est une déco lumineuse et délicate qui vous reçoit à l'intérieur. Excellent accueil. 13, place de la République, Cherbourg. ☎ 02-33-01-44-60. • hotel-lecercle.com •

L'ERGUILLÈRE

Discrètement niché en léger contrebas de la route, ce petit hôtel s'impose comme une adresse de charme : sobriété, luminosité, couleurs naturelles et beaux matériaux s'y mêlent avec élégance. La plupart des chambres donnent sur la mer. L'insonorisation se révèle en revanche moyenne. Même sans y résider, faites-y une pause sucrée : l'endroit est aussi un salon de thé et la vue vaut à elle seule tous les gâteaux de la terre (ou presque)... un vrai régal ! De plus, quand la météo est clémente, elle se dévore – tout comme le délicieux petit déj d'ailleurs – depuis la belle terrasse. Dommage que les prix des chambres s'envolent en haute saison. Port-Racine, Saint-Germain-des-Vaux. ☎ 02-33-52-75-31. • hotel-lerguillere.com •

OÙ MANGER ?

RESTAURANT DU PHARE

La table des habitués et des familles qui viennent profiter ici d'une bonne cuisine traditionnelle tournée vers la mer et de saison. Également des pizzas. Épicerie fine et, au milieu des tables, la cave à vins et les whiskies en vrac. Petite terrasse sur la rue, et côté jardin. 42, rue Saint-Thomas-Becket, Barfleur. ☎ 02-33-54-10-33.

CLUB DÎNETTE

Voilà une charmante cantine-café qui sait prendre le militantisme par le bon bout : celui de la convivialité et de la preuve par l'exemple. La dînette s'articule autour de deux plats et deux desserts qui changent toutes les semaines. Produits au maximum bio, circuits courts (et, à défaut, commerce équitable) pour des plats volontiers végétariens, mais pas que. 27, rue Tour-Carrée, Cherbourg. ☎ 09-86-51-98-72. • clubdinette.fr •

LA BRUYÈRE

Des plats soignés, inspirés, frais, à savourer dans l'une des deux salles, la plus bourgeoise ayant même une cheminée. 5, rue de l'Église, Jobourg. ☎ 02-33-52-78-24.

Mont-Saint-Michel

LE MONT-SAINT-MICHEL ET AVRANCHES

PATRIMOINE	★★★★
GASTRONOMIE	★★☆☆
NATURE	★★★★
SHOPPING	★★☆☆
VIE NOCTURNE	★★☆☆

NOS INCONTOURNABLES

- Évidemment le Mont, sous toutes ses coutures, à toute heure de la journée
- La baie du Mont-Saint-Michel
- Le Scriptorial d'Avranches

Les noms d'Avranches et du Mont-Saint-Michel sont indissociables. En effet, c'est l'évêque d'Avranches qui fut à l'origine de la fondation du premier oratoire sur le mont Tombe (appelé plus tard mont Saint-Michel). Avranches est une cité animée plutôt plaisante et son musée, Le Scriptorial, qui abrite les manuscrits du Mont-Saint-Michel, fait d'elle une étape quasi incontournable avant (ou après) la visite du Mont enchanteur. La vue sur celui-ci reste une merveille, quelles que soient l'heure, la couleur du ciel et son humeur. L'idéal est de passer la nuit sur le rocher et de profiter du lieu à l'aube ou le soir, quand il se vide et s'apaise... Par ailleurs, le Mont est particulièrement beau considéré dans son ensemble, de loin, et sa vue se savoure depuis les côtes qui l'entourent.

UN ROCHER SI PROCHE DU CIEL

INFOS UTILES

❶ **Mont-Saint-Michel**
• ot-montsaintmichel.com •
• abbaye-mont-saint-michel.fr •

❶ On ne présente plus le **Mont-Saint-Michel,** ce prodige à l'histoire plus que millénaire qui signe l'harmonie parfaite entre la nature et l'œuvre de l'homme et fait courir les foules.

Il s'agit de l'un des sites les plus visités de France (près de 3 millions de visiteurs chaque année et, à travers le monde, une vraie icône !). Depuis les prés verdoyants qui l'entourent, on savoure la vue sur le Mont, qui apparaît tel un mirage, à des kilomètres à la ronde.

Le Mont naît d'une apparition ; celle de l'archange saint Michel ordonnant en 708 à Aubert, évêque d'Avranches, la construction d'un sanctuaire sur le mont Tombe. Mais Aubert n'y croit d'abord pas. Et, probablement un peu exaspéré, saint Michel apparaît de nouveau dans le sommeil de l'évêque, et insiste jusqu'à faire un trou dans son crâne têtu avec son doigt de lumière ! Ce crâne étonnant est d'ailleurs exposé dans le trésor de la basilique Saint-Gervais à Avranches.

Ainsi débute la construction du Mont, avec une modeste chapelle attirant les pèlerins. Dans la foulée – au Xe s –, le duc de Normandie Richard Ier installe *in situ* une **communauté de moines bénédictins** qui construisent progressivement – à l'emplacement du petit sanctuaire d'origine – une immense et magnifique **abbaye en granit des îles Chausey.** Elle est finalement achevée en 1523, tandis qu'un **village** s'est développé au pied du rocher, derrière d'épais remparts.

Forteresse imprenable durant la guerre de Cent Ans, le Mont demeure aussi un bel **exemple d'architecture militaire.** Il résiste sans faillir aux assauts anglais et devient ainsi un symbole de l'identité nationale... À la Révolution, la communauté religieuse est chassée et l'abbaye devient une prison jusqu'en 1863, avant d'être classée Monument historique en 1874 et restaurée sans répit. Ouvert aux visites touristiques dès la fin du XIXe s – facilitées par la construction d'une **digue-route** le reliant au continent –, le Mont-Saint-Michel accueille de nouveau des moines bénédictins dans les années 1960. Mais faute de tranquillité, ceux-ci cèdent la place en 2001 à une petite communauté des Fraternités monastiques de Jérusalem... Inscrit au **Patrimoine mondial de l'Unesco** en 1979, le Mont demeure un **lieu de pèlerinage.** En 2015, après 10 ans de travaux qui ont vu la disparition de la digue-route historique et la construction d'ouvrages d'art ambitieux, le Mont est redevenu une **île,** retrouvant ainsi le bel écrin maritime de ses origines.

Deux belles manières de visiter le Mont-Saint-Michel : le rejoindre à pied en traversant la baie depuis Genêts ou Vains, en compagnie d'un guide, idéalement au petit matin ou en fin d'après-midi, pour les lumières et la tranquillité. L'autre moment à privilégier, le début de soirée, quand les boutiques ont tiré le rideau et que le soleil rase l'horizon. Magique !

Les établissements installés sur le rocher sont souvent complets et, surtout, le rapport qualité-prix est médiocre. Cela dit, fermer les yeux sur un mont endormi et s'éveiller dans son écrin reste un grand privilège que certains voudront s'offrir au détriment de la qualité. Préférez un logement ou un bon restaurant dans les environs, vous apprécierez d'autant plus la vue du Mont le matin dans la brume. La visite commence par le **bourg.** La Grande-Rue qu'empruntaient les pèlerins grimpe à l'assaut du rocher, entre deux haies d'hôtels-restos et de magasins de souvenirs. Il faut oublier tous ces étals de bimbeloterie et faire preuve d'un peu d'imagination pour remonter dans le temps. Cela dit, cette rue a toujours eu une vocation commerçante puisque, avant les touristes, c'étaient les pèlerins qui s'y pressaient et s'y arrêtaient pour trouver le gîte et le couvert. Quelques maisons anciennes caractéristiques de l'architecture civile du Moyen Âge vous aideront à reconstituer le décor d'origine.

Pour clore la visite du bourg, il faut **s'y promener le soir,** lorsque les remparts sont déserts et que les marchands du Temple ont tiré le rideau de fer sur toute leur quincaillerie. Les murs de l'abbatiale, illuminés, surgissent alors dans la nuit comme une armure de pierre et l'archange aux ailes dorées se dresse au milieu des étoiles. Magique...

Le rocher doit avant tout sa célèbre silhouette à sa majestueuse **abbaye,** qui figure depuis 1979 au Patrimoine mondial de l'Unesco. Pour des raisons esthétiques (et symboliques), les bâtisseurs de l'époque ont voulu donner à l'église abbatiale la même dimension en longueur que la hauteur du rocher, soit 80 m, ce qui nécessita la construction d'infrastructures très complexes dans lesquelles se trouve enchâssée l'église préromane du Xe s. C'est à Chausey – alors propriété de l'abbaye – qu'on est allé chercher les blocs de granit qui servirent à la construction. Une fois qu'ils étaient embarqués sur des bateaux à fond plat, il fallait composer avec les marées !

Toute cette construction tient de la prouesse technique, car elle repose en grande partie sur une plateforme artificielle, en équilibre au sommet du rocher.

L'abbatiale était le lieu central dans la vie des moines, qui assistaient sept fois par jour aux offices (et devaient consacrer huit heures supplémentaires à la prière). Il est difficile de ne pas ressentir un choc dans le vaisseau de la **grande nef** qui monte comme une prière avec ses arches de pierre inondées de lumière. Le **chœur** est l'un des plus beaux exemples de gothique flamboyant. L'homme a enfin réussi, après des siècles de recherche, à vaincre les poussées de la voûte et à percer les murs d'ouvertures laissant pénétrer la lumière. Le chœur roman s'effondra en 1421.

En passant dans le cloître, on pénètre dans la **Merveille,** c'est-à-dire dans un ensemble de six salles réparties sur trois étages, construit à partir de 1211 et achevé 17 ans plus tard. Suspendu entre le ciel et la mer, le **cloître** est comme un balcon ouvert sur l'infini. Tous les murs étant en porte-à-faux, il était indispensable de construire quelque chose de léger. Ce qui explique la disposition en quinconce des 137 colonnettes. Lieu de méditation et de prière, le cloître a retrouvé son jardin de buis et une toiture en schiste du Cotentin. Ici, tout est à la mesure de l'homme, contrairement aux autres parties du monastère.

Le **réfectoire** surprend par sa démesure et ressemble plutôt à une église avec sa voûte en berceau. Logique, puisque le repas des moines était presque une messe. Ne communiquant que selon un code gestuel, les moines y prenaient en silence leur frugal repas en écoutant la lecture d'un texte sacré. Noter l'extraordinaire technique utilisée par l'architecte pour capter un maximum de lumière sans affaiblir la solidité des murs. En outre, le jeu optique subtil sur le plan symbolique : on s'enferme, mais on laisse la lumière pénétrer quand même. L'espace est superbement maîtrisé. Cette salle résume bien toute la spiritualité du Mont-Saint-Michel. La salle des Hôtes était réservée aux pèlerins nobles et aux rois. Elle a perdu son revêtement de couleur mais garde son architecture majestueuse et élégante, d'une grande fluidité, correspondant à la fonction de la salle. Royaumont copia cette salle et la technique des contreforts fut utilisée à la Sainte-Chapelle. Les deux cheminées, dans lesquelles on pouvait faire rôtir plusieurs agneaux de pré salé, sont gigantesques. La salle devait être bruyante ; ce qui n'était pas le cas du **scriptorium,** dit « salle des Chevaliers », où les moines travaillaient à la copie et à l'enluminure de manuscrits. Différents types de visites sont proposés par le Centre des monuments nationaux : libres, commentées, thématiques audioguidées, familiales ou nocturnes, ainsi que des conférences.

Cloître de l'église abbatiale, **Mont-Saint-Michel**

Vue sur la baie depuis le chemin des remparts

SURVOL DU MONT EN ULM

Une manière fantastique de découvrir le Mont-Saint-Michel par les airs ! Moment exceptionnel, surtout si l'on y va tôt le matin, vers 7h. Au lever du soleil, c'est tout simplement magique. Vous nous bénirez encore dans 50 ans.

• ulm-mont-saint-michel.com •
• normandie-ulm.com •
• manche-ulm-evasion.com •

LE SCRIPTORIAL D'AVRANCHES, MUSÉE DES MANUSCRITS

❶ **Scriptorial d'Avranches**
Place d'Estouteville.
• scriptorial.fr •

❶ Une bâtisse triangulaire insérée dans les vestiges de fortifications médiévales sert d'écrin aux manuscrits du Mont-Saint-Michel. Pour la petite histoire, Avranches reçut en 1791, à titre de dépôt littéraire, 4 000 volumes provenant du monastère du Mont-Saint-Michel. Parmi eux, 203 manuscrits réalisés du IXe au XVe s, dont 70 étaient l'œuvre des moines du Mont. Vous ne verrez dans le « Trésor » (la salle des manuscrits) qu'une quinzaine de manuscrits, ces derniers, pour des raisons de conservation, étant présentés dans une salle très sombre et par roulement tous les 3 mois.

La visite commence par l'histoire d'Avranches, du Mont-Saint-Michel et des liens qui les unissent. Arrêtez-vous sur les films vraiment bien faits, notamment ceux qui concernent l'évolution du Mont-Saint-Michel jusqu'à aujourd'hui.

En introduction de la section consacrée aux manuscrits eux-mêmes, d'excellents petits films sur la restauration des manuscrits, l'art de la calligraphie, l'enluminure, la reliure, le papier et l'imprimerie... Ces derniers pourraient bien susciter quelques vocations ! On découvre ensuite toute la richesse des manuscrits, leur histoire, le processus de fabrication... et le Trésor : les manuscrits eux-mêmes, dont la finesse et la délicatesse laissent coi. La fin du parcours retrace brièvement l'histoire du livre, de la révolution de l'imprimerie à l'écriture informatique, et la visite se conclut par une expo temporaire de qualité. Un musée passionnant, qui utilise au mieux les technologies modernes de la muséographie sans que cela devienne gadget. Non seulement il constitue un parfait complément à la visite du Mont, mais il conviendra aussi bien aux novices (et aux enfants, puisqu'ils ont leur propre parcours) qui découvriront tout un univers, qu'aux initiés, qui fileront directement vers le Trésor. Des conférences et des ateliers de calligraphie et d'enluminure sont régulièrement proposés.

LA BAIE DU MONT-SAINT-MICHEL : ENTRE NATURE ET TRADITIONS

La **baie du Mont-Saint-Michel** ne saurait se réduire à ce dernier. Il faut prendre le temps d'aller explorer ce beau coin de France, ses paysages d'une grande diversité, sa campagne bucolique et ses plages de sable bercées par les marées, mais aussi ses ports, ses abbayes, ses villages pittoresques, ses châteaux...

Ici, les **marchés** et les **foires** locales ne manquent pas. On peut y faire le plein d'excellents produits fermiers locaux ou de produits de la mer, comme les coquilles Saint-Jacques, les bulots, le homard de Chausey ou la moule de bouchot de la baie du Mont-Saint-Michel. On ne manquera pas non plus de goûter à la fameuse galette-saucisse, une saucisse enveloppée dans une galette de sarrasin, à la teurgoule (riz au lait à la cannelle longuement cuit au four) ou au fameux agneau de pré salé. Un vrai délice !

Visitez le pays de la Baie **à pied, à vélo ou à cheval** – le pays de la Baie du Mont-Saint-Michel a l'avantage d'être sillonné par plusieurs itinéraires et circuits qui se prêtent à ce type d'itinérance douce. Puis partez à la rencontre des habitants de la région, à l'accueil chaleureux. Comme quoi, ce superbe coin de France est loin de se résumer au Mont-Saint-Michel !

FICHE PRATIQUE

ACCÈS

En train

Depuis Paris-gare Montparnasse, puis correspondance à Rennes en autocar pour le Mont (**3h**).
Depuis Rennes, la gare la plus proche du Mont est celle de Pontorson, desservie par la ligne Caen-Rennes.
• bienvenueaumontsaintmichel.com •

En voiture

De Paris, **4h05** (**A11**) ou **4h10** (**A13**).
1h10 depuis Rennes.

En autocar

De la gare de Rennes, avec les cars de *Keolis Émeraude*, qui vous emmènent jusqu'aux parkings du Mont (**1h10** de trajet • destination-montsaint-michel.com •).

AGENDA

MAI | Le marathon de la baie du Mont-Saint-Michel.

Plus de 30 nations représentées parmi les 5 000 coureurs venus pour vivre une expérience unique au pied du Mont-Saint-Michel.

OÙ DORMIR ?

HÔTEL DE LA CROIX D'OR

L'adresse chic de la ville, installée dans un relais de poste du XVIIe s à l'intérieur arrangé comme un musée normand : pierre patinée, poutres, cheminée monumentale, cuivres, faïences sur les murs. Réparties entre la bâtisse du restaurant et les maisonnettes à colombages qui entourent le ravissant jardin, les chambres, de tailles très variées, ont en commun leur bonne tenue, l'atmosphère feutrée et le confort. 83, rue de la Constitution, Avranches. ☎ 02-33-58-04-88. • hotel-restaurant-croix-dor.com •

AUBERGE DU TERROIR

Adorable petit hôtel de six chambres seulement, réparties entre la vieille école communale et l'ancien presbytère. Déco de bonne auberge ; le confort et des teintes d'aujourd'hui en prime. Atmosphère paisible autour du joli jardin. Le Bourg, Servon. ☎ 02-33-60-17-92.

HÔTEL LE RELAIS DU ROY

Le Relais du Roy a greffé des bâtiments plus modernes à une petite maison dont les parties anciennes remontent au XVe s. Les chambres sont bien tenues et plutôt confortables – certaines ont vue à l'arrière sur le Couesnon et disposent d'un tout petit balcon. Au resto, salle très spacieuse au décor rustico-médiéval chaleureux pour une cuisine plaisante, avec ici et là une petite touche d'originalité. Bon accueil. Route du Mont-Saint-Michel, Le Mont-Saint-Michel. ☎ 02-33-60-14-25. • le-relais-du-roy.com •

OÙ MANGER ?

LE BISTROT DE PIERRE

À part les plats inscrits à l'ardoise, rien de bien bistrotier dans ce bistrot : une jolie et confortable salle au goût d'aujourd'hui et une honorable petite cuisine, au fil du marché (croquant d'andouille et camembert, choucroute de la mer...). 5, rue du Général-de-Gaulle, Avranches. ☎ 02-33-58-07-66.

LE JARDIN D'ANOUCK ET LA FERME SAINT-MICHEL

Une belle salle dans une ancienne ferme des polders, juste à côté des parkings, en face du départ des navettes, mais au milieu d'un jardin. La salle, très vaste, aux murs de pierre avec une charpente en bois haut, très haut, au-dessus de vos têtes, s'agence en un cadre vraiment appréciable, et dans l'assiette, c'est correct et généreux, avec le fameux agneau de pré salé cuit au feu de bois dans un four à pain. Dans le jardin, pour les petits budgets ou les pressés, ou pour une petite pause, *Le Jardin d'Anouck* propose sandwichs, galettes ou panier pique-nique à prix très raisonnables. Hors saison, le snack est transféré dans la salle du restaurant. Le Bas-Pays, Le Mont-Saint-Michel. ☎ 02-33-58-46-79. • restaurantfermesaintmichel.com •

Côte d'Albâtre, l'arche et l'aiguille, **Étretat**

ÉTRETAT ET FÉCAMP

LA NORMANDIE CÔTÉ FALAISES

PATRIMOINE	★★★
GASTRONOMIE	★★
NATURE	★★★★
SHOPPING	★★
VIE NOCTURNE	★

NOS INCONTOURNABLES

- L'arche et l'aiguille de la falaise d'Aval d'Étretat
- Les fabuleux panoramas
- Le port de Fécamp
- Le palais d'Alexandre le Grand

La Côte d'Albâtre doit son nom à la blancheur de ses falaises. Paysage unique au monde que ces 130 km de falaises qui courent pratiquement tout le long de la côte, arrêtant à peine leur chevauchée pour reprendre leur souffle au débouché des vallées, avant de repartir plus belles, plus hautes, offrant à chaque fois un superbe panorama. Seuls trois fleuves ont eu la force de creuser des brèches suffisantes pour permettre l'établissement de vraies villes comme Étretat et Fécamp. La grande magie de cette côte réside dans son accessibilité. Sur une bonne partie de son parcours, de petites routes longent la mer au plus près, offrant sans cesse des points de vue grandioses ou intimistes, un spectacle qu'il faut avoir vu au moins une fois dans sa vie !

GALETS, FALAISES, VALLÉES ET VALLEUSES

Hauts murs de calcaire s'élevant de 60 à 120 m au-dessus de la mer en barres parfaitement verticales, les falaises sont souvent lardées de veines de silex noir. La mer les attaque et gagne du terrain depuis toujours. Par endroits, elle conquiert 1 m par an, en rongeant le pied des falaises à coups de vagues incessantes. Alors, la partie haute cède, ne s'appuyant plus sur rien. La **craie de la falaise** se dissout dans les eaux, leur donnant cette couleur gris bronze laiteux, tandis que les parties dures, les morceaux de silex libérés, vont être roulés et érodés par les flots à l'infini, jusqu'à devenir ces merveilleux galets aux formes ovales parfois proches de la perfection que l'on retrouve sur de charmantes petites plages isolées.

La mer n'est cependant pas la seule à ronger la falaise. Les **fleuves côtiers** l'ont entaillée aussi, ouvrant de larges estuaires où les villes se sont développées. Images singulières de la Normandie, les **valleuses** sont des petites failles dans les falaises formées par des ruisseaux. Ces failles, qui vont du simple sentier à la large vallée, sont autant d'accès à la mer, certains offrant un aspect sauvage et protégé, tandis que d'autres ont été mis à profit par l'homme au cours des siècles pour fonder des ports puis des cités balnéaires.

Distantes d'une quinzaine de kilomètres, Fécamp et Étretat sont représentatives de ces deux types de localités.

Étretat

ÉTRETAT, AU CREUX DES FALAISES

❶ Office de tourisme
• etretat.net/office-de-tourisme-etretat •

❶ Située au bout d'une valleuse boisée, la petite ville d'Étretat regorge de charme. Cet ancien **village de pêcheurs** – lesquels échouaient leurs bateaux sur la plage, faute de port – est devenu une **cité balnéaire** au cours du XIXe s. Elle a été rendue célèbre par des écrivains et des artistes comme Alphonse Karr, Guy de Maupassant, Jacques Offenbach, Claude Monet, Gustave Courbet ou encore Maurice Leblanc.

❷ Ce romancier est particulièrement honoré en ville : sa maison est devenue une sorte de musée qui lui est consacré, ainsi qu'à son célébrissime personnage, Arsène Lupin (ce site se nomme *Le Clos Lupin*). C'est dans l'**aiguille,** un des trésors géologiques d'Étretat, que Leblanc logea son gentleman cambrioleur (*L'Aiguille creuse* est le titre d'un de ses romans).

❸ Ah, les falaises d'Étretat ! On ne se lasse pas de les admirer. À l'ouest, vous avez la Manneporte (une grande arche) et la **falaise d'Aval** avec à sa splendide arche, considérée comme l'une des merveilles naturelles du monde. Une arche à l'incroyable harmonie, à la délicate découpe. Contrairement à ce que l'on pourrait imaginer, c'est principalement une rivière souterraine qui a provoqué cette belle érosion. Certes, aidée par la mer... L'aiguille, quant à elle, mesure 42 m de haut, mais n'est pas creuse, contrairement à ce qu'affirmait Arsène Lupin. Taillée comme un obélisque par la mer et le temps, c'est la dureté de son calcaire qui lui a permis de ne pas disparaître totalement.

Accessibles à pied depuis la plage de galets (très émoussés, provenant des falaises) de la ville, ces sites deviennent des pièges quand la mer monte : renseignez-vous sur les horaires des marées avant de vous lancer. Seul le Trou à l'homme, immense cavité pavée de pierre blanche et tapissée de mousse, traverse l'arche et permet de ne pas être emporté par les courants grâce au refuge qui s'y trouve. On la surnomme ainsi depuis qu'un matelot, seul survivant du naufrage d'une goélette nordique, y fut retrouvé (vivant) à la fin du XVIIIe s. On peut aussi le traverser, ou longer les falaises, en kayak de mer, paddle ou minicatamaran.

❹ À l'est, c'est la **falaise d'Amont** et sa petite porte. Au sommet s'élève la chapelle Notre-Dame-de-la-Garde, transformée en site d'information du Conservatoire du littoral. Elle a été reconstruite en 1950, après son bombardement en 1942. La chapelle d'origine, édifiée à la mémoire des marins, datait de 1854. À côté, un monument en forme de flèche (24 m) rend hommage à Nungesser et Coli, les premiers aviateurs à avoir tenté de traverser l'Atlantique en 1927. Ils ont disparu en mer. Le 20 mai 1927, à bord du *Spirit of Saint Louis,* Charles Lindbergh accomplit finalement l'exploit de relier New York à Paris sans escale, soit 12 jours à peine après la tentative des deux Français. Du bord de la falaise se révèle un panorama d'un romantisme absolu sur la ville, bordée par la falaise d'Aval, l'arche et l'aiguille.

Chapelle Notre-Dame-de-la Garde, **Étretat**

FÉCAMP, L'APPEL DU LARGE

❶ **Plus d'infos sur l'histoire de Fécamp et des terre-neuvas**
• fecamp-terre-neuve.fr •

❷ **Fêtes de la coquille Saint-Jacques et du hareng**
En novembre

❸ **Les halles**

❹ **Abbatiale de la Sainte-Trinité**
• abbayes-normandie.com •

❺ **Palais Bénédictine**
110, rue Alexandre-le-Grand.
• benedictinedom.com •

❶ Nichée au **creux de la Valmont,** qui a fendu les falaises, **Fécamp** est une petite ville industrieuse doublée d'un port de pêche, de commerce et de plaisance. Ville au passé prestigieux, elle fut l'ancienne résidence des ducs de Normandie avant qu'il ne leur prît l'envie de traverser la mer et de bâtir une véritable industrie de la pêche : celle des terre-neuvas. Riche de son passé industriel et maritime, la ville séduit le voyageur par sa forte personnalité. Il faut dire qu'elle possède des sites et des musées qui méritent vraiment le détour.

❷ Ici, on ne plaisante pas avec la mer. L'activité de pêche perdure, comme en témoignent notamment des fêtes automnales dédiées à la **coquille Saint-Jacques** et au **hareng.** Autres produits de la mer que l'on trouve sur les étals et tables de Fécamp : homard, crevette grise, bigorneaux, bulots, sole, turbot, barbue, carrelet, maquereau, truite de mer, seiche, merlan, étrille.

Malgré le petit nombre de bateaux, le port de commerce reste actif. Mais ce sont surtout l'importation des bois du Nord, l'exportation, la navigation de plaisance et les activités sportives nautiques qui assurent maintenant la survie maritime de Fécamp.

❸ En ville, on apprécie les **vieilles halles** abritées par un superbe bâtiment en bois de Brionne. Construit par les compagnons de la Manche en 1926, il accueillait autrefois le marché. Jusqu'en 1940, on y trouvait les petits commerces (cordonnier, poissonnier, primeur...) ; aujourd'hui, ce sont des échoppes de souvenirs et d'artisanat. Les rues sont bordées de jolies maisons et villas de la fin du XIXe s et de la Belle Époque, dont la plupart ont été construites en alternant briques et silex taillés, une spécialité de la région.

❹ À voir encore, outre la plage : la grande **abbatiale de la Sainte-Trinité.** Sur un édifice construit au VIIe s et abandonné face à la menace des Vikings se sont accumulés des siècles d'architecture et de décoration. Pas d'unité donc, mais un merveilleux ensemble de pierre dont l'histoire s'étale dans le temps. L'édifice que l'on découvre aujourd'hui a été reconstruit (après un grand incendie) au XIIe s, à l'initiative des ducs de Normandie (à l'époque, rois d'Angleterre).

❺ Pour les amateurs, ne pas négliger **le palais, le musée et la distillerie Bénédictine.** La légende raconte qu'en 1863 Alexandre Le Grand (rien à voir avec l'autre, bien plus grand) retrouve dans la bibliothèque familiale la formule d'une liqueur mise au point par un moine bénédictin de l'abbatiale de Fécamp au XVIe s, égarée pendant la Révolution. Ce moine d'origine vénitienne, dom Bernardo Vincelli, aurait eu la riche idée de concocter un élixir de santé à base de trois plantes cauchoises : la mélisse, l'angélique et l'hysope, mélangées à des épices orientales. Cette **liqueur,** composée au total de 27 plantes et épices, devient, avec Alexandre Le Grand, la Bénédictine, bien connue des amateurs de digestifs (mais dont, aujourd'hui, plus de 90 % de la production sont exportés, notamment vers les États-Unis et l'Asie)... Le Grand est un visionnaire : en 1864, il dépose la marque, et dans la foulée il fait de la publicité dans les journaux ! Devenu riche, il fait construire ce vaste **palais « romantique »** mâtiné de néogothique et de néo-Renaissance, destiné à accueillir à la fois ses unités de production et son **musée** personnel, car Le Grand était aussi un collectionneur averti.

Cette imposante construction recèle des collections d'objets et d'œuvres d'art gothiques et Renaissance, une partie d'entre eux provenant du monastère bénédictin de Fécamp. Sa visite se conclut par des dégustations.

❻ Comme Étretat, Fécamp se situe au bout d'une valleuse. La falaise qui la domine est le **cap Fagnet** où se niche une réserve ornithologique, la chapelle Notre-Dame-de-Salut – laquelle abrite de nombreux ex-voto de marins –, ainsi qu'un sémaphore, des blockhaus du Mur de l'Atlantique et cinq éoliennes. Il faut absolument y grimper pour découvrir le panorama incroyable sur Fécamp et les falaises.

FICHE PRATIQUE

ACCÈS

En train

Depuis Paris-gare Saint-Lazare (**2h35**).

En voiture

A29 (Amiens-Le Havre), sorties Bolbec ou Fécamp (**1h50**).

A13 (Paris-Caen), sorties Tancarville ou Fécamp (**2h40**).

En autocar

Des bus se rendent à Étretat et à Fécamp depuis les gares de Bréauté-Beuzeville et Le Havre. Liaisons par bus également entre Étretat et Fécamp.

AGENDA

JUILLET | Festival Hello Birds.

Concert pop, balades (week-end début juillet).

AOÛT | Festival Offenbach.

Pendant une semaine.

OÙ DORMIR ?

HÔTEL D'ANGLETERRE

À Étretat, à quelques minutes de la plage, petit hôtel de charme à l'ambiance feutrée dans une belle demeure de 1850. Le prix des chambres varie mais, à l'exception de la petite au rez-de-chaussée (située sur le passage, donc un peu bruyante), toutes restent très agréables. On retrouve partout les mêmes teintes apaisantes, mais à chacune son petit caractère et son thème. Quant à la belle salle du petit déj, elle est agrémentée de maquettes de bateaux. Une bonne adresse. 35, avenue George-V, Étretat. ☎ 02-35-28-84-97. • etretat-hotel-angleterre.com •

DOMAINE SAINT-CLAIR – LE DONJON

Petit château posé sur l'un des points culminants d'Étretat. Cet hôtel (très) chic et charme jouit d'une vue plongeante sur la mer, l'aiguille et le bourg d'Étretat, notamment depuis le jardin, le restaurant (plutôt chic, lui aussi) et quelques chambres. Réparties entre la maison principale et une villa, toutes ont un décor différent (dédié à une personnalité littéraire), dans un style cosy très XIXe s ou plus moderne. Balnéo dans la plupart ou jacuzzi pour les plus luxueuses. Agréables salons pour bouquiner et se détendre, et piscine chauffée. Chemin de Saint-Clair, Étretat. ☎ 02-35-27-08-23. • hoteletretat.com •

HÔTEL LE GRAND PAVOIS

Sur le port de plaisance de Fécamp, dans un bâtiment moderne fonctionnel, de très belles chambres tout confort, spacieuses et lumineuses, dont les larges baies vitrées ouvrent sur des balcons. La déco contemporaine se veut plutôt épurée et très zen. Pour compléter, un accueil aussi pro que charmant et un piano-bar plutôt classe. 15, quai de la Vicomté, Fécamp. ☎ 02-35-10-01-01. • hotel-grand-pavois.com •

OÙ MANGER ?

RESTAURANT DU GOLF

Même si vous n'êtes pas un adepte des swings et autres bogeys, ce resto vaut le détour, ne serait-ce que pour le cadre et la vue imprenable à travers les baies vitrées. D'un seul coup d'œil, on embrasse toutes les falaises... et son voisin, tellement on est content ! Quant à la cuisine, elle est tout à fait honorable, à base de produits frais, et le menu varie régulièrement. Ambiance sympa qui n'a rien de guindé. Au bord du golf, route du Havre, Étretat. ☎ 02-35-27-04-56.

LE BELVÉDÈRE

Situation exceptionnelle pour ce restaurant chic perché au-dessus des falaises et... du terminal pétrolier d'Antifer ! La salle moderne tout en baies vitrées jouit d'une vue géniale sur la mer, tandis que la cuisine de tradition, élégante et très soignée, garantit un repas des plus savoureux. Route du Belvédère, Saint-Jouin-Bruneval. ☎ 02-35-20-13-76.

CHEZ NOUNOUTE

Nounoute est un personnage emblématique de la ville... Elle vous accueille avec sa gouaille gentiment maternelle et vous met tout de suite à l'aise. Ex-poissonnière reconvertie, elle propose le meilleur de la pêche fécampoise : maquereaux marinés, harengs fumés, morue fraîche et on en passe... Terrasse en été, qui prolonge une salle toute simple toujours bondée. 3, place Nicolas-Selle, Fécamp. ☎ 02-35-29-38-08.

NOUVELLE-AQUITAINE

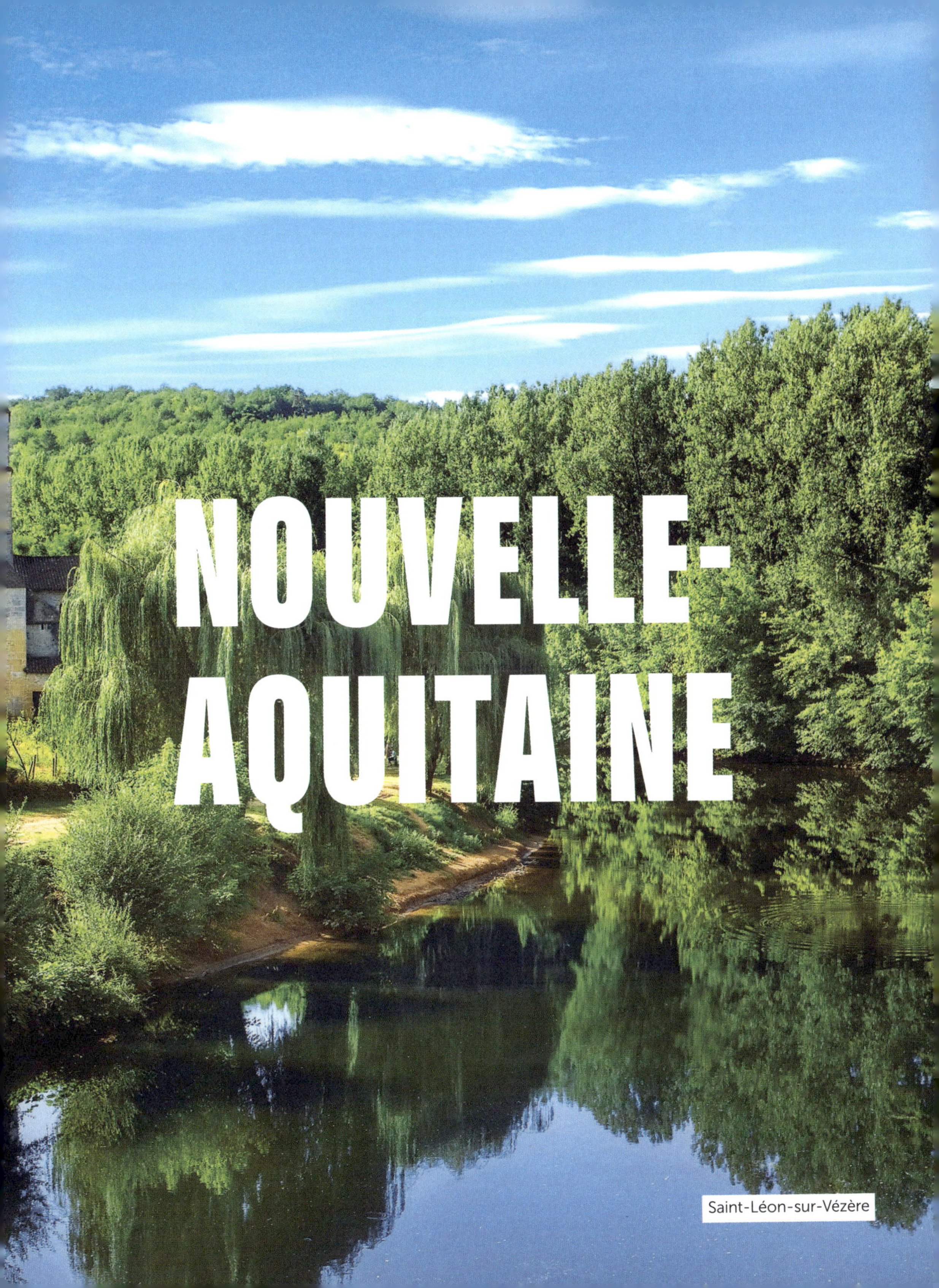

Saint-Léon-sur-Vézère

La tour de la Chaîne, entrée du port de **La Rochelle**

LA ROCHELLE ET L'ÎLE DE RÉ

DOUCEURS DE L'ATLANTIQUE

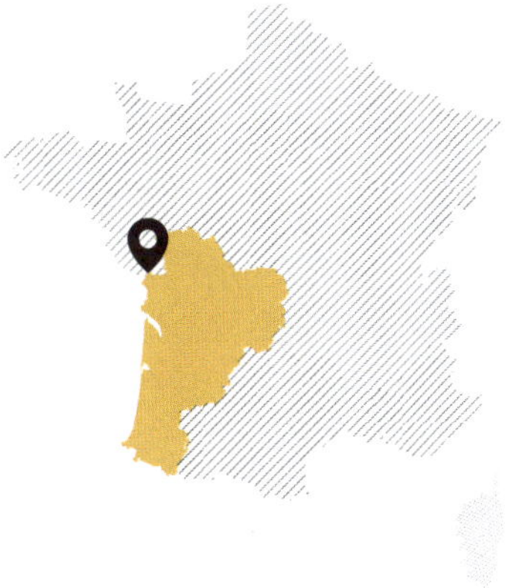

PATRIMOINE	★★★
GASTRONOMIE	★★★★
NATURE	★★★
SHOPPING	★★★
VIE NOCTURNE	★★★

NOS INCONTOURNABLES

- Le Vieux-Port de la Rochelle
- L'Aquarium
- Saint-Martin-en-Ré
- Le phare des Baleines

La Charente-Maritime est avant tout la façade océanique de la région. Des côtes à perte de vue, où alternent vastes plages bordées de pins maritimes, falaises et marais, et un superbe archipel comprenant notamment la belle île de Ré. Cette région est dotée de milieux naturels d'une grande richesse écologique. On s'en doute, cette manne naturelle a dopé toute l'économie du département, dont une activité portuaire intense à La Rochelle, résolument tournée vers l'océan et ses ressources. Une palette gastronomique riche en produits de la mer vient compléter ce joli tableau, à accompagner, comme il se doit, d'un petit blanc du pays. Mais pour nos lecteurs poètes, sa magie est ailleurs : dans sa lumière, pâle et douce, grâce à cette merveilleuse symbiose entre mer, ciel et terre.

LA ROCHELLE, UNE TRADITION MARITIME

INFOS UTILES

❶ **Port de commerce de La Pallice**
• larochelle-tourisme.com/decouvrir/maritime-et-littoral/le-port-de-commerce-6eme-grand-port-maritime-francais •

❶ La Rochelle, jadis tranquille petit village de pêcheurs posé sur une plateforme rocheuse, se signale pour la première fois au Xe s sous le nom de Rochella ou de Rupella. Il faut attendre la fin du XIXe s et la construction d'un port capable d'accueillir des chalutiers de gros tonnage pour que la ville connaisse un regain de dynamisme. Le **port de commerce de La Pallice,** inauguré en 1890, marque le point de départ d'une nouvelle ère. Pendant la Seconde Guerre mondiale, La Pallice a été la base du dernier siège de La Rochelle : les Allemands, à qui on ne la fait pas, ont repéré cet endroit hautement stratégique de la façade atlantique. Propriété de l'armée française il y a peu encore, le port industriel est devenu port autonome (et donc privé), et du même coup inaccessible au public.

❷ Au sud de la ville s'étend le port de plaisance, **les Minimes.** Ce port constitue la nouvelle facette de la ville portuaire. Résolument tournée vers l'avenir, celle-ci n'oublie pas sa vocation maritime première ; avec plus de 4 800 emplacements, le port des Minimes apparaît comme le plus grand complexe plaisancier d'Europe sur la façade atlantique.

LE VIEUX PORT, EMBLÉMATIQUE

❶ **Plus d'infos**
• larochelle-tourisme.com •

❶ Le charmant **Vieux-Port,** lui, n'accueille plus que quelques bateaux de plaisance mais reste le cœur dynamique de la ville, notamment grâce à ses célèbres tours qui, pendant 10 siècles, gardèrent l'entrée du port la nuit.

❷ La **tour de la Lanterne,** dite des « Quatre Sergents », datée des XIIe et XVe s, est surmontée d'une flèche de style gothique flamboyant. Elle tient son nom de sa première fonction puisqu'elle abritait une bougie dans un lanterneau dont la lumière permettait aux bateaux de regagner le port. Mais elle eut très tôt vocation geôlière, et ce jusqu'en 1879 ; pour preuve ces nombreux graffitis (610 répertoriés) de corsaires et autres prisonniers de guerre anglais, français, hollandais et espagnols recensés à partir du XVIe s. Gravés dans la pierre et aujourd'hui protégés, ces graffitis sont de qualité variable, mais certains sont de toute beauté : dessins qui reproduisent navires et scènes de guerre, écritures calligraphiées, petits poèmes ou messages de détresse... De la galerie du haut, profitez d'un panorama exceptionnel sur le port et la ville.

❸ La **tour de la Chaîne,** sa sœur presque jumelle, tient son appellation de la grosse chaîne que l'on tendait pour empêcher les bateaux d'entrer dans le chenal, tendue à l'aide d'un cabestan, visible sur demande. La chaîne est toujours là, exposée sur la petite place de la Chaîne, juste à côté de la tour.

❹ La **tour Saint-Nicolas** lui fait face de l'autre côté du port. Ce palais médiéval s'inscrit dans une véritable forteresse construite à la fin du XIVe s dans la logique de l'appareil défensif du front de mer. Haute de près de 42 m, elle offre elle aussi (lorsqu'on a traversé des escaliers et des couloirs labyrinthiques aménagés dans l'épaisseur des murs) une très belle vue sur la ville, depuis le chemin de ronde et l'ancienne plate-forme de guet.

❺ Mais que serait La Rochelle sans sa **Grosse Horloge** ! Marquant la limite entre le port et la cité, c'est l'un des points de repère favoris des Rochelais. L'ancienne porte de ville fortifiée de l'enceinte médiévale, flanquée de deux tourelles, possédait un double passage séparé pour les piétons et les attelages jusqu'en 1672. Elle fut surmontée d'un campanile et d'une horloge à la fin du XIe s avant d'être transformée en cartel Louis XV en 1746, telle qu'on la voit aujourd'hui. Elle est l'ouverture principale sur la vieille ville, et notamment l'**hôtel de ville,** l'un des joyaux du patrimoine architectural de La Rochelle. Ravagé par un dramatique incendie en juin 2013, il a rouvert en décembre 2019 après trois années de travaux. Une véritable renaissance pour le plus vieil hôtel de France !

❻ On ne peut pas visiter la ville sans se balader **place du Vieux-Marché,** entourée de maisons anciennes et dominée par ses halles, construites au XIXe s, en pierre, surmontées d'une horloge et coiffées d'un clocheton ouvragé. Les verrières, laissant pénétrer la lumière à l'intérieur de la bâtisse, sont encadrées d'un délicat feston de métal qui confère à l'ensemble une élégance certaine. Dédiées aux commerces alimentaires, elles sont considérées à juste titre comme l'un des plus beaux marchés de France.

LE DÉFILÉ DES MUSÉES

1 Aquarium de La Rochelle
Quai Louis-Prunie.
• aquarium-larochelle.com •

2 Muséum d'Histoire naturelle
28, rue Albert-1er.
• museum.larochelle.fr •

3 Musées d'Art et d'Histoire
28, rue Gargoulleau.

4 Musée maritime
Place Bernard-Moitessier.
• museemaritime.larochelle.fr •

La Rochelle ne manque pas d'atouts culturels, comme en témoignent ses excellents musées.

1 Comment passer à côté de celui que l'on ne présente plus, l'**Aquarium de La Rochelle** ? Les chiffres parlent d'eux-mêmes : avec 800 000 entrées par an, c'est le plus visité de France. Une belle récompense pour une famille hors norme, dévorée par la même passion depuis trois générations. Ce véritable titan des mers résume leur histoire, ou plutôt leur saga, entamée dans les années 1960 par René Coutant, ingénieur horticole devenu constructeur d'aquariums. Les descendants ont repris le flambeau avec panache, jusqu'à réaliser ses rêves les plus fous : le nouvel aquarium occupe une superficie six fois plus importante que le précédent, et présente au public plus de 83 aquariums alimentés par trois millions de litres d'eau de mer pour 12 000 animaux marins.

2 Le **Muséum d'histoire naturelle** est tout beau tout neuf. Pourtant, cet hôtel particulier du XVIIIe s, devenu l'hôtel des Gouverneurs puis l'évêché, est un musée depuis 1832 ! Ce lieu plein d'histoire – et pas seulement naturelle car ces trésors sont aussi le résultat de nombreuses expéditions coloniales – se marie très bien avec la muséographie récente. Outre des collections exceptionnelles (comme celle des cônes et d'autres coquillages tropicaux), il recèle de vieux livres d'histoire marine.

3 Les **musées d'Art et d'Histoire (MAH)** regroupent sous le même sigle les musées du **Nouveau Monde** et des **Beaux-Arts** (fermé pour travaux). Retour sur le riche passé culturel de La Rochelle, ville ouverte sur le monde qui a attiré de nombreux artistes, de riches négociants et des personnages historiques.

4 Embarquez dans le *France 1* au **Musée maritime** ! Ancien navire de la Météorologie nationale arrivé en fin de carrière au moment de la généralisation de la satellisation (au milieu des années 1980), il a été racheté par la municipalité, puis transformé en musée. Idéal pour se faire une idée de la vie quotidienne à bord. On peut aussi découvrir une exposition permanente à terre qui aborde l'histoire des ports de La Rochelle autour de quatre thèmes principaux : pêche, commerce, industrie et plaisance.

Aquarium, **La Rochelle**

L'ÎLE DE RÉ, DÉESSE DE L'ATLANTIQUE

❶ **Office de tourisme de l'île de Ré**
• iledere.com •

Port du Goisil, **La Couarde**

❶ Entre pertuis breton et pertuis d'Antioche, voici la **perle des îles de la façade atlantique.** Elle est tout effilée : 30 km de long, 5 km de large au plus, 8 500 ha de superficie, et un point culminant à 19 m, au Peu-des-Aumonts ! Mais elle en impose ! Baignée par les eaux chaudes du Gulf Stream et ensoleillée 2 600 heures par an, elle exhibe (discrètement, toutefois) ses contrastes. Surnommée « Ré la Blanche », elle n'en rayonne pas moins de ses mille couleurs : plages de sable doré, fleurs aux teintes éclatantes, surfaces bleu-gris des terres argileuses des marais salants, ciel azur... Ses bienfaits naturels sont d'ailleurs réputés, au point qu'on y trouve trois centres de thalassothérapie (à Sainte-Marie, Ars et La Flotte). Ré, celle qui aurait pu être la déesse de l'Abondance (Rhéa), exerce un magique pouvoir d'attraction et de séduction. Pas étonnant qu'il y ait autant de monde en été ! Même si ces lignes donnent quelques clés, rares sont ceux qui parviennent à deviner la vraie identité rhétaise... Finalement, pour la découvrir, le plus simple consiste à s'imprégner du quotidien. Et pour cela, il n'y a qu'une seule solution : **enfourcher un vélo** ! Rien de tel que de se laisser porter au rythme de ses 100 km de pistes cyclables. À peine franchi le pont de l'île de Ré, on débarque sur la pointe de Sablanceaux, petite langue de sable s'étirant vers le continent. C'est ici, dans la commune de Rivedoux, que se trouve la Redoute des Sablanceaux, un fort bâti à la suite du siège de La Rochelle de 1627. En continuant de pédaler, on voit apparaître les imposantes ruines de l'abbaye des Châteliers, édifiée au XIIe s par les moines cisterciens.

❷ On arrive au joli village de **La Flotte-en-Ré.** Son charmant port de pêche, construit en 1768, fut autrefois au cœur du commerce maritime de l'île. En quittant la commune, on voit les traditionnels ânes-culottes s'ébattre sur la plaine, alors qu'au loin se dressent déjà les remparts de **Saint-Martin-de-Ré,** la capitale historique de l'île. On flâne sur son port pittoresque et animé, entouré par une enceinte en forme d'étoile. Inscrites au Patrimoine mondial de l'Unesco, les fortifications de Vauban ont été construites par Louis XIV pour se protéger des invasions anglaises, aux alentours de 1680.

❸ On met pied à terre, une fois **Le Bois-Plage** atteint. Cette commune abrite le plus grand marché de l'île, cœur gourmand où l'on trouve tous les produits de la région (dont les célèbres pommes de terre AOC), ainsi que la Cave coopérative des Vignerons de l'île de Ré.

❹ En serpentant à travers les terres sablonneuses, bordées de pins maritimes et de tamarins, on parvient aux belles plages des Gollandières et de Gros Jonc, lovées derrière les dunes. On longe les vignes et les étendues de sable fin, en arrivant au village de **La Couarde**. Cœur festif de l'île, cette station balnéaire est appréciée des surfeurs, qui se retrouvent à la plage de la Pergola. Les amateurs de solitude, quant à eux, se dirigent plutôt vers la plage des Prises, ombragée par une petite forêt domaniale. Le lieu idéal où se ressourcer avant de se remettre en selle !

❺ En filant au nord, on voit les premiers marais salants, aux reflets gris bleutés, se dessiner à l'horizon. Un paysage scintillant, parsemé d'une timide végétation, s'étend devant nos yeux. Des oiseaux erratiques vagabondent le long de la Route des marais.

❻ Tout le long du rivage, de nombreuses cabanes de dégustation d'huîtres invitent à découvrir la tradition ostréicole de l'île. Le village de **Loix** lui-même est très agréable à vivre, ayant préservé quiétude et authenticité. C'est ici que se trouve l'**Écomusée du Marais salant,** qui retrace l'histoire de l'or blanc, principale richesse naturelle de l'île, à l'origine d'un savoir-faire ancestral. Au XIXe s, jusqu'à 1 000 sauniers travaillaient dans les marais !

❼ Puis on contourne la mer intérieure du **Fier d'Ars** par le sud. Les vélos glissent le long d'une piste semblant flotter au-dessus de l'eau, encerclée de marais à perte de vue. Le chef-lieu d'**Ars-en-Ré,** qui regroupe la majorité des marais salants, accueille également la Coopérative des sauniers de l'île de Ré. En suivant le fil de l'eau, on traverse la **réserve naturelle de Lilleau des Niges,** fabuleux repaire de près de 30 000 oiseaux migrateurs. De là, on arrive au village reculé **Les Portes-en-Ré.** C'est l'un des lieux de rendez-vous favoris des résidents de marque. Rien d'étonnant, car on ne peut que tomber sous le charme de ce hameau idyllique, avec ses roses trémières et ses plages somptueuses.

❽ Arrivés à la pointe de l'île, on bifurque vers la forêt domaniale du Lizay et on pédale à travers les pins, jusqu'à **Saint-Clément-des-Baleines.** C'est ici que s'étend la **plage de la Conche des Baleines,** une longue anse enchanteresse bordée par l'océan. Elle a notamment servi de décor au film *Le Jour le plus long,* tourné en 1961. De là, on voit s'élever le **phare des Baleines,** haut de 57 m. Après avoir escaladé ses 237 marches, on jouit d'une vue splendide sur l'ensemble de l'île, sur ses champs et ses marais, bercés par les vagues

FICHE PRATIQUE

OÙ DORMIR ?

HÔTEL LE VIEUX GRÉEMENT

Séduisant hôtel aux volets gris, sur une placette tout aussi ravissante, ombragée de tilleuls. Excellent accueil, courtois et attentionné. Les chambres aux teintes douces sont pleines de charme et reposantes, avec de beaux parquets. Certaines sont organisées autour d'un calme patio avec palmier et vigne vierge. Petite restauration sympa en été, à déguster en terrasse. La Couarde-sur-Mer. • levieuxgreement.com •

HÔTEL LES VIGNES DE LA CHAPELLE

Hôtel 4-étoiles, Relais du Silence et *Ecolodge*, au ras d'un océan de vignes qui plongent dans la mer (à 300 m environ). Un des premiers établissements de l'île à porter l'étiquette « écolo » ; les matériaux de construction sont naturels, on y récupère les eaux de pluie, on y pratique le tri sélectif des déchets, etc. *Lodges* bien conçus et confortables, avec petite terrasse ouverte sur la verdure. Certes, tout cela a un prix, mais le concept est top. Piscine, espace bien-être. Location de vélos. Sainte-Marie-de-Ré. • lesvignesdelachapelle.com •

OÙ MANGER ?

LES FLOTS

La famille Coutanceau règne depuis quelques décennies sur la gastronomie rochelaise. C'est aujourd'hui le fils, Grégory, qui perpétue la tradition, avec talent et esprit créatif. Spécialités de poisson bien maîtrisées et originales, cadre marin très agréable, au pied de la célèbre tour de la Chaîne, et terrasse avec vue imprenable sur les tours et le port. Le soir, c'est tout simplement magique ! La Rochelle. ☎ 05-46-41-32-51.

LA COCCINELLE

Une jolie trouvaille que ce resto-traiteur bio dont les recettes sont étudiées et validées par une nutritionniste. Tartes, grandes salades, céréales et légumes chauds... sans oublier des douceurs maison délicieuses. Bien agréable, le petit patio à l'arrière d'une discrète maison de ville, à l'écart de la foule. Fait également épicerie de produits locaux... bio ! Saint-Martin-en-Ré. ☎ 05-46-66-41-82.

LA CIBLE

Merveilleusement situé au bord d'une plage tranquille. Le succès confirme la réussite de ce joli cabanon magnifiquement aménagé. Par beau temps, on déjeune dehors. En hiver, on choisit une table près de la cheminée. La carte tourne autour des poissons et des produits de la mer. Pour finir, millefeuille au caramel ou fondant au chocolat. À se damner ! Saint-Martin-en-Ré. ☎ 05-46-09-03-30.

ACHATS

L'ÉPICURIUM

Un lieu de perdition : une fabuleuse fromagerie de référence. On entre pour un fromage, et on succombe. Une incroyable palette à compléter avec de divins vins... Se laisser conseiller par le patron dans les choix pour un pique-nique d'anthologie. Ne manque qu'une baguette craquante en sortant... 6, rue Gargoulleau, La Rochelle.

BIÈRES DE RÉ

Des bières artisanales légères (sans conservateur ni colorant ni additif) aux noms évocateurs : la Blanche de Ré – la toute première de la collection – à laquelle sont venues s'ajouter la Déferlante, riche en céréales, l'Écume de Ré, la Blanche Amb'Ré, la Cuivrée, bière au cognac, ou encore une blonde bio... Et de la limonade. • bieresdere.fr •

HUÎTRES FRÉDÉRIC VOISIN

Des nombreux ostréiculteurs de l'île de Ré, celui-ci est le seul à pouvoir prétendre au label « biologique », ses huîtres étant nées sur l'île avant de grossir en pleine mer, à leur rythme. Leur élevage, en osmose avec leur écosystème, leur confère une texture charnue et un goût de noisette très recherché des amateurs. À déguster sur place. Le Grouin, Loix.

ACCÈS

En train

Depuis Paris-gare Montparnasse (environ **2h45**).
Depuis Bordeaux-gare Saint-Jean (environ **2h20**).

En voiture

Depuis Paris par l'**A10** (**4h50**).
Depuis Bordeaux par l'**A10** (**2h10**).

Pont de l'île de Ré

16 € A/R pour une voiture 20 juin-11 sept ; **8 €** hors saison. Compter **3 €** pour les 2-roues motorisés. **Gratuit** pour les piétons et les cyclistes.

AGENDA

FIN JUIN-DÉBUT JUILLET | Festival international du Film de La Rochelle.

• festival-larochelle.org •

JUILLET | Francofolies.

Ce festival de musique se déroule sur 5 jours, autour du 14 juillet (feu d'artifice sur le port compris !).

• francofolies.fr •

FIN SEPTEMBRE-DÉBUT OCTOBRE | Le Grand Pavois.

Depuis 1973, le port des Minimes accueille le premier Salon nautique européen à flot.

• grand-pavois.com •

Saint-Léon-sur-Vézère

AUTOUR DE LASCAUX

DANS LA VALLÉE DE LA VÉZÈRE

PATRIMOINE	★★★★
GASTRONOMIE	★★★★
NATURE	★★★
SHOPPING	★
VIE NOCTURNE	★

NOS INCONTOURNABLES

- Les villages de la Vézère
- Les grottes de Lascaux
- Le Centre international de l'art pariétal

Cette petite vallée fait partie du Périgord noir, lequel est situé au sud-est de la Dordogne. Elle est exceptionnelle : on y trouve vingt-cinq sites préhistoriques majeurs, dont quinze sont inscrits au Patrimoine mondial de l'Unesco. Une nature généreuse agrémentée de châteaux, de villages et de restaurants remarquables... Bienvenue dans le royaume de l'homme de Cro-Magnon ! C'est l'un des rares territoires où nos ancêtres ont vécu sans interruption, y compris durant les périodes glaciaires. Le 12 septembre 1940, quatre adolescents, à la recherche d'un chien, descendent dans une crevasse et tombent sur une grande salle couverte de peintures d'animaux. C'est la révélation d'une merveille archéologique et artistique : Lascaux, la « chapelle Sixtine de la préhistoire »... Ici, près de 20000 ans de préhistoire vous contemplent !

LA VALLÉE DE LA VÉZÈRE ET SES TRÉSORS

Voici une vallée pas comme les autres. Communément appelée « vallée de l'Homme », elle est de fait le véritable berceau de l'humanité. Pas la salle d'accouchement, non, qui se situe en Afrique, mais là où l'homme s'est développé, où il a fait ses premiers pas et pris son essor. À travers les 147 gisements et 25 grottes ornées de la vallée, sans compter les abris-sous-roche et les gouffres, l'homme a fait sienne cette région bénie des dieux.

De Lascaux aux Eyzies, le parcours, bucolique et romantique, serpente en partie le long de la rivière, s'en éloigne puis la retrouve avec passion en révélant des panoramas superbes sur quelque château médiéval oublié, des bouts de généreuses vallées ou d'imposantes falaises couvertes de forêts, dominées par les chênes verts aux teintes foncées qui donnent son surnom au Périgord noir. Le cours de la Vézère offre en effet des paysages d'un charme fou dont se dégage une réjouissante beauté. Cette rivière est bordée de falaises. Des prairies et quelques champs forment un tapis d'un vert plus clair d'où l'on voit jaillir de merveilleux petits villages classés « Plus beaux villages de France ».

Parmi eux, **Saint-Léon-sur-Vézère,** un petit village de caractère présentant une belle homogénéité architecturale. En sinuant dans les quelques ruelles aux belles maisons de pierre blonde, vos pas vous mèneront naturellement vers sa remarquable église romane.

Saint-Amand-de-Coly mérite absolument le détour, notamment pour son étonnante église, fortifiée pendant la guerre de Cent Ans. Véritable forteresse, cette abbaye augustinienne, dont il ne subsiste aujourd'hui que l'église, impose sa masse impressionnante et semble écraser littéralement ce petit village de moins de 400 âmes. L'histoire de l'abbaye remonte à l'époque mérovingienne. Amand, jeune noble ayant choisi d'embrasser la vie monastique, s'installa dans une grotte. La population l'assimila rapidement à un saint. Et c'est sur le probable lieu de sépulture de saint Amand qu'on éleva un monastère dès le XIe s. Le petit village s'organisa autour de la vie de l'abbaye, qui régna sur d'importants territoires et résista à la guerre de Cent Ans et aux guerres de Religion.

MONTIGNAC, UN VOYAGE DANS LE TEMPS...

❶ **Lascaux II**
• lascaux-ii.fr •

❷ **Centre international de l'art pariétal**
• lascaux.fr •

Montignac, véritable point de repère dans la partie préhistorique de la vallée, s'étale nonchalamment le long de la Vézère : maisons en encorbellement, église, vestiges du château miroitant dans l'eau composent depuis des décennies une plaisante carte postale. L'histoire de cette charmante petite ville se conjugue avec l'histoire de l'humanité. Occupée dès le Paléolithique, colonisée par les Romains, cette ancienne place forte subit en permanence les assauts de l'Histoire et sera régulièrement démantelée.

Mais le véritable essor de cette **petite capitale campagnarde** est dû à la découverte de la grotte de Lascaux en septembre 1940. À cause de la guerre, ce n'est qu'en 1948 que les travaux d'aménagement de la grotte purent être terminés. Lascaux connut alors un énorme succès. Trop, puisque l'on s'aperçut, après une quinzaine d'années d'exploitation, que la visite de centaines de milliers de personnes avait bouleversé l'équilibre atmosphérique et le degré d'humidité de la grotte. De petites algues vertes ainsi qu'une fine couche de calcite blanche commençaient à se répandre sur les parois, et le support rocheux se détériorait. La grotte fut alors fermée en 1963.

❶ On décida alors, pour ne pas priver le public d'un tel chef-d'œuvre, l'étude et la construction d'une réplique la plus exacte possible de Lascaux, **Lascaux II.** À 200 m de la grotte initiale, on a fabriqué à la fin des années 1970 une gigantesque coque représentant exactement le volume et le relief des deux salles copiées. Un béton fut étudié, qui restitue exactement la texture et la couleur de la roche. Enfin, une artiste, Monique Peytral, utilisant les mêmes couleurs et les mêmes techniques que les peintres de la préhistoire, reconstitua scrupuleusement les fresques. Elle y travailla entre 1972 et 1983. Lascaux II ouvrit, et le résultat fut tout à fait extraordinaire. L'illusion était totale, la température et l'hygrométrie respectées, au point d'en faire pratiquement oublier l'originale.

Le temps a passé, et il fallut s'interroger sur l'avenir du lieu, alors même qu'on planchait sur la création du futur Centre international de l'art pariétal. La fermeture de Lascaux II fut annoncée, mais heureusement certains firent de la résistance. C'est à eux que l'on doit aujourd'hui la possibilité de redécouvrir en petits groupes un lieu pacifié, qui a retrouvé sa sérénité et son mystère. Une visite pleine d'émotion !

❷ À quelques minutes du centre de Montignac, le **Centre international de l'art pariétal** accueille chaque année dans ce lieu fascinant 400000 visiteurs sensibles à l'art pariétal. Un centre, unique en son genre, imaginé et réalisé « dans le sens d'une politique réfléchie et globale de valorisation du patrimoine préhistorique de la vallée ». Ce bâtiment-paysage – qui donne un peu le sentiment d'une incision, d'une faille horizontale – a été conçu avec les irrégularités naturelles, les aspérités du lieu, comme pour mieux se faire accepter des hommes autant que de la nature environnante. Le béton confère à l'ensemble une dimension de monolithe et une puissance certaine, contrastant avec le verre et le vert tout autour.

Contrairement à un musée, ce centre n'a pas vocation d'exposition ; son objectif est d'expliquer le site et ses richesses. On est bien sûr ravi de découvrir l'intégralité de la grotte, reproduite à échelle réelle et dans ses moindres détails. Mais ce qui va attirer ici jeunes et moins jeunes, c'est l'utilisation des nouvelles technologies de l'image et du virtuel, qui leur permet d'approcher au plus près le mystère d'une grotte autrefois fréquentée par une poignée d'artistes dont nous savons peu de chose. En dehors du fait, primordial, qu'ils remettent à eux seuls en cause tous les stéréotypes longtemps véhiculés sur les « hommes des cavernes ». Un centre devenu LE monument à visiter en priorité en Dordogne.

Aurochs, **Atelier des fac-similés du Périgord**

Château de Commarque, **Les Eyzies-de-Tayac-Sireuil**

LES EYZIES-DE-TAYAC-SIREUIL, UN HABITAT IDÉAL

❶ Musée national de la Préhistoire
• musee-prehistoire-eyzies.fr •

❶ La configuration de la région fut favorable à une implantation durable des hommes. Quittant les plaines du Nord glacial à la recherche de terres plus hospitalières, ils trouvèrent par ici abris dans les falaises, forêts denses et animaux à chasser. D'où la prolifération des sites préhistoriques dans un rayon de 20 km : grottes, gouffres, falaises creusées d'abris, terrasses, promontoires naturels, rivières, il y avait tout pour rendre l'homme heureux. Un terrain de jeu exceptionnel dont il tira un art de vivre. Puis, la terre se réchauffant, les premiers hommes partirent à nouveau sous d'autres cieux encore plus hospitaliers. D'autres vinrent ensuite, qui trouvèrent aussi le site à leur goût. Ainsi les hommes ont occupé les lieux sans interruption à travers les âges.

C'est donc naturellement aux **Eyzies,** village considéré comme la « petite capitale mondiale de la préhistoire », qu'est née l'étude de cette période en tant que science et que les humains se sont penchés pour la première fois, avec la découverte de l'homme de Cro-Magnon en 1868, sur leur lointain passé.

Le **musée national de la Préhistoire,** créé en 1926, présente le résultat des fouilles effectuées dans l'ensemble des sites environnants. Ses collections, riches de 6 millions d'objets (dont 12500 sont exposés), retracent plus de 400000 ans de présence humaine. Moulages, reconstitutions grandeur nature, ossements, outils et objets (notamment ceux découverts dans la grotte de Lascaux) permettent d'aborder de façon ludique et chronologique les origines de l'homme et de l'art, ses modes de vie, son habitat. Le village des Eyzies est surplombé par une impressionnante falaise qui court sur près d'un kilomètre et qui abrita quelques maisons troglodytiques. Entre Sarlat et Les Eyzies, outre quelques sites mémorables, on trouve des carrières d'une pierre calcaire, blonde comme les blés, datant du Crétacé, et qui possède une luminosité exceptionnelle. Cela est dû à une forte teneur en fer. On l'utilise pour bâtir les maisons des vallées de la Dordogne et de la Vézère : voilà pourquoi les villages au fil de l'eau « accrochent » si bien la lumière...

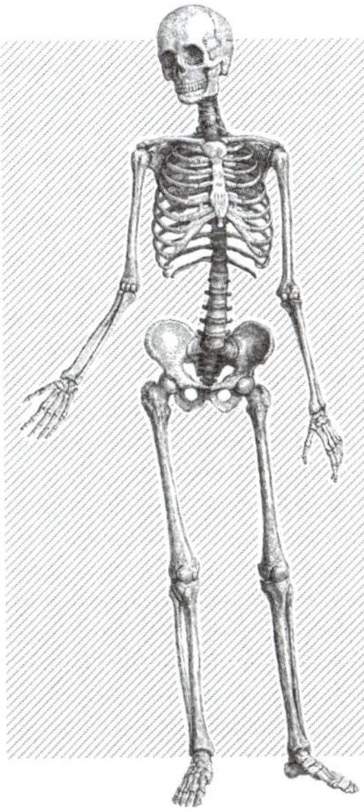

L'ABRI DE MONSIEUR MAGNON

C'est en 1868 que le géologue Louis Lartet fouille le site et trouve, dans un abri-sous-roche, cinq squelettes : trois hommes, une femme et un enfant, dans ce qui ressemble à une sépulture. « On a trouvé des squelettes dans *lou cro* de Magnon ! » s'écrie-t-on en ville. *Lou cro,* c'est « le trou », et Magnon, c'est le nom du propriétaire du terrain. Il s'agit donc du trou de monsieur Magnon. Les squelettes, puis cette période de la préhistoire, hériteront de ce patronyme. C'est ainsi que la famille Magnon, qui n'en demandait pas tant, devint célèbre dans le monde entier.

LES GROTTES DE LA ROUTE DE SARLAT

❶ **Grotte de Font-de-Gaume**
24620 Les Eyzies-de-Tayac-Sireuil.
• sites-les-eyzies.fr •

❷ **Grotte des Combarelles**
24620 Les Eyzies-de-Tayac-Sireuil.
• lascaux-dordogne.com/fr/patrimoine-culturel/site-monument-grotte-et-gouffre-avec-art-parietal/grotte-des-combarelles •

❸ **Roc de Cazelle**
24620 Les Eyzies-de-Tayac-Sireuil.
• rocdecazelle.com •

❹ **Grotte de Rouffignac**
24580 Rouffignac -Saint-Cernin.
• grottederouffignac.fr •

❶ La **grotte de Font-de-Gaume** est un lieu d'exception, car c'est actuellement l'une des rares, voire la seule grotte en Europe proposant des fresques polychromes encore ouvertes au public. Jusqu'à quand ? Nul ne le sait, mais les scientifiques ne souhaitent pas reproduire ici les erreurs commises à Lascaux. Et dès qu'ils estimeront que les peintures sont en danger, ils la fermeront à la visite. Conclusion : ne tardez pas à y aller ! Font-de-Gaume constitue sans doute l'une des plus belles grottes peintes de France. Il s'agit d'un couloir étroit (deux personnes s'y croisent à peine !), une sorte de faille longue de 120 m, regroupant plusieurs ensembles de peintures et gravures, qui remontent pour la plupart à la période magdalénienne, même si des gravures plus tardives sont venues se superposer.

❷ La **grotte des Combarelles** est un sanctuaire majeur du Paléolithique supérieur, découvert en 1901 par Capitan, Breuil et Peyrony. Avec plus de 600 gravures représentant la faune magdalénienne, Combarelles est un incontournable de la culture de cette période. La roche présente essentiellement des chevaux, mais les rennes sont également bien visibles, avec notamment le « Renne s'abreuvant ». Nombreuses figurations de bouquetins, loups, bisons, et la fameuse lionne, remarquablement réalisée.

❸ Le site du **roc de Cazelle** a été habité pendant 14 000 ans et sans interruption jusqu'en 1966, date à laquelle il était encore occupé par une famille de paysans qui y avait installé sa ferme et ses animaux. La visite des grottes et du site est ponctuée par des personnages reconstituant des scènes de la vie courante aux différentes époques et l'évocation de la faune et de la flore (photo ci-dessous). Le site a été peuplé dès la préhistoire, aménagé en château fort au Moyen Âge, puis transformé en habitation civile.

❹ Dans la **grotte de Rouffignac**, la **grotte aux Cent Mammouths**, pas de peintures polychromes comme à Lascaux, mais des gravures et des dessins par centaines... dont les plus vieux remontent à 13 000 ans. Pour les voir, on emprunte un petit train électrique qui permet de s'enfoncer loin dans le ventre de la Terre, ce qui présente l'avantage de préserver les peintures. C'est le train lui-même qui éclaire les parois à son passage, et l'effet est étonnant. Rhinocéros, chevaux, bisons, bouquetins... le bestiaire est impressionnant. En tout, environ 250 figures, mais le roi de la grotte reste sans conteste le mammouth avec 158 représentations au dernier inventaire, sous différentes formes : frise, gravure, dessin... Les guides, passionnés et intarissables, vous mèneront avec talent aux origines de l'histoire de l'art.

Ce parcours bucolique et historique recèle encore de nombreuses surprises, révélant des panoramas superbes sur quelque château médiéval oublié, d'imposantes falaises ou des bouts de généreuses vallées. De tout cela se dégage une réjouissante et apaisante beauté. Cette vallée n'est vraiment pas comme les autres. Elle est de fait le véritable berceau de l'humanité.

Parc du Roc de Cazelle

FICHE PRATIQUE

OÙ DORMIR ?

HÔTEL LA ROSERAIE

Cette maison bourgeoise du XIXᵉ s se situe sur la plus jolie place de Montignac, bordée d'élégantes demeures et de belles maisons à colombages. Les chambres, exquises, climatisées, sont toutes différentes, agencées avec goût et équipées d'un mobilier de qualité. De hauts murs entourent un beau parc, sur l'arrière. Et, cachée derrière l'agréable piscine, une petite roseraie (la voilà !). La cuisine, remarquable, sort des limites du terroir avec brio. Une belle adresse de charme, au cœur du bourg et à proximité de la Vézère. Montignac. • laroseraie-hotel.com •

HÔTEL LES GLYCINES

Un ensemble élégant, chic et bucolique, et une déco de charme, moderne, dans des tonalités très tendance pour les chambres comme pour la salle à manger. Le bar, quant à lui, accuse un côté très *British*. Grande terrasse surplombant le parc, avec vue sur les arbres centenaires et la piscine. Au programme, *Ecolodges*, spa, sauna, hammam, piscine à contre-courant... Privilégiez le bistrot, pour un repas décontracté. Les Eyzies. • les-glycines-dordogne.com •

OÙ MANGER ?

LA MAISON TARTINES, VINS ET JARDIN

L'adresse originale et savoureuse qui vous réconcilie avec la vie et le bourg. On se croirait dans un cabinet de curiosités des temps modernes, même si ici, aux Eyzies, le temps est une valeur toute relative. Déco décalée, cuisine colorée, accueil chaleureux. Jérôme, c'est un bon. Tapas, tartines ou du plus consistant, pour les amateurs de poissons et de viandes. Le jardin ombragé est joliment aménagé lui aussi. Profitez du lieu, et s'il y a un peu de monde, plongez-vous dans la lecture, ou profitez du temps présent. Les Eyzies.

LE DÉJEUNER SUR L'HERBE

Un lieu charmant, niché sous les arbres et en bord de rivière, avec quelques tables pour profiter d'un moment relax et bucolique. Cette gentille épicerie fine propose quelques bons produits mais aussi de copieux casse-croûte et des tartines. Allez commander au bar, puis on vous appelle par votre petit nom. Si vous descendez la Vézère en canoë (possibilité d'accoster), voici une halte adorable pour grignoter un morceau. Saint-Léon-sur-Vézère. ☎ 05-53-50-69-17.

ACHATS

MUSÉE DU CHOCOLAT BOVETTI

Un artisan chocolatier passionné a créé ce musée idéal pour tout savoir sur la culture du cacao et la transformation des fèves, la récolte, puis la post-récolte, le chocolat à l'ère industrielle... Dégustation et boutique. Z.A. du Moulin-Rouge, Terrasson-Lavilledieu. • bovetti.com •

MOULIN DE MANEYROL, MOULIN À HUILE

Voici un producteur de noix qui rafle toutes les médailles. Il vous expliquera tout sur la culture de ce produit très local devenu un must, ainsi que tout le travail de presse qui permet de fabriquer une belle huile. Vente d'huile à prix doux et de cerneaux. Commune de Pazayac. • maneyrol.com •

LA FERME DU MOULIN HAUT

La famille Sauvanet a le sens de l'accueil. On peut venir en famille visiter la ferme, l'élevage de canards gras et déguster. Sur place, une miniferme amusera les plus jeunes. Ateliers cuisine sur résa. Lieu-dit Guilbonde. ☎ 06-88-59-00-37. • ferme-du-moulin-haut.fr •

ACCÈS

En train

Plusieurs grandes lignes vous déposent à proximité de la vallée : Paris-Agen, Paris-Toulouse, Bordeaux-Lyon, Paris-Bordeaux.

En voiture

Les grands axes routiers les plus proches sont les autoroutes **A20** (Paris-Barcelone) et **A89** (Bordeaux-Lyon).

En avion

Aéroport de Bergerac-Dordogne-Périgord.
Aéroport de Brive-Vallée de la Dordogne à Cressensac.
Aéroport de Périgueux-Bassilac.

AGENDA

JUILLET-AOÛT | Terrasson, ville festive.

De nombreuses manifestations tout l'été : bals, joutes nautiques chaque mardi, apéros gourmands et visite...

JUILLET-OCTOBRE | Festival du Périgord noir.

Sur plusieurs mois, musique classique et baroque de très bon niveau dans les églises de Saint-Amand-de-Coly, Rouffignac, Saint-Léon-sur-Vézère, Plazac, Auriac... Bref, dans les meilleures églises, sur le plan acoustique, de tout le Périgord noir.• festivalduperigordnoir.fr •

Vallée de la Dordogne, **La Roque-Gageac**

LE PÉRIGORD

ET SES PLUS BEAUX VILLAGES DE FRANCE

PATRIMOINE	★★★★
GASTRONOMIE	★★★
NATURE	★★★
SHOPPING	★★
VIE NOCTURNE	★

NOS INCONTOURNABLES

- Le château de Castelnaud
- Le château de Beynac
- Les vestiges troglodytiques de Belvès

Moins encaissée que sa voisine de la Vézère, cette généreuse vallée offre d'incroyables panoramas sur les fiers châteaux plantés au sommet des villages, témoignages des guerres d'antan, qui ont su se transformer en un fabuleux collier de perles que l'on égrène avec bonheur. Pour les admirer au fil de l'eau, il faudra monter dans une gabarre, une de ces embarcations qui, aujourd'hui comme hier, permet de prendre le temps de voir danser les lumières sur la pierre blonde de Domme, de La Roque-Gageac, de Beynac ou de Castelnaud-la-Chapelle... autant de bijoux nichés à flanc de falaise ou sertis dans leur gangue de verdure en bord de la rivière. Il faut prendre son temps, procéder par petites étapes, pour faire durer le plaisir.

LA ROQUE-GAGEAC, CASTELNAUD ET BEYNAC, GRAVÉS DANS LA ROCHE

INFOS UTILES

❶ **La Roque-Gageac**
À 12 km de Sarlat.

❷ **Château de Castelnaud**
24250 Castelnaud-la-Chapelle.
• castelnaud.com •

❶ Coincée entre la Dordogne (la rivière) et la falaise, **La Roque-Gageac** est d'une homogénéité quasi parfaite. Les quais rappellent l'activité batelière de jadis qui fit vivre et prospérer pêcheurs et gabarriers durant quelques siècles. Ses belles maisons aux toits bruns se serrent les unes contre les autres ou tentent de s'accrocher aux flancs vertigineux de la masse rocheuse qui domine le village. N'hésitez pas à emprunter les ruelles en escalier du village pour gagner l'unique et étroite rue qui s'étire le long de la falaise. Le point de vue sur les toits en cascade et la rivière y est superbe. On aboutit, en passant par le porche creusé sous la maison à la tour, à un petit fort troglodytique, résidence secondaire des évêques de Sarlat, à flanc de falaise et dominant la cité. De là, on devine des vestiges de chemins de ronde, des éléments défensifs... Vos pas vous mèneront au sommet, vers une petite église du XVe s fusionnant avec la roche, qui recèle un étrange jardinet exotique : grâce au microclimat local, les plantes venues de tropiques plus généreux poussent ici comme là-bas. Exposé plein sud, le village profite en effet d'un climat presque méditerranéen. Par beau temps, au soleil déclinant, le village s'illumine véritablement.

❷ Dans les environs de La Roque-Gageac, le **château de Castelnaud** attire les foules : c'est tout simplement le château le plus visité du sud-ouest de la France. Et il a fière allure, en fusion totale avec le village à ses pieds. Construit au XIIe s, il fut détruit au siècle suivant, durant la croisade contre les albigeois, menée par les armées de Simon de Montfort. Promptement rebâti, Castelnaud s'adapterait en permanence, au rythme des progrès de l'artillerie.

On découvre un exceptionnel exemple de fortification féodale, organisé de manière rationnelle et efficace. Il faut dire que cette forteresse a été édifiée pour surveiller le château de Beynac que l'on voit depuis la basse-cour. Occupé par les Anglais pendant une partie de la guerre de Cent Ans (il ne redeviendra français qu'en 1442), Castelnaud perdit après la guerre son rôle défensif. Abandonné à la Révolution, il n'est racheté que dans les années 1960, en ruine. Restauré et rouvert à la visite en 1985, on peut désormais y apprécier le panorama exceptionnel sur la falaise, le château de Beynac et le village de La Roque-Gageac.

❸ Château de Beynac
• chateau-beynac.com •

❸ Il faut absolument se rendre à **Beynac-et-Cazenac,** grand rival de Castelnaud qui, contrairement à ce dernier, conserva bon an mal an son autonomie pendant la guerre de Cent Ans. Ce superbe vieux village, qui présente une remarquable homogénéité architecturale, ne fut pris que deux fois : par Richard Cœur de Lion et par Simon de Montfort. Le village fut par ailleurs le siège d'une des quatre baronnies du Périgord. Son splendide **château** domine le village. Il faut immanquablement le visiter. Voici ce qu'on appelle, quand on est petit, un « château fort », un vrai ! Une véritable forteresse complètement dans son jus, qui n'a jamais été abîmée par les guerres successives, ce qui est fort rare. Et si d'entrée le lieu vous semble familier, c'est que vous avez gardé le souvenir de scènes filmées ici (des *Visiteurs II* en passant par *La Fille de d'Artagnan,* avec Noiret et Marceau, les tournages n'ont pas manqué). **Beynac** possède au moins autant de charme que La Roque-Gageac, et c'est sûrement pour ça que Paul Éluard choisit d'y finir ses jours. Vous l'avez compris, c'est un des bijoux de la vallée. Pour vous en convaincre, grimpez les ruelles aux énormes pavés jusqu'au château, justement, entre de nobles demeures dont la belle pierre change sans cesse de couleur, suivant les caprices du soleil couchant… Une balade romantique en diable et une vision superbe sur la rivière en prime.

Beynac-et-Cazenac

BELVÈS ET DOMME, DES TROGLODYTES AUX GRAFFITIS

❶ **Office de tourisme de Belvès**
• belves-en-perigord.com •

❷ **Office de tourisme de Domme**
• tourisme-domme.com •

Belvès

❶ Perché au sommet d'un éperon rocheux habité depuis la préhistoire, **Belvès** tient son nom de la tribu celte des Bellovaques, qui aurait pris position dans le secteur autour du IIIe s avant notre ère. Dominant la vallée et la voie romaine venant de Cahors, ce fut de tout temps un lieu stratégique pour toutes les armées qui y firent halte. Au XIe s, on y fonde le premier *castrum* (village fortifié), dont les remparts et le beffroi constituent les derniers témoignages encore visibles. La guerre de Cent Ans engendra sa classique hécatombe et la ville fit plusieurs allers-retours entre les mains anglaises et françaises. Une fois la paix retrouvée, elle connut son apogée au XVe s, avant de subir les affres des guerres de Religion, période à laquelle la population fut décimée.

L'ancienne **« ville du pape »,** ainsi nommée pour avoir profité de la protection de Clément V, est aujourd'hui un bourg tranquille et sympathique, qui cache bien son jeu, en fait. Suivez une visite guidée pour découvrir son ancien habitat troglodytique, qui vous donnera une vision plus crue, plus réelle du pays. Une jolie surprise ! Situées en fait entre la halle et l'office, à 5 m sous terre, ces habitations furent occupées au Moyen Âge et jusqu'au XVIIIe s, et bordaient l'ancien *castrum*. On y pénétrait autrefois par le fossé, comblé autant pour des raisons de salubrité (on y déversait tout !) que de sécurité. La visite redonne vie à ceux qui vécurent autrefois, et pas forcément très âgés, dans ces huit « maisons » en enfilade, percées entre elles pour permettre à l'homme et à la femme d'aujourd'hui de comprendre le quotidien de l'époque. En dehors des visites guidées des habitations troglodytiques et du *castrum* organisées par l'office de tourisme, il est également possible de visiter le **château médiéval** et ses **peintures murales.**

❷ De Belvès, c'est un vrai bonheur que de suivre, à travers la forêt, les petites routes qui vous conduiront forcément à un moment à **Domme,** « Acropole du Périgord noir » à ne pas manquer. Domme, c'est une bastide ceinte de remparts élevée en 1281, sur une falaise, par le roi de France Philippe III le Hardi, contre la menace de « l'Anglois ». Durant la guerre de Cent Ans, Domme devient un enjeu militaire. Elle passe par le circuit classique de cette guerre qui n'en finit pas : prise, reprise, déprise, achetée puis trahie... et ce jusqu'en 1439. Suit une longue période de paix, le temps de balayer un peu les morts, de lessiver, de frotter le résiné et de reconstruire... Avant que les guerres de Religion ne finissent par ravager la cité et une bonne part de son patrimoine religieux. Superbement restaurée, la bastide offre aujourd'hui un nombre important de monuments classés aux Monuments historiques.

C'est un ravissement que d'explorer ses ruelles étroites lors d'une balade romantique entre les vieilles demeures de calcaire blond, à la recherche de nombreux petits jardins fleuris et cachés. Et puis subsiste encore la jolie halle avec ses piliers de pierre et son balcon de bois...

À l'intérieur de la porte des Tours, la plus importante des trois portes de la ville, qui servit de **prison aux Templiers,** on trouve sur les murs de poignants témoignages, passionnants **graffitis** composés de sept ensembles, réalisés entre 1307 et 1318. Leur lecture dans le cadre de la visite guidée éclairera merveilleusement nos lecteurs férus d'histoire : Christ en croix illuminé, le pape Clément V caricaturé, étonnante scène de l'eucharistie... Toute l'histoire des Templiers racontée en quelques incisions dans la pierre. Ne manquez pas la visite de ce lieu qui a conservé les ultimes traces de leur passage. Domme était bien le seul endroit, dans cette partie du Périgord, qui pouvait accueillir les prisonniers du roi de France. Une visite qui ne devrait pas vous laisser indifférent.

FICHE PRATIQUE

ACCÈS

En train

De Paris-gare Montparnasse à Sarlat, via Bordeaux-gare Saint-Jean (**4h40**). TER Bordeaux-Sarlat (**2h20**).

En voiture

De Paris à Sarlat, environ **5h30** par l'autoroute **A20**.
De Bordeaux à Sarlat, **2h20** par l'**A89**.
De Toulouse à Sarlat (**2h15**).
De Clermont-Ferrand à Sarlat (**2h50**).

AGENDA

AVRIL | Les 100 km de Belvès en Périgord noir.

Belvès-Sarlat-Belvès en courant ou en marchant... et ils n'ont que 20h pour accomplir cet exploit. On les appelle « les Cent Bornards ». Course de 50 km pour les moins courageux, ouf ! Repas périgourdins prévus pour l'occasion.

OÙ DORMIR ?

HÔTEL DE L'ESPLANADE

Cet hôtel-restaurant réputé domine la Dordogne. Les chambres donnent soit sur la vallée et la Dordogne, avec panorama à couper le souffle, soit de l'autre côté (sans vue mais arboré). Cet excellent établissement, de bon confort et à la déco classique et bourgeoise, est surtout connu pour sa table. Demandez une table au plus près de la fenêtre, dans la plaisante salle à manger, avec vue sur la rivière, ou sur la petite terrasse panoramique au charme fou. Rue du Pont-Carral, près de la place des Halles, Domme. • esplanade-perigord.com •

LA BELLE ÉTOILE

Dans cet hôtel de charme, cadre et décor sont en harmonie avec le village. Une partie des chambres, jolies et rénovées, offrent un beau point de vue sur le cours placide de la Dordogne. Dans l'élégante salle à manger ou sur la terrasse, abritée sous une treille, en surplomb de la rivière, on goûte à une cuisine réalisée avec une grande maîtrise, et ce dès le « petit » menu. Cela explique le taux de remplissage élevé en toutes saisons : la résa est obligatoire, vous êtes dans une des dix meilleures tables du Périgord ! Un vrai régal, avec des produits de terroir soigneusement sélectionnés. Même ceux qui ne sont pas fans de ris de veau vont craquer. Accueil chaleureux et attentionné. La Roque-Gageac. • belleetoile.fr •

OÙ MANGER ?

LE SAINT-MARTIAL

Au cœur du village, la petite salle en contrebas du bar accueille quelques tables dans un cadre élégant, zen et sans ostentation. On vient ici déguster une cuisine de terroir et de saison, tout en finesse, inventive sans être déconcertante. Des plats qui tournent régulièrement, toujours précis et exquis. Une adresse gourmande, discrète et soignée. Excellent service. Petit bout de terrasse pour prendre l'apéro ou manger aux beaux jours. Saint-Martial-de-Nabirat. ☎ 05-53-29-18-34.

AUBERGE DE LA NAUZE

Une auberge à l'ancienne, au bon sens du terme. Cuisine sans artifice, franche et goûteuse à la fois, cherchant dès le premier menu à donner le meilleur d'elle-même. Ici, il faut prendre son temps, ne soyez donc pas trop pressés. Quelques chambres pour une petite halte. À Fongauffier. • aubergedelanauze.fr •

ACHATS

FERME DE TURNAC

Une visite instructive pendant laquelle vous comprendrez pourquoi le foie gras d'oie demande plus de travail que le foie gras de canard et pourquoi il est considéré comme moins fort, mais aussi plus long en bouche (et donc plus cher). Plein de bons produits à mettre dans le panier, cela va de s'oie... Au lieu-dit Turnac. • ferme-deturnac.com •

LES VIGNERONS DES COTEAUX DU CÉOU

Domme possède sa propre appellation, et les « vins de Domme », ce sont deux rouges, deux rosés et un blanc. Le vin est issu des vendanges d'une quinzaine de vignerons, vinifié par la cave coopérative. Florimont-Gaumier. • vindedomme.fr •

Porte Cailhau, **Bordeaux**

BORDEAUX

GRAND CRU

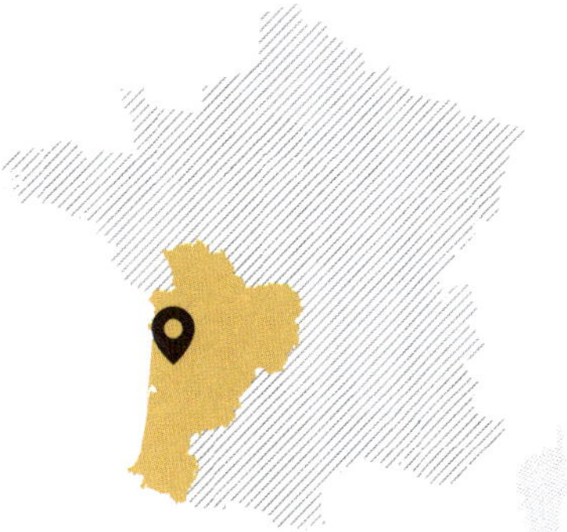

PATRIMOINE	★★★
GASTRONOMIE	★★★
NATURE	★★★
SHOPPING	★★★★
VIE NOCTURNE	★★★★

NOS INCONTOURNABLES

- Le périmètre Unesco
- La place de la Bourse
- Le miroir d'eau
- La Cité du Vin

Épicentre de tout le Bordelais, à une soixantaine de kilomètres de l'océan, capitale de l'Aquitaine lovée autour de la Garonne, Bordeaux a conservé son décor de théâtre, mais a perdu son atmosphère secrète et sa fierté un peu hautaine, souvent frondeuse vis-à-vis de Paris, dont elle s'enorgueillissait par le passé. Paris, qui n'est plus qu'à 2h05 de TGV... de quoi partir en escapade girondine le temps d'un week-end ! Depuis que Bordeaux et le port de la Lune ont été inscrits au Patrimoine mondial de l'Unesco, c'est une autre ville que l'on ne cesse de redécouvrir. La métropole a dépoussiéré son image, et le lifting s'est avéré payant. S'appuyant sur une superbe architecture héritée du XVIIIe s, ses grands vins, ainsi qu'un renouveau urbain et culturel réussi, Bordeaux a le vent en poupe et n'a jamais été aussi séduisante.

BORDEAUX, VILLE DU XVIIIE SIÈCLE

Bordeaux a retrouvé son lustre et sa beauté, tout en évitant de se muséifier. Mieux, cette ville est désormais réputée pour son dynamisme et son ouverture. Cette grande bourgeoise ne se laisse plus réduire à sa froide beauté d'antan.

❶ Les façades des **quais** ont retrouvé tout leur éclat. Cette superbe architecture a été saluée par l'Unesco, qui a inscrit Bordeaux au Patrimoine mondial en 2007. En tout, 1810 ha, soit près de la moitié de la commune, font partie du périmètre classé.

Bordeaux, cité importante dès le Moyen Âge, connaît un essor considérable au XVIIIe s. Elle doit sa prospérité à sa situation géographique et au développement de son port, à l'apogée du commerce triangulaire. Malgré sa tradition humaniste, la ville de Montaigne et de Montesquieu a participé à la traite négrière.

À l'essor colonial s'ajoute le développement du commerce du vin, pendant la seconde moitié du XVIIIe s. Les négociants font construire de somptueuses habitations et installent leurs chais dans le **quartier des Chartrons,** qui est devenu aujourd'hui très tendance.

D'autres grandes réalisations illustrent la splendeur de l'époque. La **place de la Bourse,** anciennement place Royale, inaugurée en grande pompe en 1755, détermine l'architecture des maisons particulières en façade sur les quais sur plus de 1 km. Elle demeure la plus belle place de Bordeaux par la cohérence de son architecture, de jour comme de nuit d'ailleurs, car sa mise en lumière est une réussite. Elle se reflète dans le plus grand **miroir d'eau** du monde où petits et grands viennent se rafraîchir.

Autre chef-d'œuvre, le Grand Théâtre néoclassique, aujourd'hui **Opéra national de Bordeaux,** réalisé par Victor Louis sur ordre du gouverneur de Guyenne – le libertin maréchal-duc de Richelieu – à la fin du XVIIIe s et considéré comme le chef-d'œuvre de l'architecte parisien.

INFOS UTILES

❶ **Office de tourisme de Bordeaux**
• bordeaux-tourisme.com •

Opéra national de Bordeaux
8-13, Cours Georges-Clemenceau.
• opera-bordeaux.com •

C'est un édifice emblématique de la ville. Les symboles maçonniques abondent : orientation du bâtiment, omniprésence du nombre d'or, motifs de rosaces... Citons encore le **palais Rohan** – l'actuel **hôtel de ville** –, construit en 1771 sur la place Pey-Berland, avec sa tour superbement sculptée. En 1771, l'archevêque-prince Ferdinand Maximilien Mériadec de Rohan décide de faire construire un nouvel archevêché. Avec son portique à arcades fermant la cour d'honneur et ses corps de bâtiment élégants, le palais Rohan constitue un bel exemple d'architecture Louis XVI. Face à lui, vous ne pourrez manquer la **cathédrale Saint-André,** édifice monumental qui doit son évidente majesté non pas à une grande unité architecturale mais à ses vastes proportions et à l'espace dégagé sur lequel il est implanté.

La ville devient aussi un lieu d'agrément. L'intendant Tourny fait réaliser le **Jardin public** en 1746. Conçu par l'architecte Ange Jaques Gabriel et dû à l'initiative de l'intendant, il fut au départ Jardin royal « à la française » de Le Nôtre, avant de subir des dommages sous la Révolution et l'Empire. Ce n'est qu'au XIXe s qu'il prit son aspect actuel, superbe, de parc à l'anglaise : 10 ha de bosquets, plans d'eau, aires de jeux, collines, parterres fleuris, bouquets sculptés... Très apprécié, il abrite aujourd'hui un arboretum, une bibliothèque et le muséum d'Histoire naturelle.

Bordeaux compte 365 édifices classés ou enregistrés aux Monuments historiques, dont 3 bâtiments religieux inscrits depuis 1998 au Patrimoine mondial dans le cadre des Chemins de Saint-Jacques-de-Compostelle. Même avec la meilleure volonté du monde, il faudra plus d'un week-end pour tout voir !

LE VIGNOBLE À PORTÉE DE VILLE

❶ **Cité du Vin**
134, quai de Bacalan.
• laciteduvin.com •

❷ **Musée du Vin et du négoce**
41, rue Borie.
• museeduvinbordeaux.com •

❸ **Bar à Vin, Maison du Vin de Bordeaux**
3, cours du 30-Juillet.
• baravin.bordeaux.com •

Impossible de parler de la ville de Bordeaux sans penser au vin. Cette dernière s'est d'ailleurs bâtie autour de ce commerce – comme le prouve l'ancien quartier des négociants de vin, les **Chartrons.** À cette époque, les Bordelais devaient vendre leur vin au plus vite, car on ne savait pas encore le faire vieillir. Ainsi, pour protéger leurs productions, ils interdirent la navigation sur le fleuve avant Noël. Les vins du haut pays (cahors, gaillac...) devaient alors attendre dans le quartier des Chartrons que toute la récolte soit écoulée auprès des Anglais et Hollandais, entre autres. Ce fut tout naturellement, donc, qu'au cours des siècles suivants ce quartier devint le lieu d'implantation des négociants de la Hanse, qui dominèrent le marché vinicole pendant plusieurs siècles.

❶ La visite incontournable, à Bordeaux, c'est la **Cité du Vin.** Située dans le quartier des Bassins-à-Flots, au bord de la Garonne, elle retrace l'histoire et les civilisations du vin dans le monde à l'aide d'une scénographie privilégiant des expériences numériques et sensorielles, où les nouvelles technologies jouent un rôle important. Le parcours est à la fois ludique et instructif, grâce à des jeux et des dispositifs interactifs. Outre l'expo permanente, on y trouve des expositions temporaires, un salon de lecture, un auditorium, des ateliers découverte et une salle au dispositif immersif et sensoriel, permettant d'appréhender les vins par les différents sens. Bref, un *must* !

❷ Installé dans une belle bâtisse XVIIIe s, le **musée du Vin et du Négoce** raconte la grande époque du négoce de vin dans le port de la Lune, à l'origine de la renommée internationale de Bordeaux. Traditionnellement consacré au commerce du vin, le musée est installé dans les caves voûtées de ce beau bâtiment du XVIIIe s construit sur pilotis, caractéristique des habitations liées aux activités vinicoles de l'époque. Maquettes de gabarres, documents historiques, illustrations : derrière les vitrines, échantillons et objets illustrant le travail des négociants et des courtiers. On part sur les traces des grandes familles de négociants, protestants pour beaucoup. On aborde les aspects techniques du négoce du vin, et notamment le travail dans les chais, l'élevage et l'invention de l'étiquette. On termine la visite par une initiation à la dégustation dans l'ancienne tonnellerie.

❸ Pour parfaire vos connaissances, n'hésitez pas à faire un tour à la **Maison du vin de Bordeaux,** siège du CIVB (Conseil interprofessionnel du vin de Bordeaux). Elle a ouvert dans le hall de son immeuble XVIIIe s un comptoir chic voué à la découverte des vins de Bordeaux à prix raisonnables. En ville, les bars à vin poussent comme des champignons. *Aux 4 Coins du vin,* par exemple, propose un concept de self-service dans un cadre chaleureux. Pour aller plus loin dans la découverte, rien de tel qu'une immersion dans le Bordelais. L'**office de tourisme** offre une cinquantaine de circuits pour découvrir le vignoble.

La Cité du Vin, **Bordeaux**

IMMERSION DANS LE BORDELAIS

❶ **Routes du Vin de Bordeaux**
• bordeaux-tourisme.com/Decouvrir-Bordeaux/Incontournables/Les-routes-du-Vin-de-Bordeaux •

Rassurez-vous, on ne va pas vous inciter à visiter les châteaux les uns derrière les autres, même les plus célèbres. Il y en a trop, et il faut parfois montrer patte blanche pour être reçu chez les plus prestigieux. Et puis, si les très grands crus sont bien organisés, les artisans (en fait, ceux qui nous intéressent) vous reçoivent quand ils le peuvent : ce sont de petites exploitations familiales.

❶ Pour aider les touristes à se repérer, **6 routes du Vin de Bordeaux** ont été mises en place (Bordeaux, Blaye et Bourg, Saint-Émilion-Pomerol-Fronsac, Médoc, Graves et Sauternes, Entre-deux-Mers) en partenariat avec 750 prestataires (vignerons, restaurateurs, hébergeurs, loueurs de vélos...) labellisés « Vignobles & Découvertes ». Idéal pour découvrir l'art de vivre girondin et l'univers des vins de Bordeaux à travers ses propriétés viticoles, ses trésors patrimoniaux et activités insolites.

Château La Tour de By, **Médoc**

FICHE PRATIQUE

OÙ DORMIR ?

LA MAISON DU LIERRE

En poussant la porte de cet ancien hôtel particulier du XVIIIe s, près de la place de Tourny, on est saisi par l'atmosphère, plus proche d'une maison d'hôtes que d'un hôtel. Les chambres aux couleurs épurées sont bien arrangées et réparties sur 3 étages. Plusieurs espaces où se poser, dedans ou dehors, dont un salon *cosy*. Une adresse qui a une âme, indéniablement. 57, rue Huguerie. • hotel-maisondulierre-bordeaux.com •

ÉCOLODGE DES CHARTRONS

Cette élégante maison cache, derrière sa façade XVIIIe s, un agréable patio couvert et quelques chambres plus ou moins spacieuses, meublées à l'ancienne, avec beau plancher d'origine pour la plupart. La rénovation de la bâtisse, selon des critères écologiques, ne lui a rien fait perdre de sa patine et de son charme. Petit déj (principalement bio) servi dans le patio ou sur la grande table rustique de la salle à manger. Atmosphère familiale et agréable salon. 23, rue Raze. • ecolodgedeschartrons.com •

OÙ MANGER ?

LE COCHON VOLANT

Ce vieux resto des Capus, véritable institution à Bordeaux, propose au menu des spécialités locales : escargots à la bordelaise, tricandilles, grenier médocain, etc. Des plats très copieux servis dans un cadre rétro avec faïence blanc et rouge, miroirs et tableaux noirs. Le charme canaille de ces adresses hors du temps et hors des modes ! 22, place des Capucins. ☎ 05-57-59-10-00.

LA BRASSERIE BORDELAISE

C'est une atmosphère, animée et franchement rigolarde, qu'on vient chercher à cette adresse de viandards, bien connue des Bordelais. Bœuf de Bazas, montbéliarde, limousine ou blonde d'Aquitaine, la viande est de 1er choix, tout comme la cochonnaille. Rien de sophistiqué, mais du solide, et du bon ! Rue Saint-Rémi. ☎ 05-57-87-11-91.

SYMBIOSE

Un lieu intime et original, implanté dans l'ancien quartier des négociants en vin. Entre les murs de pierre, juste 2 entrées et 2 plats en ballottage. Chapeau pour l'esprit créatif, les cuissons à basse température, les saveurs qui explosent en bouche. Le soir, le menu dégustation décline 5 plats pendant qu'au bar, façon *speakeasy* avec son entrée camouflée derrière la pendule, une clientèle avertie sirote de délicieux cocktails, avec ou sans alcool, dans une atmosphère tamisée. 4, quai des Chartrons. ☎ 05-56-23-67-15.

ACHATS

CADIOT-BADIE

Cette chocolaterie artisanale fondée en 1826 fabrique peut-être les meilleurs chocolats de Bordeaux, vendus dans une boutique à l'ancienne qui mérite une petite visite. Un incontournable pour les accros au chocolat. Recettes parmi les plus séduisantes : macarons, cannelés au chocolat, palets... 26, allée de Tourny.

LA TOQUE CUIVRÉE

Craquants à l'extérieur, moelleux à l'intérieur, on fond pour les cannelés de cette enseigne à prix imbattables vendus dans 3 tailles différentes. 41, place Gambetta. 2 autres boutiques : 124, cours de Verdun et 5, rue Sainte-Catherine.

JEAN D'ALOS

Un fromager affineur comme on n'en fait presque plus ! Un de ceux qui partent à la rencontre des petits producteurs pour nous faire partager de pures merveilles, au lait cru, bien évidemment. 4, rue Montesquieu.

ACCÈS

En train

LGV depuis Paris-gare Montparnasse (**2h**).

En voiture

Par l'**A10** Paris-Bordeaux (**5h30**). Depuis Toulouse par l'**A62** (**2h30**). Depuis Lyon par l'**A89** (**5h30**).

En avion

Aéroport de Bordeaux-Mérignac.

AGENDA

Juin | Les Épicuriales.

Tous les ans, pdt la 2de quinzaine de juin. Une fête dédiée aux plaisirs de la table, qui a tout de suite connu un énorme succès depuis sa première édition en 1988. Il est vrai que c'est sympa d'y déambuler. On s'offre ici des huîtres, là des tapas, et le vin coule à flots dans les allées de Tourny sous les tilleuls.

Bordeaux fête le vin.

Les années paires, en juin, du jeudi au dimanche. C'est devenu le grand événement festif de Bordeaux. Tous les vins de Bordeaux et des terroirs d'Aquitaine y sont représentés. Le plus, on vous sert du margaux, du pomerol ou du saint-émilion, des vins que peu de gens peuvent s'offrir régulièrement. Stands de produits régionaux et concerts.
• bordeauxfetelevin.com •

Cabanes tchanquées, **Bassin d'Arcachon**

LE BASSIN D'ARCACHON

DES QUATRE SAISONS

PATRIMOINE	★★
GASTRONOMIE	★★★
NATURE	★★★★
SHOPPING	★★★
VIE NOCTURNE	★★

NOS INCONTOURNABLES

- La dune du Pilat
- Arcachon, la ville d'hiver et le quartier du Moulleau
- Le bassin d'Arcachon
- L'île aux Oiseaux

Ville des « quatre saisons », l'élégante Arcachon s'avère moins snob qu'elle n'y paraît et dévoile ses charmes tout au long de l'année. Ses rues commerçantes et son animation l'ont transformée en destination, sinon popu, du moins accessible. L'été, sa situation unique entre forêts et pinèdes, bassin et océan, en fait un site naturel privilégié ; l'hiver, ses villas cossues renferment la mémoire de la Belle Époque. Et puis c'est le point de départ pour d'incontournables excursions vers des sites uniques comme la dune du Pilat, l'île aux Oiseaux, le banc d'Arguin et la visite des parcs ostréicoles.

ARCACHON AU FIL DES SAISONS

INFOS UTILES

❶ **Office de tourisme d'Arcachon**
• arcachon.com •

❶ Ce n'est qu'au milieu du XIXe s que les frères Pereire, qui venaient de racheter la ligne de chemin de fer de Bordeaux à La Teste, décidèrent de créer un **sanatorium** ouvert à Arcachon. Ils achetèrent des terrains et bâtirent des villas et un casino susceptibles d'accueillir des touristes huppés. Très vite, Parisiens et bourgeois de province se virent prescrire par leur médecin une cure de bon air dans la ville naissante. Des médecins bordelais avaient alors découvert que les essences dégagées par les pins et l'air iodé du bassin étaient favorables à la guérison des maladies pulmonaires dont on souffrait à l'époque. Dès lors, Arcachon se para d'établissements de bains et de superbes demeures aux styles très différents, enfouies dans la pinède. La ville fut divisée en quartiers, un pour chaque saison...

❷ Sur le front de mer, la **ville d'été** étend sa longue plage de sable fin. Bordé de terrasses et de glaciers faisant la joie des petits et grands, ce spot de baignade familial vit au rythme des marées. Les quelques jolies places organisées autour de l'hôtel de ville et de son marché couvert offrent la perspective d'une agréable promenade piétonne ombragée. Sur les jetées, les fils des cannes à pêche plongent dans les eaux, et les familles comme les amoureux se baladent sous le soleil ou au clair de lune.

❸ Évocation des riches heures mondaines d'Arcachon, la **ville d'hiver** est le quartier historique de la ville. En retrait du rivage, avec ses allées sinueuses à l'abri du vent, les villas bourgeoises, cachées entre les pins, rivalisent de beauté et d'élégance, parfois d'extravagance. Tous les fantasmes architecturaux furent ici assouvis : styles néoclassique, néogothique, mauresque, maison coloniale, château belvédère, chalet suisse... Ne pas manquer de traverser le **parc mauresque,** dont le nom évoque l'ancien casino mauresque. Les amoureux de romantisme et les romantiques amoureux seront ravis de cette promenade à travers les quartiers d'hiver de la ville, où se cachent de petits bijoux d'architecture.

❹ La **ville d'automne** cultive le caractère d'un petit village de pêcheurs, avec son port de plaisance et sa marina, son port de pêche et sa criée (qui se visite). La **ville de printemps,** quartier résidentiel, est le lieu idéal pour de jolies promenades à pied. C'est ici, près de la source des Abatilles, reconnue pour ses qualités thermales, qu'est implanté le centre de thalassothérapie. Vous aimez le shopping ? Très animé toute l'année autour de la très belle halle Baltard, le **centre-ville** fourmille de boutiques aux vitrines soignées. Même effervescence commerçante dans le **quartier du Moulleau,** ce petit coin de ville aux commerces chic et cafés branchés qui reste vivant la journée et jusque tard le soir. Une douce atmosphère teintée d'un vague petit air de Montmartre avec son église, Notre-Dame-des-Passes (XIXe s), qui domine la jetée du Moulleau de son promontoire. Le long de l'allée piétonne qui descend jusqu'au bassin, des terrasses vous tendent les bras : vous n'avez qu'à vous poser et profiter de la fraîcheur estivale.

LE BASSIN D'ARCACHON, PETIT PARADIS DE L'ÉCOTOURISME

❶ Le **bassin d'Arcachon** présente un patrimoine naturel préservé d'une remarquable diversité : dune du Pilat, île aux Oiseaux, cap Ferret, réserve ornithologique, pinèdes, prés salés…

❷ La célèbre **dune du Pilat,** avec 60 millions de mètres cubes de sable, culmine entre 100 et 115 m selon les années – c'est la plus haute d'Europe. Elle a 8000 ans et aurait pris son temps pour se former puisque, au XVIIIe s, elle n'était encore qu'un gros pâté. Absolument unique en son genre, cette immense dune s'étend sur 2,9 km de long et 600 m de large. Incongrue, superbe, elle est un formidable pied de nez à la végétation qui était censée fixer ce sable rebelle. D'une beauté sauvage restée intacte, la dune domine l'entrée du bassin d'Arcachon tel un belvédère : le panorama y est exceptionnel.

❸ Espace sauvage au milieu des parcs ostréicoles, au cœur du bassin d'Arcachon, l'**île aux Oiseaux** sert de refuge aux oiseaux migrateurs. Devenues emblématiques du bassin, les fameuses cabanes tchanquées (de *chanca,* « échasses » en gascon) plantent leurs pilotis dans les eaux. Elles étaient traditionnellement destinées à la surveillance des parcs à huîtres.

❹ Au bout de la presqu'île et aux portes de l'océan, la **pointe du cap Ferret** est coiffée d'un phare de 57 m de haut. Pour jouer à Robinson Crusoé, direction le banc d'Arguin, le plus grand banc de sable du littoral girondin, situé à l'entrée du bassin. Partiellement classé « réserve naturelle », on ne peut y accéder qu'en bâteau. Il se prête aux pique-niques ou à l'observation des oiseaux migrateurs.

❺ Située sur l'une des plus importantes voies migratoires d'Europe, la **réserve ornithologique du Teich** est un espace naturel protégé. Abritant plus de 260 espèces d'oiseaux, elle doit sa richesse naturelle à la diversité des habitats : prairies, forêts de pins, lagunes… On la découvre au fil des observatoires disséminés sur un parcours de 6 km.

LARGUEZ LES AMARRES !

Inoubliable spectacle d'une beauté paisible et sauvage, l'excursion en bateau sur le bassin d'Arcachon est un émerveillement sans cesse renouvelé. Oiseaux, cabanes tchanquées, parcs à huîtres, le cap Ferret et son phare, chapelet de cabanes ostréicoles en bois, pinasses (ces bateaux typiques du coin, utilisés par les ostréiculteurs), dune du Pilat : autant de curiosités au parfum local se mirant dans les eaux plates et scintillantes du bassin.

• bassin-arcachon.com •

Dune du Pilat

PLEIN AIR IODÉ ET DÉGUSTATION

❶ L'environnement d'Arcachon est propice à de multiples **activités nautiques et lacustres** : baignade sur près de 80 km de plages, kayak sur le bassin ou kayak de mer, voile sur le **lac de Cazaux** (le 2e plus grand lac d'eau douce de France, au cœur de la forêt de pins), stand-up paddle (avec planche de surf et pagaie), pêche... On peut aussi descendre la **Leyre** en canoë : cette rivière serpente dans une galerie forestière appelée « Petite Amazonie », avant de se jeter dans le bassin. Quant aux surfeurs et kitesurfeurs, ils prennent la vague océanique du golfe de Gascogne.

❷ Le patrimoine maritime du bassin se découvre aussi à **vélo,** de port en port et de village ostréicole en forêt. Le bassin est parcouru par 220 km de pistes cyclables. Pour les **marcheurs,** le GR® de Pays « Tour du bassin d'Arcachon » emprunte en partie le sentier du littoral et le chemin de Saint-Jacques-de-Compostelle.

❸ Autre expérience à vivre et à savourer, la **dégustation des huîtres locales** dans les cabanes d'ostréiculteurs du cap Ferret. On picorera également crevettes, palourdes et bulots fraîchement pêchés. Ces saveurs iodées s'accordent délicieusement avec un vin blanc du Sud-Ouest.

❹ Alternative authentique pour s'imprégner de l'atmosphère maritime du bassin d'Arcachon, le **« pescatourisme »** permet de découvrir l'activité et les savoir-faire ancestraux des pêcheurs et ostréiculteurs. Au programme, des sorties en mer avec des professionnels.

Village de l'Herbe, **Cap Ferret**

FICHE PRATIQUE

OÙ DORMIR ?

HOME HÔTEL D'ARCACHON

On a craqué pour cet hôtel de charme, installé dans une rue calme, à 40 m de la plage. Tout de bois vêtu, le patio joliment carrelé s'ouvre sur une dizaine de chambres lumineuses. L'ambiance est au naturel avec du bois flotté, des plantes et du papier peint aux motifs de palmiers. Des touches d'exotisme viennent parfaire la déco et apporter de la couleur : un joli tapis, un coussin à figures géométriques, des mosaïques, chaque détail compte. Design et style se mêlent dans une joyeuse harmonie et rendent la maison bien chaleureuse. Une adresse atypique ! Arcachon. • home-arcachon.com •

HÔTEL DE LA PLAGE

Très bien situé, à 100 m du front de mer et du casino, cet hôtel propose une cinquantaine de chambres de bon confort. Si les parties communes affichent un style contemporain, les chambres revendiquent plutôt l'esprit bassin avec murs lambrissés, tons clairs et belles salles de bains. Le bleu y est roi bien sûr ! Billard, salle de fitness en accès libre, location de vélos et, gros plus, un parking. Bon accueil et petit déj aussi bon que copieux. Arcachon. • hotelarcachon.com •

OÙ MANGER ?

L'OYSTER BAR D'OLIVIER LABAN

Ambiance garantie sous la belle halle Baltard, où le producteur d'huîtres Olivier Laban a disposé une poignée de tables hautes pour accueillir ses amateurs d'huîtres. En fonction de l'arrivage, on peut améliorer le menu avec des assiettes de bulots, des crevettes et des gambas, à moins d'opter pour de la terrine. Avec un verre de vin, c'est impeccable pour l'apéro, ou un repas sur le pouce. Dans le marché couvert, Arcachon.

LE PATIO – THIERRY RENOU

Thierry Renou fait partie des grands chefs. De ceux qui offrent dans l'assiette un mélange de savoir-faire, d'amour des produits, de parfums d'ici et de subtiles notes asiatiques, créant surprise et plaisir. Ses compositions graphiques s'admirent, avant d'être dégustées sans hâte dans un intérieur sobre et classe, entre salons chics et patio lumineux coiffé d'une grande verrière. Idéal pour un repas de fête. Arcachon. ☎ 05-56-83-02-72.

AUX DEUX CHÊNES

Ce resto à la déco de villa de plage, avec un coin jardin, propose une bonne cuisine dans la tradition régionale et un joli choix de poissons et de fruits de mer, selon l'arrivage. Accueil sympa et efficace. Le Pyla-sur-Mer. ☎ 05-57-72-00-68.

ACHATS

LA CABANE DE L'AIGUILLON

En bordure des viviers, on s'abrite sous une tonnelle aménagée pour déguster des huîtres tout droit sorties de l'eau. Accueil chaleureux et fraîcheur sans reproche. M. Aloir, l'ostréiculteur, est régulièrement médaillé d'or ou d'argent au Salon de l'agriculture de Paris pour la qualité de ses huîtres. Tout au bout du boulevard Pierre-Loti, Arcachon. ☎ 05-56-54-88-20.

LE CRAKOÏ

Arguin, plates, gillardeau de toute fraîcheur, à emporter. C'est tout petit, mais on peut aussi les déguster sur place, avec un verre de blanc évidemment. 17, rue Saint-François-Xavier, Moulleau-Village. ☎ 06-80-60-85-50.

PÂTISSERIE ALAIN GUIGNARD

Tout simplement délicieux ! Les cannelés sont divins et on revient pour goûter les biscuits (aux pignons notamment) et les pâtisseries. 11, avenue Notre-Dame-des-Passes, Moulleau-Village. ☎ 05-56-54-50-92.

ACCÈS

En train

Liaisons LGV quotidiennes Paris-gare Montparnasse – Bordeaux-gare Saint-Jean (**2h**), puis liaisons TER depuis Bordeaux-gare Saint-Jean.

En voiture

Depuis Paris : **A10** (Paris-Bordeaux).

Depuis Toulouse : **A62** jusqu'à Bordeaux puis **A660**.

Depuis Lyon : **A89** jusqu'à Bordeaux puis **A660**.

En avion

Arrivée à l'aéroport de Bordeaux-Mérignac, puis **45 mn** de route jusqu'au bassin.

AGENDA

JUILLET | Les 18 Heures à la voile d'Arcachon.

Bars à tapas et restaurants dressés sous tente en bordure de plage servent de cadre à la course à la voile des 18 Heures d'Arcachon, qui se déroule le 1er ou 2e week-end de juillet. Animations musicales le long de la promenade en soirée.

AOÛT | Fêtes de la Mer.

Sur deux jours, autour du 15 août, pique-nique géant sur le front de mer, concerts, régate de voile traditionnelle, feu d'artifice tiré sur l'eau... Oh, la belle bleue !

Ainhoa

LE PAYS BASQUE

ET SES VILLAGES AUTHENTIQUES

PATRIMOINE	★★☆☆
GASTRONOMIE	★★★★
NATURE	★★★★
SHOPPING	★★★☆
VIE NOCTURNE	★☆☆☆

NOS INCONTOURNABLES

- Sare et ses grottes
- Le village d'Espelette
- Les plaisirs gustatifs du Pays basque
- La vallée des Aldudes

Le Pays basque, c'est l'histoire d'un subtil et fabuleux mélange entre deux mondes pourtant singuliers : l'océan et la montagne. À peine a-t-on quitté le littoral que nous voilà rendus au cœur d'adorables petits villages montagnards aux maisons pimpantes où le Pays basque nous montre son autre visage, secret, authentique. Quelques petites maisons blanches aux volets rouges ou verts, un clocher qui dépasse, des champs de piment d'Espelette, la montagne en arrière-plan… et des randos au cœur de paysages d'une beauté à couper le souffle. De vrais tableaux !

LA RHUNE, À PIED OU EN TRAIN

INFOS UTILES

❶ **Train de la Rhune**
Col de Saint-Ignace, 64310 Sare.
• rhune.com •

❶ Le nom de la Rhune vient de *larre-dun,* « pâturage » en basque. À 10 km de Saint-Jean-de-Luz, à la frontière avec l'Espagne se dresse **la Rhune,** qui culmine à 905 m d'altitude. C'est sans conteste la montagne la plus connue de la région. Une réputation qu'elle doit à sa proximité avec le littoral, mais aussi à son adorable **train** et à ses **pottocks** (on prononce « pottiock »), ces fameux petits chevaux basques élevés en liberté. Par petits groupes, ils broutent de-ci de-là au beau milieu des collines.

❷ Pour monter tout là-haut, c'est au choix : à pied, il faut compter environ 2h30 de marche aller, au départ de **Saint-Ignace, Ascain** ou **Lehenbiscay.** En train, au col de Saint-Ignace, environ 35 mn. Libre à vous, aussi, de combiner les deux…

❸ Le train, en tout cas, est adorable, avec son chemin de fer à crémaillère. Il assure les voyages depuis 1924 dans un bruit singulier, que l'on entend à des kilomètres à la ronde lorsque l'on randonne dans les monts voisins. Tout là-haut, le panorama sur le Labourd est à couper le souffle, avec la **vallée de la Bidassoa,** la chaîne des Pyrénées et l'océan en toile de fond.

LABOURD : LES VILLAGES DE L'ARRIÈRE-PAYS

❶ **Office de tourisme de Sare**
• sare.fr •

❷ **Maison Ortillopitz**
• ortillopitz.com •

❸ **Grottes de Sare**
• grottesdesare.fr •

❹ **Office de tourisme d'Ainhoa**
• ainhoa-tourisme.com •

❺ **Office de tourisme d'Espelette**
• espelette.fr •

Sare

❶ Dans la vallée de la Nivelle, se blotissent Ainhoa et Sare, aux magnifiques demeures à colombages, et tous deux classés « Plus beaux villages de France ». Niché au milieu des collines, **Sare** est un lieu où les traditions basques restent très vivaces. De splendides demeures des XVIIe et XVIIIe s lui confèrent une belle homogénéité. Le village servit de modèle à Pierre Loti, sous le nom de « Etchezar », pour le cadre de *Ramuntcho*. Ce village, devenu pratiquement mythique, doit beaucoup à Paul Dutournier, ami de Churchill et de Pompidou, conteur infatigable et fou de son pays. Il a fait de Sare, en tant que maire, un petit paradis qui commence à devenir assez fréquenté en été. Seul bémol, l'immobilier n'a cessé de grimper en flèche et les Saratars se sentent un peu dépossédés.

❷ Ne manquez pas la **maison Ortillopitz,** parfait exemple de restauration intelligente d'une maison basque du XVIIe s, conservée dans son état d'origine, y compris les meubles. Chai consacré au cidre, étable, cuisine, chambres, combles, pressoir à pommes, tout a été patiemment nettoyé et ramené à la vie. Le résultat, c'est une visite passionnante, surtout grâce aux commentaires de Jean-Élie Tapia, qui mêle infos techniques, anecdotes et récits historiques. Un régal ! On peut même acheter les tomates du potager (bio).

❸ En direction du col de Lizarrieta, arrêtez-vous aux **grottes de Sare.** Tout en cheminant sur 900 m, on prend une leçon d'histoire sur la mythologie et les origines du peuple basque (selon les travaux entrepris par l'anthropologue José Miguel de Barandiaran). Vraiment intéressant, et même impressionnant si on tombe sur un vol de chauves-souris. Après la visite, une promenade dans le parc mégalithique et le musée retrace l'occupation de la grotte par l'homme, de la préhistoire à nos jours.

Dans la campagne alentour, quelques champs possèdent encore des barrières faites de grandes pierres plates (lauzes) et des bornes en pierre délimitant la frontière avec le Pays basque Sud. Frontière qui a profondément marqué l'histoire du village, longtemps lieu de contrebande... Aujourd'hui encore, le week-end, on monte déjeuner ou s'approvisionner dans les *ventas,* ces auberges-supermarchés postées juste de l'autre côté de la frontière.

❹ **Ainhoa,** bastide fondée au XIIIe s par des moines prémontrés, fut longtemps une importante étape sur la frontière pour les pèlerins en route vers Saint-Jacques-de-Compostelle. Ses **maisons à colombages,** aux volets rouge et vert et aux étages en encorbellement, donnent à la rue principale un remarquable cachet. Prenez le temps de vous promener parmi les fleurs en détaillant les linteaux des portes. Ils racontent l'histoire de ces bâtiments et de leurs propriétaires. Évidemment classé parmi les « Plus beaux villages de France » !

❺ Comment passer à côté d'**Espelette** et de son piment ? Cette plante désormais emblématique du pays et cultivée par une centaine de producteurs autour d'Espelette, dans la vallée de la Nive, bénéficie d'une AOP. Le **piment** tient une place essentielle dans la gastronomie basque : on le retrouve dans toutes les spécialités locales, de l'*axoa* à la piperade, en passant par le *marmitako* ou la morue biscayenne. Évidemment, le piment d'Espelette n'a rien à voir avec les autres. Son goût est fin et savoureux, donc pas besoin de litres d'eau pour s'en remettre ! Son origine reste un peu mystérieuse. On ne sait pas très bien comment ce condiment américain est arrivé ici ; peut-être à l'initiative d'un des barons d'Ezpeleta qui furent vice-rois du Mexique ou de Colombie ? Qu'importe, c'est la terre et le climat d'Espelette qui ont fait le piment ! Ils sont le principal attrait de la grande fête de fin octobre, devenue véritable foire gastronomique, avec chants basques pour pimenter encore plus l'atmosphère. Si la poudre rouge a remplacé le poivre sur toutes les tables, on n'en finit plus de découvrir, dans les boutiques, les produits dérivés du piment : confiture, bonbons, gelée, crème, chocolat, moutarde même au coulis de piment, sans oublier le vinaigre ou l'huile parfumée. Vous l'avez compris, Espelette se visite les yeux et le porte-monnaie grands ouverts.

Récolte des piments, **Espelette**

EN BASSE-NAVARRE : SAINT-ÉTIENNE-DE-BAÏGORRY ET LA VALLÉE DES ALDUDES

❶ **Pierre Oteiza**
Les Aldudes, route d'Urepel.
• pierreoteiza.com •

❷ **Vallée des Aldudes**
• vallee-aldudes.com •

❶ La Basse-Navarre n'est connue sous ce nom que depuis 1512. Auparavant, ces terres, dépendant du royaume de Pampelune, s'appelaient *merindades de ultrapuertos,* les « régions au-delà des cols ». La Basse-Navarre est aujourd'hui le royaume des randonneurs et des amoureux de la vie à la campagne et au grand air. Passé le bourg sympathique de **Saint-Étienne-de-Baïgorry** et son magnifique pont du XVIIe s, puis le vignoble d'Irouléguy, on entre dans la **vallée des Aldudes.** Majestueuse, la nature est marquée par d'épaisses forêts verdoyantes. C'est ici même que les fameux **porcs basques de Pierre Oteiza** se baladent en liberté dans la montagne (un sentier de découverte du porc pie noir de 1h30 a d'ailleurs été mis en place).

❷ Sur la route, plusieurs villages authentiques : **Banca** (rendez-vous à *La Truite de Banka* pour déguster leurs très réputés filets fumés au bois de hêtre), **Aldudes** (jolie place) et, au bout du bout de la vallée, **Urepel.**

Le coin est propice aux randonnées. Au départ d'Urepel, dernier village de la vallée qui vaut le détour pour son impression indicible de bout du monde, l'une d'elles mène au **col d'Hauzay.** Là-haut, on se sent véritablement en paix, face à la majesté des montagnes. La forêt est vierge, originelle, à peine dérangée par la main de l'homme. Il faut dire qu'à part des troupeaux de brebis et, de temps en temps, un berger occupé à les rassembler, on ne croise pas grand monde, et c'est magique ! Dans la **vallée des Aldudes,** bon nombre de fermes ouvrent leur porte pour faire déguster de fabuleux produits on ne peut plus locaux, comme le fromage de brebis.

Vallée des Aldudes, **Esnazu**

FICHE PRATIQUE

ACCÈS

En train

Liaison Paris-gare Montparnasse – Bayonne (**4h**).

En voiture

Depuis Bayonne le long des **D918** et **D932**.

En avion

Paris – Biarritz-Pays basque en **1h30**.

AGENDA

OCTOBRE | Fête du Piment.

Une des plus belles fêtes du Pays basque, le dernier week-end d'octobre, à Espelette. Arriver à l'aube pour avoir une chance d'entrer dans l'église et d'assister à la messe en basque et à la bénédiction des piments. S'ensuit la procession des confréries, puis de grands banquets champêtres. Grande foire gastronomique dans le bourg.

OÙ DORMIR ?

MAISON OLHABIDEA

Cette belle maison labourdine du XVIe s, nichée au cœur d'un grand jardin, est tenue par Jean et Guillaume Fagaoga. La somptueuse entrée avec galerie ouvre sur un salon douillet, avec bibliothèque et cheminée. Un confort de cottage anglais, où règne un calme sans égal. À table, le menu, proposé en direct par le chef, change tous les jours. Cuisine toute de saveurs et de précision, privilégiant les produits locaux et les légumes du potager. Et le matin, la terrasse permet le petit déj au soleil, l'œil sur les montagnes... À 2 km de Sare. • olhabidea.fr •

OÙ MANGER ?

ITHURRIA

Une grande maison labourdine typique du XVIIe s, chic et confortable. *Ithurria* reste, les années passant, une table emblématique du Pays basque ; celle des commémorations et des dimanches en famille, indémodable et intemporelle, avec cochon, palombes et gibier (en saison). Les chambres possèdent balcon ou loggia ; à l'arrière, beau jardin, piscine, salle de sport et sauna pour perdre les calories gagnées à table. Place du Fronton, Ainhoa. • ithurria.com •

HÔTEL EUZKADI

Dans l'une des plus belles maisons d'Espelette. Présente depuis 5 générations, la famille Darraïdou déniche et remet au goût du jour de vieilles recettes campagnardes comme le *tripoxa* (boudin de veau ou de mouton servi avec une sauce tomate au piment) ou encore l'*eltzekaria* (soupe de légumes). Derrière le resto, agréable jardin, avec terrasse au calme et piscine. Chambres coquettes, très confortables, avec un ascenseur. Bar très sympa. Espelette. • hotel-restaurant-euzkadi.com •

HÔTEL ARCÉ

L'ancien repaire de contrebandiers est aujourd'hui la plus luxueuse auberge de la vallée, dirigée depuis 4 générations par la famille Arcé (1864). Grande terrasse ombragée et fleurie. Aux beaux jours, seul l'écoulement du sage torrent couvre le bruit des fourchettes. Grande salle à manger à la blancheur immaculée. Belle carte, gourmande en diable. Piscine splendide avec le cirque de montagnes en fond. Saint-Étienne-de-Baïgorry. • hotel-arce.com •

ACHATS

MAKHILA AINCIART-BERGARA

Le premier et l'un des derniers fabricants du bâton de marche traditionnel basque. Cette famille le fabriquait déjà avant 1789. Bien sûr, entièrement fait à la main, suivant un rituel très précis, ainsi que vous le découvrirez en visitant cet atelier inscrit à l'inventaire des Métiers d'art rares. Larressore. • makhila.com •

LARTIGUE

Chez Lartigue, on tisse du linge basque depuis 1910. Avant de fouiner dans la belle boutique, vous pourrez visiter l'atelier et ses métiers à tisser automatiques. Ascain. ☎ 05-59-26-81-81. • lartigue1910.com •

CHARCUTERIE LOUIS OSPITAL

Ouverte dans les années 1970, la boucherie Ospital est une histoire de passion. Artisanat, travail bien fait et qualité irréprochable sont les fondations sur lesquelles a été bâtie l'affaire, et sur laquelle elle repose encore aujourd'hui. 47, rue Jean-Lissar, Hasparren.

CHOCOLATERIE LAIA

Pas mal de choix : pâte à tartiner bio, pralinés et ganaches diverses, orangettes et citronnettes, *ardi babak* (noisettes caramélisées et enrobées praliné et cacao), etc. Dégustation de chocolat chaud à l'ancienne. Rue de l'Église, Saint-Étienne-de-Baïgorry. • laia.fr •

LA TRUITE DE BANKA

Voilà une truite bien élevée : en eaux vives, de manière artisanale, et fumée au bois de hêtre. Il faut 1 an pour une truitelle et jusqu'à 4 ans pour une truite. On comprend mieux la chose en se promenant dans les viviers, alimentés par une source de montagne, ou en visitant l'intéressante petite expo qui explique tout le processus d'élevage. Boutique, bien sûr. Route des Aldudes. • truitedebanka.com •

les Arcades

Rives du Lot, **Espalion**

HOTEL L'ORQUE BLEUE
HOTEL
BROCHETTES
ST 347577A

SÈTE

SOUS LE SOLEIL EXACTEMENT

PATRIMOINE	★ ★ ★
GASTRONOMIE	★ ★ ★
NATURE	★ ★ ★ ★
SHOPPING	★ ★ ★
VIE NOCTURNE	★ ★

NOS INCONTOURNABLES

- Le musée de la Mer
- L'Espace Georges-Brassens
- Le MIAM
- Le musée Paul-Valéry

Sète... à vous de choisir comment aborder cette cité maritime de (fort) caractère. Sète est sortie du sable, il y a 350 ans, pour protéger les navires du Roi-Soleil et relier le canal du Midi à la Méditerranée. Le plus dur n'est pas d'y arriver, par voie de terre ou par la mer, mais d'y circuler, aux beaux jours. Sète à vivre, à goûter, à voir surtout, car l'art est chez lui dans les rues et même dans les musées qui, comme les cimetières, ici, ne sont jamais tristes. On vient à Sète pour le charme du port et des canaux, du mont Saint-Clair, pour les plages de la Corniche et de Villeroy, pour se régaler (de poisson notamment), pour les musées et les quelques lieux animés le soir. On vient à Sète parce qu'on aime cette ville et son atmosphère unique.

SÈTE, SCÈNE D'INSPIRATION

De Paul Valéry à Agnès Varda, de Jean Vilar à Georges Brassens, d'Hervé Di Rosa à Robert Combas, ils sont nombreux à avoir pris Sète pour modèle, à l'avoir chantée, peinte, filmée. Nombreux aussi à puiser dans sa lumière, ses odeurs, ses saveurs, la gouaille de ses habitants, l'énergie créatrice nécessaire. Chacun persuadé d'avoir trouvé ici SA muse.

❶ Photogénique, Sète ? N'en doutez pas. Il n'y a qu'à regarder sa filmographie. Et cela ne date pas d'hier : déjà, en 1937, **Julien Duvivier** y tournait *Pépé le Moko,* avec Gabin ! **Agnès Varda** y tourna son premier film, précurseur de la Nouvelle Vague, durant l'été 1954 : *La Pointe courte,* hommage à ce village de pêcheurs retranché, petit Sète à l'abri de Sète, qui tourne le dos à la Méditerranée et résiste au tourisme de masse. Né à Sète, un mouvement, à la fois populaire, juvénile et pictural, a bouleversé au début des années 1980 le monde de l'art : la nouvelle **école de Sète,** avec **Robert Combas,** bien sûr, et les **frères Di Rosa,** peintres et sculpteurs partout reconnus, parlant haut et fort et faisant monter la tension et les prix du marché.

❷ Sète, c'est six musées, dont certains à ciel ouvert, deux théâtres, une douzaine de festivals et des concerts à la pelle, des expos à foison... Il se passe toujours quelque chose à Sète, en toute saison. Si New York a son MoMA, Shanghai son MoCA, Sète, en toute modestie, a son **MaCO** (musée à Ciel ouvert) pour les fans de street art. On applaudit des deux mains l'initiative lancée en 2008 par le festival K-Live de street art. Chaque année, l'artiste vedette du festival laisse une œuvre sur les murs de la ville. Résultat : un parcours d'une dizaine d'œuvres, dont celles de M. Chat, Epsylon Point, L'Atlas, Chanoir, C215, KASHINK... Que des grands noms du street art. Ouvrez l'œil !

INFOS UTILES

❶ **Julien Duvivier**
1896-1967.

Agnès Varda
1928-2019.

❷ **MaCo**
• tourisme-sete.com/musee-a-ciel-ouvert-maco-sete.html •

❸ MIAM
23, quai Maréchal-de-Lattre-de -Tassigny.
• miam.org •

❸ Ne manquez pas le **MIAM,** le musée international des Arts modestes, sur les quais. Un vrai régal, où l'on croise les Shadocks ou d'autres témoins du même genre de l'inventivité des hommes, qui attestent de cet art de la survie (car, de temps à autre, l'expo du moment vire au noir absolu). Une fois passé la porte de cette caverne d'Ali Baba, on découvre les caravanes de Di Rosa, pleines de bouddhas clignotants, de Goldorak, de jouets africains, de petits Jésus en plastique, ainsi que des expositions temporaires, toujours surprenantes, voire décoiffantes. Au 2e étage, les vitrines de Belluc sont remplies d'un bric-à-brac délirant constitué d'objets des années 1950-1960, aussi hétéroclites qu'inutiles. Un musée bien vivant, pour les vivants, qui met en appétit !

SÈTE, SANS MODÉRATION

❶ Musée Paul-Valéry
148, rue François-Desnoyer.
• museepaulvalery-sete.fr •

❷ Espace Georges-Brassens
67, boulevard Camille Blanc.
• espace-brassens.fr •

❸ Café Le Social
35, rue Villaret-Joyeuse.

❶ Sur l'un des flancs du **mont Saint-Clair,** qui domine la ville du haut de ses 182 m, le **musée Paul-Valéry** rend hommage à ce grand poète sétois, mais aussi à d'autres artistes, avec sa belle collection de peintures. L'endroit est sublime, surtout la vue sur la Méditerranée et le **cimetière marin.** Un lieu célébré par Paul Valéry – « Midi le juste y compose de feux / La mer, la mer, toujours recommencée ! » – dans le poème qui porte son nom.

❷ Sur le boulevard extérieur, on vient écouter le grand Georges, dont la voix nous sert de passerelle entre le monde d'hier et d'aujourd'hui, à l'**Espace Georges-Brassens,** pour une rencontre, un moment d'émotion, un instant d'intimité rare avec l'auteur de *La Mauvaise Réputation* et des *Copains d'abord* avant d'aller le saluer au cimetière voisin. Le **musée de la Mer,** situé en balcon sur la Méditerranée, retrace l'histoire du port de Sète depuis le XVIIIe s, de la pêche et des fameuses joutes. Il abrite aussi la collection de maquettes de bateaux d'André Aversa, qui a voué sa vie à la charpenterie de marine. Un petit mais bel espace, une bien jolie vue – de circonstance, étant donné l'objet du musée – et une muséographie contemporaine qui raconte la vie des marins d'autrefois.

❸ Mais pour la goûter vraiment, cette vie-là, il faut monter dans le **quartier Haut** : un quartier bâti au XVIIe s pour abriter les travailleurs du môle et resté dans son jus, avec ses petites maisons toute simples à deux étages, très colorées, et leur balcon face à la mer. Le **Café Social** accueille le siège de la *Jeune Lance sétoise,* une des grandes sociétés de joutes locales. Une ambiance de quartier sympathique et populaire.

Cimetière marin

Fête de la Saint-Louis, **joutes sètoises**

❶ Tournois de joutes
De mi-juin à mi-septembre.
• tourisme-sete.com/joute-nautiques-fete-tradition.html •

CAPITALE DES JOUTES

❶ Les **tournois de joutes** sont une tradition qui remonte au Moyen Âge : pour tromper leur ennui avant de partir pour les croisades, soldats et matelots montaient sur de légères embarcations et se combattaient.

Le jour de la Saint-Louis, autour du 25 août (Louis IX est mort pendant les croisades), les rouges et les bleus s'affrontent en tournois singuliers. Le règlement de ce sport est fort complexe : pas moins de 20 articles dont on vous épargnera la liste, sans compter les variantes lyonnaises et parisiennes. En résumé, sur la *tintaine*, sorte d'échelle à l'arrière des barques, le jouteur – ou « chevalier de la tintaine » –, habillé de blanc, armé d'une lance et protégé d'un pavois (bouclier ou écu), croise le jouteur de l'équipe adverse qu'il doit envoyer à l'eau ; on dit « le tomber ». Pas n'importe comment, avertissements et disqualifications pleuvent !

Le tout se déroule dans une ambiance pittoresque au son des fanfares, vieux hautbois et tambours, installés sur les barques. Les villes se rencontrent pour des championnats très sérieux où la troisième mi-temps est copieusement arrosée.

ON PASSE À TABLE !

❶ Il existe une cuisine proprement sétoise, issue d'une longue tradition de bien manger et d'un mélange de cultures unique. Languedocienne et méditerranéenne, riche d'apports italiens et nord-africains, forte de bons produits (huîtres et moules de Thau, picpoul mûri sur le lido, poisson bien sûr mais aussi fromages, charcuterie, vins, fruits et légumes de l'arrière-pays)… Et quelques spécialités magnifiques, à commencer par la fameuse **tielle** (tourte au poulpe et à la sauce tomate relevée) qui résume à elle seule l'histoire de Sète, puisque les *mamme* italiennes la confectionnaient avec la part du matelot (personne ne voulait des poulpes à l'époque) et un fond de pâte à pain qu'elles tapissaient avec la sauce tomate préparée à leur façon.

❷ Parmi les autres plats qui sont la fierté de la ville : sardines à l'escabèche, seiche « à la sétoise », *piste* de moules ou petits calamars, *poulpita* aux olives noires, loup en gibelotte… Typiques, aussi, les encornets et moules farcis, ainsi que les poissons à l'eau-sel, autre recette que l'on doit aux pêcheurs sur leurs bateaux, utilisant les restes de la pêche pour faire un genre de bouillabaisse « blanche », avec des pommes de terre cuites dans un court-bouillon très relevé. Sans oublier la sacro-sainte **macaronade aux brageoles,** de gros macaronis farcis avec des alouettes sans tête, des saucisses et de l'échine de porc, servis avec une vraie bonne sauce tomate et du parmesan. Une préparation typiquement sétoise, populaire et familiale. À Sète, si vous voulez du typique, vous allez être servi !

Tièles de Sète

FICHE PRATIQUE

ACCÈS

En train

Sète est desservie par le TGV et le TER. **3h40** depuis Paris, **2h** depuis Marseille et Toulouse.

En voiture

A9 ou **A75**, sortie Sète/Balaruc-les-Bains. **2h** depuis Toulouse et Marseille (par l'**A9**) ; **2h30** depuis Lyon, Grenoble et Nice (par l'**A9**) ; **3h30** depuis Clermont-Ferrand (par l'**A75** et le viaduc de Millau).

AGENDA

Surveillez la programmation, toujours riche et surprenante, ininterrompue de mi-juin à fin août

• tourisme-sete.com •

JUIN | Quand je pense à Fernande.

Pointures de la chanson française.

Festival K-Live.

JUIN-AOÛT |

Festivals d'été au théâtre de la Mer.

JUILLET | Worldwide Festival.

Un festival électro, début juillet.

Sunsete Festival.

Festival de cinéma, début juillet.

Jazz à Sète.

Festival de jazz, mi-juillet.

AOÛT | Fiesta Sète.

Musiques du monde.

Demi-Festival.

Consacré au hip-hop, mi-août.

OÙ DORMIR ?

LE GRAND HÔTEL

Spacieux, meublé d'époque en partie, ce *Grand Hôtel* bâti dans les années 1880 a conservé son charme Louis-Philippe et grand bourgeois tout en se mettant au goût du jour. Ses chambres climatisées, articulées autour du patio central protégé par une verrière, font preuve d'originalité dans la déco, tandis que les ferronneries modernes du resto (le *Quai 17*), aux allures de néobistrot branché, sont bien dans l'esprit du temps. 17, quai de Tassigny. ☎ 04-67-74-71-77. • legrandhotelsete.com •

L'ORQUE BLEUE

Sur les quais, une maison du XIXe avec de l'allure : façades à moulures, colonnades dans le hall d'entrée... S'il reste encore un peu de boulot niveau rénovation, la maison s'affiche, dans l'ensemble, plutôt déco (boutique d'objets d'ailleurs, au rez-de-chaussée). Évidemment, les chambres les plus courues donnent sur le canal. L'arrière est plus tranquille. Excellent accueil. 10, quai Aspirant-Herber. • hotel-orquebleue-sete.com •

OÙ MANGER ?

TERRE ET MER

Une des meilleures adresses sétoises. C'est le mariage d'un Aveyronnais avec une Sétoise qui a enfanté cette réussite dans un lieu à priori pas très glamour, au pied d'un ensemble d'immeubles modernes. Alliance étonnante du foie gras et du poisson, de l'imagination et du réalisme, autour d'une cuisine de jeune chef plutôt brillante. À ne pas rater. Terrasse, en retrait de la circulation. Place du Souras-Bas. ☎ 04-67-74-49-43.

HALLES ET MANGER

La chef fait des « halles et retours » avant de s'installer dans sa cuisine ouverte pour concocter des plats d'une évidente fraîcheur et souvent pleins d'inventivité. La maison organise d'ailleurs des cours de cuisine, avec Joe le Cooker : ces gens-là, en plus d'être très accueillants, sont les champions du monde du jeu de mots ! Très chouette carte des vins, strictement régionale. Et même des concerts de temps en temps. 6, rue de Metz. Dans les Halles. ☎ 06-62-82-55-22.

BRASSERIE DES ARTS – MUSÉE PAUL-VALÉRY

Une adresse qui permet de prendre un peu de hauteur pour capter l'air frais ; compter 15 mn à pied de la mairie. La belle terrasse, agrémentée de bassins et de verdure, donne sur la mer. On s'y attable, on grignote sur le pouce (dos de thon, pavé de bœuf, turbot sauvage...) ou on se contente d'y boire un verre, accompagné d'une douceur. Rue François-Desnoyer. ☎ 04-99-02-36-92.

ACHATS

BISCUITERIE POUGET

Adresse 100 % sétoise, qui se mérite (la façade de l'immeuble est sans intérêt). Entrez, les effluves de madeleines, de biscuits vous guideront. Jean-Marie et Marie-Thérèse Fabre ont repris cette biscuiterie créée en 1913. Dans la plus pure tradition d'autrefois, ils confectionnent chaque jour des navettes, des madeleines au chocolat et autres délices. 47, quai de Bosc. ☎ 04-67-74-72-38.

PARADISO

Alain Cianni, l'homme au bandana, vous racontera entre deux fournées l'histoire de sa grand-mère, Adrienne Verducci, qui fut la première à commercialiser la tielle. 11, quai de la Résistance. ☎ 04-67-74-26-48.

BOUTIQUE AZAÏS POLITO

Soupe de poisson Label Rouge, rouille à la sétoise, tapenade, brandade, tous les produits de la dernière conserverie de Sète, fondée en 1963 (qui, installée dans le parc aquatechnique, peut se visiter). 13, rue de Bruxelles. ☎ 04-67-51-89-89.

Sous les arcades, place du Capitole, **Toulouse**

TOULOUSE

ET SES SECRETS SÉCULAIRES

PATRIMOINE	★★★★
GASTRONOMIE	★★★★
NATURE	★★★
SHOPPING	★★★
VIE NOCTURNE	★★★★

NOS INCONTOURNABLES

- La place du Capitole
- Les hôtels particuliers
- La basilique Saint-Sernin
- La Cité de l'Espace

Capitale de la région Occitanie, Toulouse véhicule l'image d'une ville dynamique, à la tête d'industries et technologies performantes et empreinte d'une douceur de vivre, au diapason de toutes les variétés de roses qui teintent la cité. Nougaro, dans son enthousiasme poétique pour sa ville, nous avait déjà fait respirer l'air de quelques quartiers. Un « air » resté dans toutes les mémoires... Toulouse est une ville assurément humaine et agréable. Au centre-ville, au fil de romantiques promenades, on découvre d'admirables églises, un lacis de ruelles charmantes, des édifices somptueux, une merveilleuse architecture, un riche patrimoine historique qui n'a pas sacrifié à un modernisme forcené. Quelques moments magiques de calme et de poésie urbaine...

LA VIE EN ROSE

INFOS UTILES

❶ **Office de tourime de Toulouse**
Donjon du Capitole, square Charles-de-Gaulle.
• toulouse-tourisme.com •

❶ Un coup de blues ? Cap sur **Toulouse** ! La « Ville rose » doit son surnom à son architecture en brique de terre cuite. Un rose dont Toulouse décline toutes les nuances, les teintant, selon l'heure ou le lieu, d'ocre ou de rouge. Haute en couleur, la 4e ville de France, qui attire 15 000 nouveaux arrivants chaque année, est une ville où il fait bon vivre.

❷ Bonne nouvelle pour le visiteur : Toulouse se parcourt à pied, les distances n'étant jamais très grandes. D'ailleurs, entre les sens interdits et les rues minuscules, il est presque impossible de s'y garer, et difficile d'y circuler en voiture. Commencez votre balade par la célèbre **place du Capitole,** siège du pouvoir municipal et lieu de rassemblement des Toulousains. Son élégante et harmonieuse façade à colonnes et pilastres, longue d'environ 130 m, fut édifiée en 1750 par Guillaume Cammas. Dans la cour, vous apprécierez le remarquable portail Renaissance surplombé d'une statue d'Henri IV, considérée comme une des seules sculptées de son vivant. Spectacle assuré à toute heure de la journée.

❸ Du Capitole s'élance l'entrelacs des ruelles animées qui font le **vieux Toulouse,** comme la commerçante rue Saint-Rome ou la rue du Taur, avec ses façades colorées. La vieille ville regorge d'édifices somptueux, d'admirables églises, de petites places et de ruelles qui font penser à un gros village, mais aussi d'hôtels particuliers préservés : eh oui ! Toulouse détient le record de France du nombre d'**hôtels particuliers** du XVIe s. Un patrimoine hérité de l'âge d'or du commerce du pastel, plante tinctoriale donnant du bleu. À l'époque, les riches Toulousains se faisaient construire de véritables palais de brique en plein centre, souvent surmontés d'une tour.

❹ Ils se trouvent notamment dans le très chic **quartier Saint-Étienne.** Levez les yeux, observez l'ornementation des façades, traquez les caryatides...

❺ L'**hôtel d'Assézat,** daté de 1555-1557, est peut-être le plus bel hôtel de l'époque du pastel. Son propriétaire, Pierre d'Assézat, ne put l'achever à cause, entre autres, de l'effondrement du commerce de ce matériau. De style Renaissance classique, équilibré et harmonieux, ses trois étages sont rythmés de colonnettes de styles dorique, ionique et corinthien. Tour de capitoul, loggia à l'italienne et superbe coursière sur anse de panier, portée par des consoles richement sculptées. Il abrite aujourd'hui un musée fort intéressant : la **Fondation Bemberg.** Bemberg était un héritier argentin dont la famille fit fortune dans le chemin de fer, la banque et l'immobilier. Au fil des ans, il réunit une exceptionnelle collection privée des XVIe-XVIIIe s, aujourd'hui exposée dans ce superbe lieu.

Vous n'avez pas fini de vous émerveiller !

LA SAINTE TRILOGIE TOULOUSAINE

❶ **Basilique Saint-Cernin**
Place Saint-Sernin.
• basilique-saint-sernin.fr •

❷ **Couvent des Jacobins**
Place des Jacobins.
• jacobins.toulouse.fr •

❸ **Couvent des Augustins**
21, rue de Metz.
• augustins.org •

❶ Joyau de la cité, la **basilique Saint-Sernin,** cette « fleur de corail que le soleil arrose » (Nougaro), domine le vieux Toulouse du haut de son clocher octogonal à cinq étages. C'est autour de 1070 que l'on entreprend la construction de cette prestigieuse église. Les architectes avaient vu grand. En effet, de par sa situation sur la route du pèlerinage à Saint-Jacques-de-Compostelle (la *via Tolosa*), les dimensions de Saint-Sernin sont avant tout motivées par le passage des pèlerins qui viennent prier les nombreuses reliques qu'abrite déjà l'église. L'ensemble n'est terminé qu'à la fin du XIIIe s. C'est aujourd'hui le plus grand édifice roman conservé et l'une des plus belles églises de France. Ses proportions parfaites, en forme de croix, en font un modèle du genre : une longueur de 115 m, un transept de 64 m et une hauteur de 21 m sous voûte. Rien de moins.

❷ Non loin de Saint-Sernin, le **couvent des Jacobins** illustre à merveille l'art gothique languedocien. Cette forteresse religieuse, érigée aux XIIIe et XIVe s, semble tutoyer les nuages. Le chanoine espagnol Dominique de Guzman, de passage à Toulouse, s'y installe et fonde, en 1215, une communauté de religieux : les Dominicains. Il s'agit d'un ordre mendiant, mais aussi d'un ordre prêcheur, ce qui explique l'utilisation de la brique (matériau simple et pas cher) et l'édification d'une église au volume unique et vaste (pour le partage de la parole). Ce couvent est donc leur première grande construction. Au début du XIIIe s, c'est la montée de l'« hérésie » cathare. Lorsque le pape demande aux Dominicains, pédagogues et bons orateurs, de prendre part à la lutte contre le catharisme et à l'Inquisition, il faut alors symboliser la puissance de l'Église. Le premier édifice, charpenté et bas, est gentiment agrandi. On choisit de doubler sa hauteur pour rappeler la force de ce pouvoir. C'est ainsi que ce bijou vit le jour. Dans son cloître, des concerts sont régulièrement organisés.

❸ Autre site religieux exceptionnel, le **couvent des Augustins,** installé dans un monastère des XIVe et XVe s, est devenu à la Révolution française un musée. Cet ensemble conventuel s'élève dans un style gothique méridional majestueux. Le musée, quant à lui, fut créé pendant la Révolution grâce à Condorcet et à l'abbé Grégoire. C'est l'un des plus anciens musées de France (en grande partie consacré à la sculpture médiévale) et l'un des rares ensembles conventuels qui ne furent pas entièrement détruits. Il abrite aujourd'hui un riche ensemble de sculptures médiévales et de peintures (XVe-XIXe s). En rénovation, il rouvrira fin 2020.

APRÈS LA RESTAURATION, VIVE LA « DÉRESTAURATION »

Tout Saint-Sernin était menacé par l'infiltration et les corniches se désintégraient. Pour la première fois en France, on décida de « dérestaurer » le travail de Viollet-le-Duc pour revenir à l'état antérieur. Bien vu ! La suppression des enduits et des peintures du XIXe s favorisa la mise en valeur du bel appareillage de pierre et de brique. Grâce à ce retour en arrière, Saint-Sernin a retrouvé la simplicité architecturale qui fut la sienne durant des siècles.

Le clocher du couvent des Jacobins

La Cité de l'Espace

MÊLER L'UTILE À L'AGRÉABLE

❶ **Muséum**
35, allée Jules-Guesde.
• museum.toulouse.fr •

❷ **Jardin des plantes**
31, allée Jules-Guesde.

❸ **Musée des Abattoirs**
76, allée Charles-de-Fitte.
• lesabattoirs.org •

Château d'Eau
1, place Laganne.
• galeriechateaudeau.org •

❹ **Cité de l'Espace**
Avenue Jean-Gonord.
• cite-espace.com •

❺ **Quai des Savoirs**
39, allée Jules-Guesde.
• quaidessavoirs.fr •

Aeroscopia
1, allée André Turcat.
• musee-aeroscopia.fr •

❶ Deuxième musée d'histoire naturelle de France, le **Muséum** possède une collection de plus de deux millions de pièces, dont un impressionnant squelette de *Quetzalcoatlus northropi* qui « accueille » le visiteur. C'est l'un des établissements de culture scientifique le plus visité et le plus important d'Europe (2,5 millions de pièces). Situé au bord du Jardin des plantes et réalisé par l'architecte Jean-Paul Viguier (concepteur notamment du pavillon de la France à l'Expo universelle de Séville), il s'étend sur 6 000 m².

Le musée s'inscrit dans une recherche muséographique moderne, qui n'a plus pour seule vocation d'exposer de vieilles reliques et des os de dinosaures, mais de transmettre un savoir, de faire comprendre les liens qui unissent l'homme, la nature et l'environnement. La présentation donne une dimension féerique, poétique et onirique aux collections de fossiles, de minéraux, de végétaux, etc. La visite s'articule autour d'un parcours scientifique sur les relations « homme-nature-environnement », parcours que l'on suit librement, comme une histoire, celle de la Terre et du vivant, avec ses évolutions et ses catastrophes naturelles.

❷ En sortant, déambulez dans le **Jardin botanique** (2 500 espèces) et passez par le **Jardin des plantes.** D'une superficie de 3 ha, ils proposent l'Ombrière, l'étang naturel préservé et les « Potagers du Monde », soit huit carrés de cultures différentes selon les régions du monde. *La Noria* est un sympathique restaurant qui sert une cuisine goûteuse accompagnée par le chant des grenouilles. Traversez-le pour rejoindre le jardin du Grand-Rond et longer le canal du Midi, de ponts en écluses. Ce n'est plus la Ville rose, mais la Ville verte.

❸ Populaire et cosmopolite, le **quartier Saint-Cyprien,** rive gauche, attire aujourd'hui une population jeune et branchée. Le **musée des Abattoirs,** consacré à l'art moderne et contemporain, y est sans doute pour beaucoup. La collection, qui tourne régulièrement, est constituée d'environ 2 500 œuvres : peintures, dessins, gravures et photographies de la seconde moitié du XXe s, traversant des courants nés de la Seconde Guerre mondiale aux États-Unis, en Europe ou en Extrême-Orient, avec une inclination pour des artistes hispaniques et italiens. Autre lieu unique, le **Château d'eau** est aujourd'hui consacré à la photographie. Jean Dieuzaide, futur directeur de la galerie, photographe réputé, tomba amoureux du « phare » et n'eut de cesse d'obtenir des autorités de le transformer en galerie photographique. Inauguré en 1974, le Château d'eau a acquis une réputation internationale.

❹ Enfin, ne manquez pas la **Cité de l'Espace,** un parc entièrement consacré à l'aventure spatiale. Il était assez évident, dans la ville de l'aérospatiale, de créer ce parc de découverte de l'espace et de l'astronomie, qui fait d'ailleurs souvent parler de lui lors de grands événements spatiaux et astronomiques comme la Nuit des étoiles, le suivi du robot Curiosity sur Mars, l'atterrissage de *Philae* de la mission Rosetta, etc. Des attractions interactives basées sur une réalité scientifique, des animations amusantes, des salles de spectacle, des lieux d'observation font de la Cité un site vivant, ludique et intelligemment didactique. Tout cela servi par une remarquable muséographie qui mise sur les sensations et l'immersion. Passionnant, même pour les néophytes, c'est le cours de sciences rêvé !

❺ Forte de son identité scientifique et technique, Toulouse se positionne comme un lieu de référence en matière de culture scientifique grâce à de nombreuses initiatives destinées au grand public. À proximité du Muséum, le **Quai des Savoirs** est un espace de vulgarisation de la connaissance scientifique. De l'autre côté de la ville, à Blagnac, **Aeroscopia** offre un parcours de découverte sur l'histoire, les techniques et les savoir-faire aéronautiques.

PLACE À LA FÊTE

❶ Il serait dommage de s'arrêter dans la Ville rose sans venir flâner le long de sa rive droite. Faites tout simplement comme de nombreux Toulousains, qui, dès les premiers rayons de soleil un peu chauds, lézardent sur les berges enherbées du fleuve ou s'installent à la terrasse d'un café sur la **place de la Daurade** ou **place Saint-Pierre.** Quand le ciel est dégagé, on aperçoit même les Pyrénées.

❷ Lorsque le soleil se couche, les belles demeures bourgeoises du **quai Lucien-Lombard,** entre le pont Saint-Pierre et le Pont-Neuf, s'embrasent et prennent des couleurs orangées, ocre ou roses bien sûr. Installez-vous sur la **place de la Daurade,** une place pour faire craquer les amoureux, avec son ancien port, ses petites maisons pimpantes et la dernière demeure à colombages, sous laquelle s'est installé le très joli *Café des Artistes,* pour prendre l'apéro, en regardant le soleil décliner sur le fleuve. Elle est pas belle, la vie ?

❸ Avec plus de 100 000 étudiants, Toulouse est une ville festive, et pas seulement les soirs de matchs de rugby. De bar en bar, de bodega en bodega, la Ville rose prend des airs de Barcelone. Il y a du monde, et jusque tard.

❹ Pour commencer la soirée, rien de tel qu'un apéro en terrasse sur les **places du Capitole, de la Trinité ou Saint-Georges.** Pour la fête, rendez-vous sur la **place Saint-Pierre,** avec ses bars QG des étudiants *(Le Saint des Seins, Chez Tonton, La Couleur de la Culotte...)* : ambiance remuante de 3e mi-temps.

❺ L'atmosphère est très animée, mais plus délicate, dans la **rue Gabriel-Péri,** où l'on se retrouve volontiers pour un verre au *Télégramme* ou à *La Maison.* À noter : une super salle de concert, le *Connexion,* en accès gratuit presque tous les soirs.

❻ Tout le monde est couché ou presque... Et si vous alliez admirer la Ville rose ? La nuit, grâce à des **jeux d'éclairage,** les quartiers, les monuments et les ponts de Toulouse sont mis en scène sous un nouveau... jour. Idéal pour une balade romantique avant d'aller rejoindre son lit.

FICHE PRATIQUE

OÙ DORMIR ?

HÔTEL SAINT-SERNIN

Ce petit hôtel de charme, face à la basilique Saint-Sernin, propose des chambres très confortables. Les unes ont un esprit très nature (déco en bois brut), les autres un design contemporain sobre ou baroque. Les plus chères, très lumineuses, offrent une superbe vue sur la basilique et son extraordinaire clocher. 2, rue Saint-Bernard. ☎ 05-61-21-73-08. • hotelstsernin.com •

HÔTEL DES BEAUX-ARTS

Un hôtel particulièrement bien placé puisque la plupart des chambres bénéficient d'une vue sur la Garonne. De plus, la direction insuffle un véritable vent de fraîcheur en donnant carte blanche à des artistes et à des graffeurs pour relooker les chambres. Un côté street art étonnant, amusant et réussi. Une adresse intimiste et élégante. 1, place du Pont-Neuf. ☎ 05-34-45-42-42.• hoteldesbeauxarts.com •

OÙ MANGER ?

LES RESTOS DU MARCHÉ VICTOR-HUGO

Une institution toulousaine ! 5 petits restos alignés à des prix fort modérés. Ambiance populaire et plats pour tous les goûts. Ces restos invitent au voyage et au mélange des saveurs. Quelques tables installées sur le long balcon. Place Victor-Hugo.

LE BIBENT

Christian Constant, le chef multi-étoilé, a exhumé cette brasserie mythique et lui a offert une nouvelle vie. Le décor Belle Époque brille à nouveau de mille feux, marié pour le meilleur à un aménagement design et contemporain. Dans l'assiette, une cuisine de bistrot améliorée où le produit tient la vedette. Carte courte et de saison, associant plats de grand-mère et saveurs nouvelles. *Le Bibent* (qui signifie le « bien-boire » en occitan) propose, en outre, petits déj, goûters et apéros. 5, place du Capitole. ☎ 05-34-30-18-37.

LA MADELEINE DE PROUST

Il flotte ici comme un doux parfum de nostalgie car tout, du décor au contenu de l'assiette, rappelle notre enfance, à commencer par le mobilier chiné et l'incroyable collection de jouets d'autrefois joliment mis en scène. Le chef affectionne les légumes anciens et revisite les classiques de nos grands-mères. Une belle adresse, authentique et originale. 11, rue Riquet. ☎ 05-61-63-80-88.

LE ROCHER DE LA VIERGE

Un resto-bistro dont la déco surfe gentiment sur la vague vintage. En cuisine et en salle, autour du chef basque, s'anime une équipe de jeunes gens réglée sur un bon tempo. Les plats écrits à la main sur un petit carnet changent tous les jours, midi et soir. C'est ce qu'on appelle une cuisine de marché, à la qualité régulière, et qui réjouit tout le monde, à des prix raisonnables. Agréable terrasse lorsqu'il fait beau. 4, place de Damloup. ☎ 05-34-30-80-38.

ACHATS

LA FERME ATTITUDE

Uniquement des produits fermiers, de saison, en vente directe : fruits, légumes, viandes, volailles, produits laitiers, épicerie, etc., produits dans les environs. Pas forcément biologiques mais toujours fermiers et de qualité ! À moindre coût... Rue d'Astorg. ☎ 05-34-33-51-55.

À LA BONBONNIÈRE

D'excellents fénétras mais également de savoureuses galettes des rois briochées. 41, rue des Tourneurs. ☎ 05-61-21-66-04.

VIOLETTES ET PASTELS

Produits à base de violette et de pastel évidemment (bougies, parfums, encens, épices, cosmétiques...). Rue Saint-Pantaléon. ☎ 05-61-22-14-22.

ACCÈS

En train

TGV quotidiens depuis Paris-gare Montparnasse (**4h30**) et Bordeaux-gare Saint-Jean (**2h**).

En voiture

Vols directs quotidiens depuis de nombreux aéroports français.

AGENDA

AUTOMNE | Le Printemps de Septembre.

À partir de mi-septembre et jusqu'à mi-octobre, les années paires, Toulouse devient une ville ouverte à tous. Performances chorégraphiques et musicales contemporaines se déroulent dans les lieux patrimoniaux. Le spectacle est aussi à l'extérieur : son et lumière, artistes de rue, sculptures mobiles.

• printempsdeseptembre.com •

JUIN |¡ Rio Loco !

Pendant 4 jours, mi-juin, ce festival fait bouger toute la ville. Nombreux concerts en plein air, en bord de Garonne, sur la prairie des Filtres. À chaque édition, une culture musicale différente est à l'honneur : Maghreb, Afrique du Sud, Mexique, Antilles...

• rio-loco.org •

Cordes-sur-Ciel

LE TARN

TOUT LE CHARME DU SUD-OUEST

PATRIMOINE	★★★
GASTRONOMIE	★★★
NATURE	★★★★
SHOPPING	★★★
VIE NOCTURNE	★★

NOS INCONTOURNABLES

- Le musée Goya de Castres
- La cathédrale Sainte-Cécile d'Albi
- Le village médiéval de Cordes-sur-Ciel
- Les bons produits du terroir

Aux quatre coins du Tarn, de Cordes-sur-Ciel à Castres en passant par Albi, vous n'aurez pas l'impression d'être dans le même département tant les paysages sont variés. Villages de charme, musées inspirants, nature généreuse, rivières pour se baigner... il y a vraiment de quoi s'émerveiller. Ou, plutôt, de quoi « s'espanter », comme on aime à dire par ici. On y parle encore l'occitan par endroits, l'architecture est typique, la gastronomie raffinée et les habitants sont chaleureux... En bref, un coin où l'on prend le temps de vivre et d'apprécier les choses simples : le Tarn se prête bien à des escapades revigorantes en toute saison, le temps d'un week-end.

LE TARN, SI GÉNÉREUX...

INFOS UTILES

❶ **Plus d'infos**
• tourisme-tarn.com •

❶ Partons à la découverte de ce pays de cocagne ! Ici, de petites routes serpentent au cœur d'une campagne dorée et verdoyante. L'été, des raz-de-marée de tournesols viennent inonder les paysages d'un jaune éblouissant. Une nature bucolique, qui a inspiré à Dom Robert d'incroyables tapisseries, visibles à la fameuse **abbaye-école de Sorèze** (voir plus loin).

❷ Soudain, un petit village médiéval apparaît. Comme un mirage. **Cordes-sur-Ciel, Lautrec...** Deux bijoux . Un peu plus loin, on se croirait en Italie : dans les environs de **Gaillac,** où les vallons flirtent avec le vignoble, le Tarn prend des airs de Toscane. Et puis encore une heure de route plus loin, on se trouve plongé au cœur d'un incroyable pays : celui du **Sidobre,** aux impressionnants rochers de granit.

❸ Mais le Tarn ne serait pas le Tarn sans **les Tarnais...** Leur accent chantant, leur générosité sans limites, leur franc-parler (pour ne pas dire leur gouaille !), leur amour pour le rugby... ces gens-là sont entiers et terriblement attachants. Cliché ? Non, vérité. Avec passion, ils nous toupinent – pardon, cuisinent ! – de bons petits plats, comme la soupe à l'ail rose de Lautrec...

❹ Une chose est sûre : on repart du Tarn le cœur léger et la tête pleine de souvenirs. Et même les valises pleines, si on veut, car les **bons produits** ne manquent pas ! Il y a de quoi (se) faire plaisir : charcuteries de Lacaune, savons à l'huile de pastel, vêtements teints au pastel, vins de Gaillac, manouilles d'ail rose... Sans oublier les poteries d'Albi, toutes uniques et toujours tournées à la main, depuis des siècles.

CULTURE ET PATRIMOINE À CASTRES

❶ **Office de tourisme de Castres**
2, place de la République.
• tourisme-castres.fr •

❷ **Musée Goya**
1, rue de l'Hôtel-de-ville.
• musees-occitanie.fr/musees/musee-goya-musee-d-art-hispanique •

Musée Jean-Jaurès
2, place Pelisson.
• ville-castres.fr/centre-national-et-musee-jean-jaures-presentation •

❸ **Abbaye-école de Sorèze**
1, rue Saint-Martin.
• abbayeecoledesoreze.com •

❶ Avec son alignement de charmantes façades jaunes, vertes, bleues, roses ou beiges, construites au ras de l'eau et s'y reflétant, cette « petite Venise du Languedoc » ne manque pas de charme... Étape sur le chemin de Saint-Jacques-de-Compostelle, Castres se développe au IXe s autour de l'abbaye de saint Benoît. Sous-préfecture du Tarn et ville natale de Jean Jaurès, elle offre bien des trésors, comme ses musées ou ses vieux hôtels particuliers, vestiges du XVIIe s. Les vieilles maisons colorées qui semblent suspendues au-dessus de l'eau donnent à **Castres** un air particulier. Ce sont les célèbres maisons sur l'Agout, véritable carte postale du pays d'Autan. Vous pourrez siroter un verre sur une des terrasses de la place centrale cernée d'arcades avant d'entamer l'**agréable balade le long de l'Agout** et dans les ruelles piétonnes bordées de maisons à pans de bois du XVIIe s.

❷ Côté culture, le **musée Goya** est un must : ancien palais épiscopal, belle bâtisse du XVIIe s dont les plans ont été dessinés par Mansart, il expose une rare collection de chefs-d'œuvre (tableaux et sculptures) de grands maîtres hispaniques du XIVe s à nos jours. Admirez son jardin à la française, dessiné par Le Nôtre et classé « Jardin remarquable ». Vous ne pourrez pas quitter la ville sans avoir vu le **musée Jean-Jaurès.** Inauguré en 1988 par François Mitterrand, ce musée donne une vision historique et chronologique de la vie et de l'œuvre de Jaurès, natif de Castres. Le carillon musical de l'**église de la Platé** et la **cathédrale Saint-Benoît** fermeront la marche.

❸ À une trentaine de kilomètres, l'**abbaye-école de Sorèze** mérite le détour. Unique en son genre, cette abbaye bénédictine devint aux XVIIe et XVIIIe s une école militaire où les cadets du roi étaient formés. Quelques ministres et artistes ont fait un passage ici. Des uniformes d'époque et des œuvres d'artistes contemporains sont exposés. Faites un tour dans l'ancien théâtre baroque à l'italienne orné de fresques d'origine et surtout dans la magnifique salle des fêtes.

Castres

LA CITÉ ÉPISCOPALE D'ALBI

❶ **Office de tourisme d'Albi**
42, rue Mariès.
• albi-tourisme.fr •

❷ **Cité épiscopale**
Place du Vigan.
• cite-episcopale-albi.fr •

❸ **Cathédrale Sainte-Cécile**
5, boulevard Général-Sibille.
• albi-tourisme.fr/fr/la-cathedrale-sainte-cecile-albi.html •

❹ **Musée Toulouse-Lautrec**
5, rue Tourlaque.
• musee-toulouse-lautrec.com •

❺ **Musée Lapérouse**
41, rue Porta.
• laperouse-france.fr •

❶ Albi la rousse, la pourpre, la rouge... Autant de noms pour qualifier la particularité architecturale qui fait d'**Albi** une ville unique en France. Elle n'a rien à envier à la Toscane, avec son patrimoine architectural hors du commun. D'une apparence indolente, à l'image de ses sœurs italiennes, cette préfecture se développe autour d'une place, la **place du Vigan,** plus active que les pourtours de la cathédrale et de l'ancienne ville. Dans le centre, tout est construit en brique, ce qui colore la ville d'une teinte rose orangée. Et pourtant, rien ne prédestinait la ville à porter ce surnom, car Albi vient d'Alba (qui veut dire blanc), la ville étant entourée de falaises !

❷ Aujourd'hui, elle garde fière allure avec ses maisons au bord du Tarn. Vous ne pourrez pas rater la monumentale **Cité épiscopale** inscrite depuis 2010 sur la prestigieuse liste du Patrimoine mondial de l'Unesco dans la catégorie des biens culturels. Structurée autour de la cathédrale et du palais-forteresse, elle date du XIIIe s. Elle a été inscrite pour son ensemble bâti, remarquablement préservé et unique représentation de ce type de développement urbain en Europe, allant du Moyen Âge à l'époque moderne et contemporaine. L'empreinte urbaine épiscopale sur la cité constitue la spécificité d'Albi. Elle se singularise également par sa grande cohérence visuelle due à l'usage généralisé et durable de la brique foraine. Sur près de 20 ha, la cité épiscopale regroupe quatre quartiers d'origine médiévale, des monuments historiques et des sites majeurs : la cathédrale Sainte-Cécile, le palais de Berbie, la collégiale Saint-Salvy et son cloître, le Pont-Vieux et les berges du Tarn.

❸ La **cathédrale Sainte-Cécile** en constitue le symbole monumental le plus remarquable, dans un style architectural gothique méridional unique, complété aux XVe-XVIe s par un décor intérieur exceptionnel (peinture, chœur et statuaire). Autour de l'impressionnant orgue, les châtiments contre les sept péchés capitaux (sauf celui de la paresse !) font froid dans le dos. À noter, le magnifique bleu roi intense sur les voûtes, qu'il est impossible de reproduire. Admirez également les statuettes d'une grande finesse représentant tous les saints et les somptueuses peintures.

❹ Juste à côté, la visite du **musée Toulouse-Lautrec** s'impose. Construit à partir du XIIIe s, le palais des évêques (Berbie signifiait « évêché » en langue d'oc) abrite le musée depuis 1922. Il s'est doté en 2012 d'une nouvelle scénographie permettant une visite fluide, tout à la fois chronologique et thématique. Un vrai bonheur ! Le musée détient la collection publique de Toulouse-Lautrec la plus importante au monde. Des œuvres de l'ensemble de sa vie. Rien d'étonnant, puisque le musée a récupéré le fonds d'atelier de l'artiste : en gros, toutes les œuvres dont personne ne voulait à l'époque, car jugées trop subversives !

❺ En sortant, on peut aller voir le **musée Lapérouse,** consacré aux aventures du grand navigateur-explorateur du Pacifique, né à Albi en 1741, ou le **cloître et la collégiale Saint-Salvy,** édifiée du XIe au XIIIe s, et témoignant elle aussi de plusieurs périodes, calcaire blanc et brique rose s'entremêlant. Mais on s'imprègne le mieux de l'atmosphère de cette ville en flânant dans les **ruelles typiques du vieil Albi** (Alby de son ancien nom) bordées de maisons à colombages et d'hôtels de pastelliers du XVIe s, qui témoignent encore des beautés cachées derrière les façades de brique.

CORDES-SUR-CIEL, DANS LES NUAGES

❶ **Office de tourisme de Cordes**
38-42, grand rue Raimond-VII.
• cordessurciel.fr •

❶ La **bastide de Cordes** a été créée par le comte de Toulouse, Raymond VII, pour protéger les frontières de son territoire, à une date que les petits Cordais n'ont pas de mal à retenir : 1222.

❷ Après les longs troubles religieux, Cordes connut un **véritable âge d'or, grâce à l'artisanat.** Deuxième époque prospère bien plus tard, au XIXe s, grâce à l'introduction d'un des premiers métiers à broder à Cordes, qui relança l'artisanat. Ses habitants ont longtemps vécu de la broderie et de la maroquinerie (la présence des cordonniers lui a valu le nom de Cordes), laissant place aujourd'hui aux artistes et aux pittoresques échoppes.

❸ Tôt le matin, quand Cordes-sur-Ciel, dite la « Cité aux mille ogives », s'éveille, le **village médiéval** de pierre et de brique perché sur une colline semble flotter dans les nuages. Comme un certain château dans le ciel...

❹ Nichée sur une butte, la **cité médiévale** fortifiée offre une vue époustouflante sur la campagne environnante. Face à l'impressionnante **porte des Ormeaux** – la première à avoir été construite – on s'apprête à faire un grand pas dans le passé. De rues pavées en rues pavées, on se retrouve à la **place de la Halle.** C'est ici qu'au Moyen Âge, les Cordais vendaient des toiles, du cuir, de la corde, du grain... Tout autour, on admire de magnifiques demeures bourgeoises de style gothique (XIIIe s) et la maison gothique du Grand Fauconnier, qui abrite un musée d'Art moderne et contemporain. Installé sur les anciennes terrasses ensoleillées du village, le **Jardin des Paradis,** à la fois oriental et médiéval, classé « Jardin remarquable », vaut aussi une visite. Avec tant d'atouts, Cordes-sur-Ciel compte parmi les « Plus beaux villages de France » et fut même le préféré des Français en 2014. L'écrivain Albert Camus y résida... On comprend pourquoi.

Albi

NATURE, PLEIN AIR ET GASTRONOMIE

❶ Des gorges du Viaur à la montagne Noire, le Tarn comblera tous les amateurs de **sport en plein air** et les amoureux de la **nature** en quête d'évasion. Les vingt-deux entités paysagères dont s'enorgueillit le Tarn permettent toutes les balades pédestres ou équestres, et la pratique de tous les sports : vallées, plaines, gorges, collines, montagnes, rochers insolites du Sidobre...

❷ Ces paysages époustouflants peuvent se découvrir en toute saison, la meilleure étant sans doute l'automne, où les couleurs sont tout simplement splendides. Les plaines sont propices au vélo, les falaises autour d'Albi idéales pour l'escalade, et les magnifiques **gorges du Viaur,** encore préservées, offrent un sentier de randonnée remarquable.

❸ On ne se privera pas non plus d'une promenade dans la **montagne Noire,** d'où l'on peut voir par beau temps le massif pyrénéen ou encore dans les monts de Lacaune, qui s'élèvent à 1200 m d'altitude. Au fil de l'Agout ou du Tarn, faites le plein de sensations en combinant canyoning, descente en rappel et natation.

❹ Tout ce sport, ça creuse ! Là non plus, vous ne serez pas en reste. Le Tarn ne compte plus ses **restaurants étoilés** et ses **spécialités culinaires** aux accents du Sud-Ouest. Le pays de cocagne est celui du safran et le joli village médiéval de Lautrec, entre Castres et Albi, est la capitale de l'ail rose. Ce dernier est plus sucré, sans acidité, et se conserve plus longtemps que l'ail blanc : même les plus réticents l'apprécieront.

❺ Du côté de **Montredon,** vous pourrez visiter la safranière lors de la floraison du safran en octobre, et savourer des produits goûteux tels que le miel ou le sirop au safran. L'étape incontournable de votre week-end gastronomique est la visite du vignoble millénaire de **Gaillac,** doté du label national « Vignobles et Découvertes ». Sept de ses vins sont classés AOC. Les vignobles à perte de vue, parsemés de petites maisons à toit quercynois typique du Tarn, offrent un tableau dépaysant.

❻ Vous dégusterez les délicieux **produits tarnais** tels que le veau du Ségala, la truffe du plateau cordais, les fromages de chèvre et de brebis, sans oublier la bougnette, fameuse spécialité charcutière de Lacaune. Pour les plus gourmands, les pâtisseries tarnaises éveilleront vos papilles : gimblettes (pain sucré parfumé aux agrumes), échaudés (sablé à l'anis), mesturet (gâteau au potiron) et autres délices.

Vignoble de Gaillac, **Labastide-de-Lévis**

FICHE PRATIQUE

ACCÈS

En train

Toulouse-Albi, en **1h**.

En voiture

Toulouse-Albi : **A68** (**1h**).

Bordeaux-Albi (via Toulouse) : autoroutes **A62-A68** (**3h**).

En avion

Paris-Orly vers Castres-Mazamet (**1h35**).

OÙ DORMIR ?

EUROPE HÔTEL

Très belle maison du XVIIIe s au charme certain, qui propose des chambres thématiques et élégantes, à la literie toute neuve et bien équipées. La plupart rénovées, toutes impeccablement tenues car la direction mène l'établissement avec dynamisme. Petit patio verdoyant qui dégage une atmosphère baroque hispanisante. 5, rue Victor-Hugo, Castres. • hotelcastres.fr •

HÔTEL MERCURE ALBI, CITÉ ÉPISCOPALE

Dans les murs de brique rouge d'un ancien moulin du XVIIIe s, l'hôtel 4-étoiles domine majestueusement les berges du Tarn, face à la cathédrale. Restauré, il a conservé sa façade de style et son porche monumental, ce qui contribue à faire oublier que l'on se trouve dans un hôtel de chaîne. Évidemment on paie le prix aussi bien du confort que du panorama, sans doute le plus beau d'Albi (vue sur la rivière et la cathédrale Sainte-Cécile pour les plus chères). Côté resto, *La Vermicellerie* propose une cuisine raffinée fort convaincante, avec le spectacle de la rivière et de la vieille ville. 41 bis, rue Porta, Albi. • lavermicellerie-hotel-mercure.fr •

OÙ MANGER ?

COMME À LA MAISON

Un resto bio et végétarien (mais il y a aussi de la viande, rassurez-vous !), au bord d'une place et à l'écart de la circulation. En été, la terrasse est particulièrement paisible. Il est vrai qu'on se sent un peu comme à la maison, avec une cuisine ouverte sur la salle, des tables dépareillées et une déco aux tons chauds. Au choix, quelques plats du jour ou des assiettes complètes à base de légumineuses, céréales et légumes, élaborées pour un repas sain et équilibré. Également des cours de cuisine. 5, rue de Brettes, Castres. ☎ 05-63-51-96-25.

L'ÉPICURIEN

Derrière les larges baies vitrées, le design contemporain rappelle les origines suédoises du chef. Rikard Hult associe ses influences scandinaves aux produits régionaux avec une simplicité raffinée. Les assiettes épurées ignorent les « lourdeurs » locales pour provoquer de délicieuses surprises, sources d'émotions. Midi et soir, on peut combiner la carte bistrot et la carte gastronomique, alternant à l'envi recettes nobles et plats canailles... Belle carte des vins à prix abordables, une bonne surprise pour un resto chic. 42, place Jean-Jaurès, Albi. ☎ 05-63-53-10-70.

LA TABLE D'YVONNE

Au cœur de la cité, où les restos attrape-touristes sévissent, Michel Monteil fait front en proposant des assiettes gourmandes froides de foie gras, gésiers et magrets de son exploitation dans le Lot, mais aussi des assiettes chaudes comme le foie gras de canard poêlé ou les tagliatelles sauce aux truffes. Des produits proposés aussi à la vente dans l'espace boutique. 1, place de la Halle, Cordes-sur-Ciel. ☎ 05-63-56-92-09.

ACHATS

L'ARTISAN PASTELLIER

Jolie boutique pour se procurer du pastel. On y trouve surtout des pigments naturels ou organiques, des craies grasses, des peintures, bref, tout ce qui tourne autour de la cocagne. Mais vous pourrez y acheter également du linge teint, des foulards et même quelques vêtements. Excellent accueil. 5, rue Puech-Berenguier, Albi. • artisanpastellier.com •

MICHEL BELIN

Une adresse pour les amateurs de chocolat. Achetez-le en vrac, surtout le noir amer, c'est comme ça qu'il est le meilleur. Dans la boutique de la place Lapérouse, également un salon de thé avec terrasse. 4, rue Docteur-Camboulives ou 8, place Lapérouse, Albi. • michel-belin.com •

DISTILLERIE ARTISANALE LAURENT CAZOTTES

Laurent Cazottes a la passion des spiritueux. Pas d'adjonction artificielle ni conservatrice, mais l'utilisation d'une technique unique, qu'il n'hésitera pas à vous expliquer en détail. Ses eaux-de-vie et liqueurs (poire, raisin et prune) sont prisées par les plus grands restaurants de France. Laurent Cazottes produit également des huiles essentielles et des eaux florales. Boutique de dégustation-vente sur place. Le Carlus, Villeneuve-sur-Vère. • distillerie-cazottes.com •

Cour de l'hôtel de Jouéry, musée Fenaille, **Rodez**

EN AVEYRON

DE RODEZ À CONQUES

PATRIMOINE	★★★★
GASTRONOMIE	★★★★
NATURE	★★★
SHOPPING	★★
VIE NOCTURNE	★

NOS INCONTOURNABLES

- La cathédrale de Rodez
- Le musée Soulages et le musée Fenaille
- L'abbatiale Sainte-Foy de Conques
- Les vins de l'Aveyron

Au cœur de la région Occitanie, l'Aveyron regorge d'histoire et de sites exceptionnels. Au gré d'une altitude variant de 144 à 1463 m, on passe du plateau désertique du Larzac à des vallées verdoyantes que sillonnent des rivières poissonneuses. On croise des vignobles, de grandes zones vallonnées comme le Lévézou, et des plateaux volcaniques succédant à des gorges abruptes. On y découvre des villages de contes de fées. On traverse un terroir authentique, riche en surprises : marchés comme autrefois, produits locaux à l'ancienne, troupeaux de brebis ou de vaches... Rude et doux à la fois, ce bout de terre de caractère ravira les amoureux de la nature et du patrimoine, assouvira l'appétit des plus gourmands et le besoin d'évasion des plus sportifs.

RODEZ, PAYS D'ART ET D'HISTOIRE

❶ Prise dans un écrin de verdure et une boucle de l'Aveyron, dominant la région du haut de sa colline à 627 m d'altitude, la capitale du Rouergue a connu une histoire en dents de scie. L'antique cité gallo-romaine de Segodunum occupait une position stratégique de la plus haute importance, au point d'être une ville carrefour de commerce d'où l'on venait depuis l'Espagne. Après un Moyen Âge mouvementé, la ville connut à nouveau, aux XVIe s et XVIIe s, une grande prospérité, dont témoignent aujourd'hui la magnifique **cathédrale,** un des chefs-d'œuvre du gothique, et les nombreux hôtels particuliers. Comtes, riche bourgeoisie commerçante et évêques se partagèrent le pouvoir. Puis, dès le XVIIIe s, Rodez sombra quasiment dans l'oubli jusqu'aux années 1960, période à laquelle la ville connut une surprenante explosion urbaine.

❷ Aujourd'hui, passé les zones commerciales périphériques, il fait bon flâner dans la vieille ville et découvrir son surprenant **musée Fenaille,** petite merveille en Rouergue qui présente la plus importante collection en Europe occidentale de statues-menhirs, dont « la dame de Saint-Sernin », découverte par l'abbé Hermet en 1888. Vieilles de près de 5000 ans, ces œuvres, pour la plupart originaires du sud du département, demeurent une vraie énigme. Ne passez pas à côté du prestigieux **musée Soulages,** peintre abstrait, grande figure de l'art contemporain. 500 œuvres et documents dont des toiles, une centaine de dessins et aussi l'ensemble de ses lithographies, sérigraphies, gouaches et eaux-fortes. Reprenez votre souffle, c'est la plus grande collection Soulages au monde. À collection exceptionnelle, écrin inhabituel, selon les vœux de l'artiste : le projet a été confié à des architectes catalans de renom – Aranda, Pigem et Vilalta – qui ont imaginé un vaste espace monolithique d'acier Corten oxydable, rappelant le brou de noix, utilisé habituellement par les ébénistes, et par Soulages dans les années 1940, par souci d'économie, et auquel il donna ses lettres de noblesse. Installé au cœur du jardin du Foirail, d'où l'on jouit d'une très belle vue sur les monts d'Auvergne, le musée et la disposition des salles ont été conçus en fonction de la donation, avec de belles ouvertures sur l'extérieur. Rodez a aussi le mérite d'être un point de chute très central pour sillonner le département entre causses, vallons et plateaux.

INFOS UTILES

❶ **Cathédrale de Rodez**
Rue Frayssinous.

❷ **Musée Fenaille**
14, place Eugène-Raynaldy.
• musee-fenaille.rodezagglo.fr •

Musée Soulages
Jardin du Foirail, avenue Victor-Hugo.
• musee-soulages-rodez.fr •

L'AVEYRON, TERRE MULTIPLE

❶ **Plus d'infos**
• tourisme-aveyron.com •

❶ Au nord de Rodez, la route s'ouvre sur les terres rouges du canton de Marcillac. **Salles-la-Source,** surprenant village accroché à un cirque de falaises calcaires, marque la fin abrupte du causse de Comtal. Il amorce la descente vers un bout de terre au caractère bien trempé. Au cœur du vallon : **Marcillac,** village de grès rouge bordé de vignobles en terrasse. Son bourg et ses ruelles pittoresques, son église aux tons pourpres et sa chapelle **Notre-Dame de Foncourrieu** (XIVe s) reflètent la douceur de vivre qui règne dans cette cuvette naturelle.

❷ Aux alentours, on découvre des villages blottis au creux de vallées boisées ou perchés au sommet de collines. La route des villages de **Villecomtal, Rodelle** et **Muret-le-Château** en est un parfait exemple ! Une boucle de 15 km à faire en voiture ou à vélo pour les plus sportifs ! Au nord-est de l'Aveyron, la **vallée du Lot** regorge de villages de charme. Étape du chemin de Saint-Jacques-de-Compostelle, **Espalion** se trouve à la croisée du Causse Comtal et de l'Aubrac. À voir : le **Pont Vieux** (XIe s), portant autrefois maisons et boutiques, et le **Vieux Palais,** témoins d'un riche passé médiéval. Perché sur son promontoire, le **château de Calmont d'Olt** domine la ville.

❸ À quelques kilomètres, **Estaing** ouvre les gorges du Lot. Autre étape du chemin des pèlerins, ce village est classé parmi les « Plus beaux villages de France ». Fief de la famille d'Estaing pendant des siècles, il conserve un riche patrimoine : son **pont gothique** (XVIe s), inscrit au Patrimoine mondial de l'Unesco depuis 1998, et son **château,** classé Monument historique en 1945. Dernière étape : **Entraygues,** village aux allures médiévales situé au confluent du Lot et de la Truyère. Et surtout, poussez jusqu'à **Conques,** lui aussi l'un des « Plus beaux villages de France ».

CONQUES, L'ÉTAPE SEREINE

❶ Tous les superlatifs ne suffiraient pas à qualifier Conques, décrire l'émotion, le choc que l'on éprouve en y arrivant pour la première fois. Son palmarès est impressionnant : grand site d'Occitanie, Patrimoine mondial et l'un des « Plus beaux villages de France ». Niché au creux d'une pente de la vallée de l'Ouche, rappelant la forme d'une coquille (conche), Conques, **splendide village médiéval,** semble hors du temps. L'émotion ne peut que saisir le visiteur lorsqu'il pénètre dans la rue principale de ce lieu chargé de spiritualité, bordée de demeures ancestrales aux pierres rougeâtres et aux toits de lauzes. On vous conseille d'ailleurs d'arriver par la petite route de Noailhac qui offre la plus belle vue qui soit sur le village !

❷ Au bout de la rue principale, l'**abbatiale Sainte-Foy,** construite au XIe s, est reconnue comme un chef-d'œuvre de l'art roman. Étape sur le chemin de Compostelle, elle est inscrite au Patrimoine mondial de l'humanité par l'Unesco. Le tympan, représentant le Jugement dernier, est la pièce la plus connue de l'église. L'intérieur, tout en épure et verticalité, force l'émotion. L'impression de sérénité, l'invitation au recueillement sont comme accentuées par les vitraux d'un blanc translucide, conçus par Pierre Soulages. Un moment rare. Ne manquez pas la visite du trésor de la cathédrale où est exposé l'impressionnante **Majesté de sainte Foy,** reliquaire médiéval constellé de pierres précieuses. Une splendeur.

❶ **Office de tourisme de Conques**
• tourisme-conques.fr •

Abbatiale Sainte-Foy, **Conques**

L'AVEYRON GOURMAND

❶ Il faut le dire, l'Aveyron est gourmand ! Les **marchés de pays,** présents dans chaque ville et village, témoignent de cet amour de la gastronomie locale. Une occasion de goûter aux produits du terroir aveyronnais ! À découvrir sans faute : le fameux **aligot,** mélange de purée de pommes de terre et de tomme fraîche. Un plat traditionnel des hauts plateaux de l'Aubrac.

❷ Goûtez également aux **farçous,** ces galettes de blettes et d'herbes frites. Autre spécialité : les tripous, originaires de Naucelle. Tripes de veau mijotées, les **tripoux** étaient servis au XIXe s avant la messe dominicale avant de devenir le petit déjeuner des lendemains de fête de village.

❸ De même, savourez les fromages locaux dont la renommée n'est plus à faire : le **laguiole** et l'**écir d'Aubrac,** fabriqués avec le lait des belles vaches de l'Aubrac, et le fameux **roquefort,** au lait de brebis de Lacaune. En guise de dessert, croquez un bout de fouace et de gâteau cuit à la broche.

❹ Arrosez le tout d'un petit verre de **marcillac,** rouge ou rosé ; vin AOC depuis 1990, son goût fruité rappelle des arômes de framboise. Chaque week-end de Pentecôte, la Saint-Bourrou fête ses vignerons. Plus difficile à trouver, l'**entraygues-le-fel** : rouge, rosé ou blanc, ce vin du nord de l'Aveyron n'est produit qu'à hauteur de 120 000 bouteilles chaque année. À goûter sur place !

FICHE PRATIQUE

ACCÈS

En train

La gare de Rodez est reliée à Paris-gare d'Austerlitz, Brive-la-Gaillarde, Toulouse et Millau. Liaisons quotidiennes.

En voiture

Par l'axe nord-sud (Paris-Montpellier) de l'autoroute **A75**. Sortir à Séverac-le-Château puis suivre la **N88** jusqu'à Rodez. **1h50** depuis Toulouse, **4h** depuis Lyon.

En avion

L'aéroport de Rodez-Marcillac est le plus proche. Liaisons depuis Paris-Orly et Lyon.

AGENDA

AOÛT I Festival folklorique international du Rouergue.
Depuis une cinquantaine d'années se tient en été un festival folklorique qui voit venir du monde entier des groupes dans une vingtaine de villes du département. De la Biélorussie à l'Inde, de la Russie au Brésil. Un des plus anciens festivals de la région, qui se déroule sur plusieurs jours début août.
• festival-rouergue.com •

OÙ DORMIR ?

HÔTEL DE LA TOUR MAJE

Hormis la tour médiévale (XIVe s) dans laquelle ont été aménagées les suites, l'imposante bâtisse ne laisse extérieurement rien présager du charme des lieux, rénovés dans un style inspiré des nouvelles tendances. Chambres modernes et confortables, certaines avec vue sur la cathédrale. Accueil particulièrement attentionné, excellent petit déj et situation exceptionnelle. Un tiercé gagnant ! 1, boulevard Gally, Rodez. • hoteltourmaje.fr •

AUBERGE DE L'ADY

Derrière la façade de vieille auberge de pays se cache l'une des tables les plus en vue du moment en Aveyron. Cadre chic contemporain, tables nappées, jolies verreries, couverts design, fleurs fraîches... Le 1er menu du midi est déjà une explosion de saveurs à prix bien pacifique, servi en 45 mn chrono ! Élaboré selon le marché du jour, il donne un aperçu du talent de Cédric Gaston, un chef qui remet savamment le terroir au goût du jour. Superbe carte des vins et quelques belles références locales. Pour compléter le tableau, on peut cocooner dans l'une des belles chambres modernes proposées à côté du restaurant. 1, avenue du Pont-de-Malakoff, Valady. ☎ 05-65-72-70-24.

OÙ MANGER ?

AUBERGE DU FEL

Cette auberge pleine de charme propose de confortables et coquettes chambres aux couleurs fraîches, arrangées avec goût, certaines avec terrasse et vue panoramique grandiose. Cuisine savoureuse et soignée concoctée par un jeune chef *globe-cooker* qui a trouvé ici le lieu idéal pour exprimer son talent. Au centre du village, Le Fel. ☎ 05-65-44-52-30. • auberge-du-fel.com •

LA MAISON

Cette maison jaune avec son agréable terrasse installée dans une courette abrite le petit resto bien dans l'air du temps qu'on aimerait tous avoir près de chez soi. Tenu par un jeune couple de routards, on y déguste des plats audacieux et goûteux, inspirés de leurs voyages lointains. Une belle cuisine de fusion, fraîche et variée, dressée avec soin et agrémentée de fleurs comestibles. Ambiance conviviale et détendue. 8, rue Louis-Oustry, Rodez. ☎ 05-32-41-23-27

ACHATS

LA TABLE DE LOUISE

Dans un décor tout de vert habillé, on déguste des spécialités aveyronnaises vendues dans la boutique-traiteur attenante. Babeth et Flo restituent avec talent les saveurs de la cuisine aveyronnaise inspirée des recettes de leurs grands-mères : farçous, fouaces, soleils, choux farcis, tourtes au ris d'agneau ou au roquefort. 14, rue Combarel, Rodez. ☎ 05-65-68-47-99. • les-delices-de-louise.com •

LA CAVE DES VIGNERONS DU VALLON

Cette coopérative viticole, qui regroupe près de 40 producteurs, produit plus de la moitié de la production de l'appellation marcillac. Outre les cuvées d'assemblage bon marché, les cuvées *Domaine de Ladrecht* et *Cayla* sont d'un bon rapport qualité-prix. La cuvée *Exception* est une sélection de vieilles vignes élevées en fût de chêne. Visite guidée du chais et dégustation gratuites en saison. Sur la D 840, Valady. ☎ 05-65-72-70-21.

LE COLOMBIER

Sur ses quelque 6 ha, Patrick Rols cultive des vignes en agriculture biologique et produit un bon petit vin naturel (rouge et blanc) sans sulfites, labellisé Vin de pays de l'Aveyron. Vente au chai. En arrivant par la route, très jolie vue sur le versant couvert de vigne. Sur les hauteurs de Conques. ☎ 06-27-80-27-09. Téléphoner avant de se déplacer.

PAYS DE LA LOIRE

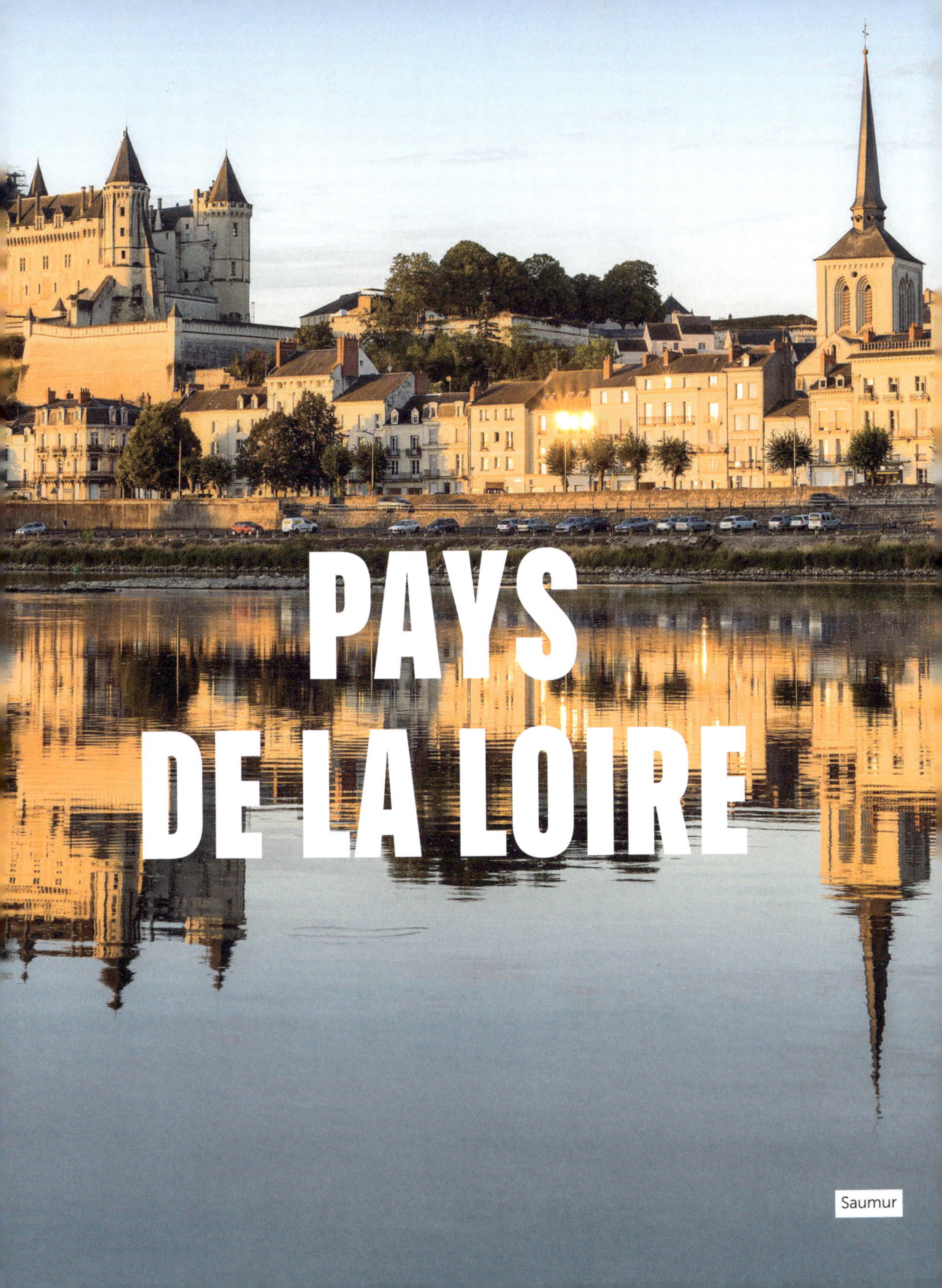

Saumur

Château des ducs de Bretagne, **Nantes**

NANTES

EN MOUVEMENT

PATRIMOINE	★★★
GASTRONOMIE	★★★
NATURE	★★★
SHOPPING	★★★★
VIE NOCTURNE	★★★

NOS INCONTOURNABLES

- Le château des ducs de Bretagne
- La cathédrale Saint-Pierre-et-Saint-Paul
- Les Machines de l'île de Nantes
- Le passage Pommeraye
- Le jardin des Plantes

« Ni tout à fait terrienne, ni tout à fait maritime. Ni chair, ni poisson, juste ce qu'il faut pour faire une sirène. » Laissons là les tiraillements identitaires, Nantes est une sirène souriante, dont le charme agit en profondeur. Un port de mer au milieu des terres ! C'est l'histoire de France que raconte cette ville, par la pierre, par son fleuve, mais surtout par son âme. Oui, Nantes a de quoi séduire. Pas seulement grâce à ses habits tout neufs, mais aussi grâce à l'esprit d'aventure qui souffle dans ses voiles, avec comme partie émergée de l'iceberg son dynamisme culturel. La bourgeoise cité des ducs de Bretagne est une vraie boîte à idées, toujours en quête de nouvelles manières de conjuguer le « vivre ensemble ». Pas étonnant qu'elle connaisse l'une des plus fortes croissances des métropoles de France.

LE CHÂTEAU DES DUCS : UN LIVRE D'HISTOIRE

INFOS UTILES

❶ **Château des ducs de Bretagne**
4, place Marc-Elder.
• chateaunantes.fr •

❶ Embelli au fil des siècles, le **château des ducs de Bretagne** vit naître la duchesse Anne, deux fois reine de France par ses mariages successifs avec Charles VIII et Louis XII. En août 1532, François Ier, usufruitier du duché, y promulgua l'édit prononçant « l'union perpétuelle des pays et duché de Bretagne avec le royaume de France ». C'est ainsi que le château des ducs de Bretagne devint aux XVIe et XVIIe s le logis breton des rois de France. C'est par sa visite que doit débuter toute approche de Nantes, pour mieux comprendre d'où elle vient.

❷ L'édifice en tant que tel s'apprécie de l'extérieur, et le **circuit des remparts** permet de prendre toute la mesure de son rôle défensif. Une fois passées les rudes murailles en bloc de granit, on découvre côté cour l'élégante résidence ducale en pierre de tuffeau d'inspiration Renaissance, resplendissante avec les façades du Grand Logis et du Grand Gouvernement. Belle mise en lumière le soir.

❸ Le château n'est pas meublé et vous n'y verrez pas le lit d'Anne de Bretagne ! L'intérieur renferme le **musée d'Histoire de Nantes** de la période médiévale à nos jours, organisé autour d'un passionnant parcours à la fois chronologique et thématique. On découvre ainsi, au fil d'une trentaine de salles combinant intelligemment pièces de collection et installations multimédias, l'évolution et les événements qui ont contribué à forger l'identité de Nantes. La passionnante visite suit le cours de cette histoire, pas à pas. On y évoque avec pédagogie et intelligence le temps des rapports houleux avec la couronne de France, l'épopée de la construction navale, mais aussi celle de la biscuiterie LU et des fameux *BN* de la récré. Viennent les commerces et les trafics qui enrichirent la cité : porcelaine, soie, mais aussi traite des Noirs. De cette richesse soudaine, la bourgeoisie fait naître une ville nouvelle. Maquette interactive du port entre 1900 et 1927, Seconde Guerre mondiale, bombardements, fermeture des chantiers navals jettent un froid sur l'histoire récente. Nantes est alors triste... avant de changer de costume dans les années 1980. Elle retrouve son dynamisme grâce à d'ambitieux projets culturels.

LES SOIRÉES À BOUFFAY ET SUR L'ÎLE FEYDEAU

❶ Autrefois, dans le **quartier du Bouffay,** on coupait les têtes. Le célèbre Gilles de Retz fut enfermé dans les cachots de la fameuse « prison de Nantes ». Aujourd'hui, on y boit, on y mange, on y rigole. Un quartier gentiment franc-tireur, où les étroites rues piétonnes permettent aux noceurs de tituber d'un mur à l'autre sans jamais tomber. Les rues portent les noms de Chapeliers, Petites-Écuries, Juiverie, Bâclerie... Petits métiers et communautés ont été remplacés par des grappes de joyeux étudiants qui continuent à écrire l'histoire du quartier. Mêlez-vous à eux un vendredi soir. Bons moments garantis.

❷ En traversant un bras comblé de la Loire, on parvient sur l'**île Feydeau** qui n'a plus d'« île » que le nom depuis le comblement en 1926. Mais les Nantais l'appellent toujours ainsi. De récents aménagements l'ont d'ailleurs symboliquement entourée d'un fleuve de verdure (de larges pelouses côté Turenne et une allée de platanes côté Duguay-Trouin). Et si les anciens quais se devinent, le quartier demeure toujours isolé du reste de la ville. Tout a débuté par le projet d'un lotissement pour Nantais nantis en 1730 à la place d'un banc de sable marécageux. De 1740 à 1780, en plein commerce triangulaire, de superbes immeubles de rapport y sont construits pour les armateurs négociants. Chaque propriétaire a affirmé sa fortune et son goût dans la décoration des façades. On n'avait pas la fortune discrète.

❸ Sur les pas du bambin **Jules Verne,** partons en voyage sur ce « bateau de pierre ». Nantes Tourisme propose une visite du quartier avec audioguide, mais pour accéder à certaines cours d'immeuble, nous conseillons la visite guidée « Cours secrètes et passages couverts » organisée par le château des Ducs. Sur l'esplanade Carré Feydeau, amusez-vous au *Feydball,* un déconcertant espace sportif tout en anamorphose, imaginé pour *Le Voyage à Nantes.*

❹ Le **quai Turenne** et ses bâtiments blancs en tuffeau de Loire, l'**immeuble Perraudeau,** identifiable à sa porte d'entrée à l'aspect furieusement penché, la **place de la Petite-Hollande** ou encore l'**hôtel de la Villestreux** disent toute l'histoire de l'épanouissement nantais au temps des colonies. Réhabilité, ce quartier a décapé ses façades pour offrir un bijou de pierre serti d'un anneau de verdure.

Passage Pommeraye

Maison d'armateur, quai Turenne, **sur l'île Feydeau**

L'ÎLE DE NANTES OU LA FOLIE CRÉATRICE

❶ **Île de Nantes**
• iledenantes.com •

❷ **Alexandre Chemetoff**
• alexandre-chemetoff.com •

❶ Un peu vers le sud on explore l'**Île de Nantes,** une ancienne friche industrielle. En moins de deux décennies, l'île de Nantes et ses centaines d'hectares ont été métamorphosés en un pôle de vie, de culture, de logements, d'écoles et de hautes administrations. L'exploration à pied de cette île peut faire l'objet d'une fantastique journée de découverte. À vélo c'est encore mieux, car l'île est grande. L'île de Nantes résulte de la fusion, dès 1926, des îles Beaulieu (à l'est), de Petite et Grande-Biesse (au nord) et Sainte-Anne (au sud-ouest). Modelée par l'homme, la nature s'y livre tout entière aux desseins industriels modernes, dont les chantiers navals. Au nord de la Prairie-au-Duc, ceux-ci produiront leur dernier navire en 1987.

❷ Désindustrialisation, carcasses d'anciennes usines, grues immobiles, il fallait rebondir. L'architecte **Alexandre Chemetoff** propose un découpage en parcelles, développées les unes après les autres selon le projet d'un cabinet d'architecte à chaque fois différent. Principales constantes : la mixité entre habitat, bâtiments administratifs, entreprises, espaces verts ou de loisir. De même, un gros effort est fait pour conserver le maximum de témoignages du passé industriel de l'île. Ainsi, pavés, rails, grues, piles du pont transbordeur (pont démonté au grand regret des Nantais en 1954), cales sèches ou anciens bâtiments tiennent un rôle dans ce puzzle. On peut ainsi découvrir le **quartier de la Création** qui comprend le très moderne palais de justice, le **quai François-Mitterrand** sur lequel on parcourt les bords de Loire au gré d'une promenade aménagée... ou encore le **parc des Chantiers.**

Les Machines de l'île, anciens chantiers navals, **Nantes**

❸ Les Machines de l'île
2, boulevard Léon-Bureau.
• lesmachines-nantes.fr •

❹ Parcours Estuaire
• levoyageanantes.fr/le-voyage-c-est-aussi-estuaire/ •

❺ Lieu unique
14, rue de Lancry.
• lelieuunique.com •

❸ Il ne faut surtout pas manquer **Les Machines de l'île,** qui y sont installées. On y exhibe le processus de création et le fonctionnement des drôles de bestioles imaginées par les géniaux François Delarozière et Pierre Orefice : d'improbables machines à la croisée des mondes de Jules Verne et des automates de Léonard de Vinci. En moyenne, 50 artisans de différents métiers interviennent ici. Un projet génial, en permanente évolution, qui fait revivre ce coin de Nantes en lui redonnant sa part de rêve. Le *Carrousel des mondes marins* fonctionne depuis 2012, en attendant *L'Arbre aux hérons,* qui devrait être terminé en 2022. Clou de la visite, le célèbre *Éléphant,* haut de 12 m, cousin de celui « dressé » par la célèbre compagnie Royale de Luxe, qui promène placidement sa carcasse sur les quais. L'*Éléphant* est aujourd'hui devenu le porte-drapeaux de l'image nouvelle de la ville.

❹ On salue ensuite les *Grues Titan,* totems de fer symbolisant la mémoire de la cité industrielle, mais plus encore celle de ses ouvriers. Les *Anneaux de Buren* en bord de Loire font, quant à eux, partie des œuvres du **parcours Estuaire,** rythmant l'estuaire du fleuve jusqu'à Saint-Nazaire. Les rues de l'île sont actuellement le terrain de jeux des meilleurs architectes, où fer, verre, pierre et béton se mêlent en des formes nouvelles.

❺ Singulier également, le **Lieu Unique,** à deux pas de l'île, autre puissant symbole culturel de la ville, où l'on a transformé l'ancienne biscuiterie LU en un site multiculturel : concerts, expos, happenings, accrochages, spectacles de danse, bar et resto.

LE CŒUR DE NANTES

❶ Cathédrale Saint-Pierre-et-Saint-Paul
7, impasse Saint-Laurent.
• cathedrale-nantes.fr •

❷ Passage Pommeraye
• passagepommeraye.fr •

❶ Le cœur de Nantes recèle mille pépites. En premier lieu, la **cathédrale Saint-Pierre-et-Saint-Paul.** On est frappé par l'unité de style de l'édifice (gothique flamboyant) malgré la durée de sa construction (1434-1891), due, entre autres, à des problèmes de financement. Sur la façade, remarquables portails à voussures finement sculptées. Les deux tours, érigées en 1508, ont une hauteur de 63 m. Autant l'extérieur paraît simple, autant l'intérieur, restauré après l'incendie de la charpente en 1972 (représenté sur un tableau dans l'une des chapelles latérales), surprend par sa splendeur et sa luminosité. À deux pas, sur la **place du Maréchal-Foch,** est érigée la statue de Louis XVI (avec sa tête !), l'une des rares qui subsiste en France. **Place du Change,** on cherchera les dernières maisons à pans de bois du quartier. Ensuite, on poursuivra vers la **place Royale,** de toute beauté avec sa fontaine et son personnage central, *La ville de Nantes.*

❷ L'immanquable **passage Pommeraye,** ouvert en 1843 sous Louis-Philippe, fut créé pour relier de manière monumentale la Bourse et le quartier Graslin où siégeaient les banques et les assurances. Devenu le symbole même de la ville, cet étonnant passage couvert fut filmé par le cinéaste Jacques Demy dans *Une chambre en ville* et dans *Lola,* où Anouk Aimée le descend. Long de 103 m, il tient son originalité de son escalier central, compensant la dénivelée de 9,40 m entre les deux extrémités du passage mais qui posa bien des problèmes techniques aux architectes. Sa décoration devint une sorte de vitrine du savoir-faire de la ville. On file ensuite faire ses courses **rue Crébillon,** en quelque sorte le « faubourg Saint-Honoré » de Nantes. La **place Graslin** et le **Grand Théâtre** invitent à une pause. Et pourquoi pas dans le somptueux cadre de *La Cigale,* superbe resto, tant pour les yeux que pour les papilles ?

NANTES LA VERTE

❶ Île de Versailles
• nantes-tourisme.com/fr/parc-et-jardin/ile-de-versailles •

❷ Parc et serres du Grand-Blottereau
Boulevard Auguste-Peneau.
• lagrandeserre.com •

❸ Jardin des Plantes
Rue Stanislas-Baudry.
• jardins.nantes.fr •

Avec près de 60 m² d'espaces verts par habitant de la métropole, Nantes se place dans le peloton de tête des villes vertes. Les parcs et jardins de la ville poursuivent la vocation historique de recherche, d'accueil et d'acclimatation des nouvelles espèces entamée au XVIIe s. Le **jardin des Plantes,** l'**île de Versailles** et le **parc du Grand-Blottereau,** voici sans doute le tiercé gagnant qui vaut à la cité d'avoir été élue Capitale verte de l'Europe pour l'année 2013, récompensant ses efforts en vue de proposer à ses habitants des arbres, des pelouses, des massifs, des forêts, des bosquets... bref, de la verdure partout.

❶ À la fin des années 1980, la Ville a aménagé une île artificielle en un superbe jardin japonais ponctué de cascades, bassins, plages de galets... Nombreuses essences telles qu'azalées, rhododendrons, bambous et même séquoias parfument l'**île de Versailles.** Un véritable dépaysement tout oriental dans le cœur de la ville, comme un poumon vert dans le béton... Avec des locations de petits bateaux électriques et de canoës-kayaks pour se promener sur la rivière, des jeux pour enfants, des coins pour pique-niquer et un jardin zen. L'ensemble est très réussi et attire beaucoup de familles aux beaux jours.

❷ Le **parc et les serres du Grand-Blottereau** offre, sur 3 ha, un tour du monde des écosystèmes. Trois grands espaces : une rocaille méditerranéenne, un jardin coréen et un bayou de Louisiane. La **zone méditerranéenne** comprend amandiers, chênes-lièges, lavande et romarin. Le **jardin coréen** constitue un voyage intéressant dans l'espace et les cultures. Les serres du **jardin d'agronomie tropicale** abritent une collection unique de plantes exotiques « utilitaires » : riz, cacao, ananas, banane, coton, girofle...

❸ Une visite au **jardin des Plantes** est encore et toujours une leçon d'histoire. Ce jardin de 7 ha trouve son origine sous l'Ancien Régime, quand les capitaines de navire sont sommés de rapporter des plantes exotiques dans leurs cales. Louis XIV organise un premier jardin qui servira, dit-il, « au soulagement des malades et à l'embellissement de la ville ». Louis XV à son tour incite les navigateurs nantais à rapporter de leurs périples des espèces rares pour enrichir la pharmacopée de l'époque. Aujourd'hui, le plus vieux magnolia de France, planté à l'ouverture du jardin en 1807, d'une circonférence de 2,30 m, trône fièrement au milieu de ce jardin qui constitue un agréable havre de verdure et de fraîcheur, et accueille plus d'un million de visiteurs par an. S'y promener au printemps, lorsque les camélias sont en fleur (plus de 650 variétés sont présentées sur les 1 000 de la collection complète) est un enchantement. À voir également, une orangerie, un palmarium, une serre à cactées et les orchidées de serre chaude et froide, un enclos de chèvres.

❹ Au-delà de la densité remarquable en **espaces verts** et du réseau exceptionnel de **rivières** (46 km de balade verte au bord de l'Erdre, de la Chézine, du Cens, de la Sèvre, du Gesvres...), la métropole nantaise est aujourd'hui considérée comme exemplaire dans le développement des transports collectifs et la lutte pour la réduction des gaz à effet de serre.

Île de Versailles, jardin japonais, **Nantes**

FICHE PRATIQUE

OÙ DORMIR ?

HÔTEL DE FRANCE

Au cœur du quartier chic, l'*Hôtel de France* a subi une mue bluffante qui a su préserver les volumes et le caractère de l'ancien hôtel particulier – notamment son escalier monumental en fer forgé –, tout en imprimant un style résolument moderne et coloré. Immense hall surplombé d'une coupole. Chambres spacieuses, parfaitement insonorisées et lumineuses, au confort 4 étoiles. Mention très spéciale pour le petit déj-buffet. Espace fitness et bar-salon de thé cosy. Rue Crébillon. • oceaniahotels.com •

MAISONS DU MONDE

Quand un groupe hôtelier et une chaîne de mobilier de maison croisent leurs savoir-faire, cela donne une cinquantaine de séduisantes chambres à thèmes, tout confort et de gamme variable : nature, rock, exo-chic, explo-chic, classique... Pas de réception mais un salon ouvert aux gens du quartier, une cuisine commune comme à la maison et au final un lieu convivial en plein centre. 2 bis, rue Santeuil. • maisonsdumondehotel.com •

OÙ MANGER ?

ROZA

Cette référence bistronomique nantaise a fait son nid face au tranquille square du Museum d'histoire naturelle. Pas de parade, ce n'est pas le genre de la maison, mais un cadre chic et une carte choc qui ne manquent pas de style.. On ne se fait pas plumer avec la formule du midi et les plats alignent les bons points. Une adresse en bonne place sur notre liste rouge des espèces à protéger. 3, place de la Monnaie. ☎ 02-40-54-01-87.

SOURCES

La salle s'allonge sur plusieurs demi-niveaux jusqu'à la cuisine ouverte. De la délicatesse et une indéniable touche féminine, tant dans la déco colorée qu'à la carte, les saveurs subtiles à base d'herbes et épices à redécouvrir, et les plats présentés comme des petites œuvres d'art. Une pause savoureuse et guillerette dans le vieux centre, là où la maison abritait auparavant une épicerie fine. On comprend mieux ! 22, rue de Verdun. ☎ 02-40-89-42-42.

LA CIGALE

L'adresse incontournable, une sorte de pèlerinage obligatoire. Inauguré en 1895, c'est un pur chef-d'œuvre de l'Art nouveau, classé aux Monuments historiques. La cuisine savoureuse et généreuse met en valeur les produits et les recettes régionales. Le service est virevoltant et charmant. En été, terrasse très agréable donnant sur la magnifique place Graslin. Place Graslin. ☎ 02-51-84-94-94.

ACHATS

MAISON LEMAÎTRE

Une des plus jolies épiceries fines de la ville. Bon gâteau nantais (base de poudre d'amande et de rhum), mouzillon (gâteau sec), palets nantais... Et puis des sardines sous toutes les formes – dont des sardines chaudes à la nantaise –, sel de Guérande. Également de bonnes bouteilles et du Nantillais. 12, rue de la Paix. ☎ 02-40-47-04-12.

CHOCOLATERIE GAUTIER-DEBOTTÉ

Spécialités de berlingots artisanaux, mascarons nantais, madeleines parfumées et « raisin à la liqueur ». Dans une merveilleuse boutique comme on n'en fait plus, aux murs recouverts de boiseries et croulant sous les lustres en cristal. 9, rue de la Fosse. ☎ 02-40-48-23-19.

ABC TERROIRS

Un très large choix de spécialités régionales, de Nantes au Grand Ouest, provenant de chez une centaine d'artisans. Des produits salés, alcoolisés ou sucrés, qui se déclinent aussi en paniers cadeau. 5, place Saint-Pierre. ☎ 02-40-89-76-26.

LES RIGOLETTES NANTAISES

C'est ici que vous pourrez acheter les fameuses rigolettes nantaises – ces délicieux bonbons fourrés à la pulpe de fruits – et le gâteau nantais. 18, rue de Verdun. ☎ 02-40-48-00-39.

ACCÈS

En train

Départ de Paris-gare Montparnasse (**2h20**).

En voiture

Depuis Paris par l'**A11** (**3h**) et Bordeaux par l'**A10** (**3h30**).

En avion

Vols quotidiens pour l'aéroport Nantes-Atlantique depuis de nombreuses villes.

AGENDA

JUILLET-AOÛT | Aux Heures d'Été.

De juillet à mi-août. Chaque jour, du mardi au vendredi, une animation en ville, un peu partout. Lectures, concerts, cinéma de plein air, contes pour enfants...

• auxheuresete.com •

Les Rendez-vous de l'Erdre.

Dernière semaine d'août. Festival autour de la navigation de rivière et du jazz, avec spectacles et concerts sur l'Erdre ; le public reste sur les quais. On peut admirer voiliers, bateaux traditionnels, gabarres et yoles...

Château de Saumur et son vignoble

L'ANJOU

TERRE HISTORIQUE

PATRIMOINE	★★★★
GASTRONOMIE	★★★★
NATURE	★★★
SHOPPING	★★
VIE NOCTURNE	★

NOS INCONTOURNABLES

- La chapelle Notre-Dame-des-Ardilliers
- Le château de Saumur
- L'abbaye de Fontevraud
- Le bioparc de Doué
- Le village troglodytique de Louresse-Rochemenier

Ici, tout le monde dit « Anjou » pour ce département du Maine-et-Loire aux visages multiples. Plaines, bocages, coteaux de tuffeau, sites troglodytiques, collines de vignobles, carrières d'ardoise parsèment le paysage... Et une invitée d'honneur : la Loire. Artère dolente, profitant de la moindre faiblesse de ses rives pour s'étaler paresseusement. Quant au patrimoine historique, culturel et architectural, il y aurait beaucoup à écrire. Si les châteaux sont moins renommés qu'en Touraine, ils se révèlent tout aussi charmants, souvent plus intimes. Saumur et ses alentours nous étonneront toujours. On connaît les sites incontournables, ceux qui ont fait la réputation de l'Anjou, mais la région sait se réinventer pour proposer des activités vraiment originales le temps d'un week-end, ou plus...

SAUMUR, SOUS TOUTES SES COUTURES

INFOS UTILES

❶ **Office de tourisme de Saumur**
8 bis, quai Carnot.
• ot-saumur.fr •

❷ **Chapelle Notre-Dame-des-Ardilliers**
1, place Notre-Dame-des-Ardilliers.

❸ **Cadre Noir, École nationale d'équitation**
• ifce.fr/cadre-noir •

❹ **Château de Saumur**
• chateau-saumur.fr •

❶ La Loire à ses pieds, un château de princesse à son sommet. Au premier coup d'œil, Saumur fait forte impression. Située à l'est du Maine-et-Loire, la ville a bien des atouts. On aime son ambiance villageoise les jours de marché, sur la **place Saint-Pierre.** Un endroit cerné par les maisons à pans de bois et une superbe église.

❷ Un peu excentrée, sur les bords de Loire, la **chapelle Notre-Dame-des-Ardilliers** est tout aussi remarquable, avec sa grande rotonde. Son histoire est fondée sur une jolie anecdote, qui n'est peut-être qu'une légende. En 1454, un paysan aurait découvert une statuette, une pietà, près d'une source déjà réputée pour ses vertus guérisseuses. Quelques décennies plus tard, on construisit à cet endroit-là un sanctuaire, Notre-Dame-des-Ardilliers. Jusqu'au XVIIe s, elle fut l'un des plus importants lieux de pèlerinage en France. Aujourd'hui encore, on peut voir une pietà nichée à l'intérieur de l'église. La rotonde fut construite après, pour en mettre plein la vue aux protestants.

❸ Emblème de la ville, le prestigieux **Cadre Noir, École nationale d'équitation,** ouvre ses coulisses le temps d'une visite guidée. On y découvre le fonctionnement de cette école unique, qui possède 350 chevaux. Du grand manège aux écuries, en passant par la sellerie, le parcours est très pédagogique. Mieux vaut venir le matin. Vous pourrez alors capturer de petits instants de vie : l'écuyer en train de cirer ses bottes ou le cheval qui fait un caprice dans son box.

❹ Perché au sommet de la ville, le **château de Saumur** veille sur les méandres de la Loire. Il abrite une riche collection d'arts décoratifs, meubles, tapisseries, émaux, faïences et porcelaines. Une collection « cheval » rassemblant des objets de l'Antiquité est exposée dans l'ancienne abbatiale. Depuis les jardins, le panorama sur la Loire et la ville est superbe.

L'ABBAYE DE FONTEVRAUD, DE JOUR COMME DE NUIT

❶ **Abbaye de Fontevraud**
• fontevraud.fr •

❶ **L'abbaye** fut fondée par **Robert d'Arbrissel,** un ascète qui lutta toute sa vie (1045-1116) contre le déclin de l'Église. Grand orateur, il attira à lui des foules considérables, mélange hétéroclite de gens de toutes classes et conditions, lépreux, vagabonds, prostituées repenties. À l'époque, cette communauté ambulante mixte inquiéta beaucoup les autorités ecclésiastiques, qui l'incitèrent à se fixer. Jolie campagne, vallon riant, sources abondantes. Bientôt, les dons affluèrent, des dames de la haute société intégrèrent la communauté, des bâtiments commencèrent à s'élever. La conception de l'abbaye tranchait aussi avec celle de l'époque. Elle était divisée en monastères regroupant chacun les « tendances » de Fontevraud : le monastère des femmes de haute condition, celui des hommes, celui des sœurs qui s'occupaient des lépreux, celui des anciennes prostituées et les infirmeries. Autre originalité pour l'époque : l'attention et le respect portés aux femmes par Robert d'Arbrissel.

❷ En 1804, Napoléon ordonna la transformation de l'abbaye en prison. Quelques pensionnaires célèbres : le socialiste-révolutionnaire Auguste Blanqui en 1836 et Charles Maurras. La centrale de Fontevraud ne ferma qu'en 1963 et les derniers prisonniers de droit commun ne partirent qu'en 1985 après avoir participé à la rénovation de l'abbaye. Elle est devenue depuis 1975 un **centre culturel** où les arts graphiques occupent une large place dans la programmation.

❸ **Hospitalité et modernité** ayant toujours fait partie de l'ADN de l'abbaye de Fontevraud, elle est encore aujourd'hui là où on ne l'attend pas. Elle accueille une cinquantaine d'artistes en résidence, un centre culturel et des expositions d'art contemporain.

❹ Un **hôtel 4-étoiles** a remplacé l'ancien hôpital. Si vous le pouvez, on vous conseille vivement d'y passer la nuit. Ceux qui y dorment ont la chance de pouvoir flâner sur le site toute la nuit, dans une ambiance romantique et mystérieuse.

Gisants des Plantagenêts, **abbaye royale de Fontevraud**

SOUS LES TROPIQUES DE DOUÉ

❶ **Office de tourisme de Doué**
30, place des Fontaines.
• ot-saumur.fr •

❷ **Les Chemins de la rose**
Parc de Courcilpleu.
• lescheminsdelarose.com •

❸ **Bioparc**
103, rue de Cholet.
• bioparc-zoo.fr •

❶ Doué, c'est la **ville des troglos** et des carrières souterraines creusées dans le falun, une roche calcaire coquillière déposée là par la mer, il y a quelque 10 millions d'années. Le falun est moins vieux que le tuffeau. C'est à Doué qu'on trouve la couche la plus épaisse (jusqu'à 23 m). Le falun le plus dur fut largement utilisé pour la construction. En dégageant la terre, puis le falun le plus friable pour créer une grande cour en profondeur, les gens créaient une sorte de falaise dans laquelle ils creusaient pièces d'habitation, caves, celliers, greniers. Le village troglodytique de **Louresse-Rochemernier** vous embarquera dans cet univers incroyable. Parmi les 40 fermes troglos et les 250 salles creusées de la commune, ce village est une vivante illustration de ce mode de vie ! Objets, outils et machines agricoles diverses recréent bien l'atmosphère d'antan, ce qui en fait d'ailleurs un excellent musée ethnographique. Et dire qu'en 1900 elles étaient encore habitées !

❷ Doué est aussi devenue la **capitale de la rose** ! Premier producteur en France, elle n'a pas à rougir de sa belle roseraie : 15 000 rosiers pour plus de 1 500 variétés ornent un parc à l'anglaise de 4 ha, plein de charme et romantisme, jalonné de plans d'eau (et de paons !). Assurément l'une des plus belles roseraies de France comprenant notamment toute une variété de rosiers lianes.

Quitte à faire dans le bucolique, autant aller jusqu'au bout ! La **roseraie « Les Chemins de la rose »** vous emmène à travers ses champs de production à bord d'une 2 CV. Rouge, s'il vous plaît, comme les roses. La virée est proposée uniquement l'été, pendant la période de floraison. On peut ensuite se promener librement dans le jardin à l'anglaise, romantique à souhait : tonnelles naturelles de fleurs, bancs face aux étangs, lianes grimpant dans les arbres. Et partout, des milliers de roses. Des rouges, des orange, des jaunes, des blanches, des striées, des bicolores. En tout, 850 variétés que les rosiéristes chouchoutent.

❸ Doué porte décidément bien son nom, car elle a également la chance de posséder une attraction majeure, le célèbre **bioparc.** Le cadre troglodytique de ce zoo mérite à lui seul quelques lignes : sites escarpés, anciennes carrières de falun, caves cathédrales baignées par la nappe phréatique et abondante végétation de bambous. Une fraîcheur bienvenue lors des fortes chaleurs ! Toutes les conditions pour recréer le milieu naturel le plus proche de la réalité ont été recherchées. Au bioparc de Doué, okapis, flamants roses et girafes ne connaissent pas les grillages. La roche suffit. Les immenses enclos sont creusés dans le falun, donnant à ce superbe site troglodyte un aspect très naturel. Le bioparc abrite **700 animaux,** dont la plupart appartiennent à des espèces menacées. Il se fixe principalement comme mission la reproduction d'espèces en grand danger de disparition, en soutenant des projets de préservation de la faune et des écosystèmes menacés. Baptisés « projets nature », ils sont financés par leurs fonds propres, générés par les entrées des visiteurs du zoo.

FICHE PRATIQUE

ACCÈS

En train

Paris-Angers – environ **1h30** en TGV – puis encore **30 mn** en TER d'Angers à Saumur.

En voiture

Depuis Paris par l'**A11** (**3h**) et Bordeaux par l'**A10** (**3h30**).

AGENDA

JUIN | Festival des géants.

À Saumur toutes les années paires, en week-end, fin juin. En alternance avec le **Festival international de musiques militaires,** les années impaires.

JUILLET | Les Journées de la rose.

Dans les carrières troglodytes de Doué. Avec près de 100000 boutons de rose exposés, c'est un concours international d'art floral qui remporte chaque année un vif succès. • journeesdelarose.com •

AOÛT | Les Grandes Tablées du saumur-champigny.

Début août, résa à l'office de tourisme. Méga-restaurant à ciel ouvert et des milliers de participants. Musique, théâtre de rue, etc.

SEPTEMBRE | Festivini.

10 j. en sept. Marché, dîner (g)astronomique accord mets-vins, randonnée sur le thème du vignoble.

OÙ DORMIR ?

LE LONDRES HÔTEL

Particulièrement bien situé, cet établissement rénové dans les tons rouges et gris s'avère une très bonne adresse en ville. L'accueil enthousiaste, les chambres confortables et soignées, la salle de petit déj charmante dans l'ancien jardin d'hiver de structure Eiffel... autant de raisons pour y séjourner. 48, rue d'Orléans, Saumur. • lelondres.com •

FONTEVRAUD L'HÔTEL ET FONTEVRAUD LE RESTAURANT

Au sein même de la prestigieuse abbaye, un ensemble hôtelier d'une cinquantaine de chambres réparties en 2 bâtiments. Élégance et sobriété s'appuyant sur les matières brutes et nobles, du réfectoire jusqu'aux chambres. Mais ce concept hôtelier intègre également les nouvelles technologies avec un *ibar* ludique aux tables tactiles et des iPad remis lors du *check-in*. Un hôtel également branché environnement et enfants. Même tonalité côté restaurant, dans un cadre assez exceptionnel en son genre, autour du plus petit cloître de France, sous d'élégantes voûtes ogivales. Haute cuisine raffinée mais sans esbroufe du chef sacré *Bocuse d'Or* Thibaut Ruggeri. • hotel-fontevraud.com •

OÙ MANGER ?

LE GAMBETTA

La porte cochère franchie, on arrive dans une salle moderne au décor sobre. Le jeune chef Mickaël Pihours met en scène les produits qu'il décline en préparations multiples, pour une dégustation des plus sensorielle. L'œil, le nez sont aiguisés et le plaisir se poursuit en bouche. La cuisine est créative, la cuisson précise, la technique maîtrisée. Un pur délice ! Et la fête continue avec les desserts, ravivant quelques souvenirs d'enfance. 12, rue Gambetta, Saumur. ☎ 02-41-67-66-66.

LES CAVES DE LA GENEVRAIE

Étrange et fascinant resto troglo, aménagé dans une galerie ayant servi de refuge pendant les guerres de Religion. Repas de fouaces (galettes fourrées de rillettes, par exemple), mogettes (haricots blancs), champignons... Bref, les spécialités du pays ! Rue du Musée, Louresse-Rochemenier. ☎ 02-41-59-34-22.

ACHATS

MAISON DES VINS D'ANJOU ET DE SAUMUR

Vitrine du vignoble des vins de Saumur et d'Anjou. Lieu idéal pour s'informer, déguster et acheter, si vous n'avez pas le temps de visiter les caves. Excellent accueil. 7, quai Carnot, Saumur. ☎ 02-41-38-45-83. • vinsvaldeloire.fr •

DUCHESSE ANNE

Un chocolatier-pâtissier-salon de thé où l'on trouve, outre les gâteaux et chocolats, des meringues en forme de champignon de Saumur et une sélection complète de thés. 22, rue Franklin-Roosevelt, Saumur. ☎ 02-41-51-07-50.

PROVENCE-ALPES-CÔTE D'AZUR

Calanque de Port-Pin

Abbaye de Sénanque

AVIGNON

LES PAPES AU PAYS DU LUBERON

PATRIMOINE	★★★★
GASTRONOMIE	★★★★
NATURE	★★★
SHOPPING	★
VIE NOCTURNE	★★

NOS INCONTOURNABLES

- Le pont d'Avignon
- Le palais des Papes
- L'abbaye Saint-André de Villeneuve-lès-Avignon, son fort et ses jardins
- La chartreuse du Val de Bénédiction
- Le parc naturel régional du Luberon

Le soleil chauffe à blanc les pierres des petits villages qui se réveillent chaque matin face au mont Ventoux. Les odeurs de genêt ou de lavande, le gargouillis d'une fontaine ou le craquètement des cigales saluent votre arrivée dans le Luberon, par une belle journée d'été. Au pied du rocher des Doms, baigné par le Rhône et protégé du mistral par ses vieux remparts, Avignon est une étape obligatoire de tout voyage en Provence. L'ancienne cité des Papes a non seulement conservé de son riche passé un joli bouquet de très beaux monuments, mais elle a également réussi au présent sa reconversion en une immense scène de théâtre à ciel ouvert. Une balade dans les villages environnants, chargés d'histoire, et vous vous laisserez aller... jusqu'à danser sur le pont !

LE LUBERON, LA PROVENCE EN COULEURS

INFOS UTILES

❶ **Parc naturel régional du Luberon**
• parcduluberon.fr •

❶ Le Luberon ne se résume plus, comme autrefois, à un massif s'étirant au soleil sur 80 km d'ouest en est, de Cavaillon à Manosque : la barrière presque infranchissable des romans de Giono, à moins d'emprunter la combe de Lourmarin. Le Luberon, aujourd'hui, c'est un nom magique, presque un mythe, qui double à lui seul le prix des locations et des ventes. Voilà pourquoi cette micro-région déborde largement du massif, englobant des villages des monts du Vaucluse comme Gordes ou Roussillon, et d'autres appartenant au pays de la Sorgue, comme L'Isle-sur-la-Sorgue ou Fontaine-de-Vaucluse, devenus pour certains l'emblème du Luberon. Le territoire du **parc naturel régional,** créé en 1977, couvre même une partie de la Haute-Provence...

Mer blanche formée par les champs de cerisiers en fleur au printemps, rangées mauve-bleue des champs de lavande en été, lignes rousses et dorées de vignes en automne et blanc de la neige pour quelques jours en hiver... La palette de couleurs est si riche que vous ne verrez jamais deux fois le même tableau. Chaque saison est une expérience. Le printemps, ici, est toujours en avance. Dès le mois de février, les premiers amandiers sont en fleur et, avec leurs tons roses et blancs, forment des bouquets qui annoncent le retour des beaux jours.

❷ **Abbaye de Sénanque**
• senanque.fr •

❶ **Palais des Papes**
Place du Palais.
• palais-des-papes.com •

❷ **Cathédrale Notre-Dame-des-Doms**
Place du Palais.

❷ En l'espace de quelques semaines, le Luberon retrouve ses couleurs chatoyantes. Retour des marchés, avec leurs étals aux fraises écarlates, aux asperges vertes et blanches. Vergers en fleurs, rosiers s'épanouissant sur les façades, lilas et glycines, coquelicots et genêts... Une myriade de couleurs intenses contraste avec le vert tendre de l'herbe et des premières feuilles des platanes, peupliers et acacias. Tapis de thym et romarin en fleurs, narcisses et orchidées sauvages, les sentiers du Luberon sont au faîte de leur beauté au printemps, les sources serpentent dans tout le massif ! Sans oublier les champs de lavande, enclaves plus spectaculaires quand ils escortent un magnifique patrimoine, comme l'**abbaye de Sénanque.**

❸ Fin juin, on entend une cigale chanter. Avec elle, l'été s'installe et les couleurs envahissent les **assiettes** : tomates, ratatouille, melon, pêches et abricots. L'automne est la plus flamboyante des saisons. C'est le temps des vendanges dans les rangées de vignes sang et or, celui aussi de la récolte des courges muscades, des coings dorés. L'hiver cède la place à davantage de blanc et on est saisi par le charme des brumes matinales, qui s'accrochent aux flancs de la montagne. Premières gelées, cueillette des olives, récolte des truffes noires, douceur d'un plateau de fruits confits aux saveurs sucrées de l'été.

HEUREUX COMME UN PAPE EN AVIGNON

❶ C'est en 1309, sous l'influence du roi de France Philippe le Bel, que les papes s'installent en Avignon. Terminé en 1352, le **palais des Papes** est depuis le plus important palais gothique du monde. Haut lieu de l'histoire européenne médiévale, cet édifice détient un triple record : c'est le plus grand palais gothique d'Europe (15000 m² de surface !), le seul qui ait jamais été construit pour un pape en dehors de Rome, et le chantier le plus rapide de son époque (moins de 20 ans). C'est aussi l'un des plus magnifiques exemples d'architecture gothique du XIVᵉ s. Les papes qui s'y succédèrent furent d'abord les seuls chefs de l'Église catholique romaine. Mais la ville est connue pour avoir été par la suite le repaire de la discorde : entre 1378 et 1418, le schisme entre Église d'Orient et Église d'Occident provoqua la coexistence de deux papes, l'un à Rome et l'autre à Avignon.

Pour découvrir la résidence des papes dans toute sa splendeur, on recommande la visite guidée intitulée « Palais secret ». Un parcours charmeur dans les appartements et jardins privés du pape, à travers escaliers cachés et couloirs dérobés. Une façon originale et ludique d'aborder l'histoire de la papauté en Avignon. Et pour parfaire l'ambiance, un brunch provençal sur la terrasse des *Grands Dignitaires* accompagne la visite, avec dégustation de vins des Côtes-du-Rhône.

❷ Après ces émotions historiques et culinaires, une balade s'impose dans le magnifique jardin du Rocher des Doms. À l'entrée du parc, la **cathédrale Notre-Dame-des-Doms,** le plus vieil édifice religieux de la ville, reconstruit au milieu du XIIᵉ s. Immanquable avec la statue étincelante de la Vierge dorée, que le XIXᵉ s a cru bon de percher au sommet du clocher. Le rocher est le point culminant de la ville, sur lequel a été construit le palais des Papes. Il offre une belle vue sur les environs, au-delà du Rhône.

❸ À ses pieds, un bateau-navette mène sur l'**île de la Barthelasse.** Plus grande île fluviale de France, elle est le poumon d'Avignon, où se trouvent de nombreux champs, un parc naturel et des campings. Une jolie promenade est aménagée tout le long de la rive, devant le légendaire pied cassé du pont Saint-Bénezet, plus connu sous le nom de pont d'Avignon.

❹ Édifié au XIIᵉ s, le **pont d'Avignon** est le plus ancien ouvrage construit sur le Rhône, entre Lyon et la Méditerranée. Partiellement détruit en 1226, il est reconstruit et compte alors 22 arches. Mais les caprices du Rhône causeront encore plusieurs fois sa ruine, jusqu'au XVIIᵉ s, où il est définitivement abandonné. La visite des vestiges du pont, et en particulier de ses deux chapelles, dont une donne joliment sur l'eau, permet de découvrir une page essentielle de l'histoire d'Avignon, mais aussi la légende du fondateur de l'édifice, saint Bénezet, ainsi que l'origine de sa chanson qui a fait le tour du monde.

Pont Saint-Bénezet, cathédrale des Doms et palais des Papes, **Avignon**

VILLENEUVE, DE L'AUTRE CÔTÉ DU RHÔNE

❶ **Office de tourisme de Villeneuve-lès-Avignon**
Place Charles-David.
• avignon-tourisme.com •

❷ **Abbaye Saint-André**
Rue Montée-du-Fort.
• abbayesaintandre.fr •

❸ **Chartreuse du Val-de-Bénédiction**
58, rue de la République.
• chartreuse.org •

❹ **Musée Pierre-de-Luxembourg**
3, rue de la République.
• gard-provencal.com/musees/pdluxem.htm •

❶ Mais Avignon, toute majestueuse soit-elle, n'est pas la seule à jouir d'un patrimoine médiéval dans la région. Assise au bord du Rhône, appuyée à des collines, **Villeneuve-lès-Avignon** a trop longtemps vécu à l'ombre d'Avignon. Son patrimoine historique est pourtant exceptionnel.

❷ Au XIVe s, Villeneuve est devenue, comme Avignon, la résidence des papes, des cardinaux et des prélats de la cour pontificale qui y ont édifié palais fortifiés, couvents et églises. C'est à cette époque que sont construits l'**abbaye Saint-André** et son fort, perché sur sa colline et entouré d'une extraordinaire ceinture de murailles. On ne saurait que trop vous conseiller de pousser la porte des **jardins de l'abbaye** qui donne accès à un lieu hors du temps, où les jardins suspendus se peuplent d'essences diverses et de recoins apaisants jouissant d'une vue imprenable. Jardins à l'italienne, avec rosiers anciens, lauriers et santolines, mais aussi bassins, tables rondes et bancs circulaires. Le jardin méditerranéen, qui compte bien sûr nombre d'oliviers, offre le plus beau des panoramas sur le palais des Papes et, au-delà, sur le mont Ventoux et les Alpilles.

❸ Aujourd'hui, grâce à la métamorphose de la **chartreuse du Val-de-Bénédiction** en centre de création ouvert aux artistes, la rive droite a retrouvé une sorte d'autonomie culturelle. À l'origine, ce fut le plus riche et le plus vaste monastère de chartreux de France : 2,5 ha d'un seul tenant sur la rive droite du Rhône. À la Révolution, les moines durent l'abandonner. Les bâtiments, pour la plupart, furent vendus, les autres tombèrent en ruine. Redécouvert en 1835 par Mérimée, classé par l'État en 1905, le monument abrite dans ses murs depuis 1991 le Centre national des écritures du spectacle (CNES), qui y organise les Nuits de la Chartreuse tout au long de l'année, et les Rencontres d'été (spectacles, concerts, expos, conférences...). La Chartreuse continue d'être restaurée tout en restant ouverte à la création contemporaine. Visiteurs et artistes, amoureux des vieilles pierres et des jardins se croisent sur les terrasses ombragées du café-resto *Les Jardins d'Été*, sous les jasmins de la bibliothèque-café Saint-Jean ou à la librairie.

❹ C'est aussi là que se trouve le **musée Pierre-de-Luxembourg,** dans un bel hôtel particulier aménagé dans l'ancien palais du cardinal de Ceccano. Il présente des œuvres de l'Occident médiéval, mais aussi un panorama de la peinture provençale des XVIe et XVIIe s.

Cloître de la collégiale Notre-Dame, **Villeneuve-lès-Avignon**

FICHE PRATIQUE

ACCÈS

En train

Paris-Avignon : **2h40**.
Lyon-Avignon : **1h10**.
Marseille-Avignon : **40 min**.

En voiture

Bordeaux-Avignon :
via l'**A62** (environ **5h30**).

Lyon-Avignon :
via l'autoroute **A7** (environ **2h**).

Marseille-Avignon :
via l'**A7** (environ **1h**).

En avion

Paris Orly-Marseille : **1h20**.

AGENDA

JUILLET | Le Festival d'Avignon

Une ville complètement métamorphosée : des milliers d'affiches qui grimpent à l'assaut des lampadaires, la place de l'Horloge envahie d'une foule si dense qu'il est difficile de s'y frayer un chemin, la place du Palais qui renoue avec son passé médiéval entre saltimbanques, jongleurs, gratouilleurs de guitare et bateleurs, le tout dans une ambiance bohème, un brin intello mais surtout très bon enfant. Le Festival assure à Avignon un mois de juillet d'anthologie !
• festival-avignon.com •
• avignonleoff.com •

Festival Villeneuve en Scène.

Pour ne pas rester les bras croisés, Villeneuve a greffé son propre festival au Festival Off d'Avignon. Il ouvre ses portes à une vingtaine de compagnies itinérantes sous chapiteau ou en plein air (plaine de l'Abbaye...), pendant 3 semaines en juillet.
• festivalvilleneuveenscene.com •

OÙ DORMIR ?

HÔTEL DE GARLANDE

Dans une vieille maison du centre, à l'ombre du clocher de l'église Saint-Didier, cet hôtel est réparti en 2 bâtiments. Accessibles par un petit escalier en colimaçon, une douzaine de chambres climatisées et bien tenues avec une jolie déco personnalisée, mais de taille et d'allure très variables. Les plus grandes, et donc les plus chères, ont un petit coin salon. Bon rapport qualité-prix et accueil chaleureux. 20, rue Galante, Avignon. • hoteldegarlande.com •

HÔTEL DE L'ATELIER

Nichée au cœur du vieux Villeneuve, cette bâtisse du XVIe s, ancien atelier de soie, a su préserver une douceur de vivre toute provinciale ; 22 chambres, meublées à l'ancienne, toutes différentes. Calme et confortable. Il y a un patio fleuri pour le petit déj, une terrasse sur les toits (avec transats) et un coin salon de thé. Beaucoup de charme. 5, rue de la Foire, Villeneuve-lès-Avignon. • hoteldelatelier.com •

OÙ MANGER ?

L'ÉPICERIE

Ici, on déjeune ou on dîne, en toute tranquillité et en terrasse, sur le parvis de l'église Saint-Pierre, un lieu préservé et hors du temps. Très beau cadre où l'on vous servira une bonne cuisine du Sud, colorée et parfumée. Assiettes généreuses et ensoleillées, du style croquant de petits légumes au chèvre frais ou dos de cabillaud en croûte. 10, place Saint-Pierre, Avignon. ☎ 04-90-82-74-22.

LE MOUTARDIER DU PAPE

Emplacement en or, en face du palais des Papes. À l'intérieur, une longue fresque évoque d'ailleurs la carrière de ce moutardier du pape. Une des tables les plus courues de la haute ville, travaillant les produits du terroir avec le soin des grandes maisons, mais dans un esprit plus contemporain (en proposant par exemple les accords mets-vins). Terrasse assez magique sur la place aux beaux jours. 15, place du Palais-des-Papes, Avignon. ☎ 04-90-85-34-76.

LE BISTROT DU MOULIN À HUILE DE LA CHARTREUSE

À côté de la Chartreuse, un espace chic aménagé avec astuce dans l'ancienne grange du moulin à huile, où l'on peut déjeuner et surtout dîner en terrasse, près des oliviers, comme en salle, près de la cheminée, d'une cuisine dans l'air du temps. Très agréable pour une pause l'après-midi également. 74, rue de la République, Villeneuve-lès-Avignon. ☎ 04-90-25-45-59.

ACHATS

PÂTISSERIE MARCELLIN

La petite terrasse, devant, c'est pour un petit déj de soleil, ou pour s'offrir une tarte salée au déjeuner, une glace l'après-midi. LA pâtisserie de la ville. 18, rue de la République, Villeneuve-lès-Avignon. ☎ 04-90-88-13-57.

Cours Mirabeau, statue du Roi-René, **Aix-en-Provence**

AIX-EN-PROVENCE

LA SÉDUCTRICE

PATRIMOINE	★★★
GASTRONOMIE	★★
NATURE	★★★
SHOPPING	★★
VIE NOCTURNE	★★★

NOS INCONTOURNABLES

- Les cafés du cours Mirabeau
- Le quartier Mazarin
- L'atelier de Paul Cézanne
- Le musée Granet
- Les calissons
- La montagne Sainte-Victoire

Pierres calcaires de couleur miel, toitures en tuiles romaines patinées par les âges, nobles façades... Grâce à sa rare unité architecturale, la ville de Paul Cézanne a conservé au fil des siècles une élégance nourrie d'influences baroques italiennes. Fondée par les Romains en 122 av. J.-C., capitale des comtes de Provence... De bonnes fées semblent s'être penchées sur le berceau d'Aix-en-Provence, l'une des villes les plus agréables de France. Avec son centre historique aux airs d'Italie, ses nombreux cafés, sa population estudiantine et son ciel souvent bleu, la cité provençale regorge de charme. Il faut goûter, le temps d'un week-end, à la dolce vita aixoise...

LE CHARME DU VIEIL AIX

❶ Impossible d'y résister longtemps... Débutez votre balade **place de la Rotonde,** au cœur de la ville, avant de remonter les Champs-Élysées aixois : le célèbre **cours Mirabeau,** tracé au XVIIe s, avec ses cafés et ses platanes. Figure emblématique des cartes postales d'Aix, vous voici presque amoureux, séduit par le beau mariage entre la distinction classique à la française et les tons ocres des nobles façades italiennes d'hôtels tout particuliers. Quatre **fontaines** rythment le cours, lui apportant fraîcheur et raison d'être. Celle de la Rotonde (XIXe s), massive et volubile. Les trois statues (Justice, Agriculture et Beaux-Arts) semblent indifférentes à l'intense circulation de la place. Celle des Neuf-Canons (XVIIe s) s'est laissé pousser les cheveux pour faire concurrence à sa voisine, la fontaine dite « moussue » (vous comprendrez pourquoi) où coule l'eau chaude, en provenance de la source des Bagniers.

❷ Au sud du cours, le **quartier Mazarin,** bâti au XVIIe s pour la noblesse et les parlementaires de l'époque, a conservé le nom de son créateur, frère du fameux cardinal et archevêque d'Aix. Quartier le plus aristocratique d'Aix, il doit son charme particulier à ses grandes rues rectilignes et aligne demeures cossues et hôtels particuliers des XVIIe et XVIIIe s. L'un d'entre eux, le splendide **hôtel de Caumont,** ouvert à la visite, accueille d'importantes expositions temporaires consacrées aux beaux-arts. Au cœur du quartier Mazarin, un joyau : la **place des Quatre-Dauphins,** avec sa gracieuse fontaine ornée de mammifères marins.

INFOS UTILES

❶ **Office de tourisme d'Aix-en-Provence**
300, avenue Giuseppe-Verdi.
• aixenprovencetourism.com •

❷ **Hôtel de Caumont**
3, rue Joseph-Cabassol,.
• caumont-centredart.com •

❸ **Musée du Vieil Aix**
17, rue Gaston-de-Saporta.
• aixenprovencetourism.com •

❹ **Cathédrale Saint-Sauveur**
34, place des Martyrs-de-la-Résistance.
• cathedrale-aix.net •

❸ De l'autre côté du cours, le **vieil Aix** déploie ses passages et ses ruelles bordées d'immeubles de pierre calcaire aux toits couverts de tuiles rondes. C'est un bonheur que de musarder dans ce quartier, de boutiques d'antiquaires en bouquinistes, de magasins branchés en cafés sympa... La **place d'Albertas,** aménagée en 1742, séduit les promeneurs avec son hôtel particulier rococo, spécialement à la nuit tombée, quand elle est délicatement éclairée. Plus loin, au fil des rues, le regard se régale des façades tantôt classiques, tantôt baroques, avec une mention spéciale pour l'**hôtel de ville,** un incontournable de la vie politique locale depuis le XIVe s, niché au pied de la tour de l'Horloge et la somptueuse halle aux grains du XVIIIe siècle qui abrite désormais la poste principale. Juste à côté, les terrasses et restos de la **place à l'italienne des Cardeurs** invitent à une pause gourmande.

❹ Enfin, au nord du vieil Aix, laissez-vous séduire par la sobriété de la **cathédrale Saint-Sauveur.** Édifiée selon la légende sur un temple d'Apollon, la cathédrale a évolué entre le Ve et le XVIIIe s ; ça se remarque sur sa façade, où la diversité des styles (du XIIe au XVIe s) fait rêver. Le portail gothique est joliment surmonté d'une statue de saint Michel terrassant le dragon. Les portes sont superbement ornées de motifs sculptés du XVIe s. Ne manquez pas la visite guidée du ravissant cloître, intime et d'une grande élégance, ainsi que le *Triptyque du Buisson ardent,* situé dans la chapelle Saint-Lazare et peint par Nicolas Froment au XVe s. Attention, le *Triptyque du Buisson* n'est visible qu'à certaines périodes de l'année. Renseignez-vous sur le site de l'office de tourisme.

SOUS LE SIGNE DE CÉZANNE

❶ **Carrières de Bibémus**
3080, chemin de Bibémus.

❷ **Atelier de Cézanne**
9, avenue Paul-Cézanne.
• cezanne-en-provence.com •

❸ **Musée Granet**
Place Saint-Jean-de-Malte.
• museegranet-aixenprovence.fr •

Fondation Vasarely
1, avenue Marcel-Pagnol.
• fondationvasarely.org •

❶ Impossible d'évoquer Aix-en-Provence sans parler de Paul Cézanne qui, paradoxalement, exécrait sa ville natale. L'office de tourisme aixois propose un parcours sur les pas du peintre. Un circuit estampillé de clous de bronze qui jalonnent la vie de Cézanne et les lieux qu'il fréquentait à Aix. D'autres visites sont organisées sur les lieux cézanniens, notamment aux **carrières de Bibémus** qui l'inspirèrent, au **Jas-de-Bouffan,** où Cézanne vécut, et à l'**atelier du peintre.** On piaffe dans le petit jardin, au côté d'autres passionnés, pour avoir le privilège d'accéder, par petits groupes, à ces 53 m² où flotte encore le souvenir – mieux, la présence – du grand homme.

❷ Cézanne fit construire son **atelier** sur la colline des Lauves du sommet de laquelle, au prix de 20 mn de marche, il pouvait contempler la montagne Sainte-Victoire exactement sous le même angle que depuis les carrières de Bibémus. L'atelier fut conçu comme un extérieur, baigné de lumière et entouré de verdure. Les trois dernières années de sa vie, le peintre un peu esseulé y reçut moins de 16 visiteurs... Seul son plancher a été rénové, pour accueillir les quelque 70 000 à 100 000 visiteurs par an qui retrouvent désormais là, non sans émotion, les crânes des natures mortes, la pipe d'écume des *Joueurs de cartes,* les objets dont il s'est servi, l'échelle monumentale, les pots, les bouteilles, les céramiques... sans oublier les fameuses pommes. À ce propos, on rapporte que l'artiste était si lent qu'il ne peignait, en nature morte, jamais de fleurs, trop périssables. Les environs ont aujourd'hui changé, les arbres et les habitations cachent la vue, mais l'atelier a su préserver l'empreinte du maître.

❸ Le superbe **musée Granet,** magnifiquement rénové en 2006, présente ses collections permanentes dans deux lieux : le **palais de Malte** (1676), ancien cloître du prieuré de Malte du XVIIe s, et la splendide **chapelle des Pénitents-Blancs.** Le musée possède dix toiles de Cézanne dans sa collection permanente, mais aussi une riche collection d'œuvres de Giacometti, Picasso, Léger, Mondrian, Klee, Balthus, Nicolas de Staël et même Rembrandt. Et, si vous n'êtes pas rassasié, sachez aussi qu'Aix abrite la **fondation Vasarely** où l'on peut admirer les œuvres de ce plasticien d'origine hongroise, père de l'art optique abstrait.

❹ Si vous êtes motorisé, ne manquez pas d'aller faire un tour du côté de la **montagne Sainte-Victoire,** l'imposant massif calcaire dominant Aix du haut de ses 1 011 m. Cézanne l'a immortalisée au gré de 44 toiles et 43 aquarelles, témoignant de son attachement à cette montagne hardie. C'est côté sud que la montagne Sainte-Victoire se montre le plus spectaculaire, purement minérale. Changement de décor, côté nord avec une verdoyante vallée. Le circuit complet autour de la montagne, long d'une soixantaine de kilomètres, est tout simplement magnifique. Et rien n'interdit d'y grimper par l'un des nombreux et somptueux sentiers.

Cabanon de Paul Cézanne **à Bibemus**

GOURMANDISES ET PLAISIRS AIXOIS

❶ **Confiserie Béchard**
12, cours Mirabeau.
• maisonbechard.fr •

Chocolats de Puyricard
7-9, rue Rifle-Rafle.
• puyricard.fr •

❷ **Les Deux Garçons**
53 bis, cours Mirabeau.
• les2garcons.fr •

Thermes Sextius
55, avenue des Thermes.
• thermes-sextius.com •

Le plaisir fait partie des vertus d'Aix-en-Provence, ville justement réputée pour sa douceur de vivre. Pour éveiller vos cinq sens, faites donc une petite virée dans ses marchés, aux couleurs, aux sons et aux parfums de Provence. Le **marché aux fruits et légumes de la place Richelme,** qui a lieu tous les jours, semble sorti d'une carte postale. Ne manquez pas à côté le **marché aux fleurs de la place de l'hôtel de ville** qui se tient le samedi.

❶ Aix est également réputée pour ses **calissons,** une confiserie à base d'amande douce, de sucre et de pâte de melon confit, fabriquée depuis le XVe s. Située sur le cours Mirabeau, la **confiserie Béchard** compte parmi les institutions gourmandes de la ville. Autre spécialité locale : les **chocolats de Puyricard,** avec les délicieux palets d'or et les chocolats à la violette.

❷ Outre les plaisirs sucrés, Aix-en-Provence entretient une véritable culture du **café**. Il y en a partout, dans les ruelles du centre et surtout sur le versant nord du cours Mirabeau où il faut voir et être vu. Sorte de Café de Flore local, **Les Deux Garçons,** ou les « 2G », niché dans un décor d'ivoire et d'or du XVIIIe s, est un joyau. Cézanne, Zola et Cocteau s'y attablèrent. Il a malheureusement été victime d'un incendie fin 2019 mais on attend sa réouverture avec impatience. Enfin, depuis sa fondation au IIe s av. J.-C., Aix-en-Provence est une ville thermale : les **thermes Sextius** se trouvent à l'emplacement des anciens thermes romains. Utilisant une eau de source naturellement chaude, à 34 °C, les thermes offrent aux curistes toutes sortes d'installations et de services, des bains bouillonnants aux massages.

FICHE PRATIQUE

OÙ DORMIR ?

HÔTEL SAINT-CHRISTOPHE

Une référence aixoise avec ses chambres à la déco contemporaine qui font un clin d'œil aux années 1930 ou à la Provence. Toutes climatisées et bien équipées, malgré quelques nuisances sonores lors des soirées étudiantes. Certaines ont une petite terrasse, et les plus chères hammam ou douche avec balnéo intégrée. Au rez-de-chaussée, la brasserie *Léopold* au cadre Art déco est une institution. Bonne cuisine. Terrasse sur l'avenue. 2, avenue Victor-Hugo. • hotel-saintchristophe.com •

HÔTEL DES AUGUSTINS

L'hôtel a été aménagé dans la chapelle (XVe s) de l'ancien couvent des Grands-Augustins, édifié au XIIIe s. Que le cadre, avec ogives, vitraux et pierres apparentes, ne vous leurre pas : les chambres sont tout à fait modernes et confortables, toutes climatisées. Ce n'est pas donné, mais c'est à Aix, et à deux pas du cours Mirabeau. 3, rue de la Masse. • hotel-augustins.com •

ACCÈS

En train

Depuis Paris-Gare de Lyon (**3h40**). Navettes en autocar depuis la gare vers le centre d'Aix-en-Provence.

En voiture

Depuis Lyon par l'autoroute **A7** (**3h**).
Depuis Nice par l'**A8** (**2h**) et l'**A9**.
Depuis Montpellier par l'**A54** (**2h**).

En avion

Vols à destination de Marseille-Provence depuis Paris et plusieurs villes de province.

OÙ MANGER ?

DRÔLE D'ENDROIT

Une salle élégante aux fauteuils bas garnis de coussins, avec une longue tablée pour manger au coude à coude, et quelques places sur la ruelle. À l'ardoise, beaucoup de légumes et de grosses salades, pour une cuisine maison, bio et colorée, très village global, où quinoa et saveurs thaïes partagent l'affiche avec le tiramisù maison. Soirées musicales, théâtrales, expos... et salon de thé le samedi après-midi. 14, rue Annonerie-Vieille. ☎ 04-42-38-95-54.

LA FROMAGERIE DU PASSAGE

Une fromagerie par ces chaleurs, c'est de la folie ! Tss, tss. On ne fait que traverser cette jolie boutique pour grimper jusqu'à une salle qu'on laisse (trop bruyante) pour rejoindre la terrasse. De là, on profite tout à la fois de la vue sur les toits, d'un plat du jour à base de fromage, évidemment, et d'un service qui ne chôme pas. Un lieu couru, d'où une résa parfois bienvenue ! 55, cours Mirabeau, passage Agard. ☎ 04-42-22-90-00.

L'ANCIENNE ÉPICERIE

On entre par la belle épicerie, un joli décor signé du maître des lieux, Luc, autrefois homme de théâtre. Ici, grâce à l'accueil chaleureux, au calme inouï de la mignonne cour intérieure et surtout à la cuisine faite avec amour par Luc et servie avec amitié par Laurent, on se sent plutôt à une table d'hôtes. Dans l'assiette à midi et sur un plateau le soir, une douce cuisine de voyage à base de légumes, de salades et de petites préparations originales. 12, rue du Cancel. ☎ 06-74-40-89-73.

AGENDA

PÂQUES | Festival de Pâques.

Grandes formations symphoniques, talentueux solistes et master class réunis par le violoniste Renaud Capuçon et Dominique Bluzet, directeur du Grand Théâtre de Provence. • festivalpaques.com •

AVRIL-MAI | Rencontres du 9e art, festival de la Bande dessinée et autres arts associés.

Des auteurs de B.D. se voient confrontés à des artistes contemporains d'autres disciplines (ciné, littérature, théâtre...) sur des projets prédéterminés. • bd-aix.com •

ACHATS

Les **calissons,** ces subtiles, moelleuses et coûteuses confiseries en forme d'œil de chat, à la robe de glace royale, au cœur d'amande et de melon confit, révèlent les parfums et les saveurs de tout le pays d'Aix. Quelques grandes maisons :

- L'historique **Béchard,** 12, cours Mirabeau. ☎ 04-42-26-06-78.
- **La Confiserie Brémond,** depuis 1830, 16 ter, rue d'Italie, avec sa curiosité, un calisson emmailloté de chocolat (d'octobre à avril, sinon il fait trop chaud). ☎ 04-42-38-01-70.
- **La Confiserie du Roy** René, 11, rue Gaston-Saporta. ☎ 04-42-26-67-86.

LA PASTISSERIE

Une dizaine de pastis artisanaux en provenance de la distillerie du Mont-Ventoux. Goûter au *Lis Estello* qui utilise toutes les plantes de la région : il ravira les amateurs d'anis vert, badiane, réglisse et fenouil... même s'il faut, réglementation oblige, boire avec modération, façon « momie » ! 2, rue Paul-Bert. ☎ 04-42-23-02-29.

Port d'Endoume, vallon des Auffes, **Marseille**

MARSEILLE

NOS COUPS DE CŒUR, PLEIN SUD

PATRIMOINE	★★★★
GASTRONOMIE	★★★★
NATURE	★★
SHOPPING	★★★
VIE NOCTURNE	★★★

NOS INCONTOURNABLES

- Le Vieux-Port
- Notre-Dame-de-la-Garde
- Le quartier du Panier
- Le Mucem
- Le palais du Pharo et son jardin
- Les calanques

Malgré la mauvaise réputation qu'on lui colle, Marseille est l'une des villes les plus attachantes et les plus dépaysantes de France. Marseille la cosmopolite, l'insoumise, l'unique... mais Marseille la méditerranéenne avant tout. Même si le nouveau Marseille des promoteurs et des grands projets a fait entrer la ville dans le XXIe s, reléguant quelque peu les poncifs au fond du Panier, cette ville continue de rayonner, baignée par une rade somptueuse piquetée d'îles et d'îlots, sous les bons auspices de ses deux mères tutélaires : la bonne mer et la Bonne Mère. À peine les pieds posés sur le sol marseillais, on débarque dans la planète Marseille, avec sa culture, son accent et son identité bien affirmés, et c'est déjà une invitation au voyage...

AUTOUR DU VIEUX-PORT

INFOS UTILES

❶ **Office de tourisme de Marseille**
11, La Canebière.
• marseille-tourisme.com •

❷ **Îlot Thiars**

❸ **Abbaye Saint-Victor**
Place Saint-Victor.
• saintvictor.net •

Palais du Pharo
58, boulevard Charles-Livon.
• palaisdupharo.marseille.fr •

❶ C'est ici que tout a commencé, il y a 2600 ans, quand les Phocéens débarquèrent à **Marseille**. Si un Marseillais prétend que c'est le plus beau port du monde, vous le trouverez chauvin. Mais il faut dire qu'il y a de quoi s'ébaudir face à cette myriade de bateaux striant la magnifique calanque du Lacydon, où débarquèrent les Phocéens quelque 600 ans av. J.-C. Une calanque bénie aujourd'hui par une sainte trinité : Notre-Dame-de-la-Garde, l'abbaye Saint-Victor et le clocher des Accoules ; une calanque gaillardement gardée par les forts Saint-Nicolas et Saint-Jean dont la pierre rose de la région du cap Couronne (à l'ouest de Sausset-les-Pins) prend de magnifiques teintes au soleil couchant. Cœur de la ville, dans lequel se mire l'hôtel de ville, belle construction du XVIIe s également en pierre rose de la Couronne, le Vieux-Port a subi un lifting il y a quelques années, se dotant d'une superbe esplanade piétonnière.

❷ Côté sud derrière le quai de Rive-Neuve, l'**îlot Thiars,** site de l'ancien arsenal des Galères, réaménagé à la fin du XVIIIe s, présente une unité architecturale sans égale dans la ville. Flânez sur la **place Thiars,** qui dégage une atmosphère de *campo* vénitien. Du temps des galères, un canal en L occupait les actuels **place aux Huiles** et **cours d'Estienne-d'Orves.** Comblé au début du XXe s, le canal a d'abord été remplacé par un parking aérien monstrueux, puis par cette agréable place à l'italienne qui aligne bars et restaurants en terrasses : un endroit bien agréable pour sortir.

❸ Poursuivez au bout du quai, vous y trouverez l'imposante **abbaye Saint-Victor** qui abrite un remarquable ensemble de sarcophages, antiques, païens et chrétiens et poussez jusqu'au **palais du Pharo** et son jardin. Napoléon III lança la construction du palais en 1858. Il ne fut achevé qu'après sa chute. Il est bâti sur le promontoire de la Tête de More, qui domine l'entrée du port. L'impératrice Eugénie fit un procès à la ville de Marseille pour le récupérer, gagna son procès et... finalement le donna à la ville en 1883. Du jardin autour du palais on bénéficie d'une vue admirable sur le Vieux-Port et la cité d'un côté, de l'autre la Méditerranée et au loin les îles du château d'If et du Frioul.

❶ **Notre-Dame-de-la-Garde**
• notredamedelagarde.com •

LA « BONNE MÈRE », ICÔNE PHOCÉENNE

❶ Impossible de dissocier Marseille de **Notre-Dame-de-la-Garde.** Bâtie au XIXe s sur un lieu saint depuis huit siècles, la « Bonne Mère » veille sur tous ses enfants. Sur un piton calcaire culminant à 161 m, elle est à Marseille ce que le Pain de Sucre est à Rio : un lieu magique d'où l'on épouse du regard toute une ville. La première chapelle fut construite en 1214 par l'ermite maître Pierre, sous l'autorité de l'abbé de Saint-Victor. À la mort de l'ermite, la chapelle devint un prieuré, reconstruit au XVe s et agrandi au XVIe s. Après la visite de François Ier, en 1516, on adjoignit un fort au site de Notre-Dame-de-la-Garde ; enfin, en 1853, on détruisit la vieille chapelle pour édifier une basilique, capable d'accueillir les pèlerins qui, depuis les premières épidémies de choléra, affluèrent en nombre (plus de 1,5 million de visiteurs chaque année).

❷ De style romano-byzantin, dans un déploiement de marbres et de mosaïques, la « Bonne Mère » est surmontée d'une **statue de la Vierge étincelante** de 9,70 m de hauteur. Comme l'écrit l'auteur marseillais Louis Brauquier dans *Et l'au-delà de Suez* : « Tu restes dans le ciel le signe et le haut phare. La reine au règne d'or, celle qui tient l'amarre. Et maîtrise la mer. »

❸ Les nombreux **ex-voto** (maquettes de bateaux, tableaux naïfs...), que l'on trouve à l'intérieur de la basilique, témoignent de l'affection des Marseillais pour la Vierge de la Garde. À 157 m d'altitude au-dessus de Marseille, le site offre un superbe **panorama** à 360° sur la ville, encerclée par les collines, et ouverte sur la Méditerranée.

LE PANIER, LE CŒUR DU VIEUX MARSEILLE

❶ Au nord du Vieux-Port, derrière la façade imposante de l'ancien Hôtel-Dieu devenu l'hôtel Intercontinental, voici le **Panier.** Drôle de nom de quartier, non ? Origine religieuse (une statue de Vierge au panier qui recueillait les fleurs accompagnant parfois les prières des paroissiens) ou profane, du nom d'un cabaret, les historiens hésitent encore. Mais peu importe. Compris entre le quai du Port, la place de la Major et la rue de la République, c'est un quartier où l'on retrouve le véritable esprit de Marseille. Ici se sont installés pendant longtemps les immigrés débarquant par vagues : les Italiens et les Maghrébins. Beaucoup de marins y habitaient, du moins quand ils n'étaient pas sur les mers du globe (une coutume voulait que l'on garde, dans les maisons, un lit fait pour pouvoir accueillir à l'improviste tout marin débarqué qui se présenterait). C'était un quartier interlope de petits truands, de voyous et de grands bandits, comme le célèbre Carbone dont la famille, venue de Corse, habitait là. Hitler prit prétexte de sa mauvaise réputation pour le faire raser en 1943 (il se limita heureusement à la partie basse du Panier).

❷ L'ambiance méditerranéenne de ce quartier – presque un village –, avec son enchevêtrement de ruelles, d'escaliers, de passages étroits, est particulièrement séduisante. Le quartier a su conserver son atmosphère populaire, malgré une certaine boboïsation. Au cœur du Panier, la **Vieille-Charité** est un superbe témoignage de l'architecture civile du XVIIe s. Utilisée pour l'enfermement des vagabonds jusqu'au siècle suivant, elle fut ensuite convertie en hospice au XIXe s, puis en caserne au XXe s, avant d'être finalement abandonnée à son triste sort. Elle menaçait de tomber en ruine lorsque Le Corbusier attira l'attention des autorités sur ce chef-d'œuvre qui fut classé Monument historique en 1951. La chapelle centrale est l'un des plus beaux édifices baroques français. Vous admirerez sa lumineuse pierre rose, ses harmonieuses proportions et son portique de style corinthien. Ce bijou est serti par quatre bâtiments identiques, parcourus sur deux étages par des galeries à arcades. Un ensemble admirable, qui accueille de nombreuses expositions temporaires, de remarquables collections et des activités tout au long de l'année !

Quartier du Panier

Mucem et Fort Saint-Jean

LE MUCEM ET LA PROMENADE DU FORT SAINT-JEAN

❶ MUCEM
1, esplanade J4.
• mucem.org •

❶ Le projet architectural phare de « Marseille capitale européenne de la culture 2013 » a combiné la restauration réussie du vieux fort Saint-Jean, qui surplombe l'entrée maritime de la ville, et l'édification du bâtiment ultra-contemporain imaginé par Rudy Ricciotti.

Le **fort Saint-Jean,** splendide ouvrage défensif entrepris au XIIe s, abrite des vestiges gréco-romains (non visibles) et se compose d'une chapelle, d'une tour défensive carrée, dite « du roi René » (XVe s) – l'une des trois entrées du Mucem –, et d'une autre érigée par les armateurs au XVIIe s pour éclairer l'entrée du port... Bref, un lieu pour déambuler tranquillement à travers galeries et terrasses. Projection audiovisuelle dans la salle du corps de garde et expositions temporaires dans la salle Georges-Henri-Rivière. Sur les terrasses, d'où les points de vue sur la passe et la ville sont inégalables, un agréable parcours botanique méditerranéen, le Jardin des migrations, complète la visite. Ne manquez pas le beau chemin de ronde avec vue sur la mer. Une gracieuse passerelle suspendue au-dessus de l'eau vous permet de rallier finalement le J4.

L'architecture du **musée des Civilisations de l'Europe et de la Méditerranée (Mucem)** est la raison essentielle de la visite, sans oublier ses grandes expos temporaires. Une grande partie du bâtiment est ceinte par une élégante résille de béton, au style très moucharabieh (qui protège du soleil), derrière laquelle une rampe permet d'accéder au toit-terrasse. Le musée est tourné vers le large, comme pour mieux illustrer sa vocation de passerelle entre les civilisations des différentes rives de la Méditerranée... Le Mucem propose une riche programmation culturelle : films, débats, concerts, spectacles, parfois en plein air ; sans compter les espaces de restauration proposés par Gérald Passédat, allant du snack au resto gastronomique.

LA CANEBIÈRE ET LES ÉPICES DE NOAILLES

❶ Marché des Capucins
Du lundi au samedi de 8h à 19h.

❶ Marseille cosmopolite, capitale de la Méditerranée ? C'est dans le quartier de Noailles, autour du **marché des Capucins,** que le promeneur part en voyage tout autour de la *Mare Nostrum* et vers des contrées plus lointaines. Le ventre éternel de Marseille. Un lieu qui fascine toujours autant, qui résonne comme une bouffée d'exotisme. Empruntez la rue des Feuillants jusqu'à la place du Marché-des-Capucins, en forme de triangle, pour respirer les bonnes odeurs d'épices d'un marché qui attire toujours une foule dense. Pour la curiosité, faites un arrêt à la Maison Empereur rue des Récolettes. C'est la plus ancienne quincaillerie de France (1827). Parfums, atmosphère, foule dense...

❷ Aux abords de la célèbre **Canebière,** Marseille se fait tour à tour grecque, arménienne, arabe, africaine, asiatique, et toujours provençale, au gré des boutiques, des étals et des ambiances... C'est l'avenue la plus célèbre de Marseille, presque son symbole. Ce boulevard, qui n'a pas été bordé d'arbres – mais de lampadaires ! – descend en pente douce vers le bassin du Vieux-Port. Il a inspiré bien des artistes et écrivains. Joseph Conrad, qui vécut quelques années à Marseille, l'évoque dans ses souvenirs : « Pour moi, la Canebière a été une rue qui menait vers l'inconnu. »

❸ Tout en bas de la Canebière s'élève la **Bourse,** pur exemple de l'architecture du Second Empire. Elle abrite la plus ancienne chambre de commerce et d'industrie du pays, et même du monde, paraît-il. C'est devant ce monument que le roi Alexandre de Yougoslavie fut assassiné par des oustachis croates en 1934. Un peu plus haut, en remontant la Canebière sur le trottoir de gauche, le magasin C&A est installé dans l'**ancien grand hôtel du Louvre et de la Paix** que les anciens continuent d'appeler **hôtel de la Marine,** car réquisitionné par la Marine française en 1941 puis occupé par la *Kriegsmarine* allemande. Les caryatides de la façade représentent les quatre continents. Une plaque rappelle que, le 29 février 1896, la première projection marseillaise des frères Lumière eut lieu dans cet hôtel. Sur le trottoir d'en face, les supporters de l'OM pourront acheter une écharpe à la boutique officielle avant d'assister à un match au mythique **stade Vélodrome.**

❶ **Parc national du Massif des Calanques et du Cap Canaille**
• calanques-parcnational.fr •

LES CALANQUES, UN REFUGE ENTRE CIEL ET MER

Les calanques sont célèbres dans le monde entier, sans doute bien plus que la Canebière... Phénomène géologique typiquement méditerranéen, ces sortes de fjords de calcaire très encaissés dans lesquels pénètre la mer s'étendent sur une vingtaine de kilomètres entre Marseille et Cassis. Une zone demeurée intacte, absolument splendide. Tout le monde a à l'esprit des falaises blanches surplombant une mer caraïbe, à peine vêtues d'un zeste de végétation et colorées par d'anciens cabanons de pêcheurs (eh oui, la pêche y était autrefois l'activité principale !).

❶ Étendues sur 158 100 ha (dont 90 % maritimes) autour de Marseille, Cassis et La Ciotat, elles ont été classées **parc national du Massif des Calanques et du Cap Canaille** en 2012. Cette idée, discutée depuis 40 ans, constituait la meilleure solution pour protéger et gérer durablement un territoire à la fois terrestre, marin et périurbain. Mais, dans une société qui se réglemente chaque jour un peu plus, ne plus pouvoir pêcher ou plonger quand et où on veut, voilà qui a inquiété et inquiète encore une population qui profite, tout simplement, d'une fenêtre de liberté en ce lieu magique et sauvage...

Aujourd'hui, les calanques accueillent jusqu'à 2 millions de visiteurs par an. Pour découvrir les lieux, il faut circuler **à pied** ou **en bateau.** Vous serez immanquablement conquis par la beauté de ce décor naturel, mais il se mérite et demande de marcher sous le soleil, sur des sentiers odorants et des pistes parfois difficiles.

Pour bien vivre ce petit paradis, ne dites jamais à un Marseillais que vous allez visiter les calanques de Cassis, malheureux, il se vexerait ! Même si certaines sont, il est vrai, géographiquement plus proches de Cassis, les calanques restent très majoritairement sur le territoire de la commune de Marseille...

Calanque de Sormiou

FICHE PRATIQUE

OÙ DORMIR ?

HÔTEL LA RÉSIDENCE DU VIEUX-PORT

Un hôtel de charme, idéalement situé pour découvrir la ville. Les chambres, pleines de couleurs, un peu vintage, sont d'un excellent confort. Les plus chères s'ouvrent sur un balcon-terrasse dominant le Vieux-Port, avec vue sur Notre-Dame-de-la-Garde. Waouh ! Accueil agréable, bon petit déj-buffet avec vue et restaurant. • hotel-residence-marseille.com •

MAISON SAINT-LOUIS

Au cœur du quartier populaire de la rue d'Aubagne. Derrière sa belle façade XIXe, un petit hôtel de charle qui a bénéficié d'un lifting réussi. L'ascenseur mène à des chambres élégantes, mansardées au 6e étage. Balcon en fer forgé pour certaines. Bistrot au rez-de-chaussée. 2, rue des Récollettes. ☎ 04-91-54-02-74. • alex-hotel.fr •

OÙ MANGER ?

UNE TABLE AU SUD

Table éclatante de soleil au 1er étage d'une maison, avec vue sur le Vieux-Port. Une montée d'escalier d'anthologie qui déjà « vous fait tourner la tête », un sourire chaleureux à l'accueil, un ballet de serveurs bien réglé et une cuisine assez époustouflante. Formé ici même par Lionel Lévy, Ludovic Turac est l'un des jeunes chefs les plus remuants et imaginatifs de Marseille. Un chef qui, avant même la trentaine, a déjà vu s'allumer sa première belle étoile. Il défend le goût, le terroir, mais aussi les légumes méconnus et les plats oubliés. Quai du Port. ☎ 04-91-90-63-53.

LA PASSARELLE

Ici, on s'assoit dans le jardin, sous la tonnelle, tandis que les serveuses traversent la rue pour rallier la cuisine. Il en sort une jolie cuisine méditerranéenne, du style épaule d'agneau à la provençale, salade du marché, poisson grillé, avec des plats et des desserts toujours parsemés de fleurs comestibles... Accueil à la bonne franquette. Rue du Plan-Fourmiguier. ☎ 04-91-33-03-27.

CHEZ JEANNOT

Une institution qui s'est refait une beauté façon années 1960. On vient surtout pour le cadre, absolument idyllique, avec ses bateaux amarrés, son vallon et son viaduc... Agréables terrasses, ensoleillée ou couverte, et grande salle abritée du vent. Savoureuses pizzas aux anchois de Cantabrie, pâtes fraîches maison, mais aussi de bons poissons grillés et des fruits de mer. Rue du Vallon-des-Auffes. ☎ 04-91-52-11-28.

ACHATS

LE FOUR DES NAVETTES DE SAINT-VICTOR

La plus ancienne boulangerie de Marseille, fondée en 1781, perpétue la tradition des navettes, dont la forme évoque la barque qui aurait amené Marie Madeleine, Marthe et Lazare depuis la Terre sainte. Vendues au détail ou dans la traditionnelle boîte métallique. 136, rue Sainte. ☎ 04-91-33-32-12.

DROMEL AÎNÉ

Un très grand chocolatier-confiseur marseillais depuis 1760. Ses dragées de toutes obédiences et ses chocolats sont des trésors de finesse et de gourmandise. Également des navettes, macarons, marseillotes, etc. Pour Noël, on s'arrache les fameux marrons glacés. Choix de cafés torréfiés et de thés. 19, avenue du Prado. ☎ 04-91-80-08-08.

SAVONNERIE MARSEILLAISE DE LA LICORNE

Une savonnerie artisanale qui travaille avec des parfums et colorants naturels. À l'issue de la visite de l'atelier, le savon n'aura plus de secrets pour vous ! Accueil sympathique. 34, cours Julien et 26, quai de Rive-Neuve. ☎ 04-96-12-00-91. • savon-de-marseille-licorne.com•

ACCÈS

En train

Plusieurs liaisons TGV quotidiennes avec Paris-gare de Lyon (**3h**) et d'autres villes de province.

En avion

L'aéroport de Marseille-Provence est relié à la plupart des aéroports français.

AGENDA

JUIN | Les Voiles du Vieux-Port.

Une quarantaine de voiliers de tradition animent la « scène » du Lacydon, pendant 4 jours en juin. • lenautique.com •

JUIN-JUILLET | Festival de Marseille – Danse et arts multiples.

3 semaines, de mi-juin à début juillet, ponctuées d'une riche programmation de création contemporaine de dimension internationale : danse, théâtre, musique, installations, films, vidéos. Le tout présenté dans des lieux liés à l'aventure industrielle marseillaise. • festivaldemarseille.com •

NOVEMBRE-DÉCEMBRE | La Foire aux santons.

C'est la plus ancienne de Provence (200 ans). Elle se tient place Charles-de-Gaulle en bas de la Canebière, de mi-novembre à fin décembre. Des groupes de musiciens et de danseurs viennent célébrer cet incontournable rendez-vous de Noël. • foire-aux-santons-de-marseille.fr •

Village perché de Peillon

LES VILLAGES PERCHÉS

DE LA CÔTE D'AZUR

PATRIMOINE	★★★
GASTRONOMIE	★★★★
NATURE	★★★★
SHOPPING	★
VIE NOCTURNE	★

NOS INCONTOURNABLES

- La chapelle des Pénitents-Blancs à Peillon
- Le château Grimaldi et le musée Renoir du Haut-des-Cagnes
- La chapelle Matisse de Vence
- Le baou de Saint-Jeannet

À quelques kilomètres seulement de la Riviera, dans un monde à la fois si proche et si lointain des célèbres villes alentour, la Côte d'Azur recèle l'un de ses secrets les mieux gardés : les villages perchés de l'arrière-pays. Embarquez pour un grand bol de nature au gré de petites routes en lacet. Que ce soit dans les « coulisses » de Nice, de Cannes ou de Monaco, ces joyaux médiévaux dévoilent leur splendide patrimoine à ceux qui aiment vagabonder loin des sentiers battus. Une escapade apaisante, tout en séduction, au cœur de paysages méditerranéens intacts, sous le ciel bleu des Alpes-Maritimes. On se croit (presque) seul au monde !

LES VILLAGES D'AZUR

❶ Oui, il y a Cannes, Juan-les-Pins, Nice avec leurs plages, leurs caps, leurs croisettes, leurs promenades et leurs paillettes. Mais il y a aussi **Aspremont, Saint-Jeannet, Le Hauts-de-Cagnes.** Collines, petites routes tortueuses, randonnées, vieilles pierres, panoramas et silence… Une autre Côte d'Azur, celle des villages perchés. Pourquoi perchés ? Tout simplement pour se protéger, car la région, terre de passage entre les péninsules italienne et ibérique, a de tout temps été convoitée et menacée.

❷ Loin des clichés, cette Côte d'Azur-là ne s'étend pas à l'horizontale de la mer mais à la verticale des collines. Si Saint-Paul ou Vence sont désormais ultra-célèbres, qui connaît **Le Broc** ou **Levens** ? Pourtant, la vie quotidienne y est douce et les jours de pluie guère nombreux. Le temps d'un week-end – long de préférence –, il faut goûter à la douceur de vivre de l'arrière-pays azuréen : paresser aux terrasses des cafés, flâner dans les ruelles médiévales, profiter de points de vue à couper le souffle sur les montagnes et la mer, déguster les plats typiques, s'initier aux boules carrées, se balader et découvrir ces lieux de patrimoine.

❸ Les villages perchés sont à portée de voiture de Nice et de Cannes, parfois même à quelques kilomètres seulement des deux villes. Il y a deux circuits incontournables, situés dans les **arrière-pays niçois et cannois,** séparés par la rivière du Var. Rive gauche, rive droite, bienvenue sur la route des villages perchés de la Côte d'Azur !

INFOS UTILES

❶ **Office de tourisme**
• nicetourisme.com/villes-et-villages •

RIVE GAUCHE DU VAR : L'ARRIÈRE-PAYS NIÇOIS

❶ Les villages perchés de l'arrière-pays niçois se trouvent à quelques kilomètres seulement de la baie des Anges. **Falicon,** première étape, offre douceur de vivre – pour reprendre le titre du roman de Jules Romains écrit *in situ* –, fraîcheur et beaux points de vue. Dans ce village fleuri, vous découvrirez plusieurs façades en trompe-l'œil et des demeures baroques.

❷ Quelques kilomètres au nord, une grimpette jusqu'au château du XIIe s de **Levens** s'impose. Là-haut, un beau panorama s'offre à vous, à compléter par la visite de plusieurs musées : histoire naturelle et papillons, métiers traditionnels ou encore préhistoire.

❸ Une petite route en lacet rejoint le village perché d'**Aspremont** (photo ci-contre). « Aride mais libre » est sa devise. Après avoir emprunté le chemin piéton au départ du village, nous voilà à Notre-Dame-des-Salettes, sur un emplacement qui semble dominer le reste du monde ! Vallée, montagnes, collines, mer baignent dans une lumière dorée. D'Aspremont, orienté à l'ouest, les couchers de soleil sont envoûtants.

❹ Avant de rejoindre l'autre rive du Var, vous pouvez faire un crochet par la route des vins du **Bellet,** composée d'une dizaine d'exploitations familiales. Les vins niçois figurent parmi les plus vieux de France... Qui l'eût cru ?

RIVE DROITE : SUR LA ROUTE DES CRÊTES

❶ Une route étroite et sinueuse, surnommée la « route des crêtes », dessert une succession de villages perchés, fiers et escarpés, au-dessus de l'Estéron et du Var. Départ de la commune du **Broc,** la plus éloignée de la mer. Vieux lavoir, petite église dédiée à sainte Marie Madeleine, les férus de patrimoine apprécieront. Aux alentours, sources, forêts et oliveraies offrent une atmosphère apaisante.

❷ Le château du village de **Carros,** bien conservé, abrite le Centre d'art contemporain de l'arrière-pays. Pour une halte gastronomique, essayez *La Forge* où la cuisine de Madame la chef se fait sous vos yeux. Suit **Gattières,** l'irréductible qui refuse de rejoindre la communauté de communes Nice-Côte d'Azur. Ça pointe sur les terrains de pétanque en face de la mairie et on boit des coups sur les terrasses de l'auberge en se racontant les derniers potins du village. Le début du chemin du pèlerinage de Notre-Dame-du-Var offre de beaux points de vue.

❸ Pour les plus sportifs, **Saint-Jeannet** la « montagnarde » propose de superbes parcours d'escalade sur son célèbre « baou ». À l'entrée de **Vence,** et après une route aux panoramas exceptionnels, une petite chapelle blanche aux tuiles vernissées bleues attire votre attention. Matisse en est le bâtisseur. Privilégiez un jour de soleil pour découvrir ses vitraux colorés illuminant une construction sobre et dépouillée. La cité historique de Vence mérite quelques flâneries, avant la balade sur la courtine de **Saint-Paul,** village chéri des stars, artistes, galeristes et... touristes. La Fondation Maeght est incontournable pour terminer le week-end, avec son exceptionnelle collection d'art moderne et contemporain.

❹ Il existe d'autres routes des villages perchés, pas forcément adossées au littoral de la Riviera ou aux portes des villes. Depuis Nice, ne manquez pas **Peillon,** juché sur une falaise dans un paysage d'oliviers, de genêts et de pins. Ce village, parmi les plus beaux de la région, semble ne pas avoir changé depuis des siècles. Plus loin, **Peille,** dominé par la ruine de son château, a bien du charme. C'est un plaisir de se perdre dans ses ruelles médiévales. Quant aux villages fortifiés de **Lucéram** et **Coaraze,** ils annoncent déjà les Alpes...

❺ D'autres joyaux vous attendent aussi dans les vallées des Alpes-Maritimes, où l'on ne peut plus vraiment parler de Riviera. Signalons, dans la vallée de la Roya, le magnifique village de **Saorge,** véritable nid d'aigle avec ses hautes maisons (XVIe-XVIIe s) aux façades ocre et aux toits de lauze. On rejoint ce village d'origine étrusque par une route de montagne accrochée à une falaise escarpée. Impressionnant !

Place de la Mairie, **Vence**

L'AURA DU HAUT-DE-CAGNES

❶ De loin, vous apercevez les créneaux de son **château médiéval.** Ancien fief des Grimaldi, il abrite aujourd'hui un musée d'art et d'histoire locale. Çà et là, au sein du village, vous pourrez contempler des reproductions d'œuvres réalisées *in situ* par de célèbres peintres du début du XXe s. Dans ce lieu prisé par les artistes, une certaine magie continue à se dégager des étroites ruelles piétonnes, des maisons de village fleuries et parfaitement entretenues aux inscriptions parfois énigmatiques.

❷ À ne pas manquer, une très belle église à demi enterrée, la plus ancienne maison du village ou encore le **musée du Bijou contemporain.** Son entrée s'effectue sur la grande place, véritable lieu de vie où l'on joue à la pétanque, déjeune, prend l'apéro pour assister à de sublimes couchers de soleil.

❸ Si l'habitant du Haut-de-Cagnes est esthète, il a aussi le sens de l'humour. Le Cercle des Amis, installé dans la très pentue montée de la bourgade, a créé la discipline des boules carrées. Le désir : jouer à la pétanque. La contrainte : les ruelles *monta cala* du village. La solution : des boules carrées. Une évidence ! Depuis, les championnats du monde de boules carrées ont lieu tous les ans au Haut-de-Cagnes (voir la page Facebook). Les inscriptions sont libres. Ambiance garantie.

FICHE PRATIQUE

ACCÈS

En train

Paris-Nice (**5h45**).
Marseille-Nice (**2h40**).
Lyon-Nice (**4h40**).

En voiture

2h15 depuis Marseille via l'**A8**.

En avion

Vols directs pour Nice depuis les aéroports de nombreuses villes françaises (**1h25** depuis Paris).

AGENDA

DÉCEMBRE-JANVIER | Circuit des crèches.

Près de 500 crèches, fabriquées localement, avec un bric-à-brac de matériaux (pâte à sel, pinces à linge, allumettes, terre cuite, laine, fruits séchés...), sont exposées dans les rues de Lucéram, Peïra-Cava, Turini et Camp-d'Argent, de début décembre à début janvier. En dehors de cette période, on peut découvrir une bonne cinquantaine de crèches dans les rues de Lucéram.

PÂQUES | Fêtes de Pâques à Vence.

Célébrées dans la grande tradition depuis plus d'un siècle. Couronnement de la reine, messe du Siège en plein air, danse de la souche, hommage aux Provençaux, rencontres et danses folkloriques, etc. Pittoresque et clôturé par la bataille de fleurs et le corso fleuri.

OÙ DORMIR ?

LA VIGNERAIE

Une maison dans l'esprit du pays, une adresse toute simple, un peu pension de famille d'autrefois avec ses habitués de longue date, sa salle de resto en véranda ouverte sur une cour arborée. Chambres un peu à l'ancienne aussi, mais d'un honorable confort et toutes avec balcon. Accueil discret. Rien à redire vu les prix. 82, route de Saint-Blaise, Levens. • hotel-restaurant-la-vigneraie.com •

HÔTEL MIRAMAR

Cette belle bâtisse bourgeoise de 3 étages aux murs roses est tenue avec soin par un couple accueillant et courtois. Charmantes chambres aux noms fleuris, dans un quartier bien calme, toutes confortables et bien équipées. Notre préférée : la « Bouton d'or » avec ses 3 fenêtres, son balcon et la vue sur les collines. Dans le jardin : piscine, palmiers et terrasse surplombant la vallée. 167, avenue Bougearel, Vence. • hotel-miramar-vence.com •

OÙ MANGER ?

LES AGAPES

Wengé et pistache ? Ce sont les couleurs du lieu, des 2 salles à la terrasse. Exotisme et saveurs ? Ce sont les maîtres mots de la cuisine de Jean-Philippe Douroux, jeune chef talentueux. Les grands classiques des tables françaises s'acoquinent ici avec la mélisse, le cumin, et les desserts avec le poivre du Sichuan ou la pistache. Tout est frais et fait maison. Une valeur sûre à prix sages. 4, place Clemenceau, Vence. ☎ 04-93-58-50-64.

FLEUR DE SEL

Après avoir travaillé des années pour les autres, Philippe Loose et sa femme ont décidé de « donner du plaisir aux autres en travaillant pour soi ». À eux deux, ils revisitent joliment le terroir, avec une certaine prédilection pour les légumes oubliés et les saveurs d'autrefois, dans un esprit résolument contemporain. Du beau, du bon, de l'authentique, servi sans esbroufe dans ce joli petit restaurant qui sent bon la Provence, de l'assiette aux vieux murs. Grand choix de vins au verre. 85, montée de la Bourgade, Le Haut-de-Cagnes. ☎ 04-93-20-33-33.

LES PLAISIRS

Une maison de poupée, pleine d'escaliers et de recoins, longtemps habitée par Pierre Brasseur et Catherine Sauvage. L'accueillant jeune chef a eu comme grand-père l'écrivain Bernard Clavel. Sa grand-mère a fondé *L'Auberge de la Madone*. Et c'est à tout ce beau monde que *Les Plaisirs* rend hommage... ainsi qu'à la gastronomie. Car les plats dans la tradition locale n'ont pas à faire rougir mère-grand. Ils sont frais, fleuris, goûteux, apprêtés avec les légumes du potager, ou tout au moins de maraîchers des environs. Un plaisir de resto. 2, puada dau Gourguet, Peillon. ☎ 04-93-87-06-01.

ACHATS

LE VIGNOBLE SAINT-JEANNET – LE DOMAINE DES HAUTES COLLINES

Georges Rasse perpétue la tradition du vin de Saint-Jeannet. Des 4000 parcelles jadis cultivées au village, il est l'ultime vigneron accroché à ses ceps de vigne sur des terrasses caillouteuses bien exposées. Organise régulièrement des festivités. 800, chemin des Sausses, Saint-Jeannet. ☎ 04-93-24-96-01.

Quartier du Vieux-Nice

DE NICE À DIGNE-LES-BAINS
PAR LE TRAIN DES PIGNES

PATRIMOINE	★★★☆
GASTRONOMIE	★★★★
NATURE	★★★☆
SHOPPING	★★★☆
VIE NOCTURNE	★★☆☆

NOS INCONTOURNABLES

- La promenade des Anglais
- Le vieux Nice
- Le Géoparc de Haute-Provence
- Le charme médiéval d'Entrevaux

Le train des Pignes ! On s'imagine déjà embarquer à bord d'un vieil engin poussif. Que nenni ! On prend place dans des rames modernes, confortables, largement vitrées d'où l'on peut bien profiter des jolis paysages entre Nice et Digne-les-Bains. Une région qui flirte avec son passé-frontière sur une terre qui vous en fera voir de toutes les couleurs : le bleu de la mer à Nice, le vert des forêts alpines, le gris des grès d'Annot, le rouge des gorges de Daluis ou du Cians, le turquoise des eaux du Verdon, le bleu lavande à Saint-André-les-Alpes ou Barrême, le blanc de la neige de Valberg ou du val d'Allos et le noir des robines. Ce nuancier magnifique est surplombé la majeure partie de l'année par l'insolent azur du ciel de Provence. Prêts ?

NICE, BIEN PLUS QU'UNE PROMENADE

INFOS UTILES

❶ **Office de tourisme de Nice**
• nicetourisme.com •

❷ **Palais Lascaris**
15, rue Droite.

Église du Gésu
1, rue du Jésus.

Dame Nature a offert à Nice la bien nommée baie des Anges, au pied d'un amphithéâtre de collines. Les Grecs ensuite l'ont baptisée d'un nom plein de gloire : Nikaia, « la Victoire ». Sa population a les pieds dans la mer et l'esprit dans les montagnes. Son incroyable flore est évidemment d'origine méditerranéenne, mais largement mâtinée d'exotisme avec ces plantes venues de loin que les riches Anglais s'étaient piqués d'acclimater ici. La vigne, introduite par les Grecs, continue de donner un vin merveilleux sur les coteaux de Bellet, juste au-dessus de la ville.

❶ À Nice, l'architecture baroque côtoie volontiers le chic de la Belle Époque. Le **vieux Nice** est un labyrinthe hors du temps, avec ses ruelles qui fleurent bon l'Italie. Il a été bâti aux XVIIe et XVIIIe s dans un style peu décoratif qui joue sur la lumière et la couleur, du jaune au rouge brique (si l'on oublie le vert des persiennes). Les vrais trésors sont cachés. Poussez les portes des églises, et laissez-vous éblouir par les centaines d'angelots, les tableaux, les autels et chaires en marbre, baroquissimes. Haut les chœurs !

❷ Sur la **place Rossetti,** après avoir sacrifié à **Sainte-Réparate,** prenez du recul pour admirer la façade, réellement baroque pour le coup, du **palais Lascaris.** Quand vous aurez votre compte de dorures et de stucs, poussez encore un soupir en admirant l'**église du Gésu,** et allez vous perdre dans les rues voisines, qui sentent encore bon le vieux Nice d'autrefois.

❸ Tous les chemins mènent, rassurez-vous, au **cours Saleya.** Beaucoup de monde sur cette promenade datant de l'Ancien Régime, fréquentée depuis toujours et bordée au sud d'une double rangée de maisons basses à un étage, les « ponchettes ». Leurs terrasses communiquaient jadis en longue coursive. Il faut donc imaginer les belles de l'époque se baladant nonchalamment sous leurs ombrelles, entre le cours et la mer qu'elles dominaient.

❹ Il y a le **marché aux fleurs** avec les célèbres œillets de Nice, et aussi de superbes mimosas, roses et violettes. Plus loin, c'est le **marché aux fruits et légumes.** Une vraie ratatouille de fleurs de courgettes, choux-fleurs rouges, courgettes jaunes, aubergines violettes, poivrons multicolores, et un véritable mesclun de salades. Sans oublier les étals de biscuits, de fruits confits et de pâtes d'amandes auxquels aucun régime, si ce n'est celui de faveur, ne peut résister.

❺ La célèbre **promenade des Anglais** rivalise volontiers avec celle des Champs-Élysées, la mer et les palmiers en plus ! Quant à la profusion de musées dédiés à l'art, ils témoignent du passage des plus grands peintres de jadis. Malgré l'intense circulation automobile et les files de véhicules en stationnement, cette longue avenue de bord de mer conserve fière allure. Les jeunes sur leurs rollers font bon ménage avec les moins jeunes qui s'y promènent doucement. Les vélos disposent d'une piste cyclable balisée qui les emmène de Rauba-Capeu à Cagnes-sur-Mer. Et la Prom'party permet aux piétons de profiter au mieux de l'espace et du site, par belles soirées d'été.

❻ Le **carnaval de Nice,** bien sûr, remis au goût du jour pour l'aristocratie du XIXe s, continue de balader ses drôles de reines et de rois un poil désuets. Un esprit festif fait résonner la ville à l'année, en journée comme le soir venu, dans un esprit toujours bon enfant : Nice se fait belle de nuit sous des étoiles qui brillent. Venez voir par vous-même si on exagère ! Car Nice ne se lasse pas de séduire ses visiteurs par sa douceur de vivre intemporelle.

ENTRE MER ET MONTAGNE, PAR LE TRAIN DES PIGNES

❶ Le **train des Pignes** relie Nice à Digne-les-Bains. Ses rames modernes, confortables et largement vitrées traversent de beaux paysages sauvages et montagneux, au cœur d'une région ensoleillée au charme fou et à l'authenticité préservée. Au fil de l'excursion, de typiques villages perchés, des citadelles du temps jadis, des chalets de bois joufflus... Attention au départ !

❷ À l'entrée des gorges du Cians, **Touët-sur-Var,** surnommé « le petit village tibétain », offre un superbe point de vue sur la région. Si vous êtes en quête de sensations, la station de ski de **Valberg,** authentique village de montagne, regorge d'activités en plein air pour petits et grands avec, en prime, un panorama sensationnel sur le parc national du Mercantour. Dans la **réserve naturelle régionale des gorges de Daluis,** un patrimoine géologique et minéralogique exceptionnel vous attend.

❸ Sur le parcours, la citadelle d'**Entrevaux** (photo ci-contre), ancienne ville royale fortifiée remaniée par Vauban, a bien du charme avec ses maisons étroites et hautes, ses petites places et fontaines anciennes, au milieu d'oliveraies et de jardins en terrasses. Sise entre de sévères falaises qui semblent s'être entrebâillées pour lui laisser de l'espace, cette place forte militaire est dominée par une citadelle haut perchée, intacte depuis le XVIIIe s. Loin des grands centres touristiques de la côte, elle n'a pas subi de restauration trop agressive ; au contraire, les façades fissurées et un certain laisser-aller font bien sentir l'effritement du passé...

❹ Les adeptes de l'escalade, quant à eux, feront une excursion dans les grès d'**Annot,** un site rocheux unique au monde empreint de fraîcheur où la vallée, en été, fleure bon la lavande et le tilleul. Ensuite, poursuivez votre périple en remontant jusqu'aux sources du Verdon. Et pour que votre séjour soit inoubliable, survolez **Saint-André-les-Alpes** en parapente. Vous croiserez dans les airs vautours et aigles.

❺ Enfin, les gourmets seront à la fête dans cette région à la savoureuse **gastronomie** avec notamment la daube provençale mais aussi l'agneau de Provence ou la tourte aux blettes, cette gourmandise sucrée dont tout le monde raffole.

❶ **Train des Pignes**
• traindespignes.fr •

❷ **Réserve naturelle régionale des gorges de Daluis**
• reserves-naturelles.org/gorges-de-daluis •

Le train des Pignes

TERMINUS, DIGNE-LES-BAINS ET LA VALLÉE DU BÈS

❶ **Station thermale de Digne-les-Bains**
• thermesdignelesbains.com •

Fondation Alexandra David-Néel
27, avenue du Maréchal-Juin.
• alexandra-david-neel.fr •

❷ **Géoparc de Haute-Provence**
• geoparchauteprovence.com •

Musée Gassendi
64, boulevard Gassendi.
• musee-gassendi.org •

❶ À 600 m d'altitude, dans un écrin de montagnes, cette tranquille préfecture est aussi une **station thermale.** L'eau a d'ailleurs toujours tenu un rôle fondamental dans la vie de cette cité à la confluence de trois vallées. La ville s'est d'abord développée dans le quartier actuel du bourg avant de s'entourer de fortifications au XIIIe s, pour faire face au brigandage. Outre une épidémie de peste au XVIIe s et le passage de Napoléon au XIXe s, la grande figure de Digne est une routarde avant l'heure, **Alexandra David-Néel,** à rencontrer en visitant la Fondation qui lui est consacrée.

❷ Ne manquez sous aucun prétexte le **Géoparc de Haute-Provence.** En suivant plein nord la D900A depuis Digne, on traverse, dans la vallée du Bès, quelque 300 millions d'années de l'histoire de la Terre. Juste à la sortie de Digne, premier arrêt à la **dalle aux ammonites.** Classé à l'Unesco, ce site est unique au monde : cette grande dalle de calcaire inclinée est un ancien fond marin où sont restés figés pour l'éternité près de 1550 fossiles dont plus de 1000 ammonites. Profitez d'une agréable petite randonnée pour atteindre, quelques kilomètres plus au nord, le **site de l'ichtyosaure,** un reptile marin dont on peut admirer le squelette fossilisé. Un peu plus loin sur la route, un autre site remarquable avec des empreintes de pas d'oiseaux conservées dans le sable sur lequel ils ont gambadé, il y a 20 millions d'années. En continuant sur la départementale, il reste encore nombre de curiosités géologiques pour qui prendra la peine de s'arrêter. À la source de Fontchaude, sur la gauche, de l'autre côté du torrent, on distingue nettement le fossile d'une... sirène : le crâne humain, la queue de poisson... Info ou intox ? La visite du passionnant **musée Gassendi** à Digne vous apportera la réponse.

Géoparc de Haute-Provence, chapelle Saint-Pons, **La Robine-sur-Galabre**

FICHE PRATIQUE

OÙ DORMIR ?

GRAND HÔTEL LE FLORENCE

Premier hôtel niçois à avoir obtenu l'écolabel européen, c'est une véritable petite bulle de bien-être, derrière une façade pourtant quelconque. Une cinquantaine de chambres, dans un style contemporain apaisant, avec terrasse pour les plus chères. Accueil très pro. Des ruches sur le toit pour un miel maison, un petit déj revigorant, des produits bio dans la salle de bains, et des prix qui ne décollent que... pour le Grand Prix (de Monaco). 3, rue Paul-Déroulède, Nice. • hotel-florence-nice.com •

HÔTEL & PENSION VILLA GAÏA

Perdue dans une verdure rafraîchissante de 3 ha, une ancienne maison de cure datant du XVIIIe s, largement revisitée au XXe s. Jolies chambres avec meubles de famille, et 2 grands salons, bibliothèque ou terrasse. Hammam au feu de bois et salon de yoga. Ambiance calme au charme désuet. 24, route de Nice, Digne-les-Bains. • hotel-villagaia-digne.com •

OÙ MANGER ?

CHEZ PIPO

Une véritable institution, ouverte depuis les années 1920. Et si vous vous demandez pourquoi l'espace apéro est si animé avant le repas, c'est pour la *socca*, pardi ! Elle vaut le détour, comme la pissaladière et la tourte aux blettes sucrées. D'ailleurs, vous ne mangerez que cela ici. Accueil gentil et sans chichis. 13, rue Bavastro, Nice. ☎ 04-93-55-88-82.

HÔTEL RESTAURANT LAC ET FORÊT

Installée face au lac, une grosse bâtisse d'un autre siècle aux faux airs de manoir, avec lobby un brin chic et charme de l'ancien. Le chef concocte une cuisine créative et élaborée, pleine de surprises et dressée avec panache. Également des chambres dans un style tout à fait au goût du jour, avec vue sur le lac pour les plus belles. Accueil très pro et aux petits soins. Route de Nice, Saint-André-des-Alpes. ☎ 04-92-89-07-38 (hôtel). ☎ 04-92-89-20-45 (resto). • lacforet.com •

LA FABRIK

Agréable petite terrasse donnant sur la place (certes, devenue un parking), mais c'est à l'intérieur que se trouve l'esprit « Fabrik » avec une déco moderne à consonance industrielle. L'ardoise, elle, sait s'adapter au moment au travers de formules légères le midi (tartes, salades, lasagnes orientales, farci à la féta et au quinoa...) et plus cuisinées le soir (charlotte de courgettes, tajine, tataki de thon). Le service enjoué finit de placer tous les feux au vert pour cette bonne adresse. Place de la Barlette. ☎ 04-92-61-22-15.

ACHATS

APERITIV

« L'apéritif ne fait pas le bonheur, mais il y contribue largement », dirait Woody Allen face à ces étals regorgeant d'un magnifique choix d'*antipasti*, de charcuterie, d'olives, de boissons en tout genre ET... de socca chips, fromages locaux, tartinades et boissons en tout genre, notamment une belle sélection de bières locales. 11, avenue Malausséna, Nice. ☎ 04-89-92-06-37.

BARALE

L'une de ces inamovibles boutiques qui rassurent dans une vieille ville dont les ruelles sont ici ou là submergées par les vendeurs de bimbeloterie. Le patron (ancien Meilleur Ouvrier de France) fabrique les pâtes fraîches (gnocchis, tagliatelles, raviolis niçois...) de cette maison fondée en 1892. On y trouve également des panisses toutes fraîches, du pesto maison et de la farine de pois chiches pour s'essayer à la *socca*. Excellent accueil. 7, rue Sainte-Réparate, Nice. ☎ 04-93-85-63-08.

MAISON DE PRODUITS DU PAYS DIGNOIS

On trouve ici un très bel assortiment de produits du cru au prix des producteurs. Miel, fromage, biscuits, chocolat, jus de fruits, huile, dérivés de la lavande... Mallemoisson. • maisondepaysdignois.com •

ACCÈS

En train

Paris-Nice (**5h45**).
Marseille-Nice (**2h40**).
Lyon-Nice (**4h40**).

Le train des Pignes

Gare de Nice (Chemins de fer de Provence). 5 trains/jours.
Nice-Digne, **3h30** ;
Nice-Puget-Théniers, **1h30** ;
Digne-Puget-Théniers, **1h30**.
• trainprovence.com •

En voiture

2h15 depuis Marseille via l'**A8**.

En avion

Vols directs pour Nice depuis de nombreuses villes françaises (**1h25** depuis Paris).

AGENDA

FÉVRIER | Carnaval (corso et bataille de fleurs) de Nice.

L'un des plus importants du monde, avec ceux de Rio, Trinidad et Venise, sur 2 semaines environ, mi-février. • nicecarnaval.com •

AOÛT | Corso de la Lavande.

Défilés de chars, bals, concerts, joutes musicales, feux d'artifice, grosse fête foraine, distillation de lavande..., sur 5 jours et 5 nuits, à Digne-les-Bains.
• dignelesbains-tourisme.com •

LES ROUTARDS SUR L'ÉTRANGER
(DATES DE PARUTION SUR · ROUTARD.COM ·)

Europe

Pays européens

- Allemagne
- Andalousie
- Angleterre, Pays de Galles
- Autriche
- Baléares
- Belgique
- Bulgarie
- Canaries
- Castille (Aragon, Rioja et Estrémadure)
- Catalogne (+ Valence et Andorre)
- Crète
- Croatie
- Danemark, Suède
- Écosse
- Espagne du Nord-Ouest
- Finlande
- Grèce continentale
- Hongrie
- Îles grecques et Athènes
- Irlande
- Islande
- Italie du Nord
- Italie du Sud
- Lacs italiens
- Madère
- Malte
- Norvège
- Pays baltes : Tallinn, Riga, Vilnius
- Pologne
- Portugal
- Rép. tchèque, Slovaquie
- Roumanie
- Sardaigne
- Sicile
- Suisse
- Toscane, Ombrie

Villes européennes

- Amsterdam
- Barcelone
- Berlin
- Bruxelles
- Budapest
- Copenhague
- Dublin
- Florence
- Lisbonne
- Londres
- Madrid
- Milan
- Moscou
- Naples
- Porto
- Prague
- Rome
- Saint-Pétersbourg
- Séville
- Stockholm
- Venise
- Vienne

Amériques

- Argentine
- Brésil
- Californie
- Canada Ouest
- Chili et île de Pâques
- Colombie
- Costa Rica
- Équateur et les îles Galápagos
- États-Unis Nord-Est
- Floride
- Guatemala, Belize
- Los Angeles
- Louisiane et les villes du Sud
- Mexique
- Miami
- Montréal
- New York
- Parcs nationaux de l'Ouest américain
- Pérou, Bolivie
- Québec et Ontario
- San Francisco

Asie et Océanie

- Australie côtes est et nord + Red Centre
- Bali, Lombok
- Bangkok
- Birmanie (Myanmar)
- Cambodge, Laos
- Chine
- Hong-Kong, Macao, Canton
- Inde du Nord
- Inde du Sud
- Israël, Palestine
- Istanbul
- Jordanie
- Malaisie, Singapour
- Népal
- Shanghai
- Sri Lanka (Ceylan)
- Thaïlande
- Tokyo, Kyoto et environs
- Turquie
- Vietnam

Afrique

- Afrique du Sud
- Égypte
- Kenya, Tanzanie et Zanzibar
- Maroc
- Marrakech
- Sénégal
- Tunisie

Îles Caraïbes et océan Indien

- Cuba
- Guadeloupe, Saint-Martin, Saint-Barth
- Île Maurice, Rodrigues
- Madagascar
- Martinique
- République Dominicaine (Saint-Domingue)
- Réunion

Guides de conversation

- Allemand
- Anglais
- Arabe du Maghreb
- Arabe du Proche-Orient
- Chinois
- Croate
- Espagnol
- Grec
- Italien
- Japonais
- Portugais
- Russe
- G'palémo (conversation par l'image)

Livres-photos Livres-cadeaux

- Voyages : États-Unis (nouveauté)
- Voyages : France (nouveauté)
- Voyages Italie
- Voyages Monde
- Road Trips
- Nos 120 coins secrets en Europe
- Nos 50 voyages à faire dans sa vie
- Nos 1200 coups de cœur monde
- Nos 1200 coups de cœur France
- Nos 52 week-ends coups de cœur dans les villes d'Europe
- Nos 52 week-ends coups de cœur en France
- Cahier de vacances du Routard

LES ROUTARDS SUR LA FRANCE
(DATES DE PARUTION SUR · ROUTARD.COM ·)

- Alsace
- Ardèche, Drôme
- Auvergne
- Bordelais, Landes, Lot-et-Garonne
- Bourgogne
- Bretagne Nord
- Bretagne Sud
- Les Charentes
- Châteaux de la Loire
- Corse
- Côte d'Azur
- Franche-Comté
- Isère, Alpes du Sud
- Jura franco-suisse
- Languedoc et Roussillon
- Limousin
- Lorraine
- Lot, Aveyron, Tarn
- Lyon
- Marseille
- Midi toulousain
- Montpellier
- Nantes
- Nice
- Nord, Pas-de-Calais
- Normandie
- Paris
- Pays Basque, Béarn
- Pays de la Loire
- Périgord-Dordogne
- Picardie
- Poitou
- Provence
- Savoie Mont Blanc
- Toulouse

Autres guides sur la France

- Nos meilleurs campings
- Nos meilleures chambres d'hôtes

Autres guides sur Paris

- Paris
- Paris balades
- Paris exotique
- Le Routard des amoureux à Paris
- Week-ends autour de Paris

Le Routard à vélo

- EuroVelo6
- La Bourgogne du Sud à vélo
- La Loire à Vélo
- La Vélodyssée (Roscoff-Hendaye)
- Le Canal des 2 mers à vélo
- Paris Île de France à vélo
- ViaRhôna

CRÉDITS PHOTOGRAPHIQUES

Légende : p = page, h = haut, c = centre, b = bas, g = gauche, d = droite, v = vignette

Hemis.fr **Miroslava Arnaudova / Alamy Stock Photo** : p8 cd, p22 • **Jon Arnold Images** : p24 hd, p27, p48, p62, p214, p256 • **Pascal Avenet** : p74 bg, p102 • **Jean-Paul Azam** : p306, p326, p330 • **Jean-Marc Barrère** : p324 • **Emmanuel Berthier** : p63, p395 • **Philippe Blanchot** : p79, p114 • **Philippe Body** : p6 v1, p75, p101 (© Musée du Compagnonnage, Tours), p115, p284, p338 cg, p350 • **Christophe Boisvieux** : p24 cg, p38, p40, p46 hg, p52, p100, p118 hd, p120 • **George Brewin / Alamy Stock Photo** : p130 • **Michel Cavalier** : p382 • **Denis Caviglia** : p35, p144, p304 • **Arnaud Chicurel** : p6 v5, p24 bg, p76, p80, p86 (Château de Chamerolles, propriété du département du Loiret), p166, p172, p188, p197, p212 bd, p268 bd, p299, p348 • **Romain Cintract** : p338 hg, p346 • **Matthieu Colin** : p139, p151 (© Parlement Européen par l'agence d'architecture Architecture Studio), p336, p373 • **Francis Cormon** : p6 v6, p110, p213, p240, p245, p262 • **Jean-Pierre Degas** : p74 hg, p94, p321, p390 • **Digitalman / Alamy Stock Photo** : p314 • **E. Fesenko / Alamy Stock Photo** : p118 bd • **Patrick Escudero** : p46 bg, p196 cd, p196 cg, p201, p202, p268 cd, p276, p286, p287 • **Flpa** : p298 • **John Gaffen 2 / Alamy Stock Photo** : p208 • **Bertrand Gardel** : p78, p136 hg, p146, p150, p168 cg, p170, p193, p231, p322, p358, p372 (© architectes Mucem : Rudy Ricciotti et Roland'Carta) • **Bertrand Rieger** : p7 v4, p12 • **Gregory Gerault** : p178, p308 cd • **Javier Gil / Alamy Stock Photo** : p24 hg, p28 • **Laurent Giraudou** : p364, p365 • **Franck Guiziou** : p6 v4, p7 v3, p13, p46 cd, p60, p68, p70, p125, p126, p168 bd, p168 hd, p169, p182, p187, p212 bg, p212 cg, p212 hd, p224, p226, p230, p234, p243, p248, p265, p266, p268 cg, p293 (© Cité du Vin conçue par les architectes de l'agence XTU et par l'agence anglaise de scénographie Casson Mann Limited), p294, p338 bg, p339, p340, p345 • **Christian Guy** : p7 v2, p43, p90, p95, p308 cg, p309, p332 • **Patrice Hauser** : p300 • **Hervé Hugues** : p103, p212 cd, p238, p254, p258, p260, p292, p303, p338 bd, p338 hd, p344 (© Les Machines de l'île, Nantes), p352 • **Pierre Jacques** : p5 v1, p8 cg, p8 hd, p9, p10, p21, p268 bg, p302, p329, p334, p354 cg, p362, p376 • **Gilles Lansard** : p129 • **Olivier Leclercq** : p49, p168 bg, p186, p190, p192, p290 • **Stéphane Lemaire** : p57, p122, p132, p259, p282 • **Hervé Lenain** : p5 v2, p24 cd, p25, p44, p66, p74 bd, p74 cg, p82, p84 (© Jakob + Macfarlane œuvres de collaboration, Les Turbulences, 2006 © Adagp, Paris, 2021), p85, p88 (Château de Sully-sur-Loire, propriété du département du Loiret), p96, p104, p196 bd, p196 hd, p198 • **Francis Leroy** : p5 v3, p47, p268 hg, p280, p288, p296 • **Jean-Pierre Lescourret** : p7 v1, p162, p269, p335 • **LH Images / Alamy Stock Photo** : p209 • **Lionel Lourdel** : p200 • **Ludovic Maisant** : p8 bd, p16 • **Richard Manin** : p42 • **René Mattes** : p6 v3, p8 bg, p15, p46 bd, p56, p72, p118 bg, p134, p136 cd, p137, p143, p149, p152, p184, p185, p218, p222, p232, p236, p257, p263, p308 bg, p312, p316, p342, p360, p392, p136 hd • **Camille Moirenc** : p6 v2, p119, p124, p244, p354 hd, p354 hg, p374, p386 • **Lionel Montico** : p18 • **Tuul et Bruno Morandi** : p83, p98 • **Naeblys / Alamy Stock Photo** : p121 • **Andrea Pistolesi** : p46 hd, p58 • **Bertrand Rieger** : p14 (© *La Fresque des Lyonnais,* Design mural monumental conçu et réalisé par © CitéCréaPon - Lyon - 1er), p24 bd, p36, p46 cg, p54, p64, p65, p71, p109, p118 cg, p118 hd, p131, p140 (© Musee Hansi Colmar), p156, p158, p159, p164, p165, p194 (© Jean-Paul Philippon, Musée d'art et d'industrie, dit *La Piscine,* Roubaix, © Adagp, Paris, 2021), p242, p268 hd, p278, p279, p338 cd, p343, p355, p368, p370 • **Philippe Roy** : p308 bd, p319 • **Marco Saracco / Alamy Stock Photo** : p8 hg, p20 • **Richard Soberka** : p154, p191, p273, p359 • **Sylvain Sonnet** : p107, p155, p157, p160, p179, p229, p351 • **Arnaud Spani** : p50 • **Benoît Stichelbaut** : p59 • **Jean-Daniel Sudres** : p34, p133, p249, p250, p251, p281, p305 • **John Warburton Lee** : p112 • **Jan Wlodarczyk / Alamy Stock Photo** : p128 • **Pawel Wysocki** : p123 • **Wysocki-Frances** : p168 hg, p216 • **Didier Zylberyng** : p272, p354 bd, p385.

Age Fotostock **Claudio Beduschi** : p206 • **BEW Authors** : p108 • **Walter Bibikow** : p264 • **Clodio** : p308 hg, p327 • **CSP Anke** : p136 bg • **Werner Dieterich** : p354 cd, p371 • **Julian Elliott** : p32 • **Sylvain Grandadam** : p270 • **Yann Guichaoua** : p173 • **Image Asset Management** : p246 • **Bernard Jaubert** : p308 hd • **Javier Larrea** : p41 • **Laurent Marolleau** : p100 • **Jose Antonio Moreno** : p212 hg, p220 • **Kevin O´Hara** : p93 • **Schtze/Rodemann** : p176 • **SGM** : p136 cg • **Tashka** : p221 • **Guy Thouvenin** : p252 • **Marcos Veiga** : p196 hg, p204 • **V. Walakte** : p356 • **Sebastian Wasek** : p223 • **World Pictures** : p29.

Only France **Bertrand Bodin** : p30 • **Forget-Sagaphoto** : p77 • **Antoine Lorgnier** : p26 • **Robert Palomba** : p354 bg, p378, p379 • **Patrice Thebault** : p141, p310 • **Tripelon-Jarry** : p274 • **Dominique Zintzmeyer** : p384.

Sime / Photononstop **Cephas** : p74 hd, p116 • **Godong** : p92 • **Sime** : p74 cd, p106, p136 bd, p142.

Getty Images **Pascal Deloche / Godong** : p177 • **Yann Guichaoua** : p33 • **Gérard Labriet** : p168 cd, p180 • **Jean-Pierre Lescourret** : p138 • **Lionel Lourdel** : p51, p174.

Wallis **Leyreloup** : p118 cd.

Shutterstock.com **Helen Ross** : p313 • **Kiev Victor** : p380.

Adobe Stock **Pictures news** : p366.

Divers © **Cité de l'Espace – Photo Manuel Huynh** : p320 • © **Disneyland Paris** : p196 bg, p207 • © **Groupe Pierre & Vacances-Centerparcs** : p210 • © **Benoît Tetu / Musée du Théâtre Forain** : p87.

Illustrations © Toutes illustrations **Shutterstock.com.**

Couverture

Première de couverture (Hemis.fr) : Francis Cormon.

Quatrième de couverture (Hemis.fr) : v1 hg Jean-Pierre Lescourret • v2 hd Jon Arnold Images • v3 c Stéphane Lemaire • v4 bg Jean-Marc Barrère • v5 bd Mathieu Rivrin.

Place Crillon, **Avignon**

INDEX

A

B

C

D

E

F

G

H

J

L

M

N

O

P

Q

R

Berges de la Garonne, **Toulouse**

S

T

U

V

W

Maison à colombages, rue de la Fontaine, **Vannes**

Pour le Routard

Directeur de collection et auteur : Philippe Gloaguen

Rédaction France : sous la direction d'Amanda Keravel, avec la collaboration de Mathilde de Boisgrollier, Marie Burin des Roziers et Laura Charlier.

Rédaction : Isabelle Al Subaihi, Emmanuelle Bauquis, Carole Bordes, Camille Campet, Véronique de Chardon, Florence Charmetant, Gavin's Clemente Ruïz, Fiona Debrabander, Bénédicte Gloaguen, Pierre Josse, Géraldine Lemauf-Beauvois, Benoît Lucchini, Alain Pallier, Anne Poinsot et Alexia Poulain.

Une partie des textes de cet ouvrage sont parus la première fois sur Routard.com, et sont dus à la plume de :
Olivia Le Sidaner, Gérard Bouchu, Anne-Marie Minvielle, Stéphanie Condis, Morgan Guéry, Julien Vitry, Marina Skalova, Michel Doussot, Carine Keyvan, Anissa Hammadi, Mylène Renoult, Mahé Gaucherot, Amandine Faraud.

Pour Hachette

Direction : Sidonie Chollet

Direction éditoriale : Élise Ernest

Responsable de projet : Matthieu Devaux

Édition : Olga Krokhina, Julie Dupré, Gia-Quy Tran, Amélie Ramond, Margaux Lefebvre, Lucie Léna, Joséphine Bonneau, Morgane Zambrelli et Tony De Sousa

A également collaboré : Marie Sanson

Cartographie : Frédéric Clémençon et Aurélie Huot

Contrôle de gestion : Jérôme Boulingre et Yannis Villeneuve

Marketing : Clotilde Tougeron et Élise Sylvestre

Assistance : Julia Lorrain

Fabrication : Nathalie Lautout, Liza Sacco et Aude Cauchet

Relations presse : COM'PROD, Fred Papet. ☎ 01-70-69-04-69. • info@comprod.fr • Martine Levens (Belgique) ☎ +32-47-568-35-76.

Contact partenariats : Jérôme Denoix • jeromedenoix@gmail.com •

Contact partenariats et régie publicitaire : Florence Brunel-Jars • fbrunel@hachette-livre.fr •

Conception graphique maquette, couverture et logo : Le Bureau des Affaires Graphiques

Silhouette : Clément Gloaguen (d'après Solé)

Les routards parlent aux Routards

Faites-nous part de vos expériences, de vos découvertes, de vos tuyaux :

Les Routards parlent aux Routards : 122, rue du Moulin-des-Prés, 75013 Paris – e-mail : guide@routard.com

site internet : routard.com

Cet ouvrage est imprimé sur un papier issu de forêts gérées

Édité par Hachette Livre (58, rue Jean-Bleuzen, CS 70007, 92178 Vanves Cedex, France)
Photogravure par Hyphen-Media pour c/o Hyphen-France

Imprimé par Macrolibros (Vallad C/Vazquez de Menchaca, 9 Poligono Ind Argales 47003 Valladolid Espagne)
Achevé d'imprimer le 05 juin 2022
Collection n° 22 - Édition n° 02
74-3272-0

I.S.B.N. 978-2-01-713091-8
Dépôt légal : mai 2022